主編　吴洪澤　尹　波
主審　李文澤　刁忠民

宋人年譜叢刊

第五册

四川大學出版社

全國高等學校古籍整理研究工作委員會規劃項目

全國古籍整理出版規劃項目

國家「211工程」重點學科項目

目録（第五册）

東坡先生年譜

（宋）施宿 編

王水照 整理

日本倉田淳之助 小川環樹編《蘇詩佚注》本

並據日本名古屋蓬左文庫藏舊鈔本校補

蘇軾（一〇三六—一一〇一），字子瞻，號東坡居士，眉山（今屬四川）人。其生平事蹟見王宗稷《東坡先生年譜》簡介。

此譜爲宋施宿編。施宿（一一六四—一二一三），字武子，吴興（今浙江湖州）人。其事蹟參陳乃乾《宋長興施氏父子事蹟考》。本譜分紀年、時事、出處、詩四欄紀事，是宋人年譜中現存最早的表譜。但此譜國内久佚，王水照先生據日本滄田淳之助《蘇詩佚註》影印富岡鐵齋藏本，並據日本名古屋蓬左文庫藏舊鈔本校補，整理成《東坡先生年譜》的完本。其整理凡例：一、以《佚注》爲底本，蓬左本爲主要校本，並以蘇軾詩文集等參校，作《校補記》附於文末；二、陸游序以《渭南文集》卷一五《施司諫註東坡詩序》參校；三、施序除兩本對勘外，復據日本宮内廳書陵部所藏《王狀元集百家註分類東坡先生詩》卷九所鈔施宿序校補。此譜曾刊入《宋人所撰三蘇年譜彙刊》（上海古籍出版社一九八九年）。本書所收，復據影印原件校勘。

註東坡先生詩序

古詩唐虞賡歌，夏述禹戒作歌。及商周之詩〔一〕，皆以列於經，故有訓釋。漢以後詩，見于蕭統《文選》者，及高帝、項羽、韋孟、楊惲、梁鴻、趙壹之流歌詩見于史者，亦皆有註。唐詩人最盛，名家者以百數，惟杜詩註者數家，然概不爲識者所取〔二〕。近世有蜀人任淵，嘗註宋子京、黄魯直、陳無己三家詩，頗稱詳贍；若東坡先生之詩，則援據閎博，指趣深遠，淵獨不敢爲之説。游頃與范公至能會於蜀，因相與論東坡詩，慨然謂游：「足下當作一書，發明東坡之意，以遺學者。」游謝不能。他日又言之。因舉二三事以質之曰：「『五畝漸成終老計，九重新掃舊巢痕』，『遥知叔孫子，已致魯諸生』，當若爲解？」至能曰：「東坡竄黄州，自度不復收用，故曰『新掃舊巢痕』；建中初復召元祐諸人，故曰『已致魯諸生』，恐不過如此耳。」游曰：「此游之所以不敢承命也。昔祖宗以三館養士，儲將相材，及官制行，罷三館。而東坡蓋嘗直史館，然自謫爲散官，削去史館之職久矣，至是史館亦廢，故云『新掃舊巢痕』〔三〕，其用字之嚴如此。而『鳳巢西隔九重門』，則又李義山詩也。建中初，韓、曾二相得政，盡收用元祐人，其不召者亦補大藩，惟東坡兄弟猶領宫祠。此句蓋寓所謂不能致者二人，意深語緩，尤未易窺測。至如『車中有布乎』〔四〕，指當時用事者〔五〕，則猶近而易見。『白首沉下吏，緑衣有公言』，乃以侍妾朝雲嘗嘆黄師是仕不進。故此句之

意，戲言其上僭，則非得於故老，殆不可知。必皆能知此〔六〕，然後無憾。」至能亦大息曰：「如此，誠難矣！」後二十五六年〔七〕，游告老居山陰澤中，吳興施宿武子出其先人司諫公所註數十大編〔八〕，屬游作序。司諫公以絶識博學名天下，且用工深，歷歲久，又助之以顧君景蕃之該洽，則於東坡之意，蓋幾可以無憾矣。游雖不能如至能所託〔九〕，而得序斯文，豈非幸哉！嘉泰二年正月五日〔一〇〕，山陰老民陸游序。

東坡先生詩〔一一〕，有蜀人所註八家，行於世已久。先君司諫病其缺略未究，遂因閑居，隨事詮釋，歲久成書。然當亡恙時，未嘗出以視人。後二十餘年，宿佐郡會稽〔一二〕，始請待制陸公爲之序。而序文所載在蜀與石湖范公往復語，謂坡公旨趣未易盡觀遽識，若有所謹重不敢者。宿退而念先君於此書用力既久，獨不輕爲人出，意或有近於陸公之說；而先君末年所得，未及筆之書者，亦尚多有，故止於今所傳。宿因陸公之説，拊卷流涕，欲有以廣之而未暇。自頃奉祠數年，舊春蒙召，未幾汰去，杜門無事，始得從容放意其間。蓋熙寧變法之初，當國者勢傾天下，一時在廷，雖耆老大臣、累朝之舊，有不能與之力争。獨先生立朝之日未久，數上書言其不便，幾感悟主意；而小人嫉之，擯使居外。至其忠誠憤鬱不得發，始托於詩以規諷，大抵斥新法之不爲民便，而小人之罔上者，蓋凛凛也。既謫黄岡，躬耕東坡之下，若將終焉。遇其興逸，絶江弔古，狎於魚龍風濤之怪，放浪無涯涘，蓋莫得以窺其際。元祐來歸，所挾益大〔一三〕，議論終不爲苟同。宣仁聖后察見神宗皇帝末年之意，親加擢用。然周旋禁近，不過四年，迄以不容而去。迨紹述事起，嶺海萬里，瀕於九死，而皓首煙瘴，巋然獨存，爲時天人〔一四〕。和陶之作，出騷入雅，深涉道德性命之境，落筆脱手，人争傳誦，愈不可禁。蓋先生之出處進退，天也。神宗皇帝知之而不及用，宣仁聖后用之而不能盡〔一五〕，與夫一時用事者能擠之死地而不能使之必死，能奪其官爵、困戹僇辱其身而不能使其言語文字不傳於世，豈非天哉！故宿因先君遺緒，及有感於陸公之説，反覆先生出

足裨處，攷其所與酬答賡倡之人，言論風旨足以相發，與夫得之耆舊長老之傳，有所援據，足裨隱軼者，各附見篇目之左；而又采之國史以譜其年，取新法罷行之目〔一六〕，列於其上，而系以詩之先後，庶幾觀者知先生自始出仕〔一七〕，至於告老，無一念不惓惓國家，而此身不與。讀其詩，論其所遭之難，可以油然寡怨，而篤於君臣之大義矣。雖然，宿之區區，豈以爲有補於先生哉！蓋先君之志在焉，不敢使之泯没不見於世，如斯而已矣。嘉定二年中秋日，吴興施宿書。

東坡先生年譜上

紀年	時事	出處	詩
景祐三年丙子仁宗在位之十五年		先生以是年十九日卯時生於眉山縣紗穀行私第〔一八〕。	
四年丁丑〔一九〕			
寶元元年戊寅冬十一月十八日改元			
二年己卯		子由以是年二月二十日亥時生〔二〇〕。	
康定元年庚辰春二月二十日改元			
慶曆元年辛巳冬十一月二十日改元			

二年壬午			
三年癸未		是年先生入鄉校。	
四年甲申			
五年乙酉			
六年丙戌			
七年丁亥			
八年戊子			
皇祐元年己丑			
二年庚寅			
三年辛卯			
四年壬辰			
五年癸巳			

至和元年甲午		是歲娶通義郡君眉人王氏諱弗，鄉貢進士方之女。	
二年乙未			
嘉祐元年丙申		是歲先生始舉進士，至京師。秋，請開封府解。	
二年丁酉	春，禮部試。知舉歐陽修、王珪、范鎮、韓絳、梅摯。	禮部奏名居第二。三月御試中乙科。夏四月，奔蜀國夫人程氏喪，還蜀。	
三年戊戌	六月，富弼昭文相，韓琦集賢相。	先生居憂。	
四年己亥		秋七月，免喪。九月，侍宫師如京師。歲除，至長安。	《初發嘉州》、《過宜賓》、《泊牛口》、《望夫臺》、《仙都觀》、《入峽》、《出峽》、《涮陽早發》、《留尉氏》、《漢水》、《竹葉酒》、《阮籍嘯臺》〔三〕、《許州西湖》。
五年庚子		春正月，至京師，歐陽文忠公舉先生應材識兼茂明於體用科。	

六年辛丑	秋八月，試賢良方正之士，考官吴奎、（孫）〔楊〕畋、王安石。閏八月，韓琦昭文相，曾公亮集賢相。九月，御試，考官胡宿、沈遘、范鎮、司馬光、蔡襄。	先生試秘閣六論合格；御試策入三等，授大理評事簽書鳳翔府節度判官廳公事[二三]。國朝試科目常在八月中旬，時子由將就試，忽感疾卧病，自料不能及矣。韓忠獻知之，爲奏曰：今歲制科之士，惟蘇軾、蘇轍最有聲望，今聞蘇轍偶疾未可試，如此人兄弟中一人不得就試，甚非衆望，欲展限以俟。上許之。及子由全安方引試，比常例展二十日。自後試科目皆以九月，蓋始於此。冬十一月，先生之官鳳翔。是年五月，宫師始以歐公薦授官。	《鄭州西門外别子由》、《和子由澠池懷舊》、《過長安和劉京兆石林亭》、《鳳翔八觀》。
七年壬寅		先生在鳳翔。春二月，以府檄往寶鷄、郿、虢、盩厔四縣决囚，時太守陳希亮公弼也。秋，希亮命公兼府學教授。	《石鼻城》、《磻谿》、《郿塢》、《書崇壽院壁》、《樓觀》、《題延生觀後小堂》、《留題中興寺》、《是月二十

日返至府有記所經歷寄子由》、《微雪懷子由》、《記歲暮鄉俗》三首〔二三〕、《病中聞子由不赴商幕》、《病中大雪次韻答趙薦》。

八年癸卯 三月二十九日英宗皇帝即位

先生在鳳翔，以覃恩轉大理寺丞。秋，禱雨磻谿，考試永興軍。冬，出遊樓觀、五郡、司竹監。

《和子由寒食》、《和子由蠶市》、《踏青》、《和子由苦寒見寄》、《懷趙薦》、《至磻谿有猿字韻》、《宿磻龍寺》、《翠麓亭》、《懷賢閣》、《和子由園中草木》、《題南溪竹上》、《和劉長安題薛周逸老亭》、《王氏中隱堂》、《和子由聞予將如終南太平宮讀書》、《將往終南和子由見寄》、《周公廟》、《避世堂》、《自清平鎮遊樓觀五郡等處寄子由》、《凌虛臺》、《竹䶉》、《渼陂魚》、《讀道藏》、《司竹監會獵》、《和子由論書》、《記吴道子開元寺畫》〔二四〕。

治平元年甲辰		十二月，先生自鳳翔代還。	《和董傳留別》。
二年乙巳		二月，至京師，磨勘轉殿中丞，除判登聞鼓院，尋召試館職，除直史館。英宗自在藩邸聞公名，欲以唐故事召入翰林[二五]，宰相限以近制不可，故有此命。夏，通義郡君卒。	《過華陰寄子由》。
三年丙午		夏四月，宮師卒於京師，先生護喪歸蜀。	春有《次韻柳子玉見寄》。
四年丁未（正月神宗皇帝即位）	六月，始厦詔議役法。九月，韓琦免。	先生居憂。	
熙寧元年戊申	三月，新除翰林學士王安石始入對，勸上以更法度。	秋七月，除宮師喪；冬，出蜀。	
二年己酉	二月，富弼召拜昭文相，王安石參知政事，尋命知樞密院陳升之同安石制置三司條例。三月，詔内外官以財用利害聞奏。四月，詔議改貢	春，至京師，除判官告院兼判尚書祠部。時王安石方用事，議改法度，以變風俗，知先生素不同己，故置之是官。五月，以論貢舉法不當輕改	《送錢顗安道》、《送曾子固》、《送王頤》、《靜照堂》、《醉墨堂》、《送任伋通判黄州》。

舉法。是月，始分遣劉彝等八人相度農田水利賦税徭役利害，自此察訪常平，體量義勇，制置市易，經畫夷洞及排保甲、括沙田之類，遣使無虚日矣。五月，御史中丞吕誨論王安石奸詐不可任，出知鄧州。六月，詔以京東錢帛貸貧民，歲終取息，青苗法始此。七月，始行均輸法，詔令淮浙江湖六路發運使薛向領之。九月，置諸路常平廣惠倉提舉官，頒農田水利約束。十月，富弼以安石專政議論不合免，曾公亮昭文相，陳升之集賢相。十一月，命樞密副使韓絳同制置三司條例。陳升之始附安石得相位，既相，遂言條例司難以簽書，他日又以爲不可置此司，安石不可，故有是命。明年卒罷

召對，又爲安石所不樂。未幾，上欲用先生修《中書條例》，安石沮之。秋，爲國子監考試官，以發策爲安石所怒。冬，上欲用先生修《起居注》，安石又言不可，且誣先生遭喪販蘇木入川事，隨罷不用。安石欲以吏事困先生，使權開封府判官。先生決斷精敏，聲問益振，上疏論買燈事，上嘉納之。又上疏論事，慷慨不屈。子由是春以上書言事，除三司條例司檢詳文字。

之。十二月，翰林學士司馬光與呂惠卿爭變法，且言青苗不便。

三年庚戌

二月，判大名府韓琦言青苗之害，王安石怒，稱疾不出，青苗法幾罷。命司馬光爲樞密副使。光自以與王安石議政不合，力辭不就。安石奏疏排光，復累奏辭位不出，上詔諭，始視事如故，行新法益堅。光與李常、曾公亮、陳升之共争青苗法不便，乞罷之，不可。俄收還光樞副告勅，仍舊職，於是臺諫范鎮、孫覺、李常、吕公著、張戬等皆論青苗不便，未幾皆貶黜。四月，參知政事趙抃以争新法免。韓絳參知政事。李定太子中允、監察御史裏行，知制誥宋敏求等封還。八月，御史劉述、錢顗以論王安石

春，差充殿試編排官。時御試始用策。上議差先生爲考官，安石言先生所學乖異，不可考策，乃以爲編排官。先生擬對以奏。八月，詔江淮湖北運司體量蘇軾居喪服除往復買販[二七]，及令李師中供析照驗，妄冒差借兵卒事實以聞，御史知雜謝景温劾奏故也。景温與安石連姻，安石實使之。十月，翰林學士范鎮奏乞致仕，以贖先生誣罔之罪，不報。又奏辨先生之無過，并攻安石，遂落職致仕。已而窮治，卒無所得，先生不敢自明，明年乃乞補外。子由是歲八月，以上疏論三司事議論不合，出爲河

《送錢藻知婺州》、《送文與可知陵州》、《送劉攽倅海陵》、《次韻子由初到陳州》、《送吕希道知和州》、《次韻王誨夜坐》、《次韻子由緑筠堂》、《送曾子固倅越》[二六]。

	責官。九月，曾公亮免。十月，陳升之丁母憂。十二月，韓絳昭文相。時用兵西夏，絳爲陝西河東宣撫使，即軍中拜焉。王安石拜監修國史相。王珪參知政事。定畿縣保甲條例。按：新法之行，青苗始於陝西，助役始於京東、兩浙，常平則自陝西、河東始，保馬保甲則自府界畿縣始，市易則自秦鳳始。蓋自古變法者，其始皆有所疑懼不安，故試之一方二所，所以驗其法之可行與否也。及其主之既力而小人迎合皆以爲便，始推而達之天下矣。	南府判官。	
四年辛亥	正月，以諸州舊用役人主公使庫陪備縻費，遂定諸州公使錢數，然州郡事體日憔悴矣。明年又增定之。二月，詔罷詩賦及明經諸科，於京	是年六月，先生乞補外，上批出與知州差遣，中書不可，擬通判潁州；上又批出改通判杭州。參知政事馮京薦先生直舍人院，上不答。是月先	《出都城來陳和船上》、《和張安道讀杜詩》、《送張安道赴南京留臺》、《次韻柳子玉過陳絶糧》、《歐陽少師石屏》、《陪歐陽少師燕

東等五路先置學官教導，仍定課試爲四場。知永興軍司馬光上疏自劾乞致仕，移知許州，因請留臺，許之。光自是絶口不言新法，林旦、薛昌朝、范育皆以論李定不持母喪黜責。韓絳以陝西用兵無功、慶州軍亂免相。五月，知亳州富弼以不散青苗落使相。時始行募役，中丞楊繪、御史劉摯力言不便，且攻曾布，皆黜責。十月，始頒募役法，使民出錢募人代役。

生出京，至陳。時張文定公守陳，子由爲學官。至九月離陳，子由送至潁，同謁歐陽文忠公於潁上。十月，始渡淮，經行濠、楚、揚、潤諸郡，與孫洙巨源、劉摯莘老、劉攽貢父會於揚。十一月，到杭。時杭守沈遘。遘去，陳襄代；襄去，楊繪代。終先生任更三守。

西湖》、《别子由》、《渦口遇風》、《出潁口初見淮山》、《至壽州李定少卿出餞》、《濠州塗山》等、《泗州僧伽塔》、《龜山》、《楚州發洪澤遇風》、至山陽《記所見》、至揚州《會孫巨源劉莘老劉貢父三同舍》、至潤州《遊金山焦山》、《甘露寺》、《初到杭寄子由》、遊孤山唱和、《除日題都廳壁》、《次韻子由柳湖感物》、《次韻柳子玉地爐》、《紙帳》。

五年壬子

二月，以檢正中書吏房公事殿中丞盧秉爲兩浙提刑〔二八〕，專提舉鹽事，凡煮鹽地皆什伍其民，使相幾察；又嚴捕盜販及私置煮器者，鹽法不勝密矣。七月，知諫院唐坰以抗疏論王安石貶。八月，頒方田均税條約

先生在杭。是年七月，循行屬縣。八月，監試進士。十二月，以轉運司檄監視開運鹽河，之湖州相度捍堤利害，又自湖之秀，皆用盧秉之説云。

正月，《次韻楊褒早春》。二月，《送蔡冠卿知饒州》。三月，《吉祥寺賞牡丹》。《張中舍壽樂堂》、《戲子由》、《次韻子由柳湖久涸有水開元寺山茶盛開》〔二九〕、《望湖樓醉書》、《和雨中遊天竺觀音院》、《和

并式於天下，先自京東行之。

蔡準郎中邀遊西湖》、《七月出城舟中苦熱》、《宿餘杭法喜寄孫莘老》、《宿臨安浄土寺》、《自浄土步至功臣寺》、《遊徑山》、《自徑山回招吕察推宿湖上》、《宿望湖樓再和》、《哭歐陽公》、《八月看月懷子由及崔度》、《呈諸試官》、《煎茶》、《催試官考校》、《望海樓晚景》、《和沈立之留别》、《夜泛西湖》、《沈諫議召遊湖不赴》、《秋懷》、《冬至獨遊吉祥寺》、《後十餘日再至吉祥寺》、《湯村開河雨中督役》、《宿水陸寺》、《鹽官戲呈同事》、《千佛閣寺》、《寄孫莘老》、《再用韻寄孫莘老》、《畫魚歌》、《贈莘老》、《和邵同年戲贈賈收》、《和賈收吴中田婦嘆》〔三〇〕、《遊道場山

何山》、《天慶觀北向亭》、《贈錢安道并寄其弟》、《鄉僧文長老方丈》、《和劉道原》、《次韻歐陽少師會老堂》、《寄趙少師》、《墨妙亭》、《黄鶴樓》、《賀朱壽昌》、《遊孤山訪惠勤惠思》。

六年癸丑

命知制誥吕惠卿修撰國子監經義，太子中允、崇政殿説書王雱兼同修撰，蓋因舉人對策，乞朝廷早修經義，使義理歸一，故有是命。尋命安石提舉，詔進士諸科同出身，自今并令試律、令大義或斷案。詔以朝集院爲律學，置教授四員，命官舉人，並許入學課試。詔民輸免行錢。初，在京市易務召在京諸行人充本務行人，至是令免者輸錢。

先生在杭。二月，循行屬縣。冬，以轉運司檄，往常、潤、蘇、秀賑飢民。

《次韻張子野見和》、《七夕寄孫莘老》、《雜興答鮮于子駿》、《祥符寺九曲觀燈》、《過祥符僧可久房無燈火》、《述古邀城外尋春》、《次韻章傳》、《用鱗字韻求述古移厨飲湖上》、《飲湖上初晴後雨》、《春分後雪》、《李節推留風水洞見待》、《和李節推風水洞》、《獨遊富陽普照寺》、《自普照遊二庵》、《山村》、

十二月，詔内自政府百司，外及監司諸州，歲增胥吏禄，並取足於坊場、河渡、市例、免行役剩息錢。是歲，王韶復河洮〔三一〕。

《緑筠軒》、《湖上夜歸》、《寒食未明至湖上》、《吉祥寺花將落述古不至》〔三二〕、《述古聞知明日即來》、《於潛刁令野翁亭》、《於潛女》、《昌化治平寺》、《與臨安令劇飲》、《泛湖遊北山》、《會客有美堂和周邠見和》、《八月十五日觀潮》、《臨安將軍樹》、《陌上花》、《遊東西巖》〔三三〕、《與周長官李秀才遊徑山次韻》、《徑山道中答周長官兼贈蘇寺丞》、《登玲瓏山》、《宿九仙山》、《宿海會寺》、《海會寺清心堂》、《次韻汪覃見寄》、《再遊徑山》、《九月八日自徑山歸述古召飲介亭》、《病不赴述古會再用前韻》、《尋臻闍黎遂泛舟至

勤師院》、《舟中望有美堂上魯少卿飲》、《戲書勤師壁》、《次韻周李二君湖上見寄》、《立秋禱雨宿靈隱》、《遊淨慈次韻周長官見寄》、《病中遊祖塔院》、《虎跑泉》、《次韻述古過周長官夜飲》、《述古責不赴會次前韻》、《和述古冬日牡丹》、《吊海月辯師》、《和錢安道送茶》、《安道令歌者道服》、《雙竹湛師房》、《和柳子玉喜雪》、《雪後至臨平僧舍》、《夜至永樂文長老院》、《柳氏外甥求筆蹟》、《除夜宿常州城外》、《送杜戚陳三掾罷官歸鄉》〔三四〕、《追和子由去歲試舉人洛下樓上晚景》〔三五〕、《過廣愛寺》、《石淙莊》、《有美堂暴雨》、《榮長老方丈》、《與述古自

			有美堂夜歸》、《水樂亭歌》、《次韻周長官同餞魯少卿》〔三六〕。
七年甲寅〔三七〕	正月，詔諸州額外造酒以違制論〔三八〕。呂嘉問提舉市易，令民出免行錢，苛細已甚，小民多怨。上欲蠲減，安石與呂惠卿主之甚力，曾布欲因此以擠嘉問，卒不勝而貶。四月，王安石免。韓絳監修國史相，呂惠卿參知政事。時久旱，百姓流離，上憂形於色，安石不悦，力求去，且薦絳自代而輔以惠卿，於安石所爲，遵守不變。俄又下詔，申明新法之禁。五月，天章閣待制李師中言：乞召方正有道之士如司馬光、蘇軾、轍輩復置左右，以輔聖德。以大言求用，責散官安置。始罷制科，從呂惠卿之	是歲六月，始自常潤還〔三九〕。九月，差知密州。時杭守楊繪元素召還翰苑，先生與元素同舟，過李常公擇於吴興，陳舜俞令舉、張先子野皆從，劉述孝叔亦來，置酒松江垂虹亭上，此前六客也。還，與孫洙巨源、王存正仲會於潤。冬十一月，至密。	《過丹陽寄魯元翰》、《謁惠山錢道人》〔四〇〕、至潤州《和王規父侍太夫人觀燈》、《刁同年草堂》、《次韻刁景純瑞香》、柳子玉遊鶴林招隱唱和「光」字韻諸篇、《金山與柳子玉飲》、《大風留金山寺》、《書焦山綸老壁》、《留别金山二長老》、《刁景純席上和謝生》、《無錫水車》、《僧法通》、《常潤道中寄述古》、《次韻周令》、《蘇州閭丘江君二家雨中飲酒》、《吴江三賢畫像》、《和劉孝叔會虎丘》、《過永樂文長老已卒》、《次韻沈長官》、《自常潤還題寶山上方》。秋七

請也。七月，吕和卿建手實法，使人户自具其丁口田宅之實，隱落者許人告。始行河北保甲。始立方田法。九月，從蔡挺之議，府界、河北、京東西置三十七將。

月，《遊靈隱高峰塔》。八月，再題風水洞。《天竺送桂花分贈元素》、《捕蝗至浮雲嶺懷子由》、《於潛贈毛長官》、《與毛令方尉遊西菩提寺》、《甘露寺彈等》、《平山堂次韻王居卿》、過海州《和陳海州書懷》、《乘槎亭》、《次韻孫職方蒼梧山》、《次韻孫巨源見寄》、《除日贈段屯田》、《虎兒》。

八年乙卯

正月，議新法人汀州編管鄭俠改英州，秘閣校理王安國追毁出身以來文字。時吕惠卿欲遂代安石，恐其復來，乃因鄭俠罪陷安國，因以沮安石。惠卿又數與韓絳忤，絳請復相安石，上從之。二月，王安石自江寧赴闕，拜昭文相。察訪使曾孝寬乞行户馬

先生在密州。

正月，與喬太博、段屯田唱和「半」字韻諸篇。《雪後書北臺壁》及《謝人見和》、《送段屯田》、《和段屯田荆林館》、《出城送客不及》、《謝田賀二生獻花》、《惜花》、《贈喬太博鐵溝行》、《答喬太博莫笑銀杯小》、《寄劉孝叔》、《祭常山回小

	法，户馬始於此。三月，分熙河、秦鳳、涇原、環慶路兵爲十七將。河東始行保甲。六月，從章惇請，摧河北京東鹽。撰到經義，送國子監刊行。詔進士自第一人以下注官，并先試律令大義、斷案。八月，韓絳以安石、惠卿異意免。十月，吕惠卿罷。初，惠卿既與王安石益不協，御史中丞鄧綰、御史蔡承禧交論其姦，故罷。是月罷手實法。十一月，交阯叛。		獵》、《次韻梅户曹會獵》、《孔長源挽辭》、《和章子厚出守湖州》、《次韻章傳道喜雨》、《次韻文潞公超然臺》、《遊盧山次韻章傳道》、《盧山五詠》、《次韻頓教授起見寄》、《次韻子由和韓州送遊山寺》。
九年丙辰	十月，王安石免相，以使相判江寧。蓋安石之再入也，多稱病求去，及子雱死（四一），愈悲傷不自勝，上亦因鄧綰等敗，厭其所爲，故有是命。吴充昭文相，王珪集賢相。十二月，安南平。	先生在高密。按：先生是年用磨勘遷祠部員外郎。九月，詔移知河中府。十一月，發高密，除夕留濰州。	秋七月五日，《答趙郎中見和》。八月十五日，《和孔周翰》（四二）。九月，《和晁同年九日見寄》、《送喬施州》、《次韻劉貢父李公擇見寄》、《次韻趙郎中捕蝗見寄》、《登常山絶頂廣麗

十年丁巳

亭》、《送碧香酒與趙明叔唱和數首。十二月，《次韻劉貢父見予歌詞見戲》。發密州》、《留別雩泉》、《留別釋迦院牡丹呈趙倅》、《次韻周邠寄雁蕩山圖》、《和孔郎中荊林見寄》、《和文與可洋川園池》、《同年王中甫挽詞》。

先生正月發濰州，過青、齊二州，李公擇爲齊守，留月餘，始去。道中改知徐州，時二月也。至京師，有旨不許入國門，寓城外范蜀公園。夏四月，赴徐州，子由同行。五月，到徐。按：是年七月，河決於澶州曹村下埽，八月，水匯徐州城下，漲不得洩，城將敗，富民爭避水。公以身率之，與城存亡，履屨策杖，親督禁卒，築堤捍之；水至提

《正月發濰州中途雪》、《至青州道上懷東武寄交代孔周翰》、《至濟南次韻李公擇相迎》、《送魯元翰知衛州》、《送范景仁遊洛中》、《次韻范景仁留別》、《題王晉卿韓幹牧馬圖》、《司馬君實獨樂園》、《和李邦直沂山祈雨》、《和孔周翰》、《次韻子由顏長道同遊百步洪》、《送顏復兼寄王鞏》、《與梁先舒煥泛舟》、

		下，害不及城，民心以安。按：李邦直時以京東提刑行部至徐，先生與之有唱和，子由亦與。	《初別子由》、《和子由逍遥堂》、《和李邦直子由原田寒憂字韻》、《遊百步洪》、《邀仲屯田爲大水所隔》、《過雲龍山人張天驥》、《臺頭寺送李邦直赴召》、《贈王仲素》、《答任師中家漢公》、《同吳正字王户曹相視溝畎》、《望碪亭》。
元豐元年 戊午		先生在徐州。是年三月始識王迥子高，因作《芙蓉城》詩。黄庭堅字魯直，時爲北京國子監教授，以二詩寄先生，先生始與之有酬唱。李公擇罷齊過徐，留旬日而去。九月九日，黄樓始成。王鞏字定國，時自南京來，以張安道詩卷示先生。安道，鞏婦翁也。秦觀字少游，高郵人，時從先生學，後居四學士之列。僧道潛字參寥，卒由先生得詩	《芙蓉城》、《答黄庭堅》、春旱置虎頭石潭作《起伏龍行》、《次韻潛師放魚》、《訪張山人得山中字》、《送孔郎中赴陝》、《與梁左藏會飲》、《答公擇》、《大風約公擇飲》、《聞公擇飲傅國博家》、《送笥芍藥與公擇》、《送公擇》、《攜妓樂遊張山人園》、《中秋月》、《九月九日發字韻》、《答仲屯田》、《送胡掾》、《次韻子由中秋

名,皆至是始見。

見月》、《次韻張十七九日贈子由》、《與頓起孫勉泛舟》、《答頓起》、《送頓起孫勉》、《答王鞏》、《次韻王鞏馬上見寄》、《答王鞏》、《次韻王鞏顔復賦泛舟》、《次韻王鞏獨眠》、《次韻王鞏留别》、《題張安道近作》、《十月十五日觀黄樓月》、《石炭》、《夜過舒堯文戲作》(四三)、《雲龍山觀燒》、《和田國博喜雪》、《馬上贈舒堯文》、《次韻舒堯文祈雪》、《與舒堯文張山人參寥同遊戲馬臺》、《和鮮于子駿鄆州新堂月夜》、《送李公恕赴闕》、《虔州八境圖》、《遊張山人園》、《和子由送將官梁仲通》、《雨中過舒堯文》、《次韻寄李公擇》、《送梁交赴莫州》、《送

趙屼歸錢塘》、《辯才復歸上天竺》、《鄭户曹賦席上果》、《次韻秦觀》、《次韻僧道潛見贈》、《次韻參寥寄秦太虚》、《與參寥行園中得黄耳蕈》、《百步洪》、《送參寥》、《送鄭户曹》。

二年己未

五月，御史中丞蔡確參知政事。時宰相吴充屢議變法，確固争不可，充屢屈，法遂不變。

先生在徐。二月，移知湖州。經從淮浙間，所至作詩，多追感舊遊。蓋先生昔年自京師赴杭倅、自杭守密及是，凡三往來矣。時秦觀、參寥同載。四月，至湖。七月，御史中丞李定論先生有可廢之罪四，御史舒亶專摘先生詩語以爲譏切時政，且云：「陛下發錢以本業貧民，則曰『贏得兒童語音好[四四]，一年强半在城中』；陛下明法以課羣吏，則曰『讀書萬卷不讀律，致君堯

《人日會獵城南鳥字過字韻》、遊桓山分韻賦「澤」字及「四」字二韻、《種松得徠字》、《罷徐至南京馬上寄子由》、《過宿州次韻劉涇》、《泗州孫景山西軒》、《過淮》、《金山贈寶覺長老》、《惠山和唐人(王武陵等)》、《贈錢道人》、《贈僧惠表》、《松江會秦太虚參寥》、《次韻關令送魚》、五月到湖州《遍遊諸寺》、《和周邠見寄》、《過賈耘老水

舜終無術」；陛下興水利，則曰「東海若知明主意，應教斥鹵變桑田」；陛下謹鹽禁，則曰「豈是聞韶解忘味，爾來三月食無鹽」。御史何正臣亦以先生爲愚弄朝廷，乞行追治。上批令御史臺選牒朝臣一員乘驛追攝。八月十八日，赴御史臺獄。十一月二十八日結案聞奏，差權發遣三司度支副使陳睦録問，無翻異〔四五〕。十二月二十六日，詔責授檢校尚書水部員外郎、黄州團練副使，本州安置。按：王銍《元祐補録·沈括傳》：括先與先生同在館閣，先生論事與時異，補外。括察訪兩浙，陛辭，神宗語括曰：「蘇軾通判杭州，卿其善遇之！」括至杭，與先生論舊，求手録近詩一通〔四六〕，

閣》、《泛舟城南分韻人皆苦炎》、《送淵師歸徑山》、《送表忠觀道士還杭》、《與王郎昆仲及兒子邁分韻》、《和孫同年卞山禱晴》、《送孫著作赴考城》、《次韻李公擇憶彭城折花餽筍》、《舶趠風》、《次韻孫秘丞見贈》、《與客遊道場何山分韻》、《寄淨慈本長老》、《送俞節推》、《次韻孫倅》、《次韻劉貢父登黄樓》、《丁公默送蝤蛑》、《城南尉水亭》、《與胡祠部遊法華山》、《贈賈耘老》、《慈聖皇太后挽詩》、《寄子由》、是年有《臺頭寺步月》、《送宋希元》、《送張師厚赴殿試》、《月下與客飲酒杏花下》、《寒食寄王晉卿》、《次韻田國博石炭》、《次韻黄

		即籤貼以進，云「詞皆訕懟」。後李定論先生詩置獄[四七]，實本於括云。先生在獄中有二詩別子由，子由時爲僉書應天府判官，奏乞納官以贖先生罪。張文定公方平、范蜀公鎮皆上書救先生，不報。先生既貶，子由責監筠州鹽酒税，張公、范公與李清臣、司馬公光以下二十二人，皆以收受詩文罰金有差，王詵、王鞏皆以往還連坐。時二相吴充、王珪，充嘗爲先生致言於上，珪則擠之云。	魯直半字韻》、《次韻子由雙刀》、《答郡僚賀雨》、《出獄再用前韻寄子由》。
三年庚申	二月，行户馬法，令逐路先具民户家業等第、合養馬數以聞。章惇爲右諫議大夫、參知政事。三月，吴充以疾免，未幾卒。六月，中書置局詳定官制。始議分祀南北郊。八月，王安石上改定《詩》	正月，先生出京。過陳，子由自南京來會，留三日而別。過岐亭，訪陳慥。初，先生在鳳翔，與陳公弼不協，先生貶黄州，公弼之子慥季常居岐亭，人謂慥必修怨，乃與先生懽然相得。先生居黄，凡四	《別子由囚字韻》、《與文逸民飲別》、《至蔡州遇雪和子由》、《過新息示任師中》、《過淮碧字韻》、至光州《書霽公詩後》、《遊浄居院》、《過麻城萬松亭》、《種松》、《張先生》、至關山《梅

《書》《周禮》義。九月，詳定官制所上以階易官寄禄新格。

過之。二月，至黄州，寓定惠院[四八]。四月，上文潞公書云：「某始就逮赴獄，有一子稍長，徒步相隨，其餘守舍皆婦女幼穉。至宿州，御史符下，就家取文書，州郡望風，遣吏發卒，圍船搜取，老幼幾怖死，悉取燒之。比事定[四九]，重復尋理，十亡其七八矣。到黄無所用心，輒復覃思於《易》、《論語》，端居深念，若有所得。」五月，子由自南都來，送先生家至黄，留十日別去，赴筠州任。是冬，有答秦太虚書言：「所居對岸武昌，山水佳絶。有蜀人王生在邑中，往往爲風濤所隔，不能即歸，則王生爲殺鷄炊黍，至數日不厭。又有潘生作酒店樊口，棹小舟徑至店下，村酒亦醇釅，大芋長尺

花》、《朱陳嫁娶圖》、《宿禪智寺》、《初到黄州》、《雨中熟睡至晚强起出門》、《定惠院月夜偶出》、《定惠海棠》、《樂著作野步》、《安國寺尋春》、《雨後步至四望亭》、《雨中看牡丹》、《杜沂以酴醿花菩薩泉見餉》、《石芝》、《遊武昌寒溪西山》、《迎子由古律》、《與子由遊寒溪西山》、《次韻子由》、《王齊萬秀才》、《遷居臨皋亭磨字韻》、《嘯軒》、《五禽言》、《孟亭之置酒秋香亭守倅不飲》、《陳孟公》、《次韻子由病酒肺病復發》。

餘，不減蜀中。外縣米斗二十，有水路可致。羊肉如北方，魚蟹不論錢。岐亭監酒胡定之，載書萬卷隨行，喜借人看。黃州官曹數人，皆家善庖饌。太虚視此數事，豈不既濟矣乎！展讀至此，想見掀髯一笑也。」先生生長西蜀，名滿天下，既仕中朝，歷大藩，而一坐貶謫，所至輒狎漁樵，窮山水之勝，安其風土，若將終身焉，其視富貴何有哉！黄人從先生遊者，潘大臨邠老、弟大觀仲達、何頡斯舉輩，後皆有詩名〔五〇〕。

年	時事	事蹟	詩文
四年辛酉	正月，詔試進士加律議。三月，參知政事章惇罷。七月，詔熙河、鄜延、環慶、涇原、河東五路進兵大討西夏〔五一〕，卒無功。詔命直龍圖閣曾鞏	先生在黃州，寓臨臯亭〔五二〕。始營東坡，自號東坡居士。蓋先生初寓居定惠院，未幾遷臨臯亭，後復營東坡雪堂，而處其孥於臨臯。	《正月往岐亭郡人潘古郭送於女王城》、《道上見梅花贈季常》、《潘三失解後飲酒》、《冬至贈姪安節》、《記夢回文》、《與姪安節夜

	充史館修撰，專典國史。上初欲用先生，王珪難之，乃用鞏，明年以不合意罷之。	七月，有旨徐州失覺察妖賊事，免取勘。	坐》、《送安節十四絶》、《樂全先生生日》、《雪中送牛尾貍與徐使君》、《雪後至乾明寺》、《次韻陳四雪中賞梅》、《東坡》、《鐵拄杖》、《次韻王鞏》、《雪後乾明寺宿》、《杭州故人信至》。
五年壬戌	四月，王珪守尚書左僕射兼門下侍郎，蔡確守尚書右僕射兼中書侍郎，知定州章惇守門下侍郎。五月，始詔給事中徐禧與內侍李舜舉共議西事，謀城永樂。九月，永樂陷，禧、舜舉死之。	先生在黄州[五三]。三月，往蘄水見龐安常治疾，疾愈，同遊清泉寺，乃歸。十二月，先生生日，置酒赤壁磯上，客有李委者善吹笛，作新曲《鶴南飛》以獻[五四]。	《與潘郭二生出郊尋春賦魂字韻》、《至汪氏居記天篆》、《寒食雨》、《徐守分新火》、《乞桃花茶栽》、《浚井》、《紅梅》、《初秋寄子由》、《送曹焕往筠州見子由》、《蜜酒歌》、《訪陳季常再和汗字韻》[五五]、《季常見過》、《次韻孔毅父》、《次王郎生日見慶韻》。

東坡先生年譜下

紀年	時事	出處	詩
元豐六年癸亥		先生在黄。	《正月復出東門用魂字韻》、《二月三日點燈會客》、《上巳日與二三子出遊隨所見集爲詩》、《巢元脩菜》、《大寒步至東坡》、《初秋寄子由》、《和王子立》、《次韻秦太虛參寥梅花》、《次韻子由種杉竹》、《次韻王鞏南遷初歸》、《贈石台長老》、《南堂》、《聞子由爲郡僚所捃當去官》、《任師中挽詞》、《徐君猷挽詞》。
七年甲子	正月，命霍翔提舉保馬，吕公雅管勾京西保馬，恩數視提舉保甲官。又詔開封府界户馬，并以家産屋税爲定。	正月，御札：「蘇軾黜居思咎，閲歲滋深，人材實難，不忍終棄，可移汝州團練副使，本州安置。」初，先生既貶，上念之不置，嘗有旨以本官起	《戲劉監倉求油煎粉餌》、《别黄州》、《過江夜行武昌山》、《别陳季常》、《宿石田驛南野人家》、《泉字韻》、《將至筠寄三猶子》、《遊真

知江州。明日改承議郎、江州太平觀。又明日命格不下，或云王珪爲之也。京師有傳先生白日仙去者，上對左丞蒲宗孟嗟惜久之，至是年出手札量移。四月發黄州，自九江抵興國，取高安，訪子由，因遊廬山，出九江，先生長子邁赴德興尉，六月，送之至湖口。秋七月，回舟當塗，過金陵，見王介甫，留一月而去。八月，至京口，渡淮已歲晚矣。先生初欲求田金陵，及淮上，故盤桓久之，然竟不遂。到泗，上表乞常州居住，郎吏拘微文不肯進，乃於鼓院投之，蓋先生舊有田在陽羨也。

如寺》、《别子由》、《初别寄子由》、《初入廬山五言絶句》、《瀑布亭》、《漱玉亭》、《棲賢三峽橋》、《贈總長老》、《題西林壁》、《白石山房》、《和可遵渴泉》、《過李野夫故居》、《陶子駿逸老堂》、《九江追和李太白當陽感秋》、《郭祥正家醉畫竹石》、《哭幼子遯》、《次荆公韻》、《次韻葉濤致遠見贈》、《次韻致遠見和哭子》、《次韻裴維甫見和》、《同王勝之遊蔣山》。至京口，《王中父哀詞》、《以玉帶施金山元長老》、《送金山鄉僧歸蜀開堂》、《金山夢中作》、《蒜山卜居》、《寄王勝之》、《楚州蔡景繁官舍小閣》、《謝黄師是除夜送酥酒》、《答章錢二君見

和》、《贈梁道人》、《龜山贈辯才師》、《和王斿》、《次韻張琬》、《蕭淵東軒》、《次韻王定國南遷回》、《送沈逵赴廣南》、《次蔣穎叔隨字韻》。

八年乙丑
三月，哲宗皇帝即位，宣仁皇后高氏垂簾同聽政。

四月，詔開封府界、京東路户馬旨揮並罷，京東西保馬寬年限，提舉官赴京議改廢。放免市易錢。詔民户欠常平免役息錢并減放。五月，王珪卒。下詔求言。蔡確守左僕射兼門下侍郎，韓縝守右僕射兼中書侍郎，章惇知樞密院，司馬光門下侍郎，光乞盡改新法。七月，吕公著爲尚書左丞，公著亦乞更新法。罷三路保甲團教法。八月，罷諸路市易抵當，青苗錢不許抑勒，役錢寬剩不許過二分。罷提舉經度制置牧馬

先生正月離泗上至南京，尋得請常州居住。時李廌方叔舊從先生學，自陽翟來南京見先生。三月六日，先生在南京，聞神宗皇帝遺詔，尋自南京復赴常。五月一日，過揚州，遊竹西寺，尋有旨復朝奉郎知登州。七月，自常赴登。九月，除尚書禮部郎中。冬十一月，至登州任，未旬日，召赴闕。十二月，除起居舍人。子由是歲八月自知績溪縣除校書郎，未至，遷右司諫。

《元日雪中過淮謁客》、《妙峰亭》、《李憲仲哀詞》、《和王勝之》、《記夢爲張安道作》、《贈眼醫王彦若》、《觀歐育刀劍戰袍》、《高郵陳處士畫雁》、《遊揚州竹西寺留題》、《楊康功醉道士石》、《和迨江口遇風》、《與孟震同遊常州僧舍》、《和賈耘老》、《贈報恩長老》、《送穆越州》、《贈杜介》、《金山妙高臺》、《斗野亭》、《楚州次韻徐大正》、《次韻徐積仲車》、《神宗皇帝挽詞》、《登州海市》、《孫氏松

	司。九月，罷在京免行錢。		堂》、《遺直坊》〔五六〕、《雪後望三山》、《海州高麗館》、《密州贈霍守》、《次韻趙明叔喬禹功》、《孫莘老寄墨》、《送楊傑》、《次韻王覯喜雪》、《次韻王定國得潁倅》。
元祐元年丙寅	正月，司馬光始以病在告。罷河北榷鹽見行新法，依舊通商。按：祖宗以來未嘗榷河北鹽，從章惇言始榷，至是罷之。二月，詔天下免役錢一切并罷，其諸色役人并依舊法定差，如有妨礙，限五日申。閏二月，又以差雇利害不同，詔韓維、吕大防、孫永、范純仁置局辟官詳定。俄又詔且依二月詔定差。蔡確免，司馬光爲尚書左僕射，吕公著門下侍郎，章惇罷。詔户部郎中黄廉按察川路茶	先生在京師。三月辛未，免試除中書舍人。時中丞劉摯等對，宣仁曰：「近除蘇軾輩如何？」摯等對：「甚合公議。」又曰：「盡是此中自除，兼軾天下知其有文，多年淹滯」云。四月癸巳，差同詳定役法。時温公秉政，急於更革，不知助役之法出於神宗聖慮，不欲以衙前重難破其家産，故令官鬻坊場，民出免役錢募人爲之，便於民者固多。由有司奉行失當，免役求寬剩之利，坊場立實封投	《二月退朝獨坐起居院讀漢書儒林傳》、《次韻朱光庭初夏》、《次韻朱光庭喜雨》、《道者院池上》、《送陳侗知陝州》、《與胡完夫錢穆父唱和關壁二首》、《次韻滿恩復》、《次韻陳睦知潭州》、《答西掖諸公見和》、《送表弟程六知楚州》、《用舊韻送魯元翰知洺州》、《祭西太一和韓川韻》〔五七〕、《送戴蒙赴成都玉局觀》、《與鄧聖求會玉堂話武昌舊感》、《送范純

法，具利害以聞。熙寧間初摧蜀茶，李杞、李稷相繼爲之，課利自三十萬增至百萬。元祐初以邊用仰給於此，欲罷未能止。遣使相視，去其甚者。詔禮部議裁定詩賦經義取士之格，立《春秋》博士，復置賢良茂材等科，試新科明法人加《論語》、《孝經》大義等事。罷諸路提舉官。從役法所請，除衙前一役雇募不足方許差，餘役人除召募外并定差，自此差雇之説並行矣。三月，詔删修元豐勑令。按：元豐勑令多成於刻薄者之手，至是用劉摯、孫覺言删修。四月，韓縝免。王安石卒。詔自今科場程試，毋得引用《字説》，仍罷律義。置《春秋》博士一員。五月，呂公著尚書右僕射，文彦博

買之法，所至騷然，民始患苦之。當時言路王覿、孫升輩亦謂宜熟講審取之。先生詳定役法，力言不可以熙寧之故輕改，但當去其所以爲法之蠹者，前二端是也。范忠宣公與先生論同。温公不以爲然。孫永、傅堯俞等同詳定，皆主温公説。先生以此議論不合，五月遂乞罷詳定，詔從其請；有頃，給舍封還不行。至秋復乞罷，卒從之。故劉器之論先生非唯不合於熙寧、元豐，而亦不阿於元祐，非隨時上下者也。先生又嘗乞買田募役，其後王巖叟、王覿共攻罷之。七月，先生奏乞盡罷青苗。八月，差充賀遼國生辰使，辭不行。九月，除翰林學士。於是御史孫升始論先生，比之王安

粹知慶州》、《次韻王震》、《送王伯敭守虢》、《次韻錢穆父舍人病起》、《送賈訥倅眉》、《送程建用》、《題文與可墨竹》、《次韻李脩孺留别》〔五八〕、《用屯字韻送王震知蔡州》、《狄詠石屏》。

太師、平章軍國重事，韓維門下侍郎。呂惠卿貶。六月，李定貶。七月，司馬光入對。八月，復以病謁告。是月，從司馬光言，諸路常平並依舊法，不支俵青苗錢〔五九〕。先是同知樞密院范純仁以國用不足，建請復散青苗錢，故有四月二十六日旨揮，至是光力爭，其説遂寢。罷成都府都茶場，依未置場前任便販賣。九月，司馬光卒。十一月，御史中丞劉摯爲右丞。立經義、詞賦兩科。

石，以爲任用已極，不可加進。十二月，館伴遼國賀龍興節國信使，是月訖事。先是先生與崇政殿説書程頤以戲笑相失，御史朱光庭怨之。光庭，頤門人也。是月，學士院策館職，先生命題，問仁宗、神考之治，光庭遂密疏指摘，以爲譏諷，中丞傅堯俞、侍御史王巖叟又從而和之，必欲論罪乃已。明年正月，有旨令執政召逐人面諭，堯俞等至都堂辯論紛然，執政不能屈，至爭於簾前，久而不決，先生亦抗章自明，太皇太后察實無譏諷意〔六〇〕，卒兩存之。然元祐諸賢迭相攻軋，使姦人得指爲黨，迄於竄謫，靡有遺類，禍實始此。子由是歲秋除起居郎，冬遷中書舍人。

二年丁卯

正月，詔自今舉人并許用古今諸儒之説，勿引申、韓、釋氏書，考試官毋於《莊》、《老》出題。四月，詔復置賢良方正直言極諫科。八月，擒鬼章。十一月，詔考試進士，分經義、詞賦、論、策四場，新科明法添《論語》、《孝經》義，經明行修人省試不合格，令赴殿試。

二月，太皇太后不欲於文德殿受册，先生進詔草，内批付三省改定。先生援故事乞罷，不許。八月，兼侍讀。於是程伊川先生以子由及孔文仲彈擊罷經筵，言者因及先生。先生請補外，不許。子由是冬遷户部侍郎。

《杜介送魚》、《玉堂栽花》、《和三舍人省上》、《送杜介歸揚州》、《次韻子由送家退翁》、《送宋朝散知彭州》、《郭熙畫秋山平遠》、《次韻曾子開從駕》、《送顧子敦奉使河朔》、《次韻劉貢父直省中》、《次韻張昌言喜雨》、《送張天覺赴河東提刑》、《賜筵并賜御書》、《次韻錢穆父秋懷》、《寄賀水部》、《次韻韓康公置酒見留》、《次韻子由述懷》、《贈李道士》、《次韻張舜民出倅》、《和王晉卿》、《送楊孟容》、《次韻子由與孔常父唱和》、《次韻張昌言省宿》、《送錢承制》、《次韻貢父西掖種竹》、《次韻子由韓幹馬》、《次韻張昌言喜雨》、《次韻王定國倅

揚州》、《次韻貢父和韓康公》、《次韻貢父叔侄扈駕》、《送家安國》。

三年戊辰

四月，呂公著拜司空、同平章軍國事，呂大防左僕射門下侍郎，范純仁右僕射兼中書侍郎。

正月，差知貢舉，同知孫覺、孔文仲，參詳黃庭堅、陳軒等，點檢試卷劉安世、李昭玘、晁補之、廖正一、蔡肇、李公麟等。省元章援，惇之子也。三月，入對，乞除閑慢差遣。時楊康國、趙挺之、王覿論公試館職廖正一策題發問不當，攻擊不已，故屢乞郡，賴太皇太后深知之〔六二〕，不聽，至是有請，亦不允。四月，入對東門小殿，受旨草呂公著等三制，太皇太后忽宣諭曰：「內翰前年任何官職？」先生曰：「汝州團練使。」曰：「今爲何官？」曰：

《和子由除夜元日省宿致齋》、《次韻黃魯直題李伯時畫馬》、《追和錢穆父雪中見懷》、《次韻宋肇遊西池》、《送李方叔下第》、《送曹輔赴閩漕》、《次韻王定國會飲清虛堂》、《夜歸再賦示定國》、《次韻劉貢父春日賜幡勝》、《次韻王子立風雨有感》、《送千乘千能還鄉》、《夜直玉堂讀李之儀詩卷》、《次韻謝景仁和賜法酒宮燭》、《和王晉卿送梅花》、《送周正孺知東川》、《韓康公挽詞》、《次韻程六表弟》、《送錢穆

「臣備員翰林充學士。」曰：「何以至此？」先生曰：「遭遇陛下與官家〔六二〕。」曰：「不關老身事，此是神宗皇帝之意，當其飲食而停筯看文字，則内人必曰：此蘇軾文字也。神宗忽時稱曰：奇才，奇才！但未及用學士而上仙爾。」先生哭失聲，太皇太后與上、左右皆泣。已而命坐賜茶，曰：「内翰直須盡心事官家，以報先帝知遇。」先生拜而出，撤金蓮燭送歸院。是年九月，先生因侍上讀祖宗寶訓，遂及時事，力言今賞罰不明，善惡無所勸沮，黄河勢方西流而强之使東，夏人寇鎮、戎，殺掠幾萬人，帥臣拚蔽不以聞，每事如此，恐成衰亂之漸。當軸者恨之。先生知不見容，益求去〔六三〕。

父》、《送蹇道士歸廬山》、《送周朝議守漢川》、《追和梅聖俞木假山》、《王慶源求紅帶》、《送程七表弟知泗州》。

冬十月，上疏力辨謗傷之由，且乞郡〔六四〕，不許。十二月，以所舉學官周穜上書乞以王安石配饗〔六五〕，上疏自劾。

四年己巳

二月，司空呂公著卒。三月，中書侍郎劉摯極言：「役法一事，自元祐元年改作差法，乃是將祖宗差役法及先帝雇役法參而用之，又令監司州縣博訪利害逐旋申明，自後四方論列不一，今其法改變者十之六七矣。近日科場一事摇動熒惑，昨元祐元年令兩制侍從臺省臣僚講議定奪，凡一年有餘，又經聖覽，方此施行，亦是將祖宗、先帝之法合詩賦經義爲一科，是萬世有利無害可行之法，今止是安石之黨力要用經義，願勿爲浮議所動。」按：元祐諸賢欲革弊而不思所以自善

春三月，除龍圖閣學士知杭州。給事中趙君錫乞留先生，不報。命下踰月，先生上疏：「臣近以臂疾堅乞一郡，蒙差知杭州，臣初不知其他，但謂朝廷哀憐衰疾，許從私便。及出朝參，乃聞班列中紛然言近日臺官論奏臣罪狀甚多〔六六〕，而陛下曲庇，不肯降出，故許臣外補。伏望聖慈將臺諫官章疏降付有司，令盡理根治，依法施行，所貴天下曉然，皆知臣有罪無罪，免使在廷之臣議陛下屈法庇臣，則雖死不恨。」又言：「臣今方遠去闕庭，欲望聖慈察臣孤立，今後有言及

《次韻王晉卿上元侍宴端門》、《有美堂次韻答劉景文》、《送葉朝奉》、《送文登石遺垂慈老人》、《送參寥住智果院》、《送子由使契丹》、《哭王子立》、《次韻秦少章和錢蒙仲》、《次韻錢越州》、《同秦仲二子雨中遊寶山》、《次韻梅子明謝送文登石》、《次韻毛滂法曹感雨》、《復遊西湖用歐陽察判韻》、《與莫同年飲西湖上》。

其法，欲去小人而不免於各自爲黨，憤嫉太深而無和平之氣，攻詆已甚而乖調復之方，同異生於愛憎，可否成於好惡。朝廷之上，議論不一，差役科場，久而不定，更易煩擾擾中外厭之。故中丞李常亦論：「變法以來，差役之害溥加農民，科場之弊廣及士子，大略可見。」故當其時，潛懷窺伺、陰謀動搖者已伏其間，而諸賢輕患忽禍，自以無它，方更相攻擊不已，卒使小人藉之以爲資，起而乘之，馴至大變，豈專王、吕、章、蔡之罪哉？四月，知漢陽軍吳處厚繳進蔡確《車蓋亭》十詩，以爲謗訕，諫官吳安詩、劉安世、梁燾等交章論之，確由是貶新州安置，臺諫不言與從官營救者皆黜。五月，罷奏者，乞付外施行。」四月，出京。五月，過南京，徐州教授陳師道履常，先生在朝所薦士也，託疾謁告，出境來見，同舟東下，至宿而歸。履常後除太學博士，卒以此爲言者論罷之。六月，過湖，會張昌言仲謀、曹輔子方、劉季孫景文、蘇堅伯固、張秉道，此後六客也。七月，至杭，時秦少游之弟覯少章及仲天貺者，從先生學於杭，法曹毛滂澤民舊以詩文受知。先生又言役法及科場經義詩賦事，皆不行。是歲子由代子瞻遷翰林學士，尋擢吏部尚書。未幾，出使契丹〔六七〕。

舉經明行修人。六月。范純仁免相，以營救蔡確也。右丞王存亦以是罷。

五年庚午	二月，文彦博致仕〔六八〕。時宰相吕大防、中書侍郎劉摯建言，欲引用元豐黨人以平舊怨，謂之調亭。蘇轍爲中丞，極論其事，以爲邪正難並處。朝廷自更革弊事以來，中外帖然，莫以爲非，唯姦邪失職居外，日夜窺伺便利，規求復進，不免百端動摇，若並進於朝，以示廣大無所不容之意，此等必戕害正人，漸復舊事，以快私忿，人臣被禍不足言，朝廷可惜。轍凡一再言之，太皇太后感悟〔六九〕，其説遂衰。又言：「黄河本北流，今强之東流，河朔生靈爲之一困。熙河將吏創築質孤、勝如二堡，漸成邊隙。及	先生在杭州。浚西湖，爲長堤，修六井。子由是年夏爲御史中丞。	《次韻劉景文周次元同遊西湖》、《次韻王中玉足字韻》、《送王元直仲天貺》、《謝怡然惠新茶》、《次韻順闍黎見招》、《次韻子由涿州見寄》、《次韻劉景文和順闍黎》、《次韻程朝奉謝送新茶》、《送張山人歸彭城》、《次韻林子中王彦祖》、《和景文開字韻》、《真覺院賞枇杷》、《答張子野》、《次韻劉景文登介亭溽字》、《次韻蘇伯固》、《贈南屏謙師點茶》、《追和除夜舊題都廳》、《次韻楊公濟梅花》、《次韻關景仁送紅梅栽》〔七〇〕、《次韻劉景文送錢蒙仲》、《梅宣義園

	元祐之初，務役法一例，復差雇並行，紛擾無定，外人皆以朝廷吝惜坊場錢而忍於殫民力，如此等事，臣輩猶知其非，況於在外小人，心懷異同，志在反覆，幸國之失，有以藉口，必將多造謗議，乘時而發。欲乞宣諭執政，事有失當，改之勿疑。」其言切至，實中當時之病。		亭》、《送程懿叔赴夔州運判》。
六年辛未	二月，劉摯右僕射、中書侍郎。蘇轍尚書右丞。十一月，劉摯免。初，摯爲中書侍郎，以吏額房事與左僕射吕大防議稍不合，士大夫趨利者交鬭其間，因造爲朋黨之論。及摯爲相，與大防同列，言者鄭雍、楊畏爭詆摯，謂摯黨凡三十人，具姓名以聞，且謂摯牢籠章惇、邢恕，遂免。	正月，除吏部尚書。二月，改翰林學士承旨。初命先生以吏部尚書兼承旨，繼以潁濱執政親嫌，故有是命。三月，離杭州，沿途具辭免狀，乞除揚、越、陳、蔡等郡，至闕復上疏自辨乞去。五月，除兼侍讀。秋七月，累疏乞外，且回避賈易。蓋易與趙君錫彈奏先生不已，至摘先生元豐末遊竹西寺詩語，誣以悖逆，賴	《上元次韻劉景文路分》、《再和楊公濟梅花》、《次韻曹子方真覺院瑞香》、《櫻筍》、《別南北山諸道友》、《次韻黃安中兼簡林子中》、《留別蹇道士》、《送小本禪師赴法雲》、《浴室院東堂閱舊詩卷次韻》〔七二〕、《破琴》、《感舊別子由》、《次韻范純父硯屏》、到潁有《西湖觀月聽琴》、《贈朱遜

太皇〔太后〕察其無他，卒以自明。易與君錫雖相繼逐去，先生尋亦補外矣。易，亦程伊川門人也。八月，除龍圖閣學士知潁州。閏八月，到任。時陳履常爲教授，趙令畤德麟爲僉判。德麟，先字景貺，先生爲改今字。

之》、《放魚》、《獨酌試滑盞有懷諸君子》、《過歐陽叔弼小齋》、《聚星堂雪》、《喜劉景文至》、《次韻景文禱雨》、《題景文家藏樂天身心問答》、《用聚星堂韻留景文》、《和景文見贈》、《用隅字韻送景文》、《小飲西湖懷二歐》、《次韻陳履常龍潭》、《次韻陳履常雪中》、《泛潁》、《送歐陽主簿赴官韋城》、《送歐陽季默赴闕》、《次韻趙景貺督兩歐作詩及破陳履常酒戒》、《勸履常飲》、《臂痛謁告示四君子》、《勸履常飲》、《次韻錢穆父見寄》、《送歐陽季默惠油煙大魚》〔七二〕、《送叔弼》、《挑叔弼季默》。

七年壬申

六月，蘇頌右僕射兼中書侍郎，蘇轍門下侍郎。冬，復合

正月，移知鄆州，尋改揚州。三月，到任，時晁補之無咎爲

《次韻陳傳道雪中觀燈》、《次韻趙景貺春思》、《臘梅

祭天地于南郊。

通判。七月，除兵部尚書充南郊鹵簿使。八月，除兼侍讀。先生上章求補外，詔已差充南郊鹵簿使，不許。九月，至闕[七三]。冬十一月，乞越州，不允，除端明殿學士、翰林侍讀學士充禮部尚書。

贈景貺》、《任仲微閱世堂》、《新渡寺送任仲微》、《次韻趙德麟送陳傳道》、《趙德麟餞飲湖上》、《過塗山荆山記所見》、《送王竦》、《戲和趙景貺求酒》、《洞庭春色》、《送路都曹》、《次韻景貺雪中惜梅餉酒》、《淮上早發》、《次韻徐仲車》、《次韻趙令時新開湖》、《和晁補之相迎》、《次韻林子中春日新隄書事》、《雙石》、《送芝上〔人〕遊廬山》、《次范純父韻送秦少章》、《次韻蘇伯固送李彦博》、《送晁美叔》、《谷林堂》、《石塔寺》、《追和陶淵明飲酒》、《次舊韻贈張天驥》、《贈杜輿種松》、《次定國秋字韻》、《至都門先寄子由》、《郊祀慶成》、《次

韻錢穆父侍祠郊丘》、《答岑巖起》、《次韻劉景文以古畫爲壽》、《次韻王仲至喜雪御筵》、《次韻蔣穎叔扈駕》、《滕達道挽詞》、《送程德林赴真州》、《次韻王定國見寄》、《次韻蔣穎叔錢穆父從駕》、《啓聖僧舍遇趙令畤》、《仇池石唱和》、《次韻丹元姚先生》。

八年癸酉 九月二日宣仁皇后崩

三月，蘇頌免，以御史楊畏言其稽留賈易除命故也。七月，范純仁右僕射、中書侍郎。

是夏，御史黃慶基、董敦逸連疏論川黨太盛，且及先生草制詞多指斥先帝，又與弟轍相爲肘腋。中丞李之純等以爲二人誣諂善良，并得旨與知軍差遣，先生尋亦乞越州。六月，以端明、翰林侍讀二學士除知定州。七月，再乞越，不允。按，先生雖補外，自此至九月尚留京師，行禮部事。時太皇太后上仙，哲宗方親

《次韻秦少游王仲至元日立春》、《侍飲端門樓上》、《送蔣穎叔帥熙河》、《次韻蔣穎叔觀燈》、《禮曹北垣種稺栝》、《次韻晉卿押伴高麗宴射》、《次舊韻贈汶公》、《東府雨中寄子由》、《送黃師是赴兩浙憲》、《送范中濟知慶州》、《呂與叔挽詞》、《程德孺生日》、《晁説之考牧圖》、《送曾仲錫

		庶政，先生將赴定，不得面辭，直批出令起發赴任〔七四〕。先生上疏言：「聖人有爲，必先處晦觀明，處靜觀動，默觀庶事之利害，與羣臣之邪正，以三年爲期，切恐好利之臣，輒勸陛下輕有變改。」時朝廷議論已變，公不以身退而廢忠言。先生辟李之儀爲屬，同行。冬十月，到定州。是歲八月，先生繼室同安郡君王氏諱潤之卒於京師。	通判如京師》、《送王敏仲北使》、《與曾仲錫劉燾唱和蜜漬荔枝》、《太皇太后高氏挽詞》、《石芝》。
紹聖元年 甲戌 四月十二日改元	二月五日，李清臣中書侍郎，鄧溫伯左丞，二人遂首建紹述之説，以元豐事激怒上意，而清臣尤力。三月，呂大防免。詔今次御試舉人，依舊試策。初，熙寧罷三題以策試士，元祐罷策復用三題；至是改從熙寧。是月，上御集英殿策士〔七五〕，李清臣爲	先生在定州。夏四月，公親如北嶽禱雨。是月，御史虞策、來之邵言先生所作誥詞，多涉譏訕，當明正典刑。詔落二學士，以本官知和州，又改英州。范忠宣論救不聽。閏四月〔七六〕，先生去定。六月，御史來之邵等復言先生	《立春日小集呈李端叔》、《次韻曾仲錫元日見寄》、《二月二十日子由生日以檀香佛像及新合印香篆盤爲壽》〔七七〕、《二十五日寄餾合刷瓶與子由》〔七八〕、《三月二十日開園》、《雪浪石》、《次韻李端叔送翟安常》、《次韻王雄州送侍其

策問，專及熙寧、元祐之政，考官御史楊畏取主熙豐者。已而子由抗疏力論其事，上不悦，遂罷，改以本官知汝州，紹述之論寖成矣。四月，詔王安石配享神宗廟〔七九〕，復印行王安石《三經義》，詔役法并依元豐八年見行條約。按，元祐變法，惟役法久而不定，其患皆起於諸賢自相攻詆，各於其説取勝，使民間患苦甚於雇役，而小人得藉之爲紹述之資矣。五月，罷詩賦，專治經術。閏四月壬申〔八〇〕，李清臣請復諸路提舉常平官。六月，責降呂大防、劉摯等。七月，追降司馬光、呂公著等，及責降元祐以來用事人。九月，復罷制科。十二月，復在京免行錢。范祖禹、黄庭堅以史

自元祐以來多託文字譏斥先朝，雖已責降，未厭輿論，責授寧遠軍節度副使，惠州安置。是月，先生至當塗，始被惠州之命，遣家還陽羨，獨與幼子過同行。冬十月，到惠州，寓居合江樓。俄遷於嘉祐寺、松風亭〔八一〕。子由是歲貶筠州。

涇州》、《劉醜厮》、《鵠嘆》、《以松醪寄王雄州》、《次韻王雄州留别》、《次韻端叔謝送牛戩畫》、《過臨城望太行山》、《過湯陰得豆麥粥》、《過高郵寄孫君孚》、《過長蘆謁夫禪師》、《次韻聞復憶中和堂作》、《六月七日泊金陵阻風謝鍾山泉公寄詩》、《贈清凉寺和長老》、《慈湖峽阻風》、《湖口記壺中九華石》、《過廬山》、《江西》、過廬陵作《秧馬歌》、《入贛過惶恐灘》、《鬱孤臺》、《廉泉》、《塵外亭》、《天竺寺》、《過大庾嶺》、韶州《望韶石》、《南華寺》、《月華寺》、《碧落洞》、《峽山寺》、《清遠縣見顧秀才談惠州之美》、《蒲澗寺》、《贈蒲澗長老》、《發廣

	事貶〔八三〕。		州》、《浴日亭》、《宿寶積院示兒子過嗚字韻》、《寓居合江樓》〔八二〕、《遊白水山佛蹟巖》、《湯泉》、《松風亭梅花》、《贈朝雲》、《子由新修汝州吳生畫壁》〔八四〕。
二年乙亥〔八五〕	七月，户部尚書蔡京請復苗。八月，詔吕大防等〔八六〕，永不用期數赦恩叙復。范純仁以上疏諫上，責知隨州。十一月，重彫印王安石《字説》	先生在惠州。正月，遊羅浮。三月，遊白水山。又遷居合江樓。秋，又遊白水山〔八七〕。	《寄鄧道士》、《惠州上元》、《棲禪精舍和兒子過》〔八八〕、《嘉祐寺東野人家》、《和淵明歸田園居》、《桄榔杖寄張文潛》、《次韻程正輔遊碧落洞》、《同正輔戲作》、《荔支歎》、《小圃五詠》、《追和淵明詠二疏》、《和淵明詠三良》、《和淵明荆軻》、《和淵明形影神》等、《次韻王子直》、《次韻吴子野》。
三年丙子	正月，詔罷合祭天地，以夏至日祭地于北郊。二月，復保甲冬教。八月，范祖禹、劉安	先生在惠州。四月，始營白鶴新居。又遷於嘉祐寺。	《追和淵明斜川》、《新年》、《過何道士問疾》、《追和淵明酬郭主簿》、《遷居嘉祐

世以元祐中論禁中覓乳母事，重貶祖禹賀州、安世英州。

寺》、《惠州東西二新橋》、《悼朝雲》、《重九》、《追和淵明歲暮和張常侍》、《槐葉冷淘》、《和子由菖蒲花》、《次韻程正輔江行見桃花》、《追餞正輔至博羅》〔八九〕、《遊博羅香積寺》、《春日與許進士野步》、《初食荔支》、《酒醒步月理髮而寢》、《連雨江漲》、《追和淵明九日閒居》、《江月》、《追和淵明貧士》、《迎程正輔遊字韻》、《同正輔遊白水山香積寺》、《和淵明己酉重九》、《記夢中論神仙道術》、《殘臘獨出》、《和淵明移居》、《和淵明讀山海經》、《和定惠欽老》、《次韻子由所居》、《和淵明移居》、《和淵明劉柴桑》。

四年丁丑	正月，李清臣罷，以姑之子曰嗣宗指斥伏誅故也〔九〇〕。二月四日，重貶司馬光、呂公著等，尋以呂大防、劉摯、蘇轍等罪與光無異，並行責降，元祐黨人竄斥無遺，時章惇疑上復欲進用元祐人故也。罷《春秋》科。文彥博降太子少保。四月，又追貶呂公著、司馬光崖州昌化軍司户參軍，以邢恕僞造光有「宣訓可慮」之言〔九一〕，故借以貶二公也。追貶王珪萬安軍司户參軍，亦以邢恕等誣其元豐末命有二心也。八月，起同文館獄，以文及甫與邢恕書有「司馬昭」、「眇躬」等語，謂元祐諸臣謀廢立也。時將大有所誅戮，會星變，上怒稍怠，然蔡京、安惇極力煅煉不已，而安燾卒於化州，劉摯卒	二月，白鶴新居成，始自嘉祐寺遷入。長子邁亦至自毘陵。閏二月，再責授瓊州別駕，昌化軍安置。夏四月，發惠州。子由時貶雷州，相遇於藤，同行至雷。六月，別子由渡海。七月，至昌化。	《和淵明時運》、與循惠二守唱和「深」字韻諸篇、《和淵明答龐參軍》、《送周循州》、《白鶴山鑿井》、《種茶》、《至梧州寄子由》、《和淵明止酒》、《肩輿坐睡夢中得句》、《和前韻寄子由》、《夜夢》、《和淵明連雨獨飲》、《追和淵明田舍始春懷古》、《夜坐寄子由》、《和淵明停雲勸農》、《次韻子由月季花再生》、《次韻子由東樓東亭椰子冠》、《次韻子由浴罷》、《儋耳》。

元符元年戊寅六月一日改元	於新州。明年五月，獄乃罷。九月，詔鄭俠上書謗訕，除名，英州編管。王安國毀其兄安石，而二子旊、斿進狀訴父冤，皆責官。	初，朝廷遣呂升卿、董必察訪廣東西，謀盡殺元祐黨人，曾布争於上，以升卿與二蘇有切骨之怨，不可遣，乃罷升卿，猶遣必使廣西。時先生在儋，僦官舍數椽以居止，必遣人逐出。遂買地城南，爲屋五間，士人畚土運甓以助之。屋成居其下，食芋飲水著書以爲樂，處之泰然，無遷謫意。必卒奏知雷州張逢館置二蘇，且爲子由修宅。詔蘇轍移循州，張逢勒停。	《上元夜過赴儋守召獨坐》、《以黄子木柱杖爲子由壽》、《三月上巳携酒與老符秀才飲》、《新居成示過》、《遷居之夕聞鄰舍兒讀書》、《用過韻與諸生飲酒》、《夜燒松明火》、《贈吴子野》、《和淵明擬古》、《被酒獨行訪黎氏舍》、《次韻過得邁書酒》、《五色雀》、《倦夜》、《縱筆》、《次韻子由贈吴子野》。
二年己卯		先生在儋[九二]。時軍使張中既官滿，坐役兵修驛館先生，董必體究，貶中雷州，監司程節坐不覺察降官。	《嘉魚亭下送邵道士》、《送昌化軍使張中》、《謫居三適》、《貧家淨掃地》。
三年庚辰正月，徽宗	二月，韓忠彦除門下侍郎。四月，拜右僕射兼中書侍郎，	二月，先生以登極恩移廉州安置。同時化州别駕循州安	《聞黄河已復北流》、《天門冬酒熟》、《和戊寅歲達字

皇帝即位，欽聖皇后向氏垂簾。七月，欽聖皇后還政

李清臣門下侍郎。五月，左丞蔡卞罷。九月，章惇免，以定策異議也。十月，韓忠彥左僕射兼門下侍郎，曾布拜右僕射兼中書侍郎。

置蘇轍移永州，追官勒停人雷州編管秦觀移英州，承議郎添差監復州在城鹽酒稅張耒通判黄州，承議郎監信州酒稅晁補之僉書武寧軍判官，涪州別駕戎州安置黄庭堅爲宣義郎添差鄂州在城鹽稅。四月，先生以生皇子恩詔授舒州團練副使，永州居住。又詔蘇轍濠州團練副使移岳州，張耒與知州，晁補之與堂除通判，黄庭堅與奉議郎堂除簽判，秦觀英州別駕移衡州，皆先生黨人也。按，先生五月始被廉州之命。六月，發昌化，渡海，與秦少游別於海康。七月，至廉。八月，自廉歷容、藤，與長子邁相期於廣州，須骨肉至乃行。十一月，詔復朝奉郎、提舉成都府玉局觀，在外州軍任便

韻》、《洞酌亭》、《晴字韻》、《澄邁驛通潮閣》、《烏觜泅濟》、《宿浄行院》、《瓶笙》、《歐陽晦夫畫像》、《晦夫惠琴枕接䍦》[九三]、《和愈上人》、《合浦龍眼可敵荔支》、《留別廉守》、《次韻王鬱林》、《至藤州夜起對月贈邵道士》、《在藤與徐元用遊浮金堂》、《送邵道士》、《將至廣用過韻寄邁迨二子》、《和廣州蕭倅見贈》、《和楊字韻答鑒老》、與孫叔静、李端叔唱和諸篇、《衆妙堂》、《鑒空閣》、《何公橋》、《次韻鄭介夫》、《次韻韶守狄大夫》、《次韻韶倅李通直》、《東坡羹》、《寄爲蘇伯固》、《遊城東學舍用示周掾祖謝韻》、《夢歸白鶴故居用還舊居韻》、

居住。命下日已至英州，始與鄭俠介夫相會於英，歲晏留韶，不發。

《得鄭嘉會書用贈羊長史韻》、《遊北城謝氏廢園用使都經錢溪韻》、《郊行步月用還江陵夜行塗中韻》。

建中靖國元年辛巳

二月，章惇貶雷州司户。按：是時上意厭黨人攻擊不已，欲以中道爲衡，消弭其變，歸於無事，故以建中靖國紀年。然韓忠彦爲相，不能發明上意〔九四〕，元祐諸人出於竄斥萬死之餘，雖稍稍收叙，而忠彦闇於事情，慮不及遠，迄不能成壞植散羣之功，至與曾布作惡，引蔡京自助，京用而禍愈深矣。

正月，先生自韶至南雄，度嶺，經行南安，與劉安世器之相遇，同舟至江州，同遊廬山。五月，次當塗、金陵、真州。時米芾元章爲發運管勾，日來會。初，先生決計與子由同居潁昌，俄聞時論已變，自度不可居近地，遂居常州。六月，至常，病甚，乞致仕，表大略云：「臣素有薄田在常州宜興縣，粗了饘粥，所以崎嶇萬里，奔歸常州，以盡餘年。五月間行至真州，瘴毒大作，乘船至潤，昏不知人者累日。今已至常，百病横生，全不能食者二十餘日，自料必死，欲望朝廷哀憐，許臣

《贈大庾嶺上老人》、《嶺上梅》、《過嶺》、《田氏水閣獨秀峰》、《南安顯聖寺》、《虔州贈南禪湜老乞數珠》、《鬱孤臺》、《虔守霍大夫監郡許朝奉見和復次韻》、《贈術士謝晉臣》、《虔州景德湛然堂》、《和楊行先用鬱孤臺韻》、《用數珠韻贈湜長老》、《和猶子遲韻贈孫志舉》、《南禪長老和詩不已作六蟲篇答之》、《明日南禪和詩不到重賦數珠篇以督之》、《用前韻再和霍大夫》、《用前韻再和許朝奉》、《用前韻和孫志舉》、《崔文學見過用前韻

守本官致仕。」一請而獲。以七月二十八日公薨於常州城中，葬於汝州郟城縣鈞臺鄉上瑞里(九五)。

示志舉》、《贈吕倚承事》、《王子直相逢贛上用舊韻留別》、《次韻江晦叔》、《次韻江晦叔兼呈器之》、《寒食與器之遊南塔寺》、《玉版長老》、《吉州永和鎮清都觀贈謝道士》(九六)、《過湖口再和壺中九華》、《過當塗次韻郭祥正》、《金陵贈清涼長老》、《睡起聞米元章送麥門冬飲子》、《夢中寄朱行中》、《答徑山琳長老》。

宿既略采國史，譜先生之年而繫其詩於下，然篇目之先後，與今所刊，或不盡合。蓋先生之文如大川洪河之注，方其淋漓汗漫，揮斥一世，或得於談諧戲謔之餘，不自靳惜；或落筆爲人取去，不復記省；故其散出於人間，所在而有，傳者不同。觀先生與劉沔書，大略可見。歲月既久，始合諸家之傳，以成一集，於先後有不暇深攷者。今所刊本篇目次第，蓋仍其舊，年譜雖稍加釐正，而各有所據，其間亦不能與之無異，覽者當自得之。嘉定六年中秋日，吳興施宿書。

〔一〕及商周之詩：「及」字《蘇詩佚註》本施宿《東坡先生年譜》（以下簡稱底本）、蓬左文庫本《東坡先生年譜》（外一種）》（以下簡稱蓬左本）均有，陸游《渭南文集》卷十五《施司諫註東坡詩序》無。
〔二〕識者所取：「取」字底本作「進」，據《渭南文集》改。
〔三〕新掃舊巢痕：「舊」字底本原脱，據《渭南文集》補。
〔四〕車中有布乎：「中」字底本原脱，據《渭南文集》補。
〔五〕指當時用事者：「事」字下底本衍「之」，據《渭南文集》、蓬左本删。
〔六〕必皆能知此：底本作「必皆如此」，據《渭南文集》改。蓬左本作「必皆能如此」。
〔七〕後二十五六年：「六」字底本無，據《渭南文集》、蓬左本改補。
〔八〕吴興施宿：「施」字下底本衍「食」字，據《渭南文集》、蓬左本删。
〔九〕至能所託：「能」字底本原脱，據《渭南文集》補。
〔一〇〕正月五日：「月」字下底本衍「山」字，據《渭南文集》删。
〔一一〕東坡先生詩：「詩」字底本原脱，據蓬左本補。
〔一二〕佐郡會稽：「稽」字底本作「乩」，據蓬左本改。
〔一三〕所挾益大：「所」字底本無，據宮内廳書陵部所藏《王狀元集百家註分類東坡先生詩》（以下簡稱宮内廳本）卷之九前頁所抄之施宿序補。
〔一四〕爲時天人：「天」字底本原脱，據蓬左本、宮内廳本補。
〔一五〕用之而不能盡：「不」字底本無，據宮内廳本補。
〔一六〕取新法：「取」字底本殘損，據蓬左本、宮内廳本補。
〔一七〕庶幾觀者：「觀」字底本原脱，據蓬左本、宮内廳本補。
〔一八〕生於眉山縣：「於」字底本無，據蓬左本補。
〔一九〕四年丁丑：此四字底本無，據蓬左本補。

〔二〇〕亥時生：「亥時」二字底本無，據蓬左本補。
〔二一〕阮籍嘯臺：此詩題底本無，據蓬左本補。
〔二二〕公事：此二字底本作「事公」，據蓬左本改。
〔二三〕三首：此二字底本無，據蓬左本補。
〔二四〕記吴道子開元寺畫：底本作「記吴道開元寺子事」，據蓬左本改。
〔二五〕英宗自在藩邸聞公名欲以唐故事召入翰林：「在」字底本在「故事」下，據蓬左本改。
〔二六〕送曾子固倅越：此詩題底本無，據蓬左本補。
〔二七〕往復賈販：「賈」字底本作「買」，據蓬左本改。
〔二八〕盧秉：「秉」字底本作「策」，據蓬左本改。
〔二九〕開元寺山茶盛開：「寺」字底本原脱，據蓬左本補。
〔三〇〕和賈收吴中田婦嘆：「婦」字底本作「父」，據《施註蘇詩》改。
〔三一〕自「是命。尋命安石提舉」至「王韶復河洮」共一百二十五字，底本原脱，據蓬左本補。
〔三二〕吉祥寺花將落：「寺」字蓬左本原脱，據《施顧註蘇詩》補。
〔三三〕自「次韻章傳」至「《遊東西巖》」共二十四詩題，底本原脱，據蓬左本補。
〔三四〕送杜戚陳三掾罷官歸鄉：「罷」字蓬左本原脱，據《施顧註蘇詩》補。
〔三五〕樓上晚景：「上晚景」三字蓬左本殘損，據《施顧註蘇詩》補。
〔三六〕自「《述古責不赴會次前韻》」至「《次韻周長官同餞魯少卿》」共二十詩題，底本原脱，據蓬左本補。
〔三七〕七年甲寅：此四字底本原脱，據蓬左本補。
〔三八〕正月句：此句十三字底本原脱，據蓬左本補。
〔三九〕是歲句：此句九字底本原脱，據蓬左本補。
〔四〇〕過丹陽寄魯元翰謁惠山錢道人：此二題，底本原脱，據蓬左本補。

〔四一〕子雱死：「雱」字底本作「雩」，據蓬左本改。
〔四二〕和孔周翰：底本作「和周孔翰」（熙寧十年丁巳條亦同），據《施顧註蘇詩》改。
〔四三〕夜過舒堯文戲作：「堯文」底本作「文堯」，據蓬左本改。
〔四四〕贏得兒童：「贏」字底本作「羸」，據《施顧註蘇詩》卷六《山村五絶》詩改。
〔四五〕無翻異：「翻」字底本作「番」，據《烏臺詩案》改。
〔四六〕求手録近詩一通：「手」字下底本衍「生」字，據蓬左本删。
〔四七〕後李定論先生詩：「定」字下蓬左本多「等」字。
〔四八〕寓定惠院：此四字底本無，據蓬左本補。
〔四九〕比事定：「比」字底本無，據蓬左本、蘇軾本集補。
〔五〇〕後皆有詩名：「名」字底本殘損，據蓬左本補。
〔五一〕詔熙河句：「熙河」二字底本無，與下文「五路」不符，據史書補。
〔五二〕寓臨皋亭：此四字底本無，據蓬左本補。
〔五三〕先生在黄州：「州」字蓬左本無，但下文多「子由在筠。先生」六字。
〔五四〕客有李委者善吹笛作新曲鶴南飛以獻：「善」、「鶴」二字底本原脱，據蓬左本補。
〔五五〕訪陳季常再和汗字韻：「汗」字底本作「汁」，據蓬左本改。
〔五六〕遺直坊：「坊」字底本作「堂」，據蓬左本改。
〔五七〕祭西太一和韓川韻：「韻」字底本無，據蓬左本補。
〔五八〕次韻李修孺留别：此詩題底本無，據蓬左本補。
〔五九〕不支俵散：「俵」字底本作「依」，據蓬左本改。
〔六〇〕太皇太后：「太后」二字底本無，據史書補。
〔六一〕賴太皇太后：「太后」二字底本無，據史書補。

〔六二〕與官家：此三字底本無，據蓬左本補。

〔六三〕不見容益求去：「益」字底本原脱，據蓬左本補。

〔六四〕上疏力辨謗傷之由且乞郡：此二句底本作「上疏力郡」四字，據蓬左本改。

〔六五〕以所舉官：「所」字蓬左本作「前」。

〔六六〕罪狀甚多：「狀」字底本作「伏」，據蘇軾本集改。

〔六七〕自「是歲子由代子瞻遷翰林學士」至「出使契丹」：此四句底本作「是歲子由遷翰林學士」一句，據蓬左本補。

〔六八〕文彦博致仕：「文」字底本無，據蓬左本補。

〔六九〕太皇太后感悟：「太后」二字底本無，據史書補。

〔七〇〕次韻關景仁送紅梅栽：「紅」字底本作「江」，據《施顧註蘇詩》改。

〔七一〕浴室院東堂閲舊詩卷次韻：「閲」字底本作「門」，據蓬左本改。

〔七二〕送歐陽季默惠油煙大魚：「送」字蓬左本作「次韻」。按：據《施顧註蘇詩》應爲兩題：「《歐陽季默以油煙墨二丸見餉各長寸許戲作小詩》、《明日復以大魚爲饋且求詩故復戲之》。」

〔七三〕至闕：「至」字蓬左本作「到」。

〔七四〕直批出：「出」字底本作「書」，據蓬左本改。

〔七五〕集英殿策士：「殿」字底本無，據史書補。

〔七六〕閏四月：「四」字底本無，據史書補。

〔七七〕新合印香篆盤爲壽：「篆」字底本在「壽」字下，據蓬左本改。

〔七八〕二十五日寄鐺合刷瓶與子由：「鐺」字底本在「壽」字下，據蓬左本改。

〔七九〕詔王安石配享神宗廟：「廟」字下底本衍「廷」字，據《四河入海》卷二十五之四所引施宿本譜删。

〔八〇〕閏四月：「四」字底本無，據史書補。

〔八一〕松風亭：此三字底本無，據蓬左本補。

〔八二〕寓居合江樓：「樓」字蓬左本作「亭」，據《施顧註蘇詩》改。

〔八三〕自「請復諸路提舉常平官」至「黄庭堅以史事貶」：共六十五字，底本原脱，據蓬左本補。

〔八四〕自「身馬歌」至「子由新修汝州吴生畫壁」共二十四詩題，底本原脱，據蓬左本補。

〔八五〕二年乙亥：此四字底本原脱，據蓬左本補。

〔八六〕自「七月户部尚書」至「詔吕大防等」共十八字，底本原脱，據蓬左本補。

〔八七〕自「先生在惠州」至「遊白水山」共十六字，底本原脱，據蓬左本補。

〔八八〕自「寄鄧道士」至「棲禪精舍和兒子」共十五字，底本原脱，據蓬左本補。

〔八九〕追餞正輔至博羅：「餞」字底本作「錢」，據蓬左本改。

〔九〇〕以姑之子曰：「曰」字底本作「由」，據蓬左本改。

〔九一〕邢恕僞造：「邢」字底本作「刑」，據史書改。

〔九二〕先生在儋：此四字下底本原有小字旁注「公年六十四」五字，蓬左本無，疑鈔者所加，故删。

〔九三〕晦夫惠琴枕接䍦：「䍦」字底本作「籬」，據《施顧註蘇詩》改。

〔九四〕不能發明上意：「能」字底本作「勝」，據蓬左本、《四河入海》卷二十五之四引施宿本譜改。

〔九五〕葬於汝州郟城縣釣臺鄉上瑞里：此句「釣臺鄉上瑞里」六字，底本無，據蓬左本補。底本於此句下原有「公年六十六」五字，蓬左本無，疑鈔者所加，故删。

〔九六〕吉州永和鎮清都觀贈謝道士：此詩題《施顧註蘇詩》爲「永和清都觀道士童顔鬒髮，問其年生於丙子，蓋與余同，求此詩」。

東坡紀年録

（宋）傅藻 編
吴洪澤 校點

宋黄善夫家塾刻《百家注分類東坡先生詩》本

譜主蘇軾（一〇三六—一一〇一）生平事迹及宋編年譜簡介，參見王宗稷、施宿譜提要。

本譜爲宋傅藻編。藻字薦可，仙溪（今福建仙遊）人。事迹不詳。所撰《東坡紀年録》，末有跋，稱因汴陽段仲謀《行紀》、清源黄德粹《系譜》二家，又遍採蘇軾文集，而考其宦歷著作，且將因以「類公之詩文，使成次序」，今未見其所編類東坡文集。考宋濂《跋東坡所書眉子石硯歌後》稱：「傅藻述公紀年，其所爲詩。歲月多可知，獨在翰林日，莫能定其先後。」（《文憲集》卷一四）則此譜在元明之際，固已流行。此譜最早見於黄善夫刊本《百家註分類東坡先生詩》，題「傅氏藻字薦可，撰《紀年》」，後人多題傅藻撰。今據黄善夫刻塾刻本爲底本，校以四部叢刊初編影印《增刊校正王狀元集註分類東坡先生詩》本，凡底本誤字，標入（）内，正字、底本脱字據叢刊本補入〔〕内，不另出校。

東坡紀年録

僊谿 傅藻 編纂

公姓蘇，諱軾，字子瞻，一字和仲，眉州眉山縣人也。蘇氏出高陽，而蔓延於天下。唐神龍初，長史味道刺眉，一子留眉，眉有蘇氏自此始。公高大父祐、曾大父杲、大父序三世皆不顯。序三子，曰澹、曰渙、曰洵。洵字明允，公父也。澹、渙皆以文學舉進士，而渙至都官郎中，序以渙官故任大理評事致仕，累贈尚書職方員外郎。明允少不喜學，年二十有七，始發憤讀書，六年而大究六經百家之書。娶大理寺丞程文應之女，生三子，曰景先、曰軾、曰轍。景先早世。嘉祐間，明允與公同其季子由至京師，父子皆知名，時號三蘇，而以老蘇別其父。歐陽文忠公得老蘇著書二十二篇，以爲荀卿子文也，乃繳進之。召試紫微閣，辭不就，遂除祕書省校書郎。會修纂建隆以來禮書，授霸州文安縣主簿，食其禄，與陳州項城令姚闢同著《太常因革禮》一百卷。書奏未報，卒，年五十八。英宗聞而哀之，特贈光禄寺丞。

公曾大父以公與子由登朝，贈太子太保，大父贈太子太傅，父贈太子太師，程氏追封成國太夫人。

公娶鄉貢進士王方之女，諱弗，亦眉人也，追封通義郡君。繼室以其從女弟諱閏之，字季章，封同安郡君。

子三人：長曰邁，雄州防禦推官，知瀛州河間縣；次曰迨，次曰過，皆承務郎。

孫男十四人，簞、符、箕、筌、籌、簣、筽、籥、籍、節、笈、篳、篴、笙。

公有《東坡集》四十卷、後集二十卷、奏議一十五卷、內外制一十卷。責齊安日，因宮師之學，作《易傳》九卷，又作《論語說》五卷。儋耳又作《書傳》。

初，公與子由師其宮師，最好賈誼、陸贄書。後讀《莊子》，以爲得其心。晚讀釋氏書，深有所悟，參之孔、老，博辯無礙，浩然不見其涯也。宮師公慶曆間宦學四方，成國夫人親授公書，問古今成敗，輒能語其要。比冠，學通經史，日數千言。嘉祐二年唱第，錫宴瓊林，與蔣魏公接席情話，約卜居陽羡。初倅錢塘，諉親黨單君貺問田。及移臨汝，自言有田陽羡。建中靖國初，奉祠玉局，留毗陵。居無何，請老而終。公生岷峨，負當世大名，道德文學政事輝映今昔。自居雪堂，遂成求田之計。而文登謝表云：「買田陽羡，誓畢此生。」乃卒如其言，夫豈偶然者！公之薨也，吳越之民相與哭於市，君子相與弔於家。訃聞，四方人皆咨嗟出涕。太學士人數百，相率飯僧惠林佛舍。

公之於文，得之于天。山谷嘗評云：「公文字言語，歷劫贊揚有不能盡者。」

景祐三年丙子

十二月十九日卯時，公生于眉山縣紗縠行私第。

景祐四年丁丑

寶元元年戊寅

寶元二年己卯

康定元年庚辰

慶曆元年辛巳

慶曆二年壬午，先生七歲。

是年，公知讀書。

《上韓太尉與梅直講書》云：某七八歲知讀書。

《祭歐陽文忠公》曰：某自齠齔，以學爲嬉。童子何知，惟公我師。晝誦其文，夜夢見之。

慶曆三年癸未，先生八歲。

是年，公入小學，道士張易簡爲師。見《書陳太初事》。

《范文正公文集序》曰：某始總角入鄉校，士有自京師來者，以魯人石守道所作《慶曆聖德詩》示鄉先生。某從旁竊觀，則能誦習其詞。問先生：「所以頌十一者，何人也？」先生曰：「童子何用知之。」某曰：「此天人也邪，則不敢知；若亦人耳，何爲其不可。」先生奇某言，盡以告之，且曰：「韓、范、富、歐陽此四人者，人傑也。」時雖未盡了，則已私識之矣。又曰：以八歲知敬愛公。

慶曆四年甲申

慶曆五年乙酉

慶曆六年丙戌

慶曆七年丁亥，先生十二歲。

是年，公祖父亡。

《與曾子固書》云：某逮事祖父。祖父之歿，某年十二矣。

《鍾子翼哀詞》曰：慶曆丁亥，某始年十二。先君宮師歸自江南，曰：「吾南游至虔，有隱君子鍾君與其弟棨從吾游。」

是年，于所居紗縠行宅隙地中，與羣兒鑿地爲戲，得天石研而用之，且爲之銘。

慶曆八年戊子，先生十三歲。

皇祐元年己丑

皇祐二年庚寅

皇祐三年辛卯

皇祐四年壬辰

皇祐五年癸巳

至和元年甲午

至和二年乙未

是年，公至成都。

《樂全先生文集序》云：某年二十，以諸生見公成都。公一見待以國士。

作《後正統論》。

嘉祐元年丙申，先生二十一歲。

公自蜀舉進士入京。

《鳳鳴驛記》云：嘉祐丙申，舉進士，過扶風。

《六祖贊》云：嘉祐初，舉進士，館于興國寺浴堂老僧德香之院。

《范文正公文集叙》云：嘉祐元年，始舉進士，至京師。

《牛口見月》詩云：忽憶丙申年，京師大雨滂。

嘉祐二年丁酉，先生二十二歲。

春，赴禮部。文忠公知舉，患時文以詭異相高，思欲救之。梅聖俞與其事，得公《論刑賞》以示文忠公。公驚喜，欲以冠多士，疑曾子固所爲，子固文忠公門下士也，乃寘第二，復以《春秋》義第一。文忠公嘗令晁美叔與公定交，謂公必名世。且以書抵聖俞曰：「讀軾書，不覺汗出，快哉快哉！老夫當避此人，放出一頭地。」文忠公未嘗以此許人也。公《上梅直講書》云：「今年春，天下之士羣至于禮部。執事與歐陽公實親試之，誠不自意獲在第二。」

殿試，中丙科，升一甲，章衡爲牓首，賜進士及第。遂上所業及上韓魏公、富鄭公、曾丞相幷兩制等書，乞應制舉。

《上韓魏公書》曰：某生三十有二年矣。《上曾丞相書》云：某自爲學，至于今十有五年。

《祭文忠公》曰：十有五年，乃克見公。公爲撫掌，歡笑改容。此我輩人，餘子莫羣。我老將休，付子斯文。

四月八日，母成國太夫人亡，訃至，公丁憂歸。

嘉祐三年戊戌

嘉祐四年己亥，先生二十四歲。

公服除。冬，侍宫師適楚。

《南行前集敘》曰：己亥之歲，侍行適楚。時十二月八日，江陵驛書。

是年，荆州上王兵部書曰：「自蜀至楚，舟行六十日，過郡十一，縣二十有六。」

公由水路至嘉州，入嘉陵江，由瀘、渝、涪、忠、夔等州入峽江，故作《嘉州》、《過宜賓》、《泊（斗）牛〔口〕》、《望夫臺》、《仙都觀》、《入峽》、《出峽》等詩。自荆門出陸，由宜城、襄、鄧、唐、許、尉氏至京，故作《浰陽早發》〔二〕、《漢水》、《竹葉酒》、《留尉氏》、《阮籍嘯臺》、《許州西湖》等詩。

嘉祐五年庚子，先生二十五歲。

公正月過唐，作《新渠》詩。過許，見范堯夫。

《文正公文集序》曰：其後過許，始識公之仲子、今丞相堯夫。

是年入都，授河南府福昌簿，不赴。

嘉祐六年辛丑，先生二十六歲。

是年，應制科。文忠公薦公，祕閣試六論。舊不起草，故文多不工。公始具草，文義燦然，時以爲難。又荅制策，復入三等，授大理評事，簽書鳳翔府簽判。

詩序有曰：嘉祐六年，予與子由同舉制策，寓懷遠驛，時年二十有六，而子由年二十有三。

《上吳內翰書》云：今年春，天子將求直言之士，而某適來調官京師。舍人楊公不知其不肖，而採其鄙野之文五十篇，奏之于天子，使與明詔之末。

《上呂龍圖書》云：某西蜀之鄙人，幼承家訓，長知義方，粗識名教，遂堅晚節。兩登進士舉，一中茂材科。

冬，赴鳳翔任。十一月十九日，與子由別於鄭西門之外，作詩。

十二月，作《鳳翔八觀》詩。其《石鼓》詩云：「冬十二月歲辛丑，我初從政見魯叟。」

嘉祐七年壬寅，先生二十七歲。

公在鳳翔。二月，分決屬縣囚。十三日出府，至寶雞、虢、郿、盩厔四縣。既畢事，因朝謁太平宮，宿於南溪，遂並南山而西至樓觀、大秦寺、延生觀、仙游潭，十九日乃歸。所過作詩，又作《樓觀》等十一題寄子由。

七月二十四日，禱雨磻溪，宿虢縣。二十五日，渡渭，宿于僧舍。二十六日至磻溪，自磻溪往陽平，二十七日至斜谷，由下馬磧懷趙薦及《磻龍寺》等詩。

重九，不與府會，獨游普門寺僧閣，有懷子由，作詩。二十日，微雪，懷子由，作詩。

是年，作《喜雨亭記》，又《荅趙薦》并《餽歲》等詩，并《子由不赴商州》及《和子由蠶市》等詩。

嘉祐八年癸卯，先生二十八歲。

英宗即位。公在鳳翔。覃恩轉大理寺丞。

是年作《思〔治〕論》，又作《授經臺》、《調水符》、《往南溪》等詩。

治平元年甲辰，先生二十九歲。

公在鳳翔。磨勘轉殿中丞。冬，任滿還京。至華陰，作詩寄子由。

治平二年乙巳，先生三十歲。

公在京師，差判登聞鼓院。英宗在藩邸，聞公名，欲以唐故事召入翰林。宰相限以近例，召試祕閣，及試二論，皆入三等，除直史館。

五月二十八日，夫人王氏卒。六月六日，殯于京城外。夫人有子邁。

治平三年丙午，先生三十一歲。

公在京師。是年始見范彝叟。《文正公文集序》云：又六年，始見其叔彝叟京師。

四月二十五日，丁父宫師憂，奉柩歸蜀。

治平四年丁未，先生三十二歲。

神宗即位。

九月十五日，題摹本《蘭亭記》後。

熙寧元年戊申，先生三十三歲。

公服除。十月二十六日，作《四菩薩閣記》。

是年和子由《記園中草木》、《木山引水》、《寄題古東池》、《綠筠堂》等詩。

熙寧二年己酉，先生三十四歲。

還朝，差判官誥院，兼尚書祠部。

三月，送錢藻守婺詩。

是年，送任伋倅黃、王頤赴建、董傳留別、安惇西歸、《醉墨堂》等詩。

熙寧三年庚戌，先生三十五歲。

公在京師。三月，送劉攽倅海陵、曾鞏倅越詩。

十一月二十日，送章子平出牧鄭州，作詩

及叙。

是年，送呂希道守和、文與可守陵、王誨夜坐等詩[二]。

熙寧四年辛亥，先生三十六歲。

遷太常博士，攝開封府推官，有能吏聲。以言事議論大不協，乞外任，除通判杭州。

五月，作《張方平赴南京留臺》詩，又《次韻讀杜詩》詩。

七月二日，作《渦口遇風》詩。來陳，和舟中八詩。至陳，同子由過汝陰見歐陽公，作《石屏》、《燕西湖》詩。

十〔月〕六日，記所見作詩。是月作《潁州別子由》、《出潁口》、《壽州李少卿出餞》、《濠州》七絕、《泗州塔》、《龜山》、《洪澤遇風》、《廣陵會三同舍》、《遊金山》等詩。

十一月，到杭州。作《寄子由》詩。

臘月，遊孤山，訪僧作詩。又和李杞，并自和。

熙寧五年壬子，先生三十七歲。

公在杭州。二月，作《蔡冠卿知饒》詩。

三月二十二日，觀花吉祥寺，作《牡丹記序》并詩。

閏七月，哭歐陽公於孤山。次韻惠思詩。是月監試，作《呈試官》、《煎茶》、《催考校》、《榜出後》等詩。

八月十日夜登望海樓，作詩。十七日復登，作詩。

重九日遊西湖及諸寺，所至有詩，及不赴府會詩。

十月十日，作《送進士詩序》。冬至日，遊吉祥寺，作詩。後十日復至，作詩。

十二月，以事至湖州，與孫守約有言及時

事者罰一大盞，作詩云：「若對青山談世事，直須舉白便浮君。」又作《莘老求墨妙亭》詩并記及贈寄等詩、《畫魚歌》。

是年作《墨寶堂記》，并《和沈立之留别蔡準見邀》、次韻子由、柳子玉等詩，又作送杜子方、陳珪、戚秉道詩。

熙寧六年癸丑，先生三十八歲。

公在杭州。正月九日，作《雜興》荅鮮于子駿。上元，祥符寺九曲觀燈，作詩。過僧可久房無燈火，作詩。二十一日，述古邀城外尋春，作詩。二十七日遊風水洞，作詩。又作李佖留待及和等詩。

五月望，與呂仲甫輩泛湖留北山，作詩。

八月望，觀潮，作詩。又再遊風水洞，作詩并《臨江仙》。

九月，和劉攽詩。

十二月，與李杞因獵遊孤山，作詩。

冬，以事至姑蘇，爲王誨作《仁宗御飛白記》，又作《三瑞堂》詩。

是年，作《和陳述古十月牡丹》、《劉恕見寄》、《錢顗送茶》及《寄孫覺》等詩。

除夜宿常州城外，作詩。

熙寧七年甲寅，先生三十九歲。

元日，以事過丹陽，作《寄魯元翰》，又《柳子玉鶴林招隱》并與子玉、景純唱和等詩。是月，秀州贈錢端公、文長老等詩。二十九日過毗陵，跋李後主書。

五月，作《錢公輔哀詞》，又次韻周邠詩。

六月，自常、潤還，所至作詩。

秋，捕蝗至浮雲嶺，作《與子由》詩。至於潛，作《贈毛國華》、《野翁亭》、《綠筠軒》、《於潛女》詩，又《同年臨安令劇飲》并所至諸縣有詩。

九月，移知密州。是月作《勤上人詩集

序》。

十月，赴密州，早行，馬上作《沁園春》。

十一月三日，到任。

十二月，作《鳧繹先生文集序》。

是年，《常潤道中懷述古》并《（合）〔答〕述古》詩、《蘇州雨中飲酒》、《金山飲醉》、《大風留金山》、《留別金山二長老》、《留京口》、《和蘇守王規甫觀燈仕》、《次韻孫巨源水車》等詩。自京口還，寄述古，作《卜算子》、《行香子》。杭妓迓新守楊元素，寄規甫，作《菩薩蠻》。送述古赴南都，作《清平樂》、《南鄉子》、《菩薩蠻》、《江神子》。送述古，迓元素，作《訴衷情》。述古將去，作《虞美人》。荅元素《浣溪沙》，和元素《泛金舡》。移守密，和元素《南鄉子》。再過蘇，贈閭丘公顯，作《浣溪沙》。過吳興，李公擇生子，作《減字木蘭花》。作《六客詞》，爲《定風波》。別公擇，作《蝶戀花》。赴密過蘇，有問「這回來不來」者，其色凄然，蘇守嘉之，令求詞，作《阮郎歸》。潤州和元素《菩薩蠻》。多景樓與孫巨源相遇，作《採桑子》。送巨源，作《更漏子》。離京口，呈元素，作《醉落魄》、《訴衷情》。得鄉書，作《蝶戀花》。代人寄遠，作《少年遊》。金山送子玉，作《昭君怨》。贈潤守許仲塗，作《減字木蘭花》。別潤守，作《南鄉子》。海州寄巨源，作《永遇樂》。除夜作《贈段屯田》詩曰：「龍鍾三十九，勞生已強半。」

熙寧八年乙卯，先生四十歲。

公在密州。上元，作《蝶戀花》。二十日，記夢作《江神子》。春禱常山得雨，《次

韻章傳道喜雨》詩。

首夏作《官舍即事》詩。四月十一日，作送劉述詩。

六月，和李常詩。

中夏旱，再禱雩泉，皆應如響，作《雩泉記》、《留別》詩。

以旱蝗齋素，方春牡丹盛開，不獲賞。九月，忽開一朵，雨中特置酒，作《雨中花》。

冬，祭常山回，與同官習射放鷹，作詩和梅戶曹。會獵，《鐵溝行》、《荅喬太博莫笑銀杯小》并唱和詩，又作《江神子》。

是年，作《趙倅成伯家宴贈楊姐》詩，又《成伯室誕辰口號》、《後杞菊賦》。增治城上故臺，名之曰超然，作記。又作《大悲閣記》。又于超然臺作《望江南》，送東武令趙晦之歸海州，作《減字木蘭花》。贈晦之吹篴侍兒，作《水龍吟》。

熙寧九年丙辰，先生四十一歲。

公在密州。遷祠部員外郎。正月五日，跋赤溪山主頌。七日，書瑯琊篆後。立春日，請成伯主會，作詩。

上巳日，流觴於南禪小亭，作《滿江紅》。

四月，作《玉盤盂》詩。

六月，作《山堂銘》。

中秋，歡飲達旦，作《水調歌頭》。

十一月朔，作《李氏山房藏書記》。祭山神，有文。

十二月，移知徐州。別徐州、東武雪中送章傳道、東武道中，皆作《江神子》。除夜，留濰州。

熙寧十年丁巳，先生四十二歲。

元日早晴，離濰州，作詩。青州道上大雪，作詩。

二月三日，作《送范鎮遊洛》詩并次韻。是月，復與子由會於澶濮之間，相從赴彭城。到京，作送范蜀公詩。

三月一日，與王詵會四照亭，有倩奴者求曲，遂作《洞仙歌》、《喜長春》與之。明日，晉卿送韓幹畫馬，跋以詩。

五月，到徐州，范德孺作滕縣。《文正公集序》曰：其後十一年，與其季德孺同僚于徐。

五月六日，作《寄題司馬君實獨樂園》詩。

六月十一日，保母楊氏卒。

七月十七日，河決。八月十一日，水及徐城。十月五日，水退，作《河復》詩。修城捍水，以活徐人，作黃樓東門之上。

二十一日，作王詵《寶繪堂記》。

重九，邀仲屯田，爲大水所隔，作詩。是月作《送李邦直修國史》詩。

十月，作《表忠觀碑》。

是年，《荅任師中》詩曰：「我今四十二，衰髮不滿梳。」過齊，時公擇守齊，席上作《南鄉子》，又作《蝶戀花》別公擇。子由過中秋而別，作《水調歌頭》，又作《書麐公詩後》、《彭城感前約逍遙堂別》、《觀百步溪》詩、《放鶴亭記》。

元豐元年戊午，先生四十三歲。

公在徐州。三月，始識王子高，作《芙蓉城》詩。春旱，置虎頭石潭中，作《起伏龍行》。謝雨，道中作《浣溪沙》。

四月九日，書鮮于子駿《楚辭》後。是月，次韻潛師《放魚》詩。

六月，題王禹偁碑陰。

七月望，觀月黃樓，作詩。又作《眉州遠景樓記》。二十二日，作《滕縣公堂記》。

八月，作詩題張方平詩卷末。

九月，王鞏來，先作《定國將見過》詩。定國十日往返，作詩幾百篇，及登松山，荅定國《見過》、《見寄》、《次韻》、《同泛舟》、《獨眠》、《留別》等詩。九日，黄樓作詩。又《次韻定國》詩。又作《千秋歲》。晦日，黄樓作《鹿鳴燕》詩幷叙。

十月十二日，作《日喻》。望日觀月黄樓，作詩。

十一月八日，作《雲龍山〔人〕放鶴亭記》。十九日，作《莊子祠堂記》。

十二月，遣人訪獲石炭，作詩。又《荅田國博》詩。

冬，祈雪出城，馬上作詩。

是年作《登雲龍山》、《石盤》〔三〕、《遊戲馬臺》、《過張天驥山人》、《訪遊園》，與梁先左藏、舒煥教授、顔復長道、孫勉、頓起泛舟及唱和。又李公擇唱和，送梁知莫州，送孫、頓、顔、李等詩。又作《陽關詞》。又藏春園贈田楚州小鬟，送顔、梁，作《浣溪沙》。

元豐二年己未，先生四十四歲。

人日獵城南，會者十人，以「身輕一鳥過，槍急萬人呼」爲韻，分得「過」字，又代雷勝「鳥」字詩〔四〕。十五日，作王鞏之祖懿敏公眞贊。二十四日，作《思堂記》。晦日遊桓山，作記。會者十人，以「春水滿四澤，夏雲多奇峰」爲韻，分得「澤」字，又代戴道士「四」字詩。

二月，移知湖州。別徐州，作《江神子》。

三月，至南京，馬上作詩。二十七日，作《靈壁張氏園亭記》。是日作《宿州次韻劉涇》、《泗州孫景山西軒》、《舟中夜起》、《次韻高郵秦太虛》、《去金山五年

而復至》，遊常州、無錫、惠山，《賜惠山（贈）〔僧〕惠表》、《秦觀參寥會松江》詩。

四月二十日，到湖州。

五月五日，遍遊諸寺，作詩。是月過賈收耘老水閣，作詩，又次前韻。耘老小妓號雙荷葉，作詞。

七月七日，作《與可畫篔簹谷偃竹記》。是月，太子中允權監察御史何正臣〔五〕、舒亶、諫議大夫李定言公作爲詩文，謗訕朝政及中外臣寮，無所畏憚，國子博士李宜之狀亦上。七月二日，崇政殿進呈，奉聖旨，後批：「四狀三日進呈，奉聖旨送御史臺根勘。」二十八日，皇甫遵到湖州追攝。過南京，文定張公上劄、范蜀公上書救之。

八月十八日，赴臺獄中，作《寄子由》二詩。時獄吏必欲寘之死地，煆煉久之，不決。子由請以出身官爵贖之，而上亦終憐之，促具獄。

十二月二十四日，得旨責檢校尚書水部員外郎、黃州團練副使，本州安置。二十九日受勑。

元豐三年庚申，先生四十五歲。

正月過陳，子由自南都來，三日而別。與文郎逸民飲，作詩。十八日，蔡州道上遇雪，作詩。過新息，示任師中。過淮，作詩。

二月一日，到黃州，寓居定慧院之東，作《初到黃》、《月夜偶出》、《安國寺浴》、《安國尋春》、《海棠土人不知貴》、《二十六日雨中熟睡》、《雨晴後步〔至四望亭〕》、《雨中看牡丹》、《樂著作野步》、《王齊萬寓居》、《竹下開嘯軒》、《杜沂見

餉》、《五禽言》等詩。
四月，上文潞公書云：「某始就逮赴獄，有一子稍長，徒步相隨，其餘守舍皆婦女幼穉。至宿州，御史符下，就家取文書。州郡望風，遣吏發卒，圍舡搜取，老幼幾怖死。既去，婦女恚罵曰：『是好著書，書成何所得，而怖我如此！』悉取燒之。比事定，重復尋理，十亡其七八矣。到黄，無所用心，輒復覃思於《易》、《論語》，端居深念，若有所得，遂因先子之學，作《易傳》九卷，又自以意作《論語説》五卷。」
五月，子由來齊安，以詩迎之。又作《曉至巴河》、《同遊西山》、《次韻》等詩。
十一夜，夢遊何人家，食石芝，明日作詩。是日遷居臨皋亭，作詩。
九月望，讀《戰國策》，書商君事。二十五日，書杜羔事贈朱康叔。
十月九日，孟亨之置酒秋風亭，有雙拒霜獨向君猷而開。坐客喜笑，以爲非（史）〔使〕君莫當此花，作《定風波》。又作《守倅不飲》詩。
十二月二日，作《石氏畫苑記》。十八日，書蒲永昇畫後。
是月，荅秦太虛書曰：「初到黄，廪入既絶，人口不少，私甚憂之。但痛自節儉，日用不得過百五十。每月朔便取四千五百錢，斷爲三十塊，掛屋梁上。平旦用畫叉挑取一塊，卻藏去叉，仍以大竹筒別貯用不盡者，以待賓客，此賈耘老法也。」
荅李端叔書云：「得罪以來，深自閉塞，扁舟草履，放浪山水間，與樵漁雜處，往往爲醉人所推罵，輒自喜漸不爲人

識。」

是年，作《勝相院經藏記》。

元豐四年辛酉，先生四十六歲。

公在黄州。正月二十日，往岐亭，郡人潘、古、郭送於女王城。道上見梅花，作詩。四月八日，飯僧于安國寺，作《應夢羅漢記》。

端午，作《少年遊》贈徐君猷。十二日，作評書唐林夫六家書後。

六月二十二日，陳季常自岐亭來訪，作詩。十月二十二日，作《聞捷》詩并叙。是月，姪安節來，作《夜坐》、《冬至日贈安節》等詩。安節歸，以伯父送先人詩「人希野店休安枕，路入靈關穩跨驢」之句爲韻，作詩送之。

十二月二日，雨後微雪，君猷攜酒見過，作《浣溪沙》。明日酒醒，大雪，又作。二十五日，大雪始晴，夢人以雪水烹小團茶以獻，夢中作回文詩。雪後乾明寺宿，杭州故人信至，作詩。

是年，馬正卿爲於郡中請得故營地數十畝，使得躬耕其中。地既久荒，墾闢之勞，釋（來）〔耒〕而歎，乃作《東坡》八詩，自是始號東坡居士。

元豐五年壬戌，先生四十七歲。

公在黄州。正月二日，書歐陽公黄牛廟詩後，又作文祭與可及堂兄子正。十七日，夢扁舟渡江，中流回望，棲霞樓中，歌樂雜作，舟中人言公顯方會客。覺而異之，乃作《水龍吟》。二十日，與潘、郭二生出郊，記去年是日同至女王城作詩，乃和前韻。又因至汪氏居，作詩。

寒食作《雨》詩，有曰「我自來黄州，已過三寒食」。徐守分新火，作詩。

春，躬耕東坡，築雪堂居之。擬斜川之遊，以淵明《歸去來詞》檃括爲《哨遍》。

五月，以怪石供佛印，作《怪石供》詩。

七月六日，與文甫飲家釀白酒，集古人句作墨（作）〔竹〕詞，爲《定風波》。十二日，書伯父中都公啓事後。既望，泛舟於赤壁之下，作《赤壁賦》，又懷古作《念奴嬌》。

九月，彭城曹煥子文將往筠見子由，求詩贈行。重九，涵暉樓作《南鄉子》呈君猷。

十月望，步自雪堂，歸於臨皋，二客從之，過黃泥之坂，復遊赤壁之下，作《赤壁後賦》。

十二月十九，東坡生日也，置酒赤壁磯下，踞高峰，俯鵲巢，酒酣，笛聲起於江上。客有郭、古二生，頗知音，謂坡曰：「笛聲有新意，非俗工也。」使人問之，則進士李委聞坡生日，作新曲曰《鶴南飛》以獻。呼之使前，則青巾紫裘，腰笛而已。既奏新曲，又快作數弄，嘹然有穿雲裂石之聲。坐客皆引滿醉倒。委求詩，作一絕句。王郎以詩見慶，次其韻。

元豐六年癸亥，先生四十八歲。

公在黃州。正月二十日，復出東門，用前韻作詩。

二月三日，點燈會客，作詩。

上巳日，與二三子出遊，隨所見作數句，明日集爲詩。

七月望，書劉廷式事。二十七日，生小子遯，小名幹兒。

閏八月，作《土琴》詩。

居黃，三見重九，每歲與君猷會于栖霞樓。

君猷將去，念此憫然，故作《醉蓬萊》，又作《好事近》送君猷。

十月望，書唐林夫筆說。

十一月十二日，爲張夢得書《昆陽賦》。十九日，書《四箴》。

是年，快哉亭作《水調歌頭》贈張偓佺。

元豐七年甲子，先生四十九歲。

正月二十五日，特授汝州團練副使，本州安置。

四月一日，將自黃移汝，留別雪堂鄰里，作《滿庭芳》。六日〔六〕，作《黃州安國寺記》。又作《別黃》、《過江行武昌》、《用岐亭韻》、《初入廬山》、《二十四日宿廬山》、《廬山二勝》、《自興國往筠》、《先寄遲适遠》、《端午遊真如》、《別子由》、《至奉新》等詩。

六月九日，作《石鍾山記》，略云：「余自齊安，舟行適臨汝，而長子邁將赴饒之德興尉，送之至湖口。」二十三日，舟過蕪湖。」

七月二十八日，幼子遯病亡於金陵，作詩哭之曰：「吾年四十九，羈旅失幼子。」又作《同王勝之遊蔣山》詩。賞心亭送勝之，作《漁家傲》。至真州，再和蔣山詩。

十月二十六日，書韓魏公詩後。十一月晦日，與劉仲達相逢泗上，同遊南山，作《滿庭芳》。

十二月，同泗州太守遊南山，過七里灘，作《行香子》。蕭淵東軒作詩。二十四日，從劉倩叔遊南山，作《浣溪沙》。二十八日，浴雍熙塔下，戲作《如夢令》。

除夜，黃師是送酥酒，作詩。

冬，作《水龍吟》記子微太白之事。

是年和李太白《尋陽紫極宮感秋》詩。

元豐八年乙丑，先生五十歲。

元日，雪中過淮謁客，作詩。四日，離泗州，表請常州居住，略云：「一從吏議，坐廢五年。近蒙恩除汝州，累重道遠，不免舟行。自離黃州，風濤驚恐，舉家重病，一子喪亡。今雖至泗州，而貲用罄竭，去汝尚遠，難於陸行。二十餘口，饑寒朝夕，與其強顔忍恥干求於衆人，不若歸命投誠控告於君父。臣有薄田在常州宜興縣，粗給飦粥，欲望聖慈許常州居住。」書朝奏夕報可。

二月，葬保母楊氏于宋，作銘。又作《薦誠院五百羅漢記》、《妙峰亭》詩。蒙恩放歸陽羡，復作《滿庭芳》。至高郵，作《陳處士畫鴈》詩。

七月二十五日，金山贈杜介詩，又作《妙高臺》、《夢中作》、《與元老》等詩。京口作《王中父哀詞》。至常州，作《與孟震遊僧舍》、《贈報恩老》、《歸宜興留題竹西寺》等詩。

哲宗即位，復朝奉郎。

八月十七日，得旨除知登州。

九月，書《楞伽經》後。過密，題高麗亭，次韻趙明叔、喬禹功，和昔年《留別超然臺》、《贈密守霍翔》詩。

十月十五日，到登州。二十日，召爲禮部員外郎，作《孫氏松堂》、《遺直坊》等詩。晦日作《海市》詩。過萊州，雪後望三山，作詩。過濟州，作《眞相院舍利塔銘》。

十一月七日，書吳道子畫後。

是月到京，供禮部職。

十二月，以七品服入侍延和，賜緋魚，除

起居舍人。

元祐元年丙寅，先生五十一歲。

公在京師。正月，除中書舍人。辭免狀云：「臣頃自貶所起知登州，到任五日，而召以省郎，到省半月而擢爲右史云云。今又冒榮直授，躐等驟遷，非惟其人既難以處，不試而用，尤非所安。」

二月八日，朝退，獨在起居，讀《儒林傳》，感申公事，作小詩。

閏二月八日，題子由《日本扇》詩後。

四月，作《法堂寺鍾銘》。

九月一日，司馬溫公薨，作祭文、行狀。

十月十二日，書《黃泥坂辭》遺王晉卿。

是月，除翰林學士、知制誥。

十一月，供翰林學士職，尋除侍讀，召入院。九日，考試館職，與聖求會宿玉堂，作《武昌西山》詩。

十二月五日，與狄詠同館北客，書狄武襄事。

元祐二年丁卯，先生五十二歲。

公在翰苑。每時各有內制。

九月一日，作《石舍人北使序》。十五日，邇英殿講《論語》終篇，賜御書詩。翌日進詩，又進讀故事八說。十九日，作《祭王宜甫文》。

十二月，作《送喬仝寄賀水部》詩。賀，五代人，得道不死。仝曰：「吾師嘗於密州識君於常山道上，意若喜君。」

是年，作《司馬溫公神道碑》，又作《富鄭公神道碑》，又作《趙清（憲）〔獻〕公神道碑》。鄭公以元豐六年閏六月二十一日薨于洛陽，至是其子紹庭請于朝，命公撰碑。清獻公以元豐七年八月二十六日薨于杭，至是其子岏請于朝，命公撰

碑。又作《贈寫眞道士李得素》曰：「五十之年初過二，衰顔記我今如此。」

元祐三年戊辰，先生五十三歲。

公在翰苑。每時各有內制。

知貢舉，會大雪，士坐庭中，噤不能言。公寬其禁約，而巡鋪內臣過爲凌辱，傷動士心。公奏，撻而逐之，士皆悅服。

試院次韻魯直畫馬、送李方叔，作詩。

二月八日夜，會于伯時齋舍，書《鬼仙》詩。

三月二十日，同錢穆父遊金明池，始見其《雪中》詩，因次韻。

四月五日，跋宋漢傑畫。

五月一日，與子由同轉對，次韻子由詩。

九月十八日，作《文驥字說》。

卧病逾月，請郡不許，復直玉堂。

十一月一日，鏁院。是日苦寒，詔賜官燭、法酒，呈同院作詩。十二月六日，書《詩人寫物之功》付過。八日，龍興節侍宴，前一日微雪，與子由、王定國清虚堂小飲，作詩。

立春日，賜幡勝，次韻劉貢父詩。

元祐四年己巳，先生五十四歲。

上元日，侍宴端門，次韻王晉卿詩。

內制止於二月。二月二十二日，奏《告東太一宫十神大祝文》。

是月，三上章乞越州，三月得旨，以龍圖閣學士、左朝奉郎知杭州。公直玉堂，有贈送、次韻、和荅之詩幾數百篇，以歲月未分，先後難辨，姑輒闕之，以俟它日。

四月十六日，跋邢敦夫賦。十七日，書太宗賜守臣御書扇子後。二十一日，作《范文正公文集叙》，所謂「又十三年，

乃克爲之」者也。

重九日，和蘇堅《點絳唇》。

冬至日，作《書文登石淈遺垂堂老人》詩。

是年，作《范蜀公墓誌銘》，蜀公以元祐三年閏十二月薨。又作《去杭十五年復遊西湖》、《莫同年雨中飲湖上》、《同秦仲二子遊寶山》、《書辨才白雲堂壁》、《文登石遺梅子明》、《參寥得智果院分韻》等詩。又《送子由使契丹》詩云：「單于若問君家世，莫道中朝第一人。」子由過虜，往往有問公安否。子由至涿州，寄詩曰：「誰將家譜到燕都，識底人人問大蘇。莫把聲名動蠻貊，恐妨它日卧江湖。」又《次韻子由涿州》詩。

元祐五年庚午，先生五十五歲。

公在杭州。二月十七日，書高麗公案。二十六日，過金文寺，再觀李西臺詩，書其後。二十七日，作《參寥泉銘》。

寒食，次韻劉景文、周次元《同遊西湖》詩。

三月八日，同楊次公過劉景文，題文忠公墨跡。

四月十八日，眞覺院賞枇杷，作詩。又和景文韻。

重九日，再和蘇堅前年《點絳唇》韻，又次韻伯固詩。十七日，書《醉道士石》詩。十八日，書朱象先畫後。

十二月八日，作《六一泉銘》。十二日，同景文、義伯、聖從遊七寶寺〔七〕，題詩竹上。除夜，作《獄空》詩和通守時韻。

是年作《垂雲花開》、《雜花開盡》、《賞牡丹》、《遊虎丘》、《怡然餉新茶》、《謝曹子方惠茶》、《曹輔寄新芽新茶》、《送程筱之邵》，登垂雲亭、寒碧軒、此君軒、

蒜山亭、南漪堂、龍井泉、過溪亭、介亭，題蘭、蕙、紫薇花、梅花等詩。又與劉景文、楊次公、袁公濟、楊公濟、程之邵、林子中、葉教授次韻和荅等詩，又《送張山人歸彭城》、《之邵赴闕》詩，又《仲天貺自眉來》詩。

元祐六年辛未，先生五十六歲。

上元，次韻劉景文詩。二十三日，題伯時畫《支遁養馬圖》。

二月三日，作詩并櫻筍餉殊老。九日，被旨再除翰林承旨，次韻劉景文《西湖席上》詩。

三月六日，作《別南北山道人》詩。九日，罷杭守，辭天竺，作詩。十九日，宿吳江常州太平寺，觀牡丹，作詩。

四月到闕，二日，作《送聰師歸孤山叙》。

五月入院，作《六月朔祭劉氏文》。

六月十八日，作《上清宮碑》。二十四日，跋吳君采琴説。是月作《破琴》詩、《東堂次諸公韻》。

閏六月十三日，跋張乖崖書後。

八月十三日，作《茶説》。

是月，除龍圖閣學士、知潁州。

九月望，觀月聽琴西湖，作詩。又作《祭歐陽文忠公文》。

秋，作《昭靈廟碑》。

十月二十五日，以旱請教授陳師道并男迨迎張龍公，作文。

十一月一日，作《聚星堂雪》詩。禱雨既應，次景文韻。十日，作《送張龍公文》。十四日，在告獨酌，試滑盞有懷諸君子，以詩招之。十二月八日，爲文定張公舉哀於薦福院。文定公以是月二日薨於南都，將屬纊，不問後事，但言伸

意子瞻兄弟。二十三日，作《李簡夫詩集序》、《祭辯才文》。

是年作《感舊別子由》詩，序云：「元祐六年，予自杭召還，寓子由東府。數月復出領汝陰，時予年五十六矣。」又作《趙德麟字説》。又作《泛潁》、《到潁公祭竭》、《禱雨既應》、《潁大夫廟》、《喜景文至》、《屛山贈叔弼》、《雪詩留景文》、送王竦及季默赴闕及與趙景貺、陳履常、劉景文、趙德麟、歐陽季默、叔弼次韻贈送等詩。生日，景文以古畫松鶴爲壽，且貺佳篇，次韻謝。

元祐七年壬申，先生五十七歲。

上元，和履常雪中觀燈詩。

二月十五夜，與德麟小酌聚星堂，作《減字木蘭花》。十七日，書柳子厚《瓶賦》後。是月移知揚州，淮上早發，作詩。

三月上巳日，過濠，與迨、過遊塗山、荆州〔八〕，記所見。次韻王滁州見寄，作詩。十六日到任。是月，作《韓文公廟碑》。

四月二十七日，跋《醉翁亭記》。是月，次韻徐仲車、德麟湖成見懷詩。無咎以詩相迎，久不暇荅，昨日始次其韻。

五月端午，小集石塔，作詩。二十四日，會無咎隨齋，汲泉漬白芙蓉，不復有病暑意，作《減字木蘭花》。

七月，和淵明《飲酒》詩二十首。以土物寄少游，作詩。

八月，作張文定公、滕元發誌銘。

九月，以兵部尚書召，兼侍讀。郊祀，爲鹵簿使，尋除端明殿學士，兼翰林侍讀學士，守禮部尚書。行宿、泗間，見張天驥。

重九，與定國相遇于宋。至都門，先寄子由作詩。

冬至，作《郊祀慶成》。次韻錢、蔣從駕郊丘，瞻望天光，退而相慶，作詩。

元祐八年癸酉，先生五十八歲。

元日立春，次韻秦少游詩。上元侍飲樓上，呈同列詩。十六日，贈別穎叔詩。

六月，汶公乞詩，用前韻。

八月一日，夫人王氏卒。子過，夫人所生。

二日，作祭文。是月以二學士知定州。

九月十四日，《東府雨中別子由》詩曰：「庭下梧桐樹，三年三見汝。前年適汝陰，見汝鳴秋雨。去年秋雨時，我自廣陵歸。今年中山去，白首歸無期。」自杭還京，和子功月石屏、純父涵星硯，邇近德麟、叔盎畫馬等詩，及與王定國、蔣穎叔、錢穆父、王晉卿、王仲至、秦少游等次韻詩。

十一月，作《祭韓忠獻公文》，又作《釋迦文佛頌》。

十二月二十三日，到定州。

紹聖元年甲戌，先生五十九歲。

立春日，小集作詩，呈李端叔。次韻曾仲錫元日見寄。

二月二十日，子由生日，以檀香觀音像及新合印香銀篆盤爲壽，作詩。二十三日，作《松醪賦》。

三月二十日，開園，作詩。

四月十六日，作《北嶽祈雨祝文》。二十日，作《雪浪齋銘》。二十四日，題《三國名臣贊》。是月，奉命追一官，落兩職，以承議郎知英州。

公在定州，作《送王敏仲北使》、《求穆叔遞酒》、《雪浪石》、《沈香石》、《劉醜

廝》、《石芝》、《送翟安常赴闕》、《中山松醪寄王引進》、《謝端叔》、《鴛鴦竹石圖》等詩。又次韻及留別王雄州詩。馬教授，文登人，嘗食石芝，詩請同賦。南遷過湯陰，得豆麥粥，作詩。臨城道中，作詩，叙云：「始予赴中山，連日風埃，未嘗了了見太行也。今將適嶺表，頗以爲恨。過內丘，天氣清澈，西望太行，草木可數，忽悟歎曰：予南遷其速返乎！退之衡山之祥也。」途中寄定武同僚，過杞贈馬夢得，過高郵寄孫君孚，過長蘆贈夫老，次韻聞復，憶中和堂，作詩。

六月七日，泊金陵，阻風。蔣山泉老召食，不及往，作詩。九日，阿彌陁像成，奉安于金陵清涼寺，作贊并贈和老詩。慈湖夾阻風，作詩。至太平當塗縣，奉告責授寧遠軍節度副使，惠州安置。過南康望湖亭，過廬山下，廬山壽師竹軒，湖口壺中九華，江西江水煎茶，作詩。過廬陵，作《秧馬歌》。

八月七日入（戇）〔贛〕，過惶恐灘，作詩。九日，評孔文舉、淵明詩。十七日，過虔州，作《鬱孤臺訪樂天天竺寺》詩、《書八境圖》、《廉泉》、《塵外亭》、《贈慈雲老》等詩。過大庾嶺，過韶州、南華、望韶石、英州碧落洞，作詩。

九月十三日，遊廣州清遠，《峽山寺》、《舟中寄耘老》、《顧秀才談惠風物》、《浴日亭》、《蒲澗寺》、《發廣州》等詩。二十六日，艤舟泊頭，肩輿于羅浮山，入寶積寺，禮天竺瑞像，作《羅浮題名》及《遊羅浮示過》詩。

十月二日，到惠州，寓合江樓，作詩。十

三日，與程鄉令侯晉叔、歸善簿譚汲遊大雲寺〔九〕，野飲萬家春於松下，設松黃湯，作《浣溪沙》。十八日，遷于嘉祐寺松風亭，作詩。二十日，作《思無邪齋銘》。食檳榔，作詩。

十一月，作《自笑戲朝雲》詩。二十六日，松風亭下，梅花盛開，作詩。造桂酒，成詩，詹守見和，復次韻。

十二月十二日，與過遊白水山佛跡院，浴於湯池，作記并詩。和詹守攜酒見過詩。

紹聖二年乙亥，先生六十歲。

公在惠州。正月十日，寄鄧道士詩。十二日，跋王〔六〕〔右〕軍《斫鱠圖》及《遠近景圖》。十三日，書《東臯子傳》後。上元夜作詩，有曰：「前年侍玉輦，端門萬枝燈。」又曰：「去年中山守，老病亦宵興。今年江海上，雲房託山僧。亦復舉膏火，松間見層層。」十六日，飲嘉祐寺野人家，作詩。二十四日，和過羅浮棲禪韻寄邁、迨。二十六日，林媪家雜花開，作詩。

三月四〔日〕，再遊佛跡巖，歸卧，既覺，聞過誦淵明《歸田園居》詩六首，乃悉次其韻：「始予在廣陵和《飲酒》詩二十首。今復爲此，要當盡和其詩乃已爾。」

九月，書《外曾祖程公逸事》。十三日，書《桂酒頌》後云：「僕眼五十後頗昏，今復瞭然，天意復令見子由與平生故人耶？」十九日，遷居合江樓。二十九日，攜酒魚過詹史君食槐葉冷淘，作詩。

四月十一日，初食荔枝，作詩。十三日，再書五十年前所作《梁處士綠筠亭》詩〔一〇〕。

五月二十七日，作《虔州崇慶院藏經記》。

六月九日，書柳子厚大鑒禪師碑陰。十二日，酒醒步月，作詩。十九日，跋大鑒碑尾。

八月一日，書《金光明經》後。二十七日，書《養生說》。

九月，和淵明《貧士》詩七首。又作《江水》詩，以「殘夜水明樓」爲韻。

十一月一日，菊花始開，和淵明《己酉歲重九》詩。九日夜，夢論神仙道術，作詩。

是年，與陳季常書，略云：「自當塗聞命，便遣還骨肉陽羨，獨與幼子過及老雲并二庖婢過嶺。到惠，將半年，風土食物不惡，吏民相得甚厚。孔子云『雖蠻貊之邦行矣』，豈欺我哉！」

與徐得之書云：「到惠已半年，凡百粗遣，既習其水土風氣，絕俗息念之外，浩然無疑，殊覺安健也。」

與吳子野次韻等詩。

紹聖三年丙子，先生六十一歲。

公在惠州，作《新年》詩。

二月八日，過逍遙堂，作詩。二十一日，飲醉食飽，默坐思無邪齋，兀然如睡。既覺，和淵明《東方有一士》詩。

三月二日，卓契順至惠州，以諸子書來。得書，徑還。問其所求，荅曰：「契順惟無所求而後來惠州，若有所求，當走都下矣。」苦問不已，乃曰：「昔蔡明遠鄱陽一校耳，顏魯公絕糧江淮之間，明遠載米以賙之。魯公憐其意，遺以尺書，天下至今知有明遠也。今契順雖無米與公，然區區萬里之勤，儻可以授明遠之例，得數字乎？」公爲書淵明《歸去來

詞》以遺之。五日，作《祭寶月大師文》。

四月八日，卜新居。

五月十七日，作詩示過。二十日，復歸于嘉祐寺。時卜新居于白鶴峰，作《遷居》詩。又和淵明《移居》詩。五月二十七日，過水西買筆，作詩。

六月，作東西《新橋》詩。

七月五日，朝雲亡，作《悼朝雲》詩。遯，朝雲所生。八月三日，葬於栖禪寺之東麓，爲亭名六如，作銘。

重九，作詩曰：「三年瘴海上，越嶠眞我家。登山作重九，蠻菊秋未花。」又補龍山文。

十一月二十日，記野吏亭。

十二月十一日，記吳子野所示李承晏墨。二十五日，酒盡米竭，和淵明《歲暮和張常侍》詩，有曰：「我年六十一，頽景薄西山。」

紹聖四年丁丑，先生六十二歲。

正月六日，題劉景文詩後。

三月十四日，白鶴新居成，自嘉祐寺遷入。和淵明《時運》詩。又作《三馬圖贊》、《新居欲成過翟秀才》、《循惠二守相會》、《二守訪新居》、《新居鑿井》。二十九日，作詩。

四月，被命責授瓊州別駕，昌化軍安置。太守方子容自攜告身來，且曰：「此固前定乎？無恨吾妻沈素事泗洲僧伽謹甚，一夕夢和尚告別，問所往，荅云：『當與蘇子瞻同行，七十二日當有命。』今適七十二日，豈非前定乎？」吾謫海南，子由雷州，被命即行，了不相知。至梧，聞其尙在藤，且夕當追及，作詩示之。

五月十一日，與子由相遇於藤，同行至雷，作《雷州》詩。

六月十一日，與子由相別。渡海，和淵明《止酒》詩。行瓊、儋間，坐睡夢中得句，作詩。過海，得邁書酒，作詩。

七月，至儋州，作《儋耳》詩。十三日，作《夜夢》詩，叙云：「至儋十餘日矣，初僦官舍居之，有司猶謂不可。買地築室三間於城之南，士人畚土運甓助之。」飲鹹食腥，陵暴颶霧，人不堪其憂，公恬然著書爲樂。

元符元年戊寅，先生六十三歲。

公在儋州。上元，過赴使君召，獨坐有感，作詩。二十三日，書淵明《形影神》詩付過，仍和其韻。

上巳日，與老符飲，作詩。十五日，作《衆妙堂記》。二十日，祭妹夫承議柳仲遠，作文。

五月望，造眞一酒成，拜奠北斗，作《朝斗記》及詩歌。

七月十六日，跋淵明祭文後。

九月七日，書溫嶠問郭文語。八日，和淵明《九日閑居》詩。

九日，次韻魯直《食笋》詩。

冬至日，書《阮籍傳》後。與諸生飲，用過韻。

元符二年己卯，先生六十四歲。

公在儋州。立春日，作《減字木蘭花》。

四月十五日，作《十八羅漢贊》。

中元日，書跋。

九月二十日，嘉魚亭下，作《送邵進士》詩。

十二月十七日，夜坐達曉，作詩。二十八日，記所作墨。

是年，和淵明《與殷晉安別》、《王撫軍座上送客》、《荅龐參軍》三詩。送昌化軍使張中，又作《謫居三適》、《家貧淨掃地》、《夜燒松明》、《萬安守約》、《遊岑公洞》等詩。

元符三年庚辰，先生六十五歲。

徽宗即位。正月朔，記養黃中曰：「歲次庚辰朔日戊辰，是日辰時，則丙辰也。三辰一戊，四土會焉，丙土母而庚其子也。土之富未有過於斯時，吾當以斯時肇養黃中之法。」又曰：「非謫居嶺外，安得此慶耶？」又曰：「十二日，天門冬酒熟。」上元，追和戊寅韻作詩。

二月二十日，書黎子雲《道唐村老人言》、《過黎君郊居》詩。

三月清明日，聞過誦書，聲節閑美，感念少時，悵然追懷先君宮師之遺意。且念淮德二幼孫，無以自遣，乃和淵明《酬郭主簿》詩。七日，書王光祿《送行》詩後。十五日，書柳子厚《牛賦》後。是月，放魚於城北，作記。

五月，被命移廉州安置，作峻靈王、伏波將軍廟碑。

六月十七日，過瓊州，作《惠通井記》。太守陸公乞瓊山泉上之亭名與詩，名之曰洄酌，作詩。又《澄邁驛通潮閣》、《烏觜泅濟》。

二十日渡海，作詩。二十五日，與秦少游相別於海康，作《自雷適廉》、《夜雨宿淨行院》、《廉州龍眼》、《留別廉守》、《合浦》、《愈上人》等詩。

七月四日，記渡合浦，曰：「予自海康適合浦，連日大雨，橋梁盡壞，水無津涯。自興廉淨行院下乘小舟至官寨，聞自此

而西皆漲水，無復橋船。或勸乘蜒舟並海即白石。是年，六月晦，無月。碇宿大海中，天水相連，星河滿天，起坐四顧，太息曰：『吾何數乘此險也！既濟徐聞，復厄於此乎！』所撰《易》、《書》、《論語》皆以自隨，而世未有別書，拊之而歎曰：『天未欲喪是也，吾儕必濟。』」

八月二十二日，書《臞仙帖》。二十四日，題合浦清樂軒。

是月，被命授舒州團練副使，永州安置。

二十八日，劉幾仲餞飲，作《瓶笙》詩，《鬱林次韻王守》、《藤州江下對月》。將至廣，寄邁、迨，和廣倅，作詩。

十月十四日，過清遠寶林寺，頌禪月十八羅漢。

十一月十五日，吳子野輩追餞於廣慶寺，贈子野詩。

是月，被命復朝奉郎，提舉成都府玉局觀，在外軍州任便居住。

十二月十九日，書《南華重辯長老逸事》，次韻韶守狄、韶倅李、狄守東坡羹。伯固南華相待，作詩。

建中靖國元年辛巳，先生六十六歲。

正月朔，作《九成臺銘》，又作《南華題名記》。五日，過南安，法掾吳君示昔所作《石鍾山記》，復題其後。又作《至南安》詩。九日，作《南安常樂院法藏銘》。再過鬱孤臺，和前韻。又與虔守、霍倅、許南禪湜老唱和詩，又作《鍾子翼哀詞》，又《贈孫志舉》、《呂倚》、《次韻江晦叔》等詩。

二月八日，過龍光，求竹作肩輿，作詩。

三月一日，書宗人養直詩後。四日，作

《南安軍學記》。寒食，與劉器之遊南塔寂照堂，戲器之，同訪玉版師。發虔，至永和清都觀，留別王子直等詩。過湖口，九華石已爲好事者取去，和前韻。

四月四日，艤舟吳城山順濟王祠下，得石砮，作記。八日，艤舟豫章、彭蠡之間。

五月一日，舟行至金陵，作《崇因院觀音頌》、《次韻淸涼老》詩。是月至常州，睡起，聞米元章到東園，送麥門冬飲，作詩。

六月，以疾告老于朝，以本官致仕。

七月，疾頗革，折簡錢世雄云：「昨夕齒中出血，如蚯蚓者無數。若專是熱毒，根源不淺。即今諸藥盡卻，惟取人參、茯苓、麥門冬淪湯，渴即飲之。莊生云『在宥天下，未聞治天下也』，三物可謂在宥矣。此而不愈，則天也。」徑山老惟琳來，說偈，荅曰：「與君皆丙子，各已三萬日。一日一千偈，電往那能詰。大患緣有身，無身則無疾。平生笑摩什，神呪眞浪出。」琳問神呪事，索筆書：「昔鳩摩羅什病，亟出西域神呪三番，令弟子誦以免難，不及事而終。」併出一帖云：「某嶺海萬里，不死而歸宿田里，有不起之憂，非命也耶？」蓋絕筆於此。後二日，殆將屬纊而聞觀先離，琳叩耳大聲云：「端明宜勿忘西方，」不無但箇裏著不得。」世雄云：「固先生平時履踐至此，更須着力。」曰：「着力即差。」語絕而逝。

二十八日，公薨，享年六十六。

崇寧元年

閏六月，邁葬公于汝州郟城縣釣臺鄉上瑞里嵩陽峨眉山，遵公治命也。

〔一〕陽：原作「隔」，據《蘇軾詩集》卷二改。

〔二〕王誨：原作「王晦」，據《蘇軾詩集》卷六改。

〔三〕石盤：似當作「石磬」，《蘇軾詩集》卷一七《登雲龍山》下有《題雲龍草堂石磬》詩。

〔四〕「鳥」字詩：據《蘇軾詩集》卷一八，代雷勝作「過」字詩，自作「鳥」字詩。

〔五〕何正臣：原作「何大正」，據《宋史·何正臣傳》及《蘇軾傳》改。

〔六〕六日：原作「六月」，四部叢刊本作「五月」，《蘇文忠公全集》卷一二《黄州安國寺記》作「四月六日」，據改。

〔七〕聖從：《蘇軾詩集》卷三二作「聖途」，聖途爲張天驥字。

〔八〕荆州：《蘇軾詩集》卷三五作「荆山」。

〔九〕譚汲：原作「潭汲」，據傅幹《注坡詞》卷一一改。

〔一〇〕五十年前：《蘇文忠公全集》卷六八《書緑筠亭詩》作「後二十五年」。

公自齠齔知讀書，始入鄉校，便有大志。及遊場屋，爲名進士，試館閣，應制科，皆中高等。臨事以正，不能與時卷舒，而名益重，天下翕然宗師之。平生出處遊歷，悲歡感歎，一寓於詩與其雜著。其文集行於世者，不但《東坡集》與《後集》，又有蘭臺、毗陵備成大全者矣。其間詩文顛倒錯亂，不可勝紀，覽者病焉。汴陽段仲謀編爲《行紀》，清源黄德粹撰爲《系譜》，一則擇焉而不精，一則語焉而不詳。予於暇日，因二家之述，徧訪公之文集，採其標題與其歲月，芟夷繁亂，翦截浮辭，而質諸名士大夫，以求其當，足以觀公宦遊窮達之節，吟詠著作之時，名之曰《東坡紀年録》。又將因此而類公之詩文，使成次序，固有志焉，姑少俟之。

三孔事迹編年

李春梅 編

三孔，指孔文仲（一〇三八—一〇八八）、孔武仲（一〇四二—一〇九八）、孔平仲（一〇四四—一一〇二）三兄弟。文仲字經父，武仲字常父，一字彦常，平仲字毅父，一字義甫，宋臨江軍新淦（今江西峽江）人。兄弟三人連科登進士第，一時傳爲佳話，號三孔。同時，三人頗有文聲，黄庭堅曾云：「二蘇上連璧，三孔立分鼎。少小看飛騰，中年嗟遠屏。」（《宋黄文節公全集·正集》卷第一《和答子瞻和子由常父憶館中故事》）舉以比配蘇軾、蘇轍兄弟，贊譽極高。有宋一朝，崇文抑武，三孔在政壇上均有直聲。三人進士及第後相繼入仕，又同時入朝爲官，清正廉明，才識卓著，使一代文官的風範得以顯揚。因反對新法，屢遭貶斥。因與蘇軾友善，復以「蜀黨」之名卷入「洛蜀黨争」，被打入元祐黨籍碑。雖宦海沉浮，而矢志不移，有元祐君子之稱（王士禎《居易録》卷一二）。

臨江軍三孔是爲有宋一代之名人，宋龔頤正撰有《清江三孔先生列傳譜述》一卷（《宋史·藝文志》卷二），久已失傳。謝巍《中國歷代人物年譜總録》云「曾收得近人所著年譜」，亦未見。此譜爲李春梅編，在廣泛搜集三孔研究資料的基礎上，將兄弟三人合編爲一譜，以資考見三孔生平事迹。

凡例

一、所引史籍以宋代爲主。盡力搜羅三孔之事迹，按年排列，編爲此譜。

二、譜中所引各書，僅於首次出現時注明時代與撰人，以後則僅引書名。

三、譜中地名，除個別與三孔關係密切者外，一般不注今地名。

四、與三孔有關之人，擇要列入，與三孔有關之事則詳叙之。引文或有删節，但無更改。

三孔，即孔文仲、孔武仲、孔平仲三兄弟。文仲，字經父，官至中書舍人；武仲，字常父，官至中書舍人；平仲，字毅父，官至金部郎中。孔子四十七世孫，江西新淦人（今江西峽江）。

關於三孔籍貫，有以下諸說：

一、清江說，即今清江。三孔總集爲《清江三孔集》，「清江」二字顯然謂其籍貫，此說不佔主導地位，僅唐圭璋主編《全宋詞》採此說。清江設縣于南唐昇元元年，歷史久于臨江，此言清江，係指郡望。明王直在其《臨江府清江縣儒學題名記》中即云：「臨江，江西屬郡，清江，則邑之望也。」（《抑菴文集》卷五）因此，歷代所修郡志和《清江縣志》皆無三孔籍屬清江的誤載。

二、新淦（新干、峽江）說。曾鞏《元豐類稿》卷五九有《司封郎中孔君墓誌銘》，此乃曾鞏爲三孔父延之所作。銘中云：「君臨江軍新淦縣人。」蘇頌《蘇魏公文集》卷五九《中書舍人孔公（文仲）墓誌銘》云：「中書舍人新淦孔公，諱文仲，字經父。」據此，三孔籍屬新淦應無疑問。而古時新淦，在今何地，又有新干及峽江兩說。據《中國歷史地圖集》載，宋時新淦即今新干。而新淦至明嘉靖五年（一五二六）一分爲二，北部仍爲新淦縣，南部則另置峽江縣。據《明史》卷四三《地理志第十九》云：「峽江府南，本新淦縣之峽江巡檢司，嘉靖五年四月改爲縣，析新淦縣六鄉地益之。南有玉笥山，又有贛江，亦名峽江。」而三孔故里在原新淦之西江，即今峽江縣。三孔後裔，今居峽江縣羅田鄉安山，他

們保存有完整的《臨江西江孔氏族譜》，對三孔及其家族世系記之甚詳，明謂三孔爲峽江人。此外，平仲有《還鄉展省道中作四聲詩寄豫章僚友》詩，詩中云：「蕭灘波潺湲，巴丘山崔嵬。」（《清江三孔集》卷二六，四庫全書本）巴丘即今峽江縣城巴丘鎮。隆慶《臨江府志》卷二云：「嘉靖五年，析新淦之南置峽江縣，即古石陽、巴丘地。」可證三孔故里在今峽江，非屬今之新干縣。此外，明隆慶、清同治、清康熙三版《臨江府志》及《峽江縣志》，均明謂三孔爲峽江人，也可爲證。

三、新喻說，新喻即今新餘。此說始于《宋史》卷三四四《孔文仲傳》，云：「孔文仲，字經父，臨江新喻人。」此說爲《中國人名大辭典》、《中國文學家大辭典》等採用。乾隆、同治間修《新喻縣志》，亦以三孔爲邑人，而康熙《新喻縣志》則不作邑人收入，《江西通志》卷一四三則定文仲爲新淦人。可見，《宋史》新喻之說，連後世之新喻人也未篤信不疑。新喻、新淦同屬臨江，時有「新喻三劉」（劉敞、劉攽、劉奉世）、「清江三孔」之稱，就州郡而言，三孔與三劉可稱「同鄉」，而三孔對劉敞、劉攽頗爲崇奉，武仲《劉公詩》序即稱劉敞爲「吾鄉劉原甫」，《宋史》或因以致誤。

曾祖諱文質，祖諱中正，皇贈光祿少卿。父延之（一〇一二—一〇七四），字長源，官至司封郎中，熙寧七年卒，年六十一，贈正議大夫（《元豐類稿》卷四二《司封郎中孔君墓誌銘》）。母楊氏夫人，封仁和縣君。

三孔實兄弟七人，和仲，進士，仕履不詳。義仲，太廟齋郎，士履亦不詳。康仲、南仲皆早卒。姊妹三人，嫁龔慶軍節度推官曾準、吉州吉水縣主簿應昭式、進士蔡公彥（曾鞏《元豐類稿》卷四二《司封郎中孔君墓誌銘》，蘇頌《蘇魏公文集》卷五九《中書舍人孔公墓誌銘》，《闕里文獻考》卷九〇）。

按：《新餘高等專科學校學報》一九九八年第一期載有黃健保《關于「三孔」》一文，其中云「三孔兄弟共七人，文仲行大，武仲行二，平仲行三，其下尚有四弟：康仲、和仲、義仲、南仲」，此說源于《臨江西江孔氏族譜》，族譜云：「（延之）子七：文仲、武仲、平仲、康仲、和仲、義仲、南仲。」而據《闕里文獻考》卷九〇載，文仲行二，武仲、平仲分別行三、四，康仲爲伯仲。且元符元年（一〇九八）武仲卒，平仲有《祭三兄侍郎文》，即是明證（文載《永樂大典》卷一四〇五一）。

寶元元年戊寅，文仲生。

文仲生於是年七月二十八日。

據《臨江西江孔氏族譜》（以下簡稱《族譜》），文仲生於是年甲寅月癸亥日戊午時，《宋史》本傳、清吳榮光《歷代名人年譜》亦定文仲生於是年。唯蘇頌《中書舍人孔公墓誌銘》云「享年五十六」，與諸書所記「卒年五十一」不合，今不取。

曾敏行《獨醒雜志》卷一〇：三孔之先，本田家翁，嘗步行入岩谷間，少憩，覺和氣煥然，心甚愛之，已而忘歸。迨暮，

家人尋至其地，問故，翁曰：「我覺此山中氣暖，與他處異。若我死，當葬於此。」逾年而歿，其家從其言。後遂生司封君，再世而生經甫伯仲。其地在今新淦縣之西岡。

寶元二年己卯，文仲二歲。

慶曆二年壬午，文仲五歲，武仲生。

父延之登楊寘榜進士第（隆慶《臨江府志》卷一〇）。

七月十五日，武仲生。

《族譜》：宋仁宗慶曆二年壬午歲壬寅月丙辰日庚寅時生。

《宋史·武仲傳》云武仲卒年五十七，未載卒於何年。據《續資治通鑑長編》（下稱《長編》）卷五〇二云：「元符元年九月（一〇九八），朝散郎、管勾玉隆觀孔武仲卒。」《永樂大典》卷一四〇五一載平仲《祭三兄侍郎文》云：「元符元年十二月二十七日，弟具位某謹以清酌庶羞之奠，致祭於亡兄侍郎之靈。」據此推之，亦當生於是年。《清江三孔集》卷一五《渡江集序》云：「元豐六年（一〇八三），余以信州從事得罷，歲暮入京師。……是時，余四十有三年矣。」秦良先生《宋代江西名人蕭貫孔武仲生卒年考》（《江西教育學院學報》一九九四年第三期），即據此定武仲生於慶曆元年（一〇四一），卒於紹聖四年（一〇九八），實誤解材料而致。武仲生日在七月，而作此文時明言歲暮，則時已滿四十二歲，故自云四十三歲。

慶曆三年癸未，文仲六歲，武仲二歲。

文仲已能作詩。

《獨醒雜志》卷三：孔經甫年六七歲能作

詩，其父司封君嘗對客召經甫侍立。客命經甫爲蓮實詩，經甫立成。記其一聯云：「一莖青竹初出水，數個黃蜂佔作巢。」語雖未工而比類親切，客大奇之，經甫自此知名。

慶曆四年甲申，文仲七歲，武仲三歲，平仲生。

六月九日，孔平仲生。

《族譜》：平仲生於是年乙亥月己亥日丙寅時。

慶曆五年乙酉，文仲八歲，武仲四歲，平仲二歲。

三月，延之作《宋桂州瘞宜賊首級記》（嘉慶《廣西通志》卷二一六）。

皇祐元年己丑，文仲十二歲，武仲八歲，平仲六歲。

至和元年甲午，文仲十七歲，武仲十三歲，平仲十一歲。

嘉祐元年丙申，文仲十九歲，武仲十五歲，平仲十三歲。

文仲應鄉舉（《族譜》）。

嘉祐三年戊戌，文仲二十一歲，武仲十七歲，平仲十五歲。

文仲再應鄉舉（《族譜》）。

嘉祐四年己亥，文仲二十二歲，武仲十八歲，平仲十六歲。

是年，武仲始應鄉舉（《族譜》）。

武仲元豐六年所作《渡江集序》（《清江三孔集》卷一五）云：「自始應舉以至於今，六至闕下而三出江淮道以行，中間往還匆匆，經耳目如晡旦之相望。而歲月數遷，時事屢變，吾家親尊逝沒，兄弟彫零，以區區羸苶之身，寄食四海，南踰嶺表，東至岱陽，而出入於江淮、

荆湖、吴越之間。年三十有六，大病垂死，賴良醫以得全活。明年，以罪罷官。此其出處險艱之大略也。蓋二十五年之間，其變故之多如此。」所云二十五年前應鄉舉，推之當在此年。

嘉祐六年辛丑，文仲二十四歲，武仲二十歲，平仲十八歲。

文仲登進士第，調餘杭（今浙江杭州）尉。

蘇頌《中書舍人孔公墓誌銘》：隨鄉貢至禮部，奏名爲天下第一，廷試擢進士丙科。初，正議公（即父延之）出白屋，起江表，登慶曆二年乙第，至是公又以文名振場屋。

又：公舉進士時，故紫微呂夏卿爲南省點檢官，得公卷曰：「詞賦贍麗，策論深博，其文似荀卿、子雲。」主司以爲知言。

《族譜》：一命秘書省校書郎，杭州（蘇）〔餘〕杭尉。

《墓誌銘》：尉餘杭日，轉運使召與議事，事已馳歸，不復趨府。人問其故，對曰：「於府無事也。」

嘉祐七年辛丑，文仲二十五歲，武仲二十一歲，平仲十九歲。

文仲任餘杭尉。

是年，武仲爲國子解魁。平仲中鄉舉（《族譜》）。

嘉祐八年癸卯，文仲二十六歲，武仲二十二歲，平仲二十歲。

文仲任餘杭尉。

武仲登進士第。有《謝及第啓》（隆慶《臨江府志》卷一〇。啓見《清江三孔集》卷一二）。

《江西狀元譜》附錄四《江西歷代省元會

元傳略》：武仲，北宋嘉祐八年癸卯科省試進士第一，爲省元。該科共取進士一百九十三人。

《宋會要輯稿》（下稱《宋會要》）選舉一之一一：嘉祐八年正月七日，以翰林學士范鎮權知貢舉，知制誥王安石、天章閣待制司馬光並權同知貢舉，合格奏名進士孔武仲已下二百人。

武仲授穀城主簿。

《宋史》卷三四四《孔武仲傳》：武仲字常父。幼力學，舉進士，中甲科，調穀城主簿。

治平元年甲辰，文仲二十七歲，武仲二十三歲，平仲二十一歲。

文仲改南康軍司戶，以正議使湖北，請解官侍養（《墓誌銘》）。武仲爲穀城主簿。

十一月十八日，延之與余藻、姚彥聖等游於朝陽洞（《桂林石刻》卷上《朝陽洞題名》）。

十一月二十七日，延之與前安撫司勾當公事姚彥聖、新知龔州丁錞、提點刑獄余藻自壽寧院抵慶林觀，游龍隱巖（《桂林石刻》卷上《龍隱巖題記》）。

十二月，延之與通判范子明、機宜姚原道、知龔州丁錞、提刑余藻飲餞於雉山（《桂林石刻》卷上《雉山題名》，又見《粵西金石略》卷三）。

是年，平仲爲國學解魁，有《國學解元謝啓》（《族譜》，啓見《清江三孔集》卷三〇）。

是年，平仲與蘇轍訂交。

蘇轍有《次韻孔平仲著作見寄四首》，其一有云：「昔在京城南，成均對茅屋。清晨屣履過，不顧車擊轂。時有江南生，

能使多士服。」「成均」即稱國學，「能使多士服」即謂平仲中國學解魁一事，則平仲與蘇轍訂交即爲是年。蘇轍詩見《蘇轍集》卷一一（曾棗莊、舒大剛主編《三蘇全書》本，語文出版社，二〇〇一年版。下同）。

治平二年乙巳，文仲二十八歲，武仲二十四歲，平仲二十二歲。

平仲登進士第，授洪州分寧縣（今江西修水縣）主簿（隆慶《臨江府志》卷一〇、《族譜》）。

《獨醒雜志》卷三：孔毅甫爲舉子時，嘗夢有以五色綫繫角黍來餽者，毅甫食之既。其年，試於南宮，遂中選。

三月，延之與知桂州、兼經略安撫陸詵，提點刑獄公事余藻，兵馬鈐轄白均、徐印，新知鬱林州姚原道，經略司勾當公事劉恕，會於廣西伏波山還珠洞（《桂林石刻》卷上《伏波山還珠洞題名》，又見《桂勝》卷一）。

宋神宗熙寧元年戊申，文仲三十一歲，武仲二十七歲，平仲二十五歲。

正月甲戌（初三日），延之作《邵州新遷州學記》（光緒《湖南通志》卷六四）。

《周敦頤年譜》：荆湖北路轉運使孔延之爲先生作《邵學記》，書曰「治平五年正月三日。」其日，先生率僚吏諸生告於先聖先師，亦書治平五年。神宗即位，改治平五年爲熙寧元年。時改元詔未到，故《學記》及《祝詞》皆作治平五年耳。

熙寧二年己酉，文仲三十二歲，武仲二十八歲，平仲二十六歲。

文仲任南康軍司戶，請解官侍養，滿歲，用薦舉台州軍事推官（《族譜》）。

熙寧三年庚戌，文仲三十三歲，武仲二十九歲，平仲二十七歲。

七月庚子（十二日），荆湖北路轉運使孔延之與判官吳太元不和，詔令江淮發運司及湖北提刑司體量（《長編》卷二一三）。

九月，范鎮薦文仲應賢良方正，文仲對策九千言，極言王安石新法之不當，安石怒，上御批罷黜還故官。時朝中大臣多力爭之。

《續資治通鑑》卷六八：（九月乙巳）會范鎮所薦台州司戶參軍孔文仲對策，凡九千餘言，立論王安石理財訓兵之法非是，宋敏求第爲異等。安石怒，御批文仲試卷曰：「意尚流俗，毀薄時政，恐不足收錄，以惑天下。」於是文仲罷還故官。齊恢、孫固封還御批，韓維、陳薦、孫永皆力論文仲不當黜。

又：是歲，舉制科者五人，文仲所對策，指陳時病，語最切直。初考，宋敏求、蒲宗孟置第三等上，覆考王珪、陳睦置第四等，詳定韓維從初考。陶語亦稍直，繪記誦該博，錢勰文稍工，皆入第四等。侯溥稱災異皆天數，又用王安石《洪範說》，云：「肅時雨若非時雨順之也，德如時雨也。」衆皆惡其阿諛而黜之。……安石見文仲策，大惡之，密啓上，御批黜文仲。知通進銀臺司齊恢、孫固屢封還御批，維及陳、孫永皆求對，力言文仲不當黜，維章凡五上，略曰：「陛下無謂文仲一賤士耳，黜之何傷，臣恐賢俊由此解體，忠良結舌，阿諛苟合之人將窺隙而進，爲禍不細，願改賜處分。」卒不聽。

是月，王安石上《答詔問黜孔文仲事奏》，

乞罷文仲歸還本任。

奏云：陛下患韓維輩出死力爭文仲事，臣固疑其如此。文仲誣上不直，以迎合考官不逞之意，若不如聖詔施行，而用考官等第獎擢，則天下有識者必竊笑朝廷聽察之不明，而疏遠無知者謂陛下所爲誠如文仲所言，而比周不逞之人更自以爲得計。此臣不敢不奉行聖詔也。今韓維欲出死力爭之，若陛下姑息從之，則人主之權坐爲群邪所奪，流俗更相扇動，後將無復可以施爲。今流俗之人務在朋黨因循，而陛下每欲考功責實，考功責實最害於朋黨因循，則其欲撓陛下之權固宜如此。陛下誠能深思熟計，以靜重持之，俟其太甚，然後御之以典刑，則小人知畏而俗亦當漸變矣。其詳乞俟臣祠事罷入見奏論（《長編》卷二一五）。

孫固有《論制科之士不可以直言棄黜狀》：

臣伏見應賢良方正舉孔文仲對策入等，以論時政意異，詔文仲罷歸。仰惟陛下導人使言，一有不合，便行棄黜，此後誰敢有言者？陛下嘗嫉言事之人好同流俗，沮敗朝廷行事。且行事在審理，審理在合時變，使流言自息，乃爲善也；而欲黜責以止之，臣見其無益於行事，有損於治道也。陛下毋以文仲爲一賤士而黜之，何損於事。古人於事常戒微漸，臣恐賢俊由此解體，忠良結舌，阿諛苟合之人得窺其間而競進，爲禍不細。文仲可取而逐之，臣恐於文仲未有所損，而其損顧在陛下也。願改賜處分，以幸天下（《歷代名臣奏議》卷二〇三）。

按：文仲雖以直言被黜，卻深得後人稱贊。王士禎《居易錄》稱文仲爲元

祐君子，且云：「經父制科策首嚴王霸義利之辨，剴切似劉蕡。」劉蕡字去華，唐昌平人，唐文宗大和二年應賢良對策，以極言宦官禍國被黜，事見《舊唐書》卷一九〇、《新唐書》卷一七八。

九月，延之權開封府推官，前爲湖北轉運副使。

上批：「延之精力緩慢，恐非監司之宜。」故以范子奇易之（《長編》卷二一五）。

十月，范鎮因文仲被黜，五上疏乞致仕（《長編》卷二一六）。

疏云：「臣近舉蘇軾諫官，蒙御史劾奏；又舉孔文仲應制科，蒙下流內銓告諭令歸本任。職臣之故，上累聖德，下累賢才，臣無面顏復齒班列，望除臣致仕，仍不轉官，以贖軾販鹽誣妄之罪，及文仲對策切直之過。」又云：「軾有古今之學，文章高於時，又敢言朝廷得失，臣所以舉充諫官，今反爲軾之累，臣豈得默默不爲一言？又文仲對策，中外皆言其切直，設有過當，亦由小官疏外，不識忌諱。且以直言求之，而以直言罪之，是罔天下忠直而納之罪罟，豈不爲聖明之累乎？陛下聰明睿智，欲爲堯、舜、湯、文之所爲，而乃拒忠諫、惡直言，臣竊惜之。乞明辨軾之無過，恕文仲之直言，除臣致仕。」

按：蘇頌爲文仲所作墓銘云：「熙寧三年，詔舉賢良方正。龍圖閣直學士元公絳、天章閣待制吳公中復以公應詔。召試秘閣，論在第一，對制策入三等上。是時朝廷方大有爲，輔臣建

議以謂祖宗法度至此已敝，當悉更改，用事之人爭言理財、訓兵以合其說，而言事者不以爲便，繼被譴斥。而公之策亦不以爲便，故執政疑相與表裏，奏黜不收，趣還本任。」一云舉薦文仲之人爲元絳及吴中復，然范鎮薦舉之事，見蘇軾所作《范景仁墓誌銘》，且有范鎮數篇章奏爲證，應不爲誤。而蘇頌所作文仲墓誌云云，亦或三人均有所薦耶？

是年，平仲有《喜經父制策第一》詩（《清江三孔集》卷二三）。

陳舜俞作《贈孔經甫賢良並簡許少張狀元》詩（《都官集》卷一二）。詩云：「此客骨不凡，九天之麒麟。新上紫烟頂，以頭觸天門。赤龍怒當路，夭矯驚百神。麒麟顧何力，牙爪勇踞蹲。既欲掎其角，又或批其鱗。此身甘萬死，齏粉不逡巡。帝曰汝無罪，濯濯良不群。輟吾黄金鋪，縱之赤城塵。收頭縮下土，別待風雷春。龍怒逐之去，四海波濤翻。顧我天一涯，遺下顔色溫。昔爲游天夢，嘗受一日恩。老來因對客，念往驚心魂。寄謝剡溪子，入朝可無言。」

按：許少張即許安世，雍丘人，見《默記》卷中。許安世爲狀元在治平四年，見《長編》卷二百九本年三月紀事。《宋史·神宗紀》謂爲三月壬子。

熙寧四年辛亥，文仲三十四歲，武仲三十歲，平仲二十八歲。

是年，文仲以應制科策在京，武仲爲齊州教授，平仲任密州教授。

二月辛酉（初五日），司馬光知許州，上章

贊文仲敢言。

司馬光《論王安石疏》：「臣之不才，最出群臣之下，先見不如呂誨，公直不如范純仁、程顥，敢言不如蘇軾、孔文仲，勇決不如范鎮。」又曰：「軾與文仲皆疏遠小臣，乃敢不避陛下雷霆之威、安石虎狼之怒，上書對策，指陳其失，隳官獲譴，無所顧慮。此臣不如軾與文仲遠矣。」

平仲有《送董監部赴舉》、《還楊秘校賦》詩（《清江三孔集》卷二一）。《送董監部赴舉》詩云：「朝廷新改科，詩賦斥無用。」《還楊秘校賦》詩云：「可憐苦心自少年，近日改科無用此。」按：據《宋史》卷一五《神宗本紀二》云：「二月丁巳朔，罷詩賦及明經諸科，以經義、論、策試進士。」則平仲此兩詩當作於此後。

四月，延之以度支郎官知越州。五年十一月召赴闕（《嘉泰會稽志》卷二）。

《趙清獻公年譜》云：「三月，與越守孔度支延之餞別於金山。」是年，趙抃六十四歲，延之五十八歲。

五月，因文仲制科策罷制科，同時應制舉者牽連被罷。

《宋會要》選舉六之四三：制科卻歷代常行不廢，漢則因事而舉，至唐及本朝亦未嘗廢。到得熙寧間，王荆公得政，孔文仲對策議新法，制科始罷。

《宋史》卷三一七《錢勰傳》：熙寧三年試應，即中秘閣選，廷對入等矣，會王安石惡孔文仲策，遷怒罷其科，遂不得第。

《宋史》卷三四六《呂陶傳》：安石既怒

孔文仲，科亦隨罷，陶雖入等，才通判蜀州。

《御批歷代通鑑輯覽》卷七七《五月罷制科》：自孔文仲對策忤王安石意，因言於帝曰：「進士試策則是制科，何必復置是邪？」帝然之。呂惠卿執政，復言制科止於記誦，非義理之學，遂詔罷之。

文仲作《秋月》詩（《清江三孔集》卷一）。

詩云：「孤枕夜何永，破窗秋已寒。雨聲冲夢斷，霜氣襲衣單。利劍摧鋒鍔，蒼鶻縮羽翰。平生衝斗氣，變作淚汍瀾。」

六月，平仲以薦授密州（今山東諸城）教授（《族譜》）。

按：《宋史》本傳不載密州之任，此從平仲詩文中推知。平仲有《常山四詩並序》云：「熙寧六年之仲冬，太守以旱有事於常山。平仲職在學校，不預祭祀。」常山爲密州望山，因祈雨常應而得名。說明平仲熙寧六年仲冬任密州教授，而其在密州任上歷官兩年，見於他被辟舉進京時所作的《途中口占》云：「兩歲東州不自知，人情全在欲分時。」則平仲於熙寧五、六年或熙寧六、七年兩年在密州任上。而考《司封郎中孔君墓誌銘》，父孔延之熙寧七年二月卒於京師，其時孔平仲已在京改授衢州軍事推官，則平仲離開密州時爲熙寧六年歲末。平仲在赴密州途中曾作《日出》詩，云：「仲冬十一月，我行赴高密。」上溯兩年，則平仲到達密州時爲是年十一月。平仲到密州任後撰《上王相公書》，云：「昨蒙恩授密州教授，已於某月

日到任訖。」則此職爲王安石所薦也。

八月，平仲有《熙寧四年中秋》詩（《清江三孔集》卷二四）。

十一月，平仲到密州教授任，有《上王相公書》。

是年，平仲有《秋夜舟中》、《和常父初五日渡江》、《和常父湖州界中》、《次韻和常父發越州》、《和舍弟送行至密州》諸詩（《清江三孔集》卷二一）。

武仲自中秋與平仲全家聚會之後，赴齊州教官任。孔平仲有《次韻和常父》詩云：「赴官並出江湖上，講學聯居海岱中。」《常父寄半夏》云：「齊州多半夏，采自鵲山陽。」《送夢錫往齊州》云：「我兄在歷城，相別歲已周。」

是年，黄庭堅有《答和孔常父見寄》詩（《黄庭堅年譜新編》）。黄詩云：「孔氏文章冠古今，君家兄弟況南金。爲官落魄人誰問，從騎雍容獨見尋。旅館別時無宿酒，郵筒開處得新吟。黄山依舊寒相對，豈有愁思附《七林》。」細味詩意，武仲似與山谷曾經相遇於旅舍，別後武仲寄詩，此爲山谷應答之作，當作於葉縣。且詩自注：「傅子集古今事，號《七林》。來詩云『黄公山下官悰冷，應有新吟續《七哀》』」（《宋黄文節公全集·外集》卷第一七），惜武仲詩已佚。

熙寧五年壬子，文仲三十五歲，武仲三十一歲，平仲二十九歲。

文仲因制策罷歸本任，爲台州軍事推官，武仲任齊州教授，平仲任密州教授。

五月一日，孔延之《會稽掇英總集》成。四庫本《會稽掇英總集》有孔延之自序

云：「熙寧壬子五月一日孔延之序。」

七月二十三日，歐陽修卒。武仲作《代邵資政祭歐陽太師文》。

據《安陽集》卷五〇《故觀文殿學士太子少師致仕贈太子太師歐陽公墓誌銘》，歐陽修卒於是年七月二十三日。武仲文見《清江三孔集》卷一九。

秋，文仲有詩贈蘇軾。

文仲赴台州推官任，過杭，與蘇軾唱酬。據《蘇軾年譜》（孔凡禮著，中華書局，一九九八年版。下同），時蘇軾亦因反新法倅杭。文仲贈詩已佚，蘇軾有《次韻孔文仲推官見贈》詩：「我本麋鹿性，諒非伏轅姿。君如汗血馬，作駒已權奇。齊驅大道中，並帶鸞鑣馳。聞聲自決驟，那復受縶維。謂君朝發燕，秣楚日未攲。云何中道止，連蹇驢騾隨。金鞍冒翠錦，玉勒垂青絲。傍觀信美矣，自揣良厭之。均爲人所勞，何必陋鹽輜。君看立仗馬，不敢鳴且窺。調習困鞭棰，僅存骨與皮。人生各有志，此論我久持。他人聞定笑，聊與吾子期。空齋卧積雨，病骨煩撑支。秋草上垣牆，霜葉鳴階墀。門前自無客，敢作揚雄麾。候吏報君來，弭節江之湄。一對高人談，稍忘俗吏卑。今朝枉詩句，粲如鳳來儀。上山絶梯磴，墮海迷津涯。憐我枯槁質，借潤生華滋。肯效世俗人，洗刮求瘢痍。賢明日登用，清廟歌緝熙。胡不學長卿，預作封禪詞。」見《蘇軾詩集》卷八（曾棗莊、舒大剛主編《三蘇全書》本）。詩中有「秋草上垣牆」句，則此時應爲秋季。王文誥《蘇文忠公詩編注集成》卷八云：「公與文仲同爲范景仁所薦，並斥於外，是作此詩本意

也。」則此詩當爲是年作。

十一月，孔延之以「沮壞鹽法」之名罷任越州，過杭赴京師，飲有美堂。

《長編》卷二四〇：熙寧十一月丁巳，權發遣提點開封府界諸縣鎮屯田員外郎吳審禮兼提舉淤田，司封郎中知越州孔延之、庫部員外郎通判裴士傑並衝替，以兩浙提舉鹽事司言延之等沮壞鹽法、虧歲額也。

延之卒後，蘇軾有《孔長源挽詩二首》，見《蘇軾詩集》卷一三。詩中有自注云：「長源自越過杭，夜飲有美堂上，聯句，長源詩云：『天目遠隨雙鳳落，海門遙蹙兩潮趨。』一坐稱善。」由此可知，熙寧五年十一月，孔延之從越州罷官還朝，途經杭州，受到當地官員熱情接待。據《蘇軾年譜》，時蘇軾爲杭州通判。

是年，平仲有《代小子廣孫寄翁翁》詩（《清江三孔集》卷二一）。

詩有云：「爹爹來密州，再歲得兩子。」據上條考平仲來密州任教授爲四年十一月，「再歲」則爲今年。

平仲有《寄常父》、《再用前意》二詩（《清江三孔集》卷二四）。

《寄常父》詩云：「台州與京邑，中有泰山陰。」《再用前意》詩云：「台州雲海闊，梁苑雪天低。」

熙寧六年癸丑，文仲三十六歲，武仲三十二歲，平仲三十歲。

時文仲爲台州推官，平仲爲密州教授，武仲爲齊州教授。

六月，周敦頤卒，孔氏兄弟均作祭文。

據《周元公集》卷四潘興嗣《濂溪先生

墓誌銘》，周敦頤卒於是年六月七日。文仲有《墓祭文》，見《周元公集》卷八，武仲作《祭周茂叔文》，見《清江三孔集》卷一九。

夏，武仲與蘇轍始相交。

據《蘇轍年譜》（孔凡禮著，學苑出版社二〇〇一年），四月，樞密使文彥博罷，判河陽，辟蘇轍爲學官，已而改齊州掌書記。時武仲爲齊州教授，二人相遇，當在此年，其後武仲與轍過從甚密。蘇轍有詩云：「濟南昔相遇，我齒三十六。談諧傾蓋間，還往白首熟。」《蘇轍集》卷五又有《和孔教授武仲濟南四韻》，即《環波亭》、《北渚亭》、《鵲山亭》、《檻泉亭》等。其中《環波亭》云：「清境不知三伏熱」句，則相識當爲六、七月間。《山東通志》卷九云：「有環波亭在府學明倫堂後，宋孔武仲、曾鞏、蘇軾俱有詩。」武仲詩惜已散佚。

按：蘇轍生於寶元二年二月，至此年夏，已年愈三十五，詩云「我齒三十六」，蓋舉其成數。如據「我齒三十六」句以繫蘇轍與武仲交遊於次年，則熙寧七年二月，延之卒於京師，武仲奔父喪，七月已至眞州，其《蝗說》云「熙寧甲寅秋七月，予將還江南，繫舟於長蘆之川」可證，焉能於盛夏之際尚與蘇轍悠游於齊乎？且據曾鞏《司封郎中孔君墓誌銘》，延之卒時，武仲爲江州推官，也與蘇轍詩《和孔教授武仲濟南四韻》不相合。據此，姑定蘇、孔相交於此年。

秋，武仲除江州推官（曾鞏《司封郎中孔君墓誌銘》）。

武仲於四年秋赴齊州任，此年夏與蘇轍遊，尚爲齊州教授，則江州推官之命，當在此年秋後，姑繫此。

仲冬，平仲作《常山四詩》。詩序云：「熙寧六年之仲冬，太守以旱有事於常山。平仲職在學校，不預祭祀。太守以常山密之望，而太守出城爲非常，故帥以往。平仲既不辭，又不敢無言以助所請也，作迎神、酌神、禱神、送神四詩以畀祠官。」詩見《清江三孔集》卷二二。

平仲在密州任上還有《登賀園高亭》、《止謁先聖廟者》、《夢錫楊節之孫昌齡見過小飲》、《城南》、《以事往齊州初發密》、《有感時夢錫尋醫思求免官》諸詩。《止謁先聖廟者》詩，詩中云：「高密古名城，其地近闕里。」《夢錫楊節之孫昌齡見過小飲》詩，詩中云：「高密酒雖貴，爲君開一壺。」《城南》詩，詩中云：「密州三月猶有寒，地平更在大海上。」《送夢錫往齊州》詩，詩中云：「我兄在歷城，相別歲已周。」即云武仲此時在齊州，則當在此時作。又《常父寄半夏》詩：「齊州多半夏，採自鵲山陽。累累圓且白，千里遠寄將。」《寄常父》詩：「齊州瀟灑共閒暇，洗耳清流對此君。」《登賀園高亭》詩，詩中云：「東武名園數賀家」，「東武」即作者曾居的密州，今爲山東諸城，漢代則爲東武縣。

歲末，平仲除衢州軍事判官（曾鞏《司封郎中孔君墓誌銘》、《族譜》）。

熙寧七年甲寅，文仲三十七歲，武仲三十三歲，平仲三十一歲。

文仲任台州軍事推官期間，曾手植檜樹，後八十餘年，其甥曾幾名其堂爲「遺直堂」，並作詩以紀念。

曾幾《茶山集》卷七有《遺直堂》詩，序云：「三孔，某之舅氏也。伯舅舍人熙寧間實爲台州從事，手植檜於官舍之堂下，逮今八十有餘年矣。某假守是州，因以遺直名其堂，作詩六章，用叔向古之遺直爲韻，以告來者，庶幾勿翦焉。」詩云：「三孔吾渭陽，猶及見仲叔。堂堂舍人公，再拜但喬木。長身一庭中，勁氣九霄上。思公立朝時，凜凜不可向。策登董相科，賦作長卿語。劉牢出外甥，愧我不如古。老柏蜀人愛，甘棠召南思。領客清樾下，作詩詠歌之。元祐幾閱歲，諸公一無遺。吾舅典型在，神明力扶持。柏葉松其身，在時公手植。雜樹誰所栽，一錢初不直。」又見《浙江通志》卷四六「遺直堂」條。

二月癸未（十五日），父延之卒，年六十一。

曾鞏《元豐類稿》卷四二《司封郎中孔君墓誌銘》：權管勾三司都理欠憑由司，出知潤州。未行，暴得疾卒京師，熙寧七年二月癸未也，年六十有一。……有子七人：文仲，台州軍事推官；武仲，江州軍事推官；平仲，衢州軍事判官。和仲，進士。羲仲，太廟齋郎。餘早卒。女三人，嫁襲慶軍節度推官曾準、吉州吉水縣主簿應昭式、進士蔡公彥。孫男女八人。

三孔兄弟丁父憂。未幾，母楊氏及祖母劉氏相繼卒。

文仲墓銘：「初，公熙寧中遭正議公憂，

未幾，母夫人仁和縣君楊、祖母仁壽縣君劉相繼棄養。」

武仲因喪二親，毀瘠特甚，右肱爲之不舉（《宋史》本傳）。

七月，武仲作《蝗說》。

見《清江三孔集》卷一七。文中云「熙寧甲寅秋七月，予將還江南，繫舟於長蘆之川……」。

熙寧八年乙卯，文仲三十八歲，武仲三十四歲，平仲三十二歲。

孔氏三兄弟在江州居父喪。

九月乙酉（二十六日），葬父延之於江州之德化縣仁貴鄉龍泉原，以母楊氏祔（曾鞏《司封郎中孔君墓誌銘》）。

曾鞏爲延之作《墓誌銘》：有綽厥政，流播在民。有蔚斯文，薦美於身。孰委於外，不源於內？於內曷以？以其豈弟。其立桓桓，不回不倚。施不盡有，子則多賢。曷久厥問？閟辭幽阡。

《蘇魏公文集》卷五九《中書舍人孔公墓誌銘》：初，公熙寧中遭正議公憂，未幾，母夫人仁和縣君楊、祖母仁壽縣君劉相繼棄養。值歲之不易，併舉三大喪，而祖塋無可葬者。遂謀去新淦而宅九江，卜德化縣某鄉某里之某穴吉，躬冒山谷，涉歷寒暑，不數月而塚宅成，未終喪而室堂具。鄉人見其區處，咸以爲得禮之實。

蘇軾有《孔長源挽詩二首》：「少年才氣冠當時，晚節孤風益自奇。君勝宜爲夫子後，林宗不愧蔡邕碑。南荒尚記誅元惡，東越誰能事細兒。耆舊如今幾人在，爲君無憾爲時悲。」「小堰門頭柳繫船，吳山堂上月侵筵。潮聲夜半千岩響，詩

句明朝萬口傳。豈意日斜庚子後，忽驚歲在己辰年。佳城一閉無窮事，南望題詩泪灑箋。」見《蘇軾詩集》卷一三，又見《施注蘇詩》卷一〇。詩中有自注云：「長源自越過杭，夜飲有美堂上，聯句，長源詩云：『天目遠隨雙鳳落，海門遥壓兩潮趨。』一坐稱善。」

曾鞏亦作《祭孔長源文》（《元豐類稿》卷三八）。

是年黃庭堅有詩答武仲。有《次韻答常甫世弼》、《招子高二十二韻兼簡常甫世弼》詩。

其《次韻答常甫世弼》，題下注云：「熙寧八年北京作。」叙云：「二君不利秋官，鬱鬱初不平，故予詩多及君子處得失事。」二詩並見《宋黃文節公全集·外集》卷第一二。

熙寧九年丙辰，文仲三十九歲，武仲三十五歲，平仲三十三歲。

孔氏三兄弟丁憂居家，是年服滿。

熙寧十年丁巳，文仲四十歲，武仲三十六歲，平仲三十四歲。

陳襄居經筵，奏薦文仲等三十三人。

《古靈集》卷一《熙寧經筵論薦司馬光等三十三人章稿》：「前台州司戶參軍召試館閣孔文仲，性行醇粹，如不能言。發爲文章，溫厚正直，稍加長育，必爲瓌碩之器。」《古靈集》卷二五《古靈先生年譜》云：「熙寧十年丁巳，……薦溫國司馬公而下三十三士章稿一卷。」

文仲除充國子監直講，平仲守秘書省著作郎充都水監勾當公事（《族譜》）。

按：《族譜》，服滿，文仲除充國子監直講，授三班院主簿。而陳襄薦表猶

稱「前台州司戶參軍召試館閣孔文仲」，則文仲是職，或因陳襄薦授，姑繫此。

是年，武仲任江州推官，作《秋賽諸廟文》。

文云：「歲在丁巳，淮海一方，欲雨而雨，欲暘而暘。」見《清江三孔集》卷一九。

是年，武仲大病垂死，賴良醫得活。

武仲《渡江集序》：吾家親尊逝沒，兄弟彫零，以區區羸茶之身，寄食四海，南踰嶺表，東至岱陽，而出入於江淮、荆湖、吴越之間。年三十有六，大病垂死，賴良醫以得全活。明年，以罪罷官。此其出處險艱之大略也。蓋二十五年之間，其變故之多如此。

元豐元年戊午，文仲四十一歲，武仲三十七歲，平仲三十五歲。

文仲充國子監直講，武仲爲江州推官，平仲充都水監勾當公事。

三月，平仲同蘇軾爲王迥（子高）賦《芙蓉城》詩。

據《蘇軾年譜》。平仲《呈王子高殿丞》詩（《清江三孔集》卷二四）云：「天上人間事不同，相思何日卻相逢。芙蓉城在蓬萊外，海闊波深千萬重。」

七月，平仲以奉議郎通判虔州（今江西贛州）（《族譜》）。

九月，武仲在江州，作《道士韋君墓誌銘》（《清江三孔集》卷一九）。

略云：余早與君善，常奇君材而惜其不爲世用。及來過九江，適當君疾，叩門將見之，君方寢未寤。明日而君卒。

是年，武仲罷江州推官任（武仲《渡江集

序》），改揚州州學教授。

按《渡江集序》云「明年，以罪罷官」，今不知何罪。而據《陳成肅公畫像記》云：「元豐二年春，揚州新學成，而成肅公薨。……於是揚之官屬，相與屬余爲文以記之。」又考朱長文元祐八年所作《賢行齋記》，云：「孔常父掌揚州學，德祖年十七，試爲諸生冠。會神宗初罷尊號，坐客或論尊號之所起。」據《宋史》卷一六《神宗本紀三》，元豐三年「秋七月庚午，河決澶州。甲戌，詔自今遇大禮罷上尊號」，則孔武仲任揚州教授當在元豐三年之前。《族譜》繫齊、（陽）〔揚〕二州教授於江州軍推官之前，蓋由連書而誤。又考武仲所作《揚州芍藥譜》序云「吾見其一歲而小變，三歲而大變，卒與常花無異」，則在揚歷三歲。考武仲於元豐三年改任信州軍事推官，逆推之，任揚州教授，當在此年。

是年，文仲充國子監直講，因反王安石經義之學，授三班院主簿。

《族譜》：熙寧七年二月丁父憂，服滿除，充國子監直講，授三班院主簿。

《中書舍人孔公墓誌銘》：服除，除充國子監直講。時學者方用王荆公經義進取，以公不習是學，換三班院主簿。武選日受牒訴不下數百，求官者至有相詬競於庭。主判悉以諉公，公爲剖析曲直，得與不得，一語而決，人人莫不釋然。

元豐二年己未，文仲四十二歲，武仲三十八歲，平仲三十六歲。

文仲任三班院主簿，武仲教授揚州，平仲爲都水監勾當公事。

五月壬辰（二十五日），都水監勾當公事孔平仲歲滿減罷，更不補人（見《長編》卷二九八）。

是年，黄庭堅有《次韻和答孔毅甫》詩。詩云：「六年國子無寸功，猶得江南萬家縣。」時黄在北京已六年，次年改官知太和縣，見《黄庭堅年譜新編》。

元豐三年庚申，文仲四十三歲，武仲三十九歲，平仲三十七歲。

文仲任三班院主簿，武仲教授揚州，平仲通判虔州。

是年，武仲作《揚州芍藥譜》。序云：揚州芍藥名於天下，非特以多爲夸也。其敷腴盛大，而纖麗巧密，皆他州之所不及。……吾見其一歲而小變，三歲而大變，卒與常花無異。由此，芍藥之美，益專於揚州矣。……余官於揚學，講習之暇，嘗載而之六氏之園，與凡佛宫道舍有佳花處，頗陟獵矣。懼其久而遺忘也，聞之州人，得其粗，又屬秀才滿君方中、丁君時中，各集所聞，得其詳，蓋可紀者三十有三種。

蘇轍有《次韻答孔武仲》詩。見《蘇轍集》卷九。武仲詩已佚。詩中有云：「閑官更似揚州學，猶得昏昏晝日眠。」

武仲改信州（今江西上饒）軍事推官。嘉靖《廣信府志》卷七：孔武仲爲元豐信州軍事推官。

四月，武仲赴信州從事任。與蘇轍晤於金陵，時轍由南京簽判貶監筠州鹽酒稅，在赴任途中。

轍有《和孔武仲金陵九咏》詩，分别爲《白鷺亭》、《覽輝亭》、《鳳凰臺》、《天慶

觀》、《高齋》、《此君亭》、《見江亭》、《寧林院》、《八功德泉》。蘇軾有《書子由金陵天慶觀詩》，序云：「元豐三年四月，家弟子由過此留詩，七年七月十六日，爲書之壁。」則蘇轍此詩作於是年四月。詩見《蘇轍集》卷一〇。武仲詩已佚。《蘇轍集》本卷後有《舟次大雲倉回寄孔武仲》詩，云「一見誠偶然，四海良獨遠」，可證武仲與轍爲偶然相見。

按：《輿地紀勝》卷二一《江南東路·信州·官吏·孔武仲》：「嘗爲推官」。武仲此前爲揚州學教授，此次轉官當由揚州學教授遷信州推官。《蘇轍集》卷一〇有《次韻孔武仲到官後見寄》詩，云：「舉楫同千里，繫舟時一言。」可見二人並舟同行，情深意繾。

五月，武仲於池州又與轍相遇。作詩，約晤於廬山陰。見《蘇轍年譜》。

蘇轍《舟次大雲倉回寄孔武仲》云：「一風失前期，十日不相見。君帆一何駛，去若乘風箭。我舟一何遲，出沒蔽葭亂。」則二人並舟同行，中途失散，短暫相別，已不勝悵惋眷戀之情。而「池陽重相遇，撫手成一粲」，則有重逢之喜，因此「相期廬山陰，把臂上雲巘」。二人之交誼，於此可見一斑。

十一月，平仲作《元豐三年十一月施君發之縣丞艤舟潯陽出所收書相示好之篤蓄之多裝褫之妙可尚也詩以記其事》（詩見《清江三孔集》卷二二）。

武仲在信州，編《南齋集稿》而序之。

序略云：元豐三年，余爲信州從事，暇日，於南齋取舊所爲文讀之。……余自少喜爲文辭，長遊四方，從師交友，粗

有所發，而才力卑弱不足以自振於天下。中間患難侵陵，志氣摧沮，俛仰之間，二十年矣，而爲不增高。夫以不可恃之文，而才之不足又如此，然吟口囁嚅，老而不知止也，豈不惑哉！雖然，其志之所存，亦有見於此，不可廢也。乃擇其可觀者，得議論、序記、頌賦、啓狀、祭文若干篇，古、律詩若干篇，録之以自覽焉，命之曰《南齋集稿》。

文仲遷著作郎，通判保德軍（《墓誌銘》、《族譜》）。

元豐四年辛酉，文仲四十四歲，武仲四十歲，平仲三十八歲。

文仲爲保德軍通判，武仲爲信州軍事推官，平仲監江州錢監。

六月夏，天大旱，平仲作《夏旱》詩（《清江三孔集》卷二二）。

七月朔旦，文仲上封陳五事，曰：邪說亂正道，小人乘君子，遠服侮中國，斜封奪公論，人臣輕國命（《墓誌銘》、《宋史》本傳）。

九月十七日，平仲題《璇璣圖》五詩。

按：《回文類聚》卷一《璇璣圖考異》謂《璇璣圖》近見一本，乃治平中太常少卿沈立將漕河朔於東都陳安期家所得：「其後有東坡及孔毅甫、秦太虛跋語。坡則三詩，元豐二年七月十二日書。孔則五詩，四年九月十七日題。秦則一詩，元祐戊辰正月十四日汝南蠹魚閣所記，皆今所刊者。但五詩以補子瞻之遺，平時多見《淮海集》中，初不以爲出於毅甫也。」蘇軾三詩即其集中《次韻回文三首》，平仲詩見《清江三孔集》卷二八。

十二月，平仲作《元豐四年十二月大雪郡侯送酒》、《十二月二十五日大雪》詩（《清江三孔集》卷二〇）。

黄庭堅與平仲唱和。

黄有《次韻和答孔毅甫》，題下云元豐四年太和作。「鵬飛鯤化未即逍遥游，龍章鳳姿終作《廣陵散》。湓浦鑪邊督數錢，故人陸沉心可見。氣與神兵上斗牛，詩如晴雪濯江漢。把詠公詩闔且開，旁無知音面牆歎。我今廢書迷簿領，魚蠹筆鋒蛛網硯。六年國子無寸功，猶得江南萬家縣。客來欲語誰與同，令人熟寐觸屏風。竊食仰愧冥冥鴻，少年所期如夢中。江頭酒賤樽屢空，南山有田歲不逢。相思夜半涕無從，千金公亦費屠龍。」並注云：「毅父名平仲，嘗爲吉倅。」（《宋黄文節公全集·外集》卷第七）黄庭堅時知太和縣。詩注云平仲嘗爲吉州通判，而據《族譜》，平仲實通判虔州，黄注偶誤。平仲原詩已佚。

按：詩中有「湓浦爐邊督數錢」之句。史容注此詩云：「平仲字毅甫。元祐入館，時監江州錢監。」時平仲即爲江州錢監。《輿地紀勝》卷三〇《江州》謂湓浦乃江州。平仲江州錢監一職亦或於本年遷。

黄庭堅又有《再和舊韻寄孔毅父》（《宋黄文節公全集·外集》卷第七）。

是年，文仲爲保德軍通判，上疏論出兵西夏不便三事。

《中書舍人孔公墓誌銘》云：元豐四年，王師問罪夏臺，兵夫數十萬皆出保德境上。軍須百用，通判專任其責，雖趣辦應猝，措置無乏；然兵久不解，邊人厭

苦。公上疏論其不便有三，曰：「大兵未出而人夫預集，一也。河東傭夫，勞民而損費，二也。諸路出兵，首尾不相應，三也。蓋虞、夏、商、周未嘗無外患，而懷柔制禦之要不在彼而在此。」一去歲議役法者，有以雇爲是而差爲非。公曰：「諸言此者，敗法亂俗之本，不可不察也。」

又云：軍城依山居，人常苦井飲不足，時有泉出城東山腹，挈瓶者又難於出郭，公奏展城圍其泉郭内，城人以爲非止便於用汲，亦可以爲守禦之備也。

元豐五年壬戌，文仲四十五歲，武仲四十一歲，平仲三十九歲。

文仲通判保德軍，武仲爲信州軍事推官，平仲監江州錢監。

五月，徐禧舉武仲、邢恕爲御史。王安禮、張璪議徐禧欲結附往時異論之人，欲以爲黨而罷（《長編》卷三二六）。

文仲遷奉議郎，通判火山軍。

蘇頌《中書舍人孔公墓誌銘》云：官制行，由宣德郎遷奉議郎還朝，法當得便官，屬火山軍闕通判，格用進士，有不悦公者因以命之。二壘相距才數舍，俱號窮僻。公適自彼至，未旬月，復被遣，亦不辭而往。至則修舉廢墜，督責吏胥，案邊瑣、輯民務，武守賴以成績。

六月二十五日，武仲作《信州新修廣信門記》（《清江三孔集》卷一四）。

九月八日，蘇軾與平仲簡。

《蘇軾文集》卷六四《與毅父宣德》第一簡云「明日便重九」，又云「近侄婿曹君行」，曹君乃曹煥，據《蘇軾年譜》，時曹煥離黄去筠州，軾作詩送之。時平仲監江州錢監。

在江州，由黄至筠，道途所經。第二簡云「子由信籠敢煩求便附與」，當作於此後不久。

十二月，武仲作《信州祥符院新鐘銘》（《清江三孔集》卷一七）。

是年，黄庭堅寄詩平仲。

黄庭堅有《次孔四韻寄懷元翁兄弟並致問穀甫》詩（《宋黄文節公全集·外集》卷第三），下注云：「元豐五年太和作」。

是年，蘇轍有《次韻孔平仲著作見寄四首》（《蘇轍集》卷一一）。

詩云「昔在京城南，成均對茅屋」，「歸來九江上，家有十畝竹」等，即憶與平仲交游之歡。見《蘇轍年譜》。

是年，武仲作詩頌張夫人賢德（《蘇轍年譜》）。

蘇轍於是年作《同孔常父作張夫人詩》，詩見《蘇轍集》卷一二。詩云：「女子勿言弱，男兒何必強？君看張夫人，身舉十五喪。」且注云：「張夫人，南都人，孔推官常甫作詩言其賢，邀余同作。」張夫人，不詳。

是年，蘇軾於東坡作草堂，武仲、平仲有詩。

《東坡樂府》卷下《江城子》引：「元豐壬戌之春，余躬耕於東坡，築雪堂居之。」又其贈平仲《次韻孔毅父久旱已而甚雨三首》詩云：「去年東坡舍瓦礫，自種黄桑三百尺。今年刈草蓋雪堂，日炙風吹面如墨。」詩見《蘇軾詩集》卷二一。武仲亦有《蘇子瞻雪堂》詩，詩云：「古縣東邊仄徑開，先生曾此斸蒿萊。鸞凰一去應不返，花柳當年皆自栽。畫壁蒼茫留水墨，朱欄剝落長莓苔。鄰

翁笑我來何暮，檢點風烟興盡回。」

元豐六年癸亥，文仲四十六歲，武仲四十二歲，平仲四十歲。

文仲通判火山軍，武仲爲信州軍事推官，平仲監江州錢監。

三月乙未（二十日），重建信州學成，武仲作《信州學記》（《清江三孔集》卷一四）。

記云：余實與二三聯事之人，升降險阻，擬度廣輪。凡地之在民者，勸以貿易。良材堅甓，出於諸縣。然後隳山發石，剪劚草木。高者損以爲平，狹者培以爲廣。

三月，蘇轍作《答孔平仲二偈》（《蘇轍集》卷一二）。

據《蘇軾年譜》，軾於本年三月二十五日，書弟轍答孔平仲二偈後並寄弟轍（《蘇軾文集》卷六〇《書子由答孔平仲二偈後》，見該簡校記），並云：「本年，蘇軾次韻平仲詩多首，皆在《詩集》卷二三，平仲原唱已佚。」依此，平仲與轍之唱和當作於三月之前不久。

四月，孔武仲以信州從事得罷，入京師。作《張子厚睦州唱和集序》、《渡江集序》（《清江三孔集》卷一五《渡江集序》）。

四月，曾鞏卒。武仲有《祭曾子固文》（《清江三孔集》卷一九）。

五月十九日，武仲作《安堂記》（《清江三孔集》卷一四）。

十二月十三日，武仲作《田家坡賦》（《清江三孔集》卷三）。

是月，平仲妻陳氏病逝，蘇軾、蘇轍俱作挽詞。

蘇軾《孔毅父妻挽詞》：「結褵記初歡，

同穴期晚歲。擇夫得溫嶠，生子勝王濟。高風相賓友，古義仍兄弟。從君吏隱中，窮達初不計。云何抱沈疾，俯仰便一世。幽陰凄房櫳，芳澤在巾袂。百年縱得滿，此路行亦逝。那將有限身，長瀉無益涕。君文照今古，不比山石脆。當觀千字誄，寧用百金瘞。」見《蘇軾詩集》卷二二。此繫年據《蘇軾年譜》。蘇轍《孔毅父封君挽詞二首》，挽詩見《蘇轍集》卷一二。陳氏身後封清江碩人，葬前崗祖墳山，見《族譜》。

是年，平仲作《題清溪圖》、《長蘆咏蝗》、《游江寧天慶觀久視軒見梅已落有寄常父》詩。

平仲時爲江州錢監，《題清溪圖》詩中有「我已卜居在九江，九華廬阜鬱相望」之語。《長蘆咏蝗》詩云：「我有薄田在江州，五歲之中三不收。」則當在此時作。詩分別見《清江三孔集》卷二二、二三。

平仲在江州，又有《城東作》、《登齊雲樓》、《寄唐林夫》、《送提舉太平觀熊舍人》諸詩。

《城東作》詩中云：「九江非吾土，久寓忘羈棲。丘墳之所宅，舍此亦安歸。錢官最閒暇，因得治其私。」九江即江州，又自稱「錢官」。《登齊雲樓》有：「登彼齊雲樓，下視江州城。」《寄唐林夫》詩中云：「九江土壤多卑濕，三伏雲氛正鬱蒸。」《送提舉太平觀熊舍人》詩中云：「江州幾日到滁州，風送征帆暮不收。」諸詩分別見《清江三孔集》卷二二、二三。

自元豐三年至是年，平仲多次晤蘇軾於黃州，且詩歌唱酬。

按：據《蘇軾年譜》，蘇軾因烏臺詩案貶爲黃州團練副使，元豐三年抵黃州。元豐七年四月始離黃州。此時，平仲則在位於黃州下游不遠的江州任錢監。二人相從甚密。蘇軾曾云：「數日前，毅父見過，此人錢監，得替當入京。」則平仲曾晤蘇軾。這一時期，蘇軾有《次韻子由寄題孔平仲草庵》、《次韻孔毅父久旱已而甚雨三首》、《次韻孔毅父集古人句見贈五首》、《孔毅父以詩戒飲酒問買田且乞墨竹次其韻》等四題十首詩，詩均見於《蘇軾詩集》卷二一，平仲則有《和子瞻西掖種竹二首》、《子瞻子由各有寄題小菴詩卻用元韻和呈》詩。蘇轍亦有《孔平仲著作江州官舍小庵》詩，平仲則以《蘇子由寄題小菴詩用元韻和》詩相和。三人唱和詩姑列於是年。

元豐七年甲子，文仲四十七歲，武仲四十三歲，平仲四十一歲。

文仲通判火山軍，武仲在京待選，平仲監江州錢監。

六月，武仲除宣德郎、差知潭州湘潭縣事。二十九日，武仲作《焚黃疏》（見《清江三孔集》卷一九）。

是月，平仲覃恩轉朝奉郎（《族譜》）。

七月五日，武仲作《興國僧房詩序》（《清江三孔集》卷一五）。

七月二十八日，張公美卒。次日，武仲哭之。八月十六日，武仲作《張公美偈言記》（《清江三孔集》卷一四）。

是年，武仲有《送張文潛之淮南》詩（《清江三孔集》卷一〇）。

據邵祖壽《張耒年譜》，是年張耒赴官咸

平，往淮南。
武仲有《錢穆仲有高麗扇館中多得者以詩求之》、《內閣錢公寵惠高麗扇以梅州大紙報之仍賦詩》（《清江三孔集》卷六）。
按：據《長編》卷三三九，是年錢勰出使高麗，帶回高麗松扇分贈同僚，衆人作詩咏之。蘇軾有《和張耒高麗松扇》，見《蘇軾詩集》卷二九。

元豐八年乙丑，文仲四十八歲，武仲四十四歲，平仲四十二歲。

文仲通判火山軍，武仲知湘潭縣，平仲爲江州錢監。
正月，武仲作《仁和縣君許氏墓誌銘》（《清江三孔集》卷一九）。
夏，文仲覃恩轉承議郎（《墓誌銘》）。
九月，武仲作《吳氏夫人墓誌銘》。見《清江三孔集》卷一九。吳氏，淮南節度使推官、知信州上饒縣事李介夫之繼室。
十月己卯（十八日），文仲自承議郎遷校書郎（《長編》卷三六〇、《族譜》）。
十二月十三日，孔武仲作《劉氏家傳跋尾》（《清江三孔集》卷一七）。
是月，孔武仲自奉議郎除秘書省正字（《長編》卷三六三）。
是年，武仲作《故隴西李君墓誌銘》。李君即李份，李介夫之子也。武仲《吳氏夫人墓誌銘》云：「昔夫人之子份，篤學而早世，余實銘之，間未再歲，又銘夫人之墓……。」吳氏之銘作於是年九月，則其子李份之銘亦作於是年。
武仲在湘潭令任上有《徐成之園亭三咏》、《石盤》、《祠二廟之明日未得順風呈同行》、《廟下候風呈同行》、《登君山二

首》、《湘潭二首》、《自君山還岳陽》諸詩，均見《清江三孔集》卷五、八。《徐成之園亭三咏》詩中有云：「湖南莫作淹留嘆，已見潭陽二月春。」可見是爲在湘潭作。《石盤》詩云：「長沙春正妍」，此詩則爲春天所作。《祠二廟之明日未得順風呈同行》詩云：「吟詩賞月岳陽樓，買魚沽酒巴陵市。」可證武仲此詩作於湖南岳陽。

武仲尚有《碧湘湖錄》和《記言》二文作於湘潭令任上。《碧湘湖錄》首句云「長沙有碧湘湖者」，《記言》首句云「孔氏子居潭陽城中」，蓋言己之處湘潭也。

宋哲宗元祐元年丙寅，文仲四十九歲，武仲四十五歲，平仲四十三歲。

二月，文仲由校書郎遷禮部員外郎（《長編》卷三六八）。

三月二十日，司馬光有《答孔文仲司戶書》。

按：司馬光在書中有「三月二十日，司馬光頓首復書司戶秘校孔君足下」云云，而去年十月，文仲遷爲校書郎，是年二月又始由校書郎遷禮部員外郎。則是書當作於是時，與文仲原職「台州司戶參軍」、「秘書丞校書郎」相稱矣。

三月二十九日，武仲作《思養亭記》（見《清江三孔集》卷一四）。

三月，平仲除知贛州軍州事（嘉靖《贛州府志》卷七）。

《江西通志》卷九云：「知虔州，元祐元年任。謹案《宋史》本傳不言知虔州，舊志蓋據明宋濂《贛州聖濟廟靈蹟碑》采入。」《江西通志》卷一一二載宋濂

《贛州聖濟廟靈迹碑》云：「元祐元年夏五月不雨，徧祟山川弗應，郡守孔平仲迎神至鬱孤臺，燭未見跋，甘霖傾降。」平仲有《題贛州嘉濟廟祈雨感應》詩，下注：「知贛州二月。」

按：平仲知贛州，史傳不載。《宋黄文節公全集》外集卷七《次韻和答孔毅甫》詩注云平仲元祐入館時監江州錢監，則不由知贛州赴召，以方志所載，姑存疑以俟續考。

平仲知贛州時與黄炎交游甚密。《吳興備志》卷六載：「黄炎，字晦之，雩郡人。博學能文，十二歲咏日以况志。弱冠登嘉祐八年進士。試雁門令，新法坐罪罷。平生清介，與孔毅甫、孫介夫、曾子固厚善。」且嘗通判贛州，則平仲與其交游可能在是時，姑列於此。

平仲有《和徐道暎波字》、《席上口授杜仲觀》詩，兩詩均自注云「虔州作」，姑附此。

三月，武仲自湘潭令赴秘書省正字召，自長沙舟行，八月始至京師，編途中所作詩篇爲《丙寅赴闕詩稿》，有序（《清江三孔集》卷一五）。

序略云：元祐丙寅春，余自湘潭令爲秘書省正字。以力之不足於陸也，乃謀舟行。……自三月至於八月，乃抵東水門外。昨日，婢子持袂衣來曰：「寒將至矣，纊則未備。」余愕曰：「是何炎涼之變，而歲月之奔馳耶！」舟居逼迫，無以自娱。其間落日幽浦，平沙遠岸，樵漁之下上，鳥魚之沉浮，時有曠然物外之意。登高臨遠，弔古人之遺迹，考之碑碣，問之耆老，記之本末，以備遺忘，

則別錄存焉。其顧瞻笑傲，摹寫風雲，以寄一時之情狀，則有詩賦若干篇在。以余方官守於京師也，日馳於車轍馬迹之間，幸朝廷寬大，時賜休告。閉關一室，囂然獨坐，想見江湖風物，歷歷在耳目之際。得此二書者，出入相考，開卷而醒然，斯亦舒憂娛獨之資也，於是次而藏之。

五月二日（戊午），武仲自秘書省正字遷校書郎。同時並除者尚有秘書省正字李德芻、司馬康。

《長編》卷三七七，下注云：「三人除正字，德芻在元豐七年十一月，康在八年四月，以韓絳薦除，武仲在八年十二月。」

武仲作《謝校書陳學士啓》。

文云：「伏審祗膺新命，入校秘文。」此文即作於此時。

同月十六日（壬寅），尚書右僕射呂公著舉朝奉郎孔平仲召試學士院。

同召還有黄庭堅、畢仲游、廖正一、晁補之、張耒等九人，主考官爲蘇軾。《長編》卷三八〇：「（元祐元年六月壬寅）尚書左僕射司馬光舉奉議郎張舜民、通直郎孫準、河南府右軍巡判官劉安世，尚書右僕射呂公著舉朝奉郎孔平仲、承議郎畢仲游、孫樸……」

平仲有《謝試館職啓》（《清江三孔集》卷三〇）。

按：《黄庭堅年譜新編》云「九人全部中選，並擢館職。其授職在本年十至十二月」，而平仲授館職《長編》無載，《宋史》本傳云：「用呂公著薦，爲秘書丞、集賢校理。」則當在是年。

平仲赴闕，途中有《寄蘇子由》云：「歷下攀游今幾年，相逢顏鬢覺蒼然。西齋美錦窺詩軸，北郭濃霞入酒船。別思忽隨春浩蕩，還期已過月團圓。君家早有爲霖望，莫學隆中但穩眠。」卷中此詩前爲《雍丘驛作》，其後爲《入陳留界》，亦當爲途中作。

是年，有言皇族稱謂，唯楊、荆二王得稱皇叔，餘宜各繫其祖，若唐人稱諸王孫之比。文仲有言：「上新即位，宜廣敦睦之義，不應疏間骨肉。」議遂寢（《中書舍人孔公墓誌銘》、《宋史》本傳）。

六月戊申（二十日），文仲同蘇軾、孫永等二十七人議以富弼配享神宗廟庭，詔從之（《宋史》卷一七《哲宗本紀》一）。

同上疏者有蘇軾、孫永、李常、韓忠彥、王存、鄧溫伯、劉摯、陸佃、傅堯俞、趙瞻、趙彥若、崔台符、王克臣、謝景溫、胡宗愈、孫覺、范百祿、鮮于侁、梁燾、顧臨、何洵直、范祖禹、辛公祐、呂希純、周秩、顏復、江公著等（《蘇軾文集》卷二一《議富弼配享狀》）。

文仲《墓誌銘》云：「是年，神宗廟配享功臣，衆意多在王荆公。文仲曰：『精忠貫天地，功利及社稷，贈太師鄭國公富弼，乃其人也。』衆不能奪，卒用鄭公配享。」

晁補之有《聞文潛舍人出試院約毅父考功尋春》詩，當作於是時。

七月二十七日，武仲作《蕭貫之挂冠亭記》（《清江三孔集》卷一四）。

七月，蘇頌除刑部尚書，舉文仲自代。

《中書舍人孔公墓誌銘》云：「前年，予忝秋官之命，因上奏曰：『智識明敏，

操守專固，臣不如孔某，請以代臣。』」據顏中其《蘇魏公年表》，蘇頌是年七月任刑部尚書，又文仲卒於元祐三年，「前年」即此年也。

是月，武仲有《送蘇邁尉酸棗》詩（《清江三孔集》卷五）。

據《蘇軾年譜》，是年七月，其子蘇邁尉酸棗縣。武仲詩云：「翩翩蘇公子，一官不遠游。」酸棗屬東京開封府，在京西北九十里。

武仲作《元祐召試館職記》（《清江三孔集》卷一四）。

按：文中云「余方校書省中」，武仲遷校書郎爲五月戊午，校書省中當爲八月以後事，姑繫於此。

九月丙辰朔，司馬光卒。武仲有《司馬溫公挽詩》五首（見《清江三孔集》卷一〇）。

十一月丙子（二十二日），文仲經文彥博薦由禮部員外郎遷起居舍人（《長編》卷三九一）。

文彥博《舉孔文仲等劄子》下注「元祐元年十一月十七日」作。云：「臣切見朝廷近置館閣職名，修復祖宗育才養士之法，詔許大臣各舉所知三人以充其選，仍立法以祕書省官任校書郎二年，正字四年，並除校理。伏見禮部員外郎孔文仲蚤應制舉，學行純正……」同被舉薦之人還有兵部員外郎葉祖洽、比部員外郎錢長卿。此劄見《文潞公文集》卷三九。

蘇軾撰《孔文仲起居舍人制》（《蘇軾文集》卷五）、蘇轍撰《劉奉世起居郎孔文仲起居舍人告詞》（《蘇轍集》卷二七）。

是年，武仲作《宋岳州平江縣王文正公祠堂碑》（《清江三孔集》卷一七）。

蘇轍有《答孔平仲惠蕉布二絶》。詩見《蘇轍集》卷一四。據《蘇轍年譜》，此詩作於是年，則平仲至京師後，贈蘇轍蕉布且有詩。

呂陶有《和禮部孔經父齋宫三首》詩（《淨德集》卷三七）。

按：二月，文仲由校書郎遷禮部員外郎，十一月，經文彦博舉薦由禮部員外郎遷起居舍人，則此詩當作於是年。詩中有「晚歲心懷如止水，舊交情分敵兼金」之句，可見二人相交甚久。熙寧三年，呂陶與文仲同應賢良方正，又同被罷，時至今日，已十六年光陰。二人均已入「知天命」之年，故感慨如此。此詩後又有《致齋北園因記舊游書呈經甫》詩，亦當爲此時作。

元祐二年丁卯，文仲五十歲，武仲四十六歲，平仲四十四歲。

文仲任起居舍人，武仲爲校書郎，平仲召試館職。

正月，武仲有《丁卯春雪呈同僚》詩。黄庭堅有《常父惠示丁卯雪十四韻謹同韻賦之》。

黄詩中有「春皇賦上瑞」之句，則此詩爲歲首所作。見《宋黄文節公全集·正集》卷第一。詩題注云：「時公初爲著作佐郎，此詩蓋歲首所作。常父即孔武仲。」公即爲黄庭堅。據《黄庭堅年譜新編》，黄庭堅是歲在祕書省兼史局，正月除著作佐郎。

二月，朝奉郎孔平仲爲集賢校理（《長編》卷三九五）。

《宋會要》選舉三一之三八：（元祐）二年二月八日，朝奉郎平仲爲集賢校理，奉議郎劉唐老爲祕閣校理，以召試學士院，皆中格也。

是時，黃庭堅有《戲呈孔毅父》詩（《宋黃文節公全集·正集》卷第四）。

詩中云：「校書著作頻詔除，猶能上車問何如。」則指黃庭堅新除著作佐郎，而平仲爲集賢校理。

是時，武仲作《三舍人題名於後省皆賦詩因寄呈劉貢父》詩。

據蘇軾《次韻三舍人省上》詩下自注：「曾子開、劉貢父、孔經父皆江西人。」則三舍人指劉攽、曾肇及文仲。而清王文誥《蘇文忠公詩編注集成總案》卷二八云三舍人乃曾肇、劉攽及孔武仲，即改自注經父爲常父也，而文仲時爲起居舍人，武仲尚爲校書郎，《總案》顯誤。

三月二十九日，蘇軾次韻，轍及曾肇次韻，武仲復次韻。蘇軾詩載《蘇軾詩集》卷二八《次韻三舍人省上》，題下注云三月二十九日作，則武仲二詩亦作於三四月間。蘇轍有《次韻孔武仲三舍人省上》，見《蘇轍集》卷一五。武仲有《曾子開示詩再用前韻》詩亦當作於是時。詩云：「莫言晝錦歸故鄉，莫對秋雁思南翔，且登金門上玉堂。」又《蘇子由示詩再用前韻》：「公家兩賢涉世久，六馬從容轡在手。」亦作於是時，二詩同見《清江三孔集》卷六。

四月三十日，顧臨赴河北路都轉運使，文仲、武仲爲其餞行，同時送行者還有蘇軾、黃庭堅等。文仲有《四月三十日慈孝寺山亭席上口占送子敦都運待制赴河

北》，武仲有《送顧子敦使河北序》。

《長編》卷三九八：（元祐二年四月）癸巳，給事中顧臨爲天章閣待制，河北路都轉運使。

黃庭堅有《次韻子瞻送顧子敦河北都運二首》、《餞子敦席上奉同孔經父八韻》，詩見《黃文節公全集·正集》卷第二。蘇軾有《送顧子敦奉使河朔》、《諸公餞子敦軾以病不往復次前韻》詩，詩見《蘇軾詩集》卷二八。范祖禹有《四月三十日慈孝寺山亭席上次韻經父舍人送子敦都運待制赴河北》詩，詩見《范太史集》卷二。劉攽有《慈孝寺送顧待制次韻和孔舍人》當爲是時作。詩云：「丈夫老益壯，鬢毛豈知秋。多君志慷慨，不避千里游。躍馬過黃河，北視三四州。要官在東序，河圖閒天球。古來功名人，未就不肯休。譬如鑿空使，尚致安石榴。況今南畝民，往往東西流。還定安輯之，千倉仍萬舟。」詩見《彭城集》卷六。

平仲《孔氏談苑》卷二《顧將軍》條：元祐二年，辛雍自光祿丞移太常博士，顧子敦自給事中除河朔漕，付以治河，京師語曰：「治禮已差辛博士，修河仍用顧將軍。」子敦好談兵，人謂之顧將軍也。

五月，文仲自朝奉郎、起居舍人拜左諫議大夫（《墓誌銘》）。

《長編》卷四〇一：尚書右丞劉摯言：「孔文仲端方該博，今爲諫議大夫，可謂得人矣。」

《中書舍人孔公墓誌銘》：公素懷致君及物之志，既在言責，益思自效。每朝廷政令之出，無不深求其得失之迹，以告

於上。前後陳數十事，或用或不用，義之所在，亦不爲時之譽誹而回。未幾，遷中書舍人。偶寒疾，未拜命，猶謂所言未盡，惓惓不已。一夕草奏三千餘言，首論前代英哲之君容受直諫，其始勤終怠，或致危亂。願陛下鑒此，聽納讜言，常若元祐之初，則天下幸甚。

是月，劉攽（貢父）西省種竹，作詩。文仲、平仲亦作詩，蘇軾兄弟、鄧潤甫、曾肇等賡和。

劉攽《彭城集》卷一五有《西省種竹偶書呈同省諸公並寄鄧蘇二翰林》，首云「五月十三竹迷日」，則當爲是月事。同卷還有《種竹重寄子瞻》亦云此事。文仲有《次韻劉貢父西省種竹》詩。詩云：「西垣種竹滿庭隅，正直天街小雨初。漸引涼風侵夢覺，已留清露滴吟餘。卜鄰近喜蒼苔滿，托迹方驚上苑疏。昨夜青藜光照席，綠陰相對草除書。」平仲詩見《清江三孔集》卷二五《和子瞻西掖種竹二首》，詩云：「此君安可一朝無，請看西園種竹初。嶰谷正當吹鳳後，葛陂猶是化龍餘。風搖夢枕秋聲碎，月漏吟窗夜影疏。他日如封管城子，莫嫌老禿不中書。」

蘇軾詩見《蘇軾詩集》卷二五《次韻劉貢父西省種竹》，蘇轍詩見《蘇轍集》卷一五《次韻劉貢父西掖種竹》，云：「竹迷誰定知迷否，趁取滂沲好雨初。」鄧潤甫、曾肇詩已佚。

元虞集《道園學古錄》卷一一《題劉貢父蘇子瞻兄弟鄧潤甫曾子開孔文仲兄弟賡和竹詩墨蹟》：元祐同朝諸賢，歷官行事，月日可考者尚多。七君子偶以倡和

同在此卷，使人覽之，有無窮之悲慨者，何也？當時君子之多，近古所未有。同爲君子，而爲道不同，亦古所未有。故賁然文明錯著，曾見於一日，而天下少福，卒莫睹夫久大之德業，胥爲摧敗淪喪，而終不可復，皆天也耶？《泰》之初九，以祓茅茹爲吉，而九二即以朋亡爲戒，誠有憂患者之所爲乎？昔者君子，皆嘗學之矣，悲夫！

按：文仲《次韻劉貢父西省種竹》詩見於清查慎行《補注東坡編年詩》卷二八，而此詩不見四庫本、豫章叢書本《三孔集》，《全宋詩》亦未收。知查慎行補注蘇詩時，所見之《清江三孔集》與今本有不同處。

六月二十八日，文仲有《劾朱服奏》（《長編》卷四〇二）。

奏曰：知潤州朱服，在任偃蹇，不省職事，郡政一付屬吏，獨厚飾廚傳，曲爲迎奉，以沽使客之譽。希合觀望，滅裂法令，張榜通衢，應公私債負一例倚閣。母、妻生日，當日合決罪人，並皆釋放。乞體量施行，以肅驕慢之吏。

同日，朝散郎、太常博士丁騭爲右正言。

文仲嘗與蘇轍、劉攽等薦騭。

《長編》卷四〇二本日注文引蔣之奇所撰丁騭墓銘：「從臣蘇轍、劉攽、張問、曾肇、孔文仲列薦於朝。」

七月朔，日食，文仲上疏條五事，曰邪說亂正道，小人乘君子，遠服侮中國，斜封奪公論，人臣輕國命，宜察此以消厭兆祥（《宋史》本傳）。

七月八日，朝奉郎沈季長爲少府少監，文仲奏劾之，罷知秀州（《宋會要》職官六

六之三七，《長編》卷四〇三）。

奏云：「季長本無學問技能，徒緣宰相王安石族婿，鼓唱王氏經義，聾昏衆學。一旦召從外路副貳寺監，季長之黨布散如蟻，一季長進，則百季長相繼而來，不可拒矣。」左司諫呂陶亦以爲言。

七月，呂陶上《論杜純等朋黨奏》（《長編》卷四〇三）。

奏云：「杜純到臺以來，朝廷累送刑名公事付臺定奪，純獨持深議，意務在殺，與胡宗愈等各狀論奏，近日阿袁之事是也。此亦可見其附韓維矣。賈易既言臣，又欲率孔文仲同上殿論奏，文仲拒之。程頤素不與文仲往還，忽謁文仲，盛稱賈易言臣之事，因以言誘文仲，令助言之，文仲深不平其說。此朋黨可見矣。」據此，文仲奏劾程頤，已有先兆。

七月，武仲有詩送張商英提刑河東（《清江三孔集》卷一〇《送天覺使河東》）。

《長編》卷四〇三：張商英元祐二年七月由開封出爲河東提刑。

八月二日，文仲上《劾程頤疏》，通直郎崇政殿說書程頤罷經筵，權同管勾西京國子監（《長編》卷四〇四）。

按：文仲疏上，《長編》等均云在八月，未具日。《宋史》卷一七《哲宗本紀一》云：「八月辛巳，程頤罷經筵，權同管勾西京國子監。」則程頤罷在八月二日。清王文誥《蘇文忠公詩編注集成總案》墓誌銘注云：「《宋史本紀》伊川罷在八月二日，其前無講會，則伊川以八月一日起講會甚明。翊日宰相入奏，當在二日，而伊川罷在二日，文仲上疏，朝命立下，皆同日之

事。」

八月八日（丁亥），左諫議大夫孔文仲、左正言丁騭進對，太皇太后宣諭曰：「一心爲國，勿爲朋比。」（《中書舍人孔公墓誌銘》）

八月辛丑（二十二日），孔平仲除太常博士（《長編》卷四〇四）。蘇轍草《孔平仲太常博士告詞》（《蘇轍集》卷三〇）。

九月二日，熙河路經略總管司擒西蕃大酋領鬼章以獻，詔差左諫議大夫孔文仲奏告永裕陵（《宋會要》禮一四之五八）。武仲有《聞王師破洮河城獲鬼章》詩（《清江三孔集》卷一〇）。詩云：盛德包荒與古同，十年關塞古洮戎。神兵合沓來天上，猛虎逡巡落檻中。蜀境粗償關羽恨，漢津今奏武皇功。城陰卻嘆周南滯，夢想鵷行紫禁東。

九月十二日，呂惠卿許泰州居住，文仲與胡宗愈、王覿、韓川上疏言其不當。上《乞朝廷依舊令呂惠卿建州居住奏》（《長編》卷三八一）。略謂：忽聞引置惠卿於江淮之間，群小莫不鼓舞相慶。兼惠卿凶殘忍詬，貪冒無厭，既得近地，必須日夜呼召黨與，力肆營求，造作訛言，謀害朝政。凶人漸長，其勢可憂。伏望朝廷依舊且令建州居住。

十一月乙卯（初七日），呂公著與呂大防、劉摯、王存同上《朱光庭除太常少卿事奏》，語甚激切，全爲反駁文仲彈劾朱光庭之事（《長編》卷四〇七）。

按：文仲奏朱光庭事之奏章，現已不存，而從呂公著等所奏劄子中可略知大概：朱光庭本無異於常人，止緣朋

附推薦，驟居清要；未嘗獻一公言，補一國事；二年之間，躐等超拔，望輕資淺，恩寵太過；太常貳卿，職嚴地密，使光庭居之，登列諫議，擢領風憲皆可也；朱光庭一日得志，援程納賈，當不旋踵。

十一月甲戌（二十六日），左諫議大夫孔文仲爲中書舍人（《長編》卷四〇七）。蘇轍撰《孔文仲中書舍人制》，見《蘇轍集》卷三一。

十一月，太常博士孔平仲、秘書丞姚勔兩易其任（《長編》卷四〇七），劉攽撰制詞（《彭城集》卷一九），有云：「爾等咸以德藝，見稱搢紳，銓能授官，實宜其任。易地而處，亦爲允稱。」是年，蘇轍有《次韻孔文仲舍人酴醿》詩（《蘇轍集》卷一五）。

黄庭堅有《見諸人唱和酴醿詩輒次韻戲詠》，題元祐二年祕書省作。注云：「《欒城集》中有《次韻孔文仲舍人酴醿》，即此韻。此後有《和曾子開扈從》詩，見《外集》。以欒城詩考之，蓋元祐三年四月一二日也。」蓋此時，諸人酬唱甚諧。據《蘇軾年譜》，蘇軾於是年有《次韻子由與孔常父唱和》，蓋亦在此時。

是年，武仲有《答蘇子由留贈》。

據《蘇轍年譜》，蘇轍贈詩已佚，而存次韻武仲此詩之作，即《蘇轍集》卷一五所載《次韻孔武仲學士見贈》。中云：「偶來相就談，日落久未去。歸鞍得新詩，佳句爛如組。古風弃雕琢，遺味比樂府。」則是時武仲與蘇轍往來甚密。

是時，蘇軾亦有詩相唱和。

《見子由與孔常父唱和詩，輒次其韻。余

昔在館中，同舍出入，輒相聚飲酒賦詩。近歲不復講，故終篇及之，庶幾諸公稍復其舊，亦太平盛事也》。詩云：「君先魯東家，門戶照千古。文章固應爾，須鬣余似處。雖非蒙供狀，尙肖歷國苦。誦書口瀾翻，布谷雜杜宇。十年困奔走，櫛沐飽風雨。吾道其非邪，野處豈兕虎。灞陵閑老將，柏直口尙乳。自君兄弟還，鼎立知有補。蓬山耆舊散，故事誰刪去。來迎馮翊傳，出餞會稽組。吾猶及前輩，詩酒盛冊府。願君倡此風，揚觶斯杜舉。」詩見《蘇軾詩集》卷二八。

武仲亦有詩次韻贈蘇軾（《清江三孔集》卷六《再用韻和子瞻》），又有《和黃魯直送茶二首》詩（《清江三孔集》卷六），有云：「喜君屢致雲溪茗，値我正校琅函書。」因此時武仲爲校書郎。黃庭堅有《以雙井茶送孔常父》詩，是此詩所作之由。

是年，武仲校《資治通鑑》。

晁補之有《次韻校書孔彥常校資治通鑑作》，當於是時作。詩云：「群公愛我邀我居，平生文舉情豈疏。鈎陳玄武在北極，上帝之府森圖書。趙韓魏降顯德尾，司馬蟬嫣世良史。其人不見其言在，靑草生原歲陽止。吾君好學由生知，成湯得尹方有爲。應合它年尹躬學，書成泣像麒麟閣。」

武仲有《晁無咎張文潛同校名臣事迹因贈》、《晁無咎大硯》、《次韻和文潛休日不出》、《秘閣觀唐法帖呈同舍諸公》詩。《晁無咎張文潛同校名臣事迹因贈》詩云：「齋房比鄰數相說，聽公淸談勝飲酒。」可見當時武仲與晁補之、張耒同爲

校書郎，相從甚歡。諸詩見《清江三孔集》卷六。

是年，黃庭堅有《和答子瞻和子由常父憶館中故事詩》、《以雙井茶送孔常父》、《常父答詩有煎點徑須煩緑珠之句復次韻戲答》、《戲呈孔毅父》等詩（《宋黃文節公全集·正集》卷第一、卷第四）。

是年，孔宗翰卒，武仲有挽詞。

據《長編》卷三六八、四〇二，孔宗翰於元祐元年閏二月知兗州，二年六月以鴻臚卿爲刑部侍郎，不久卒。見《清江三孔集》卷一〇《孔周翰挽詞三首》。

是年，武仲騎馬訪蘇軾，有詩和答。

武仲詩即《清江三孔集》卷五《謁蘇子瞻因寄》，首句云「蓬山藏史策馬馳」，時武仲在史館。《蘇軾詩集》卷二八有《偶與客飲孔常父見訪方設席延請忽上馬馳去已而有詩戲用其韻答之》：「揚雄他文皆不奇，獨稱觀瓶居井眉。酒客法士兩小兒，陳遵張竦何曾知。主人有酒君獨辭，蟹螯何不左手持。豈復見吾衡氣機，遣人追君君絶馳。盡力去花君自痴，醍醐與酒同一巵，請君更問文殊師。」可見，是年武仲與蘇軾於同官於京師，相交頗深。

孔武仲賦蘇軾所畫怪石、枯木，約作於本年。

《清江三孔集》卷三有《東坡居士畫怪石賦》、《子瞻畫枯木》一賦一詩，賦云「處乎江湖之濱」，詩云「往年江湖飽覘眺」，細味詩意，當作於元祐在朝時。元祐元年三月武仲初來京師，二作約作於是時。

是年，武仲作黃好謙挽詞。

見《清江三孔集》卷一〇《黄幾道挽詞》。據《攻媿集》卷一〇三《承議郎黄君墓誌銘》，黄好謙卒於是年。

元祐三年戊辰，文仲五十一歲，武仲四十七歲，平仲四十五歲。

文仲任中書舍人，武仲爲校書郎，平仲爲秘書丞。

正月乙丑（十七日），朝廷命蘇軾權知貢舉，文仲、孫覺同知貢舉。

《長編》卷四〇八：正月乙丑，命翰林學士蘇軾權知禮部貢舉，吏部侍郎孫覺、中書舍人孔文仲同知貢舉，天下進士凡四千七百三十二人，並即太學試焉。

《中書舍人孔公墓誌銘》：（知貢舉日）嘗謂士之挾藝以干進，升黜當否，繫有司之勤墮。於是晝則據案以稽參程衡，夜則篝燈以點定朱墨。前日之病猶未間，而治事不廢。同僚覺其劇瘵，因語以法有疾許先出，不爾且就枕，毋宜自苦如此。公曰：「居其官則任其責，豈敢以疾自便。」其勤如此。卒至於大病。及事畢，奏牓歸第，未旬朔，是年三月二十一日以不起聞。

二月二十九日，文仲與蘇軾、孫覺同上特奏名札子（《長編》卷四〇九）。

三月二十一日，文仲卒，年五十一。蘇軾前往撫棺吊唁。

《中書舍人孔公墓誌銘》：卒之日，士大夫識與不識，聞之皆失聲嗟悼，以爲朝廷喪一直臣。而翰林蘇公子瞻往撫其柩曰：「世方嘉軟熟而惡峥嶸，相師成俗，求勁直如吾經父者，今無有也。」

劉攽有《挽孔經父二首》（《彭城集》卷一二）：「鄉里東南秀，衣冠伯仲賢。先鳴

俱中雋，競爽故無前。朔雪凋華蕚，炎風急逝川。斗間占紫氣，應復在龍淵。往昔方聞策，中間五諫書。直繩無廢墨，利刃必投虛。任重生何薄，年長恨有餘。悲君雖視草，不及馬相如。」

三月，文仲弟秘書丞、集賢校理孔平仲爲江南東路轉運判官，護文仲柩（《長編》卷四〇九）。

《中書舍人孔公墓誌銘》：兩宮覽奏惻然，下詔厚卹其家。及喪歸，又命其季弟集賢校理平仲爲江南東路轉運判官，俾得以撫孤弱而視窀穸也。

秋，平仲到江東運判任，有《江東到任謝執政啓》、《江東交代鄒漕啓》（豫章叢書本《朝散集》卷一二，下簡稱《朝散集》）。

《江東交代鄒漕啓》云「秋暑尚熾，歲計多豐」，則是秋始到任。

七月，周尹（正孺）知梓州，武仲有詩送之（《長編》卷四一二）。

九月，承議郎、校書郎孔武仲充集賢校理（《長編》卷四一四）。

是月，武仲送曹輔（子方）赴閩中，有詩（《長編》卷四六一）。

元祐四年己巳，武仲四十八歲，平仲四十六歲。

武仲爲集賢校理，平仲任江南東路轉運判官。

四月，武仲遷著作佐郎（《長編》卷四一六）。

六月，平仲上疏請今後官吏差替並即時放罷，從之（《長編》卷四二九）。

元祐五年庚午，武仲四十九歲，平仲四十七歲。

武仲任著作佐郎，平仲爲江南東路轉運判官。

三月乙酉（二十日），武仲與李周、盛僑、王欽臣、杜常、崔公度、陳蔡、盛次仲、林旦、李德刍、宋匪躬、黄裳、劉唐老、李昭玘、徐鐸、晁補之、張耒、韓治等十八人集會於信安公之園亭。武仲作《信安公園亭題名記》（《清江三孔集》卷一四）。

記云：「元祐五年三月乙酉，太原王仲至以秘書少監實領兹會，修故事也。於是宿戒賓客，晨出西郊，同舍皆集於瓊林苑。既又泛舟池中，環水殿後，循橋而北，騎而適信安公之園。……在是會者：李周純之、盛僑晦之、王欽臣仲至、杜常正夫、崔公度伯易、陳蔡誠老、盛次仲居中、林旦次中、李德芻質夫、宋匪躬履中、孔武仲彦常、黄裳冕仲、劉唐老壽臣、李昭玘成季、徐鐸振甫、晁補之無咎、張耒文潛、韓治循之。以事不至者：黄廉夷仲、吳安詩傳正、孫朴元忠、黄庭堅魯直、元耆寧臺壽、司馬原公林、余中行老概、仲平、廖正一明略。」

三月二十九日，孔武仲自著作佐郎、集賢校理除國子司業，具狀辭免（《長編》卷四三九）。

九月，孔武仲兼侍講（《長編》卷四四八）。

是年，平仲被召赴闕。

《滋溪文稿》卷二九《題孔氏家藏宋勑牒後》：「宋東都時，孔氏顯者，則有曲阜道輔父子，臨江三仲弟兄。……因觀學文所藏七世祖毅甫郎中元祐五年赴闕勑，感而爲之書。」

元祐六年辛未，武仲五十歲，平仲四十八歲。

正月九日，孔武仲權同知貢舉。

《長編》卷四五四云：「元祐六年正月己巳，命翰林學士兼侍讀范百祿權知貢舉，天章閣待制、吏部侍郎兼侍讀顧臨、國子司業兼侍講孔武仲同權知貢舉，合格奏名進士五百一十九人。」《宋史全文》卷一三亦載：「元祐六年春正月己巳，命翰林學士兼侍講范百祿權知貢舉，顧臨、孔武仲同權知貢舉。」而《族譜》云武仲權同知貢舉在元祐五年七月，不知何據。

是時，韋驤有《同文館試上舍和同事孔彥常學士即事》、《又和》、《又和前韻呈彥常明叔》、《又和彥常試院即事》詩，中有「終日披文不厭勞」之語，均爲此時作，詩見《錢塘集》卷六。

四月二十三日，平仲充秘閣校理、提點江浙鑄錢（《族譜》）。到任，有《江淮提點謝到任表》（《清江三孔集》卷二九）、《提點到任謝執政啓》（《朝散集》卷一三）。

表云：「奉饟二年，訖無善狀；督鑄諸道，即拜命書。已及官期，祗承局事。」啓云：「漕輓二年，過期受代，泝回千里，妄意還朝。忽被命書，就更煩使。蒙恩至厚，揣己何堪。某奮自艱微，用於冗散。緣故相之薦，晚廁省中；遭伯氏之喪，遂來江外。方行多忤，孤立誰儔。謹財賦則人習於惰偷，繩官吏則或謂之刻覈。積成繆戾，甘在譴呵，更被選掄，豈勝感激。此蓋伏遇某官以忠誠許國，以公恕待人，不遺寸長，將舉衆事。憐其奉饟之久，試以督鑄之能。惟

是東南，素所生長，松楸在望，孀稚相依。待次雖踰於冬春，守官無軾於鄉里，實爲私計之便，敢憚公家之勞。」一則平仲江東任滿待闕，在去年冬，歷今年春，始赴新任。

七月八日，武仲自集賢校理、國子司業兼侍講除起居郎。

見《長編》卷四六一，卷四五六亦云：「七月八日，武仲以集校、司業兼侍講除左史，初擬始於五年十月，至六年七月乃定。」

十一月二十三日，武仲除中書舍人。

《長編》卷四六八云：「左承議郎、集賢校理、守起居郎孔武仲爲中書舍人。」與武仲同爲中書舍人的還有左朝請郎、秘閣校理、守起居舍人陳軒。

武仲有《辭免中書舍人表》（《清江三孔集》卷九）。

是月，因工部侍郎王欽臣十八日爲給事中，二十四日，武仲繳奏。

疏云：王欽臣除給事中，按欽臣天資淺薄，溺於榮利，強忌好勝，反覆任情。給事中乃東臺獻替之職，欽臣豈可居此？

是月，廖正一除秘閣校理，武仲舉以自代（《清江三孔集》卷一一）。

十二月，武仲奏薦仙韶副使胥氏可充樂正管仙韶公事（《清江三孔集》卷一一）。

除夜，蘇軾有簡與平仲，時蘇軾由杭回京。

《蘇軾文集》卷六四《與毅父宣德四》云及「到此得所賜書」，時在潁州，又云「前日得舍弟書報」，知蘇軾作簡時不在京師。末云「除夜紛紛，奉啓不謹」。平仲與蘇軾書，已佚。

是年，文仲葬。

蘇頌撰《中書舍人孔公墓誌銘》云：於是，元祐六年某月日，時克襄大事，去正議塋相望數里而近，凡域兆堂舍亦如其制，此又得孝子善繼之義也。

元祐七年壬申，武仲五十一歲，平仲四十九歲。

武仲爲中書舍人，平仲秘閣校理、提點江浙鑄錢。

四月，禮部侍郎兼侍講范祖禹薦武仲進講讀（《范太史集》卷二六《薦講讀官札子》、《長編》卷四七二）。

四月十九日，武仲作《宋岳州平江縣王文正公祠堂記》（《清江三孔集》卷一四）。

六月，平仲與蘇軾論積欠書。時平仲提點江浙鑄錢，蘇軾知揚州。

《蘇軾文集》卷六四《與毅父宣德三》云：「到揚吏事清暇，而人事十倍於杭，甚非老拙所堪也。熟觀所歷數路，民皆積欠，爲大患。仁聖撫養八年，而民未蘇者，正坐此事耳。方欲出力理會，誰肯少助我者乎？」王文誥案：「公於元祐五年六月九日自杭州條奏積欠，爲民請命，至此凡二十四月，可謂舌敝耳聾矣。據此書深有歸咎執政之意，其憤懣也至矣。」據《蘇軾年譜》，蘇軾知揚州時僅半年，在是年二月至七月間，則是書當爲此時作。

八月二十四日，武仲繳宋用臣詞頭。

《長編》卷四七六：詔降授皇城使、管勾靈仙觀宋用臣敘遙郡刺史，外州任便居住。中書舍人孔武仲繳還詞頭，不行。

是月，武仲有《上哲宗乞輪侍從官進對奏》（《清江三孔集》卷九），題下原注：元祐

七年八月上，時爲中書舍人。
仲秋，武仲曝書，有詩（《清江三孔集》卷一〇《壬申仲秋與東觀曝書之會謹賦五言四韻律詩一首》），友人多奉和。
張耒《次韻孔舍人曝書》：圖書陳秘奥，樽俎肆雍容。玉殿朝回客，蓬山深處峰。探囊圖軸舊，題壁姓名重。盛世年年事，新篇莫厭供（《柯山集》卷五）。
黄裳有《次常父著作曝書之韻》：内閣儒方集，先朝事不忘。曝書開綺席，偃武斂牙璋。籤軸陳千古，金珠萃一堂。日華窺鳥迹，冰豔照金觴。已掃斷簡蠹，更增東壁光。士高閒粹語，天近覽幽香。見博思唐庫，恩新仰舜廊。名山纔向曉，振鷺已成行。官職塵勞少，朋從語笑長。但慙甘若醴，寧恨冷如漿。小説誅瀰漫，雄文薦煒煌。培風誰有志，從此好南翔（《演山集》卷六）。
秦觀《次韻孔彦常舍人曝書》：上帝圖書府，傳觀詔特容。嘉賓蒼佩玉，盛饌紫駝峰。散帙牙籤亂，開函錦襲重。君羹如可請，願備北堂供（《淮海集》後集卷三）。
九月，中書舍人孔武仲等議請南郊專祀上帝而間以孟冬詣北郊親祠，改先帝北郊之議（《長編》卷四七七）。
《容齋隨筆·四筆》卷一五：三代之禮，冬至祀天於南郊，夏至祭地於北郊，王莽於元始中改爲合祭。自是以來，不可復變。元豐中，下詔欲復北郊，至六年，唯以冬至祀天，而地祇不及事。元祐七年，又使博議，而許將、顧臨、范純禮、王欽臣、孔武仲、杜純各爲一説。
十月，武仲以中書舍人兼直學士院（《長

編》卷四七八）。

元祐八年癸酉，武仲五十二歲，平仲五十歲。

武仲爲中書舍人，平仲提點江浙鑄錢。

是年春，平仲除提點京西南路刑獄公事，有《謝執政啓》（《朝散集》卷一三）。啓云：「私憂去國者六年，食貧待次者兩任。惟京古地，乃楚故疆，所部八州，旁接數道。風俗雖樸，而民亦懻忮；獄訟雖簡，而盜相震驚。消於未萌，當求方虞；去其所苦，或有端倪。願少假於歲時，庶薄資於塵路。」「私憂去國」指元祐三年三月平仲護文仲喪歸葬事，至此歷六年，「兩任」指江東運判與江浙提點，故繫此。

二月辛亥（初四日），左朝奉郎、直龍圖閣、知荆南府唐義問爲集賢殿修撰，知廣州。武仲有《乞罷唐義問知廣州奏》（《長編》卷四八一）。

三月二十六日，武仲自中書舍人遷給事中（《長編》卷四八三）。

四月四日，武仲自給事中遷禮部侍郎（《長編》卷四八三）。

四月甲寅（初八日），提點京西南路刑獄孔平仲奏：「鄧州社稷壇牆垣頽毀，壇壝蕪沒，並無齋廳，亦無門戶。令本州增改修建，並行下其餘州縣，欲乞今後長吏到任，須詣社稷春秋祈報，自非有故，不得委官。」上從之（《長編》卷四八三）。

十二月十九日，武仲咏冬雪，有《癸酉臘雪》、《癸酉冬雪》詩，韋驤和之。武仲自注云：「時致齋於禮部」，時武仲爲禮部侍郎。韋驤有《和孔彦常侍郎癸酉冬雪》（《錢塘集》卷一），有「讀公冬

雪吟，爽氣何飄然」之句。

紹聖元年甲戌，武仲五十三歲，平仲五十一歲。

武仲爲禮部侍郎，平仲提點京西南路刑獄。

正月十八日，詔改差禮部侍郎孔武仲試得解武舉人武藝（《宋會要》選舉一七之一九）。

按：原稿作「紹聖九年」，天頭批云：「紹聖只四年，『九』疑『元』之誤。」甚是。

武仲除寶文閣待制，出知洪州。

《宋史》本傳：遷禮部侍郎，以寶文閣待制知洪州。請「從臣爲州者，杖以下公坐止劾官屬，俟獄成，聽大理約法，庶幾刑不逮貴近，又全朝廷體貌之意。」遂著爲令。

按：武仲出知洪州，當在本年，月日無考。《北宋經撫年表》卷四謂元祐六年繼熊本知，云「是年，禮部侍郎孔武仲知洪州」，而武仲爲禮部侍郎在八年四月，紹聖元年正月猶以禮部侍郎差試武舉人武藝，《長編》、《會要》有明文記載，則知洪州之命，當在紹聖元年以後，《年表》顯誤。又據本傳所謂建請從臣爲州事體，似陛辭之言，而現存史料，似不足以證明武仲曾赴洪州任，而武仲由寶文閣待制出知宣州，則有《之官宣城贈毅父次其韻》、《除宣城守贈元忠毅父次其韻》及韋驤《送孔彥常待制赴宣城》諸詩爲證。且《續資治通鑑》明載閏四月武仲爲寶文閣待制知宣州，似可推知武仲實未赴洪州任而即改命宣州矣。《族譜》謂「元祐六年六月二十七日，除給事中，

遷禮部侍郎、寶文閣待制，出知宣州，改洪州」，蓋牽合史傳，未足取信。

閏四月甲申（十五日），武仲以寶文閣待制知宣州（今安徽宣城）（《續資治通鑑》卷八三）。

是時，武仲有《之官宣城贈毅父次其韻》、《除宣城守贈元忠毅父次其韻》、《宣州吳子權送陵陽酒》詩。韋驤有《送孔彥常待制赴宣城》詩。

武仲詩均見《清江三孔集》卷九。韋驤詩見《錢塘集》卷六，云：「宣城從古號名城，新拜除書擁旆旌。剡奏屢傳求外補，偃藩暫得遂高情。虎符南國先聲重，鷁首秋江支意淸。最好笳鐃將壓境，敬亭山爭遠相迎。」可知，武仲在此之前已屢次求外補。

冬，平仲移淮南西路提刑。

按：淮南提刑一職，史無明文，《族譜》亦不載，而據文集，《衡州謝到任表》云：「淮右按刑，訖亡善狀；湘東出守，仰荷寬恩。」《與淮南周提倉啓》云：「叨被恩輝，幸同封郡，屬以道途之役，缺然問訊之儀。方冬向嚴，所履何似。」則平仲任京西南路提刑之後、知衡州之前，確曾任淮南提刑，史傳失考。而平仲在淮南，曾有三啓回無爲軍王守（《朝散集》卷一二），一云「叨膺告命，復總刑章，幸同王事之勤，先枉郵音之厚。……初寒茲始，敏政多餘，更冀綏寧，前迎休渥」，當是初冬到官之時所書；三爲《回無爲王守得替啓》，云「方秋炎之未解，計德履之多佳」，則任淮南提刑，已自冬及秋矣。考平仲於元祐八

年春除京西南路提刑，而紹聖三年二月除知衡州，揆其時勢，「復總刑章」之命，至遲當在此年秋冬之際，姑繫此。

紹聖二年乙亥，武仲五十四歲，平仲五十二歲。

武仲知宣州，平仲提點淮南西路刑獄。

正月戊寅朔日，平仲有《祭親家應朝敬文》（《永樂大典》卷一四〇五三）。

紹聖三年丙子，武仲五十五歲，平仲五十三歲。

是年，武仲知宣州，再任（《族譜》）。

按：武仲於紹聖元年閏四月出知宣州，至是再除，《族譜》云「再除知宣州，未赴」，蓋承上文「出知宣，改洪州」而來，似不確。次年，武仲特落寶文閣待制，始解宣州之任，而奉洪州玉隆觀祠，《宋會要》、《宋大詔令集》並有明文記載，故不從《族譜》之説。

平仲除知衡州，二月到任，有《衡州謝到任表》。

據《永樂大典》卷八六四七引《衡州府圖經》，平仲紹聖三年二月到任，元符元年三月滿。

武仲有《送毅父弟知衡州》詩。

按：《明一統志》卷六四云：「文仲知衡州，運餉有法，民不知擾，以所當得米八千石立思濟倉。」誤將平仲當文仲。《湖廣通志》卷四五又云：「鄭行己《明一統志》（平仲）紹聖間知耒陽縣，精勤吏職。」亦誤。

紹聖四年丁丑，武仲五十六歲，平仲五十四歲。

正月十一日，武仲作《筠州無訟堂記》

（《清江三孔集》卷一四）。

二月二十八日，朝散郎、充寶文閣待制、知宣州孔武仲特落寶文閣待制，依前官管勾洪州玉隆觀，池州（今安徽貴池縣）居住（《宋會要》職官六七之一六）。葉濤草《孔武仲落職居住制》。

制云：害正趨邪，衆所共惡。交私合黨，罰可不懲。朝散郎、充寶文閣待制、知宣州孔武仲頃由遠官，召置臺閣，附會奸黨，躐處要班，違予親政之初，敢爲怙終之劉，失刑既久，衆論未產。宣褫延閣之名，假以祠觀之任，尙其惕厲，服我寬恩，可特落寶文閣待制，依前官管勾洪州玉隆觀，池州居住。

文仲追貶梅州別駕（《宋會要》職官六七之一七）。

是月，蹇序辰上《言孔文仲等責罰失當疏》（《資治通鑑長編紀事本末》卷一〇二）。

疏言：劉奉世等皆緣棄地及附會奸惡、謗毀先朝致罪，行未旬日，最爲近例。而孔文仲、鄭雍、安燾等，猶未見行遣，比之奉世等責罰，其爲失當不倫甚明。

五月，武仲作《銅陵縣端午寄兄弟二首》（《清江三孔集》卷九）。

按：銅陵縣在池州境內，詩中有「奔波南北是平生」，又有「還記當年客禁城」句，定爲是時作。

是年，平仲與秦觀會於衡陽，少游有《千秋歲》（水邊沙外）詞贈平仲，平仲亦有和詞《千秋歲》（春風湖外）。

按：曾敏行《獨醒雜志》云：「秦少游謫古藤，意忽忽不樂。過衡陽，孔毅甫爲守，與之厚，延留待遇有加。一日，飲於郡齋。少游作《千秋歲》

詞，穀甫覽至『鏡裏朱顏改』之句，遽驚曰：『少游盛年，何爲言語悲愴如此。』遂賡其韻以解之。」云云。時秦少游亦從郴州編管橫州居住，《長編拾補》卷一四記紹聖四年二月，秦觀移橫詔令，則時秦少游路過衡陽。吳曾《能改齋漫錄》卷一七《秦少游唱和千秋歲》亦有云：「秦少游所作《千秋歲》詞，予嘗見諸公唱和親筆，乃知在衡陽時作也。少游云：『至衡陽，呈孔毅甫使君。』其詞云云，今更不載。毅甫本云『次韻少游見贈』。」

是年，武仲有《王文玉出清溪圖以示座客》、《泛清溪入齊山》、《又三絕句》、《登齊山》、《九華山》詩，並見《清江三孔集》卷九。

按：清溪、齊山等在池州，見《輿地紀勝》卷二二《池州·景物上》。

是年，呂陶有《和孔毅甫州名五首》。

按：呂陶《淨德集》卷三〇《和孔毅甫州名五首》云：「衡陽古勝郡，齊民頗淳質。易將誠心感，難以威勢屈。太平得良守，條教盡歸一。」可知，兩人和詩當在平仲知衡州時。

元符元年戊寅，武仲五十七歲，平仲五十五歲。

武仲在池州，平仲知衡州。

提舉荆湖南路常平董必劾平仲不行常平法，置獄潭州。

《長編》卷五〇八：（元符二年四月）己丑，詔新除工部員外郎董必送吏部，與小處知州。初，必按衡州孔平仲糶常平違法，就潭州赴獄，致死者三人，衆以爲不當。又差察訪廣西，所爲多刻薄，

還除郎官。而中書舍人郭知章繳詞頭，遂令趙挺之命詞，右司諫權給事中，又封駁以爲不當。未進呈間，必有奏訟知章、次升爲元祐臺諫官，乞定奪平仲事。章惇、黃履皆以爲不可，蔡卞又適齋祠，遂得旨罷新命。曾布問何以處之，惇、履方愕然，遂再進呈，故有是命。

《宋史》卷三四四《孔平仲傳》：提舉董必劾其不推行常平法，陷失官米之直六十萬，置獄潭州。平仲疏言：「米貯倉五年半，陳不堪食，若非乘民闕食，隨宜泄之，將成棄物矣。儻以爲非，臣不敢逃罪。」乃徙韶州。

《宋史》卷三五五《董必傳》：孔平仲在衡州，以倉粟腐惡，乘饑歲，稍損價發之，必即劾其戾常平法，置鞫長沙，以承惇意，無辜繫訊多死者。平仲坐徙韶州。

三月，平仲罷衡州任（《永樂大典》卷八六四七引《衡州府圖經》）。

九月丙辰（十三日），朝奉大夫充秘閣校理孔平仲特落秘閣校理，送吏部與合入差遣。詔以平仲黨附元祐用事者，非毀先朝所建立，雖罷衡州，猶帶館職，故有是命（《長編》卷五〇二）。

九月，朝散郎、管勾玉隆觀孔武仲卒，年五十七（《長編》卷五〇二）。

按：《宋代文化研究》第四輯，載祝尚書《孔武仲生卒年考》一札云：「《宋史》卷三四四《孔武仲傳》：『徙宣州，坐元祐黨奪職，居池州卒，年五十七。』未明述卒於何年。按《永樂大典》卷一四〇五一孔平仲《祭三兄侍郎文》，其三兄即武仲。文曰：『元

符元年（一〇九八）十二月二十七日，弟具位某謹以清酌庶羞之奠，致祭於亡兄侍郎之靈……今夏復見，扶持小安。中途聞訃，或翼謬傳。扁舟南還，門巷非昔。孤訴孀號，舉目悽惻。昔我往矣，送我以言。今我來思，叩棺莫聞。』蓋平仲聞訃後立即返鄉，武仲當卒於是年十二月。年五十七，推之，武仲當生於仁宗慶曆二年（一〇四二）。」其推武仲之生年雖不誤，而斷言武仲卒於是年十二月則不確，蓋自聞訃、奔喪，必非時暫可辦也。今從《長編》。

十二月二十七日，平仲有《祭三兄侍郎文》（《永樂大典》卷一四〇五一）。

元符二年己卯，平仲五十六歲。

五月庚申（十八日），詔朝奉大夫、新知韶州孔平仲責授惠州別駕，英州安置。平仲以元豐末上書詆訕先朝政事，故有是命（《長編》卷五一〇）。

按：隆慶《臨江府志》卷一二云：「元符元年，以上書譏毀先朝政事，謫惠州別駕、安置英州。」據《長編》，則《臨江府志》言平仲元符元年事爲誤也。

另按：據王偁《東都事略》，平仲自責授惠州別駕，英州安置後，又貶單州團練副使，饒州居住。徽宗即位乃自饒州召還，《宋史》失載，今據補。另有《宋會要》職官三之一六載曾肇《孔平仲復官行詞事奏》：「臣三月二十六日，本省刑房送到孔平仲復單州團練副使、饒州居住詞頭。」且平仲又有《饒州居住謝表》：「幾死得生，

自南徂北，蒙還舊秩，獲處善邦。銜恩涕零，省咎心悸。中謝。臣學問蹇淺，智識鈍昏，妄陳答詔之言，自掇投荒之辱。瘴癘侵薄，骨肉分離，安知此身，復見今日？此蓋伏遇皇帝陛下離明燭遠，渙澤蘇枯，盡返得罪放逐之人，大開自新湔洗之路。而仰食者衆，須舟以行，風波多虞，疾病間作，所恃朝廷之寬大，不誅道路之濡留。驚魂初招，餘孽未逭，更當刻厲，少答存全。」（《清江三孔集》卷二九。雍正《江西通志》卷一一四），亦可證平仲曾貶單州團練副使、饒州居住。

元符三年庚辰，平仲五十七歲。

三月，至家，接復官誥（《族譜》）。

四月，曾肇有《孔平仲復官行詞事奏》（《宋會要》職官三之一六）。

奏云：臣三月二十六日，本省刑房送到孔平仲復單州團練副使、饒州居住詞頭。尋撰詞，簽書錄黃，送門下省訖。卻於今月初二日，刑房別寫到錄黃付臣簽書，其制詞內，有不是臣元行詞語，係左僕射章惇改定，稿草見存。竊緣孔平仲初坐上書譏毁先朝，責授惠州別駕、英州安置，當時已於制詞具載事實。今來係用登極大赦叙復，但朝明著聖恩叙復之意，不必更載前來貶謫之事。故臣所行詞只云：「南遷日久，有足哀矜，俾副戎團，稍還內地。」如此，則前謫後復，詞意俱足。今來章惇改定詞語，即非臣所行，難以卻作臣簽書錄黃行出。謹備錄臣元所行詞，並章惇改定到詞各一本繳連在前，伏乞特賜詳覽，出自聖意，

裁酌指揮。謹錄奏聞。

五月二十三日，孔文仲追復朝奉郎，故朝散郎孔武仲追復寶文閣待制（《宋會要》職官七六之六一）。

按：《北宋經撫年表》云武仲是年知延安，而武仲是時已卒，則必誤無疑。

宋徽宗建中靖國元年辛巳，平仲五十八歲。

是年，平仲復朝散大夫，召爲戶部、金部郎中。提舉永興路（今陝西西安）刑獄，帥鄜、延、環、慶等州。鄒浩草《孔平仲除金部郎中制》（《道鄉集》卷一六）。

制曰：勅具官某：爾文學行義，表於儒林，召居地官，方贊厥事，會課來上，序正郎曹。就易司珍，勉圖來效。

到任，平仲有《永興提刑謝表》（《朝散集》卷一〇）。

表略云：「臣編摩末學，廢放餘生，齒髮已衰，精力不健。南宮數月，曾蔑補於秋毫；西部列城，又俾司於邦憲。恩波淪骨，感涕交頤。」

平仲後自陝西轉運使徙知延安府，且「以經術飾吏事，待羌人以威信，甚有治狀」（《陝西通志》卷五一）。

宋弁《曲洧舊聞》卷七：孔平仲建中靖國間爲陝西提刑，時晁無咎作（闕）。平仲下車見無咎，舉《到任謝表》破題四句云：「呂刑三千，人命所繫；秦關百二，地望匪輕。」無咎嗟賞曰：「前乎公既無此語，後乎公知莫能繼矣。豈不謂光前絕後乎？」

平仲有《叙復朝奉大夫謝表》（《清江三孔集》卷二九）。

是年，蘇軾遇赦從儋州北歸。途中與平仲書信往來。時平仲赴新任。

其中《與毅父宣德七》云及「日至陽長」即夏至，是年夏至爲五月二十三日。簡又云「仁者履之，百順萃止」，則此時平仲已至京師。蘇軾《與毅父宣德五》：「久不通問，計識其無他。北歸所過，皆公之舊迹，或見淸詩，以增感嘆。忽辱手書及子由家訊，窮途一笑，豈易得哉！比日起居佳安，眷聚各康寧？仙舟想非久到闕，某當老江淮間矣。會合未期，萬萬自重。」《與毅父宣德六》：「中間常父傾逝，不能一奉慰疏，但荒徼一慨而已。慚負至今。承諭，子由不甚覺老。聞公亦蔚然如昔，不肖雖皤然，亦無苦恙。劉器之乃是鐵人。但逝者數子，百身莫贖，奈何，奈何！江上微雨，飲酒薄醉，書不能謹。」則均作於五月以前，平仲與軾簡雖已佚，但亦知作於是年五月以前。信中云「承諭，子由不甚覺老」，則轍北歸途中與平仲相見也。

崇寧元年壬午，平仲五十九歲。

六月四日，朝奉大夫、提舉永興軍路刑獄孔平仲送吏部與合入差遣。《宋會要》職官六七之三七云：「朝奉大夫提舉永興軍路刑獄孔平仲……並送吏部與合入差遣。」同送者還有畢仲游、徐常、黄庭堅、晁補之等五十餘人。

八月，黨論再起，有《蘇轍等不得與在京差遣詔》，凡五十餘人，並令三省籍記，不得與在京差遣，孔平仲列名其中。

八月二十五日，朝奉大夫孔平仲管勾兗州太極觀。平仲有《謝宮觀表》（《宋會要》職官六七之四〇。表見《清江三孔集》卷二九）。

九月十七日，立黨人碑於端禮門，孔文仲

列名待制以上官中（見《續資治通鑑長編拾補》卷二〇）。

是時，平仲卒。

按：《族譜》未詳平仲卒年，而蔡京所寫元祐黨籍碑已注平仲卒。而上述八月二十五日，平仲方奉祠太極觀，且有《謝宮觀表》，則平仲當卒於是年八月底至九月初。

崇寧二年癸未

九月二十五日，立元祐黨籍碑於州縣。

《宋會要》六八之八：崇寧二年九月二十五日，臣僚上言，乞具列姦黨姓名下外路州軍監司廳石刊記，以示萬世，從之。

《宋史》卷一九《徽宗本紀一》：（崇寧二年）九月辛丑，令天下監司長吏廳各立元祐姦黨碑。

大觀三年己丑

二月三日，詔趙君錫、孔平仲、周遵遹、張恕、胡良、程頤並出籍。

《宋史》卷二〇《徽宗本紀》：「（正月）乙巳，以星變避殿損膳，詔求直言闕政。毁《元祐黨人碑》。復謫者仕籍，自今言者勿復彈糾。丁未，太白晝見，赦天下，除黨人一切之禁。」《宋大詔令集》卷二一七有《除外州奸黨石刻御筆手詔》。

文仲一子元方，補承務郎；武仲長子百朋，字鈞錫，通判江陵府；次子百祿，字天錫，蔭補太廟齋郎；平仲長子百禮，字從遂，宣教郎、慶南軍通判；次子倬禮徙袁城孔家州；三子百福。

三孔後人能世其學，有「後三孔」之稱。據《族譜》，五十一世孫孔伯元登嘉定庚午進士，調新豐主簿，階迪功郎，與弟伯迪、子宗武俱中進士，號「後三孔」。

據《峽江縣志》卷六載文仲曾孫孔伯元、孔伯迪兄弟二人同年進士及第，乃嘉定十三年庚辰劉渭榜。平仲六世孫孔宗武寶祐元年癸丑登姚勉榜。武仲八世孫孔會心，至元間由經明行修任安慶路教授，元末守城不屈，赴蓮花池死，贈參軍都錄事。見《峽江縣志》卷八《忠烈傳》。

蘇頴濱年表

（宋）孫汝聽 編

尹 波校點

《永樂大典》卷二三九九

蘇轍（一〇三九—一一一二），字子由，一字同叔，眉州眉山（今屬四川）人。嘉祐二年與兄軾同榜進士及第，官至門下侍郎，因反對新法，幾經浮沉，後寓居許昌潁水之濱，自號潁濱遺老。政和二年卒，年七十四，謚文定。

蘇轍與父蘇洵、兄蘇軾合稱「三蘇」，是唐宋八大家之一，爲歷代學者所重。宋人李燾、何掄、孫汝聽均編有蘇轍年譜，李譜未見流傳，何譜尚存殘本（《眉陽三蘇先生年譜》，已收入本書），而孫譜則幸存於《永樂大典》中。

孫汝聽，字良臣，眉州（今四川眉山）人。紹興中進士，淳熙間任鄞縣令，累官右奉議郎。著有《三蘇年表》、《眉州古志》、《梓潼古今記》、《成都古今前後記》、《韓愈文集注》、《柳宗元文集注》等。據《直齋書録解題》卷一七著録，《三蘇年表》三卷，至清修四庫全書時，尚存蘇洵一卷、蘇轍一卷（《四庫全書總目》卷五九），今則僅存蘇轍譜，見《永樂大典》卷二二三九九，又繆荃孫抄録本，刻入《藕香零拾》。繆跋稱「此書記載翔實，究勝於後代所編者」，蓋以其古舊，彌足珍貴。然亦偶有失誤，今人李俊清撰有《蘇潁濱年表訂誤》（《河北師範學院學報》一九八九年第四期）。今據《大典》本整理，參校《藕香零拾》本，並參考李俊清文，予以校正。

此外，今人易蘇民編有《三蘇年譜彙證》（一九六九年臺北大學文選社排印），曾棗莊編有《蘇轍年譜》（陝西人民出版社一九八六年），孔凡禮所撰《蘇轍年譜》（學苑出版社二〇〇一年），較爲翔實，可參看。

蘇潁濱年表

左奉議郎賜緋魚袋孫汝聽編

仁宗寶元二年己卯

二月丁亥，蘇轍生。

轍字子由，一字同叔，眉山人，老蘇先生之季子，其世家已具《老蘇先生表》中。

康定元年庚辰

慶曆元年辛巳

二年壬午

三年癸未

四年甲申

五年乙酉

六年丙戌

七年丁亥

五月乙酉，轍祖父序卒。

八年戊子

父洵以家艱閉戶讀書，因以行學授二子，曰：「是庶幾能明吾學者。」

皇祐元年己丑

二年庚寅

三年辛卯

四年壬辰

五年癸巳

至和元年甲午

二年乙未

轍娶史氏，年十五，父曰瞿。

嘉祐元年丙申

是春，轍父子三人同遊京師，過成都，謁知益州張方平。方平一見，待以國士。

七月癸巳，以侍御史范師道、開封府判官祠部郎中直秘閣王疇、祠部員外郎集賢校理胡俛、屯田員外郎集賢校理韓彥、太常博士集賢校理王瓘、太常丞集賢校

理宋敏求考試開封舉人，轍中其選。明年登第後，有《謝秋試官啓》。

二年丁酉

轍兄弟試禮部中第。

三月辛巳，上御崇政殿試進士。丁亥，放章衡以下及第出身。轍中第五甲，有《上韓琦樞密書》。

四月癸丑，轍母武陽縣君程氏卒于家，轍父子還蜀。

三年戊戌

四年己亥

十月，侍父遊京師。

十二月，至江陵，集舟中所爲詩賦一百〔篇〕爲《南行集》。

五年庚子

自江陵至京師，途中所爲詩賦又七十三篇，爲《南行後集》，轍有《南行後集引》。

三月，以選人至流内銓。天章閣待制楊畋調銓之官吏，轍授河南府澠池縣主簿。畋謂轍曰：「聞子求舉直言，若必無人，畋願備數。」於是舉轍應才識兼茂明於體用科。兄弟寓懷遠驛。

十一月，歐陽永叔爲樞密副使，有賀啓。

六年辛丑

有上富弼丞相、曾公亮參政及兩制書。

八月丁卯，會翰林學士吳奎、龍圖閣直學士楊畋、御史中丞王疇、知制誥王安石考試制科舉人于秘閣。乙亥，上御崇政殿策試制科〔舉〕人。時上春秋高，始倦於勤，轍因所問，極言得失。覆考官司馬光第以三等，初考官胡宿爭不可。光與范鎮議，以轍爲第四等。蔡襄曰：「吾三司使也，司會之言，吾愧之而不敢怨。」惟胡宿以爲不遜，力請黜之。詔差

官重定。司馬光奏：「臣近蒙差赴崇政殿後覆考應制舉人，試卷內圓、稻兩號所對策，辭理俱高，絕出倫輩。然稻所對命秩之差，虛實之相養等一兩事，與所出差舛。臣遂與范鎮同議，以圓爲第三等，稻爲第四等。詳定官已定從覆考。竊知初考官以爲不當，朝廷更爲差官重定，復從初考，以稻爲不入等。臣竊以國家置此六科，本欲取材識高遠之士，（國）〔固〕不以文辭華靡，記誦雜博爲賢。稻所試文辭，臣不敢言。但見其指陳朝廷得失，無所顧慮，於四人之中，最爲切直。今若以此不蒙甄收，則臣恐天下之人皆以爲朝廷虛設直言極諫之科。而稻以直言被黜，從此四方以言爲諱，其於聖主寬明之德虧損不細。臣區區所憂，正在於此，非爲臣已考爲高等，苟欲遂非取勝而已也。伏望陛下察臣愚心，特收稻入等，使天下之人皆曰稻所對事目雖有漏落，陛下特以其切直收之，豈不美哉！」既而執政以稻所試進呈，欲黜之，上不許，曰：「其言切直，不可棄也。」乃降一等收之，即轍也。己卯，以轍爲試秘書省校書郎，充商州軍事推官。制曰：「朕奉先聖之緒以臨天下，雖夙寤晨興，不敢康寧，而常懼躬有所闕，羞於前烈。日御便坐，以延二三大夫垂聽而問。而轍也指明其微，甚直不阿，雖文采靡極，條貫未究，亦可謂知愛君矣。朕親覽見，獨嘉焉。其以轍爲州從事，以試厥功。克慎爾術，思永修譽。」時知制誥王安石意轍右宰相專攻人主，比之谷永，不肯撰詞。宰相韓琦笑曰：「此人策語謂宰相不足用，欲得婁

師德、郝處俊而用之，尚以谷永疑之乎？」知制誥沈遘亦考官也，知其不然，故當制有愛君之言。諫官楊畋見上曰：「蘇轍，臣所薦也，陛下赦其狂直而收之，盛德之事也，乞宣付史館。」上悅從之。

轍有《謝制科啓》。是時父洵被命編修禮書，而兄軾出簽書鳳翔判官，傍無侍子。轍乃奏乞養親，詔從之。

十〔三〕〔二〕月，軾赴官，十九日，與轍別於鄭州西門外。有《辛丑除日寄子瞻》詩。

七年壬寅

《次韻子瞻減降諸縣囚徒事畢登覽》詩。

四月，諫議大夫楊畋卒，年五十六，有哀辭。

八月乙亥，伯父利州路提點刑獄渙卒，年六十二。

《次韻子瞻秋雪見寄》詩，《次韻子瞻記歲暮鄉俗三首》，有《新論》三首。

八年癸卯

有《記歲首鄉俗寄子瞻二首》，寒食前一日，有寄兄詩。

三月辛未，仁宗崩。

六月庚辰，渙夫人楊氏卒，有挽詩。

英宗治平元年甲辰

四月晦日，有《題上清宮辭後》。

十二月，軾自鳳翔解官歸京師。

二年乙巳

轍爲大名府留守推官，有《謝韓丞相啓》。尋差〔官〕〔管〕勾大名府路安撫總管司機宜文字。有《北京送〔遜〕〔孫〕曼叔屯田權三司開拆司》詩，有《中秋夜八絕》。

冬，有《留守王君貺生日》詩。

三年丙午

春，有《送陳安期都官》詩。

二月，有寒食贈遊壓沙諸君詩。

四月戊申，父洵卒於京師，年五十八。轍兄弟自汴入淮，泝于江歸。

十二月，入峽。

四年丁未

正月丁巳，英宗崩。

十月壬申，葬父彭山縣安鎮鄉可龍里。

神宗熙寧元年戊申

冬，轍兄弟免喪，東遊京師。

二年己酉

春，至京師。

二月甲子，參知政事王安石、知樞密院陳升之同制置三司條例。

三月，轍上書論事。丙子，上批付中書曰：「詳觀疏意，知轍潛心當世之務，頗得其要。鬱於下僚，使無所伸，誠亦可惜。」即日召對延和殿。癸未，以轍爲制置三司條例司檢詳文字。安石急於財利而不知本，呂惠卿爲之謀主。轍議事率不合，因以書抵安石，指陳其事之不可行者。安石大怒，欲加以罪，升之止之。

八月庚戌，轍上言：「每於本司商量公事，動皆不合。臣已有狀申本司，具述所議不同事，乞除一合入差遣。」上問所以處轍，曾公亮奏，欲與堂除差遣，上從之，以轍爲河南府留守推官。乃定制策登科者，不復試館職，皆送審官與合入差遣，自此始。癸丑，以三司度支副使蘇寀爲集賢殿修撰知梓州。有《送蘇公佐》詩。

三年庚戌

正月九日，差充省試點檢試卷官。

二月戊午，觀文殿學士、新知河南府張方平知陳州，方平奏改辟轍爲陳州教授。有《初到陳州》詩二首。

八月丙戌，知成都府陸詵卒，有《陸介夫挽詞》。

九月，呂陶中賢良方正科，有代方平《答陶啓》，有代張方平《論時事書》。

十二月，王安石同平章事。

四年辛亥

六月甲子，歐陽修以太子少師致仕，有賀修啓，有《陪歐陽公燕潁州西湖》詩、有《次韻子瞻潁州留別》詩。

八月戊寅，張方平除南京留臺，有送方平詩。

九月，知制誥、直學士院陳襄知陳州，轍有迎襄啓。

十二月，《次韻子瞻初到杭州見寄二首》。

五年壬子

六月，曾公亮致仕，轍有賀啓。

閏七月二十三日，歐陽文忠公修卒，有祭文並挽詞三首。

八月，同頓起等於洛陽妙覺寺考試舉人，及畢事，共得大小詩二十六首。

六年癸丑

二月，重到潁州，有寄軾詩二首。甲申有《次韻〔子瞻〕二月十日雪》詩。

四月，樞密使文彥博罷，以守司徒兼侍中判河陽。彥博辟轍爲學官，轍有謝啓。已而改齊州掌書記，有《自陳適齊戲題》詩。

九月，尙書右司郎中、知登州李師中來知齊州。

十月，有《京西北路轉運使題名記》。

七年甲寅

二月己巳朔，以李師中爲天章閣待制知瀛州。有《師中燕別西湖詩序》并《送師中赴瀛州》詩。

四月壬辰，以知青州、右諫議大夫李肅之知齊州。有代肅之到任謝上表，有《送青州簽退翁致仕還湖州》詩。

九月丙申，有《和青州教授頓起九日見寄》詩，有《和子瞻喜虎兒生》詩。

十一月辛亥，有《洛陽李氏園亭記》。

八年乙卯

有《和劉敏殿丞送春》、《趙至節推首夏》詩，有《遊太山詩四首》，有《舜泉》詩，有《閔子廟記》及《次韻徐正權謝示閔子廟記及惠紙》詩。

六月辛亥，吏部尚書同平章事昭文館大學士王安石授尚書左僕射兼門下侍郎同平章事，以修《詩》、《書》、《周禮義》畢推恩也。轍有《東方書生行》。

九年丙辰

二月辛丑，李肅之提舉南京鴻慶宫，以病自請也。有《和李常赴歷下道中雜詠十二首》。

九月，有《次韻李常九日見約以疾不赴》詩。

十月，宰相王安石罷，轍歸京師，有《自齊州回論時事書》。

十二月辛亥，有《次韻范鎮除夜》詩。

十年丁巳

正月八日，有《王氏清虚堂記》，有《次韻范鎮正月十二日訪吳縝寺丞二絶》。轍以舉者改著作佐郎，有謝啓。

二月癸巳，以張方平爲南京留守。方平辟轍簽書應天府判官，有謝方平啓。時軾

亦得徐州，兄弟相遇於澶、濮之間，相從至徐，留百餘日，有《逍遙堂會宿》等詩，有《漢高帝廟試劍石銘》，有《漢高帝廟祈晴文》。徐州大水。

九月，轍自徐至南京，有《寄王鞏》詩，有《九日送交代劉（勢）〔摯〕》詩。

十〔二〕月甲（辰）〔戌〕，祀南郊，大赦天下。有《代方平免陪祀表》、《賀南郊表》并謝加恩表。有《除夜會飲南湖懷鞏》詩。張方平請老，拜東太一宮使就第。以龔鼎臣知應天府。

元豐元年戊午

正月，有《次韻王鞏上元閑遊見寄三首》。

二月，寒食，有《遊南湖》詩三首。

五月己卯，知應天府龔鼎臣爲右諫議大夫知青州，有《代鼎臣謝知青州表》，有《送龔諫議知青州》詩二首。戊戌，提舉醴泉觀、兵部郎中陳汝羲知應天府，有《代謝上表》。有《送林子中安厚卿奉使高麗》詩。

七月癸巳，《同李倅鈞訪趙嗣恭留飲南園晚衙先歸》詩，有《秋祀高辛》詩，有《答（陳）〔徐〕州陳師仲書》。

八月丙辰，有《中秋見月寄兄》詩。

九月，有《黄樓賦》，有《次韻張恕九日寄兄》詩，有《次韻頓起試徐沂舉人見寄》詩二首。

二年己未

正月丁丑，有《次韻軾人日獵城西》詩。己丑，資政殿大學士知杭州趙抃以太子少保致仕，有賀抃啓。庚寅，新知湖州文同卒於陳州，有《祭與可文》。

二月丁巳，以軾知湖州，有《和軾自徐移湖將至宋都途中見寄》五首。

四月三日，有《古今家誡序》，有《代張方平乞致仕表》。
七月甲戌，以宣徽南院使、東太一宫使張方平爲太子少師、宣徽南院使致仕，有《代方平謝表》。
八月，軾下御史臺獄，轍上書乞納在身官贖兄罪，不報。
十二月癸亥，軾責授水部員外郎、黄州團練副使，轍亦坐貶監筠州鹽酒税。

三年庚申

自南京適筠，有《過龜山》詩、《高郵别秦觀》詩、《揚州五詠》、《遊金山》詩、《初至金陵》詩、《池州（簫）〔蕭〕丞相樓詩二首》、《過九華山》詩、《佛池口遇風雨》詩。
五月，至黄州，有《陪軾遊武昌西山》詩。
六月，有《自黄州還江州》詩，有《遊廬山》詩、《南康阻風遊東寺》詩。至筠有《次韻筠守毛維瞻司封觀修城》三首。
八月乙巳，有《中秋對月》二首，《子瞻次夜字韻》。
九月戊辰，有《次韻毛君九日》詩。辛未，屯田郎劉渙凝之卒，有哀詞。
十二月丙寅，有《東軒記》。

四年辛酉

五月癸巳，有《廬山新修僧堂記》。
六月壬申，有《聖壽院法堂記》。
七月甲午，有《吴氏浩然堂記》，有《送王適徐州赴舉》詩。
八月，有《試院唱酬十一首》。
九月，有《聖祖殿記》。
十二月，有《黄州師中庵記》。

五年壬戌

有《上高縣學記》，有《送毛君司封致仕還

鄉》詩。

六年癸亥

正月丁丑朔，有《次韻王適元日并示曹煥》二詩。閏六月，有《次韻王適大水》詩。

四月丙辰朔，中書舍人曾鞏卒，有挽詞。

七月丙辰，國子司業朱服言，諸州學或不置教授，乞委長吏選見任官兼充，先以名上禮部，從本監體驗，可爲教授，即依所乞。其餘逐州舊補差教授悉乞放罷。仍錄進轍權筠州教授所撰策題三道，以其乖戾經旨，禮部言見爲教授人，候有新官令罷。其蘇轍乞令本路別差官兼管勾，從之。有《次韻賈蕃大夫思歸》詩。

八月，有《庭中種松竹》詩。

九月癸酉，有《書事》詩。

十一月壬寅朔，有《黄州快哉亭記》。

十二月，文彥博致仕，轍有賀啓。庚子，有《除夜》詩。

七年甲子

正月乙卯，有《上元夜》詩并《次韻王適上元夜》二首。

二月，有《次韻王適一百五日太平寺看花二絕》。子瞻自黄移汝。

（三）〔五〕月癸卯，有《次韻子瞻特來高安相別卻寄邁迨過遯》詩，並《和端午日與遲适遠三子遊眞如寺》詩，《次韻子瞻贈別》詩。

七月乙丑，軾幼子遯卒，有《勉子瞻失幹子》詩二首。

九月，以轍爲歙州績（淡）〔溪〕令，《謝洞山石臺遠來訪別》詩，《乘小舟出筠江》詩，除夜宿彭蠡湖，有《遇大風雪》詩。

八年乙丑

正月丙申朔，有《正旦夜夢李志寧》詩并《舟中風雪五絶》。己酉，有《南康軍直節堂記》并《太守宅五老亭》詩。有《再遊廬山詩》。至績溪有《謁城隍神》、《孔子廟文》。視事三日，有《出城南謁二祠》、《遊石照寺》詩，有《縣中諸花多交代江汝明所種牡丹已過芍藥方開》詩。

三月戊戌，神宗崩，哲宗即位，己亥，大赦天下。有《代歙州賀登極表》。轍始至邑，適有朝旨，江東諸郡市廣西戰馬。江東素乏馬，每縣雖不過十餘疋，而諸縣括民馬，吏緣爲姦，有馬之家爲之騷然。轍謂縣尉郭惇愿曰：「廣西取馬使臣未至，事忌太遽，徐爲之備可也。邑孰爲有馬者？」惇愿曰：「邑有遞馬簿，歲月遠矣，然有無之實，尚得其半也。」即取簿封之。又曰：「何從得馬牙人乎？」曰：「召粥羊豕者詰之，則馬牙出矣。」果得曾（人）〔入〕市馬者，辭以不能。曰：「吾不責汝以馬，但爲我供文書耳。」曰：「諾。」州符日至縣督責買馬，乃以夏稅過期爲名，召諸鄉保正副驟問之曰：「汝保誰爲有及格馬者？」相顧辭不知。曰：「保正副不知，誰則知之？第勿以有爲無、以無爲有，則免罪矣。汝等所具，吾將使人訴其不實，而陳其脫略者，不可不實也。」人知不免，皆以實告。復諭之曰：「買馬事止此矣。廣西取馬者至郡則馬出，若不至則已矣。」皆再拜曰：「邑人幸矣！」然取馬者卒不至。

五月，轍卧疾，至秋良愈，有《病退》詩，有《病後白髮》詩。（八月）戊午，資政

殿學士司馬光爲門下侍郎。

〔八月〕丁卯，以轍爲祕書省校書郎，有《初得校書郎示同官三絶》，有《答王定國問疾》詩，有《辭靈惠廟歸過新興院》詩。過〔相〕〔桐〕廬，有《遊桐君山寺》詩。

十月己巳，有《遊杭州天竺寺》詩。丁丑，以轍爲右司諫。

哲宗元祐元年丙寅

轍至京師。二月癸酉，有《論臺諫言事留中不行狀》。甲戌，有《久旱乞放民間積欠狀》。乙亥，有《論罷免役錢行差役法狀》。丙子，有《送陳睦出守潭州》詩。癸未，有《論蜀茶五害狀》。丙戌，有《乞選用執政狀》。閏二月己丑朔，有《乞罷左右僕射蔡確韓縝狀》。庚寅，確罷爲觀文殿大學士知陳州，以門下侍郎司馬光爲右僕射。是日有《乞罷蔡京知開封府狀》。壬辰，轍言：「陛下以久旱，憂禱勤至，自冬歷春，天意未答，災害廣遠。又近歲民苦重斂，儲積空匱。應官〔本〕債負，有資產耗竭實不能出者，令州縣監司保明除放，使民心説附。」詔戶部勘會諸欠官本息罰錢，并免役、坊場淨利錢數目，及民戶見有無抵當物力，具保明以聞。甲午，右諫議大夫孫覺同轍進對，有旨俟簾下內臣盡出方敷奏。是日有《乞罷右僕射韓縝劄子》。壬寅，有《乞招河北保甲充軍以消盜賊狀》。癸卯，有《差役五事狀》。甲辰，有《乞黜降韓縝狀》。丙午，轍言：「竊見近日以蜀中賣鹽、榷茶及市易比較爲人疾苦，委成都提點刑獄郭槩體量事實。臣觀此三事，利害易見，而槩畏憚

茶官陸師閔，不敢依限體量，足以見其意在拖延。始因提舉官韓玠收息增羨，槩以韓玠叔祖縝見任右僕射，意欲趍附，妄言韓玠不曾以戶口比較息錢。又代說詞理已在赦前，槩謂朝廷不合相度赦前之事。附下罔上，乞罷黜郭槩，別委官體量。」詔郭槩特差替，其賣鹽市易，令黃廉先次體量，詣實以聞。有《乞罷章惇知樞密院狀》并《乞牽復英州別駕鄭俠狀》。庚戌，知開封府蔡京出知成德軍。辛亥，有《廢官水磨狀》并《乞葬埋城外白骨狀》。是日，章惇罷知汝州。壬子，有《乞賑救淮南飢民狀》。甲寅，有《乞罷蔡京知眞定府狀》。丙辰，有《乞罷安燾知樞密院狀》。三月己未，有《再論安燾狀》。乙丑，有《論發運司以糴米代諸路上供狀》。丁卯，有《乞責降韓縝第七狀》。壬申，有《乞責降韓縝第八狀》。甲戌，有《乞給還京西水櫃所易民田狀》。庚辰，有《論三省事多留滯狀》。

四月己丑，右僕射韓縝罷知潁昌府。庚寅，有《言科場事狀》。丙申，有《招繖縣保甲充軍狀》。庚子，有《乞令戶部役法所會議狀》。己酉，有《乞禁軍（旦）〔日〕一教狀》。壬子，有《乞差官與黃廉同體量蜀茶狀》。乙卯，有《乞以發運司米救淮南飢民狀》。

五月壬戌，有《論明堂神位狀》。甲子，有《乞借常平錢買上供及諸州軍糧狀》。丁卯，有《論蔡京知開封府不公第五狀》。乙亥，有《乞誅竄呂惠卿狀》。丁丑，有《再乞差官同黃廉體量茶法狀》。壬午，有《再言役法劄子》。乙酉，有《乞責降

呂和卿狀》。

六月己丑，有《乞兄子邁罷德興尉狀》。甲午，有《再乞罪呂惠卿狀》。戊戌，呂和卿責知台州。庚子，有《論青苗狀》。壬寅，資政殿大學士、正議大夫、提舉西京嵩山崇福宫呂惠卿落職，降中散大夫、光祿卿，分司南京，蘇州居住。甲辰，有《三論差役狀》。丙午，有《論呂惠卿第三狀》。辛亥，再責惠卿爲建（武）〔寧〕軍節度副使，建州安置，不得簽書公事。甲寅，有《論蘭州（池）〔等地〕狀》。

七月壬戌，有《再論蘭州池狀》。甲子，有《論京畿保甲冬教等事狀》。甲戌，有《論西邊警備狀》。己卯，有《再論青苗錢狀》。壬午，有《乞放市易欠錢狀》。癸未，以刑部郎中杜紘爲右司郎中。甲申，有《言淮南水潦狀》。

八月丙戌朔，有《乞罷杜紘右司郎中狀》。丁亥，有《論差除監司不當狀》。己丑，有《乞罷青苗錢狀》并《申三省狀》。辛卯，詔諸路提刑司，自今後常平司錢穀，令州縣依舊法糴糶，其青苗錢更不俵散。壬辰，有《再言杜紘狀》。癸巳，有《言張璪劄子》、《請罷右職縣尉劄子》、《論戶部侍郎張頡劄子》。丙申，有《再言張璪狀》。丁酉，有《言張頡第三狀》。己亥，有《言責降官不當帶觀察團練使狀》。癸卯，有《言張頡第四狀》。甲辰，以轍爲起居郎，有《辭免》二狀。丙午，有《論傅堯俞等謂司馬光爲司馬相公狀》。戊申，有《言張頡第五狀》、《辭起居舍人第二狀》。辛亥，有《申三省論張頡狀》。轍權中書舍人。

九月己卯，中書侍郎張璪罷知鄭州，有制。

十一月丙子，轍召試中書舍人。戊寅，制曰：「在昔典謨、訓誥、誓命之文，爲體不同，而其旨無二。學者宗之，以爲大訓。蓋當是時，豈特經紀法度，後世有不能及哉，至於左右言語之臣，皆聖人之徒，亦非後世之士所能髣髴也。斯道未墜，得人則興，庶幾先王，朕竊有志。具官某，學有家法，名重天下。高文大冊，爲國之光。追還古風，有望於汝。矧夫身備近侍，職在論思，位于西臺，實與政事。以爾器識，足以輔余不及；以爾諒直，足以行其所知。兼是數長，朕命惟允。任重于己，責難於君，在爾勉之，以永終譽。可中書舍人。」有《辭免狀》二，《謝表》二。

十一月戊午，尚書右丞呂大防爲中書侍郎，御史中丞劉摯爲尚書右丞。轍有大防、摯制。

十二月丁亥，有《論梁惟簡除遙郡刺史不當狀》。庚寅，有《不撰葉康直秦州告狀》。

二年丁卯

（正月辛巳）（四月癸巳），以給事中顧臨爲河北都轉運使，有送臨詩。

五月己巳，太師文彥博等言：「伏奉詔旨，以時雨愆期，太皇太后陛下憂閔元元，側身修行，躬自貶薄，以奉天戒，權停受冊之禮。今時雨溥注，二麥既登，秋稼有望，正名定位，義不可後。謹據太史局選定八月初四崇上徽號。」不許。轍有《請太皇太后受冊表》。戊申，尚書左丞李清臣以資政殿學士知河陽，有制[一]。辛未，集賢殿修撰知陳州鮮于侁

卒，有《子駿哀詞》。

七月辛未，有《門下侍郎韓維爲資政殿大學士知鄧州制》。

八月丁未，熙河蘭會路經略司言：「今月十九日岷州行營將官种誼收復洮州，擒西蕃大首領鬼章。」戊申，宰相率百官賀于延和殿，轍有賀表，有《論西事狀》。

九月甲子，以講《論語》終篇，賜宰臣、執政、經筵官宴于東宮。轍有《謝講論語賜宴表》。

十月，以奉安神御於西京，轍先告裕陵。壬午，還過鄭州列子觀，有《御風辭》一首。甲辰，有《游師雄除陝西路轉運判官制》。

十一月甲戌，以轍依前朝奉郎試戶部侍郎，有《辭免劄子》并《謝表》二。言者論買撲場務人，自熙寧初至元豐末，多有四界，少者三界，緣有實封投狀添價之法，小民爭得務勝，不復計較利害。自始至末添錢多者至十倍，由此破蕩家產，傍及保戶，猶不能足。父子流離，深可閔卹。乞取累界內酌中一界爲額，除元額已足外，其元額雖未足，而於酌中額得足，並與釋放。唯未足者，依舊催理，及酌中額而止。轍善其說，奏請施行之。天下欠戶蒙賜者不可勝數。

十二月戊申，宿齋於右曹。

三年戊辰

正月己酉朔，有三絕句寄軾。辛亥，祈穀。

三月丙辰，韓康公絳卒，有挽詞三首。丁（未）〔巳〕，上策試進士。戊午，策試武舉于集英殿，以轍及王欽臣等爲考官。轍有《廷試武舉策問》一首，有《次韻欽臣集英殿井》詩。己巳，賜進士及第

出身，有《考試罷》詩二首。
四月戊寅，以文思副使兼閤門通事舍人高士敦爲成都府利州路兵馬鈐轄，有《送士敦》詩。
五月丙午朔，文德殿轉對，有《論事狀》。有詩。
六月癸卯，以承議郎程之元爲江南西路轉運判官，有《送之元奉使江西》詩。
〔七月〕丙辰，以朝請大夫、考工郎中周尹知梓州，有《送尹兼簡呂陶二絶》。
九月辛亥，以御史中丞孫覺幷轍、中書舍人彭汝礪、祕書正字張續考試制科舉人。有《呈同舍諸公》二首，有《次韻續院中感懷》一首。
十一月癸卯朔，有《次韻軾旦日鎖院賜酒及燭》詩。有《祭范景仁文》。

四年己巳

正月癸巳，知鄭州王克臣卒，有挽詞。
二月甲（申）〔辰〕，司空中國公呂公著卒，有《呂司空挽詞》三首。
六月（辛丑）〔庚子〕朔。丁未，以轍爲吏部侍郎，有《辭免劄子》。辛亥，以轍爲翰林學士、知制誥，有《辭免劄子》、《謝宣召狀》、《謝賜對衣金帶鞍馬》、《謝（救）〔敕〕設狀》。
八月辛丑，以轍及刑部侍郎趙君錫爲賀遼國生辰國信使。己未，范鎮葬汝州襄城縣，子百嘉、百歲附焉。轍有《蜀公挽詞》三首，《百嘉百歲挽詞》二首。辛酉，撰《太皇太后將來明堂禮成罷賀賜門下手詔》。
九月丙子，有《將使契丹九日對酒懷子瞻兄幷示坐中》詩。戊寅，上齋於垂拱殿，百官齋於明堂。己卯，薦饗景靈宮。庚

辰，齋于垂拱殿，有《皇帝宿齋明堂問太皇太后皇太后皇太妃聖體答書》六首。辛未，大享明堂禮畢，御宣德門，肆赦，有《皇帝謝禮畢太皇太后皇太后皇太妃答書》。有宰相呂大防、皇伯祖、叔祖、皇弟幷馮京、劉昌（作）〔祚〕加恩制。有《歐陽文忠公夫人薛氏墓誌銘》〔二〕。

十月戊戌，轍進呈《神宗皇帝御集》。命宰執觀讀，呂大防讀詩數篇，太皇太后泣下。二十五日，轍壻王適卒。

轍至契丹，虜主以其侍讀學士王師儒館伴。師儒稍讀書，能道轍父兄所爲文，曰：「恨未見公全集。」然亦能誦《服茯苓賦》等，虜中愛敬之。轍、君錫使還，過相州，有《祭韓忠獻公文》〔三〕。

五年庚午

有《王子立秀才文集引》。

二月庚戌，太師文彥博除開府儀同三司、河東節度使致仕，有《除彥博制》。有《河東官吏軍民示喩敕書》，有《送彥博致仕還洛》詩三首。

三月壬申，以尙書左丞韓忠彥同知樞密院事，以翰林學士承旨蘇頌爲尙書（右）〔左〕丞。有《賜忠彥頌辭免不允詔》。有《賜知樞密院孫固乞致仕不許不允詔》。己卯，以知亳州鄧溫伯爲翰林學士承旨。

四月，有《乞罷五月朔旦朝會劄子》，上從之。丁巳，轍有《太皇太后皇帝以旱賜門下避殿減膳》、《罷五月朔文德殿視朝手詔》二首。辛酉，有《除馮京司空彰德軍節度使再任知大名府制》，有《彰德軍官吏軍民示喩敕書》。

五月己巳，有《端午帖子》二十五首。乙

亥，群臣詣閤門拜表，請御正殿，復常膳，有《不許不允批答》。自是四上表，乃從之。壬辰，以轍爲龍圖閣直學士、御史中丞，有《辭免劄子》并《謝表》。

六月辛丑，以禮部侍郎陸佃權禮部尚書，兵部侍郎趙彦若權兵部尚書。轍有《論執政生事劄子》，有《分別邪正劄子》。自元祐初革新庶政，至是五年矣，一時人心已定。惟元豐舊黨分布中外，多起邪説，以摇撼在位。吕大防及中書侍郎劉摯尤畏之，遂建言欲引用其黨，以平舊怨，謂之調（亭）〔停〕。宣仁后疑不決，轍於延和面論其非，退復再以劄子論之，反復深切。宣仁后命宰執於簾前讀之，仍（喻）〔諭〕之曰：「蘇轍疑吾君臣遂兼用邪正，其言極中理。」諸公相從和之，自是參用邪正之説衰矣。

八月丙辰，轍言新除知（荆）〔刑〕州王光祖不當，詔以光祖爲太原府路（副）總管。

九月八日，有論役法五事劄子。

十月己酉，以徐君平、虞策並爲監察御史，從轍薦也。又言新除知順安軍王（安）世〔安〕罪狀，詔罷爲京西南路都監。其違法事，令都水監依條施行。癸丑，轍有《裁損待高麗事件劄子》，從之。乙卯，龍圖閣學士滕元發卒，轍有《乞優卹元發家劄子》。

十二月辛卯，尚書右丞許將罷爲資政殿學士、知（許）〔定〕州。甲辰，殿中侍御史上官均言：「右丞許將不當罷執政。中丞蘇轍、侍御史孫升等附會大臣意指，姦邪不忠。臣竊聞外議，以爲轍等合爲朋黨，動移聖意，以疑似不明細事，合

謀併力，逐一執政，自此大臣人人不得安位矣。伏乞早賜施行，以協中外之望。」詔罷均知廣德軍。丁未，以轍爲龍圖閣學士。

六年辛未

二月庚寅朔。辛卯，門下侍郎劉（執）〔摯〕爲尚書右僕射，兼中書侍郎。癸巳，以轍爲中大夫、守尚書右丞，有《辭免劄子》四首。轍言：「兄軾召還，本除吏部尚書，以臣之故，除翰林學士承旨。臣之私意，尤不遑安。乞寢新命，與兄軾同備從官。」詔不許，有謝表二。己酉，有《謝生日表》二首。

八月辛亥，以軾爲龍圖閣學士、知潁州，有《次韻子瞻感舊》詩，有《乞外任劄子》。

十月庚（戌）〔午〕，上朝獻景靈宮，因幸太學。有《車駕視學》。甲戌，以王鞏得罪自劾，家居待罪，遣中使賜詔不允。

十一月乙酉朔，右僕射劉摯以觀文殿學士知鄆州。庚子，監察御史安鼎罷知絳州。先是鼎與趙君錫、賈易同造飛語，誣罔兄軾惡逆之罪。君錫、易既謫去，鼎猶在言路，復因王鞏事攻轍甚急。宣仁察其誣，故斥黜之。辛丑，中書侍郎傅堯俞卒，有挽辭。

十二月乙卯朔，張文定公方平卒。甲戌，有《祭方平文》。丁丑，有《李簡夫少卿詩集序》。

七年壬申

二月癸酉，有《生日謝表》二首。

四月，以轍攝太尉，充冊皇后告期使。

五月戊戌，立皇后孟氏。

六月辛酉，以轍爲太中大夫、守門下侍郎，

有《辭免劄子》一首，表二首，謝表二首。

八月，有祭文與可及文逸民文二首。癸酉，故龍圖閣學士滕甫葬，有甫挽詞二首。

九月壬辰，太皇太后垂簾，三省進呈翰林學士顧臨等郊祀議。太皇太后曰：「宜依仁宗、先帝故事。」呂大防、蘇頌與轍請合祭，唯范百祿議不同。甲午，再進呈。翌日，太皇太皇宣諭曰：「皇帝即位以來，未嘗親祀天地，今且合祭，宜有名也。」令學士院降詔。

十一月癸巳，合祭天地於圜丘，大赦天下，有《進郊祀慶成》詩并狀。以郊祀恩，特加護軍，進開國伯，食實封二百戶。有《乞免加恩表》二首，《謝加恩表》二首。

八年癸酉

正月癸巳，有《次韻子瞻上元扈從觀燈》詩。

二月丁卯，有《謝生日表》二首。

三月丁亥，監察御史董敦逸言轍及范百祿差除不當事，留中不下。轍奏：「臣近以御史董敦逸言川人大盛，差知梓州馮如（悔）〔晦〕不當，指爲臣過，遂具劄子及面陳本末。尋蒙德音宣諭，察敦逸之妄而以臣言爲信。臣德望淺薄，言者輕相誣罔，若非聖明在上，心知邪正所在，則孤危之蹤，難以自安。切詳敦逸所言，謂馮如晦事乃其前狀所言之一則，其餘事不可不辨，遂乞一一付外施行。復蒙再三宣諭，以謂其他別無實事。伏惟聖恩深厚，知臣愚拙，曲加庇護，仰涵恩造，死生不忘。然臣忝備執政，知人言臣過惡，而嘿然不辨，實難安職。

陛下愛臣雖深，而不令臣得知敦逸所言，臣竊有所未諭也。若敦逸所言果中臣病，何惜使臣引去，以謝朝廷？若敦逸所言不實，亦使臣略加別白，然後出入左右，粗免愧恥。如不蒙開允，非所以愛臣也。所有董敦逸言臣章疏，伏乞早賜付三省施行。」己丑，有《北流軟堰劄子》。

四月甲子，以李清臣爲吏部尙書。給事中范祖禹封還詔書，進呈不允。轍於簾前極論之。〔五月〕己卯罷。

五月丙申，董敦逸罷知臨江軍。

六月己未，賜知潁昌府范純仁詔書，召赴闕。

七月丙子，以純仁爲右僕射兼（門下）（中書）侍郎。

八月庚申，張方平葬，有祭方平文并挽詞〔四〕。辛酉，太皇太后不豫。壬戌，呂大防、范純仁、蘇轍、鄭雍、韓忠彥、劉奉世入問聖體。

九月戊寅，太皇太后高氏崩。乙酉，詔轍撰《大行太皇太后謚冊文》。癸巳，有《祭兄嫂同安郡君王氏文》。

十一月戊子，三省樞密院同進呈中書舍人呂希純封還劉惟簡等除內侍省押班詞頭，上曰：「禁中闕人，兼亦有近例。」呂大防奏曰：「雖有此，衆論頗有未安。」轍曰：「此事非謂無例，蓋爲親政之初，中外拭目，以觀聖德，首先擢用內臣，故衆心驚疑耳。然臣等昨來開陳不盡，不能仰回聖意，致使宣布於外，以至有司封駁，此皆臣等之罪。」劉奉世曰：「雖有近例，外人不可戶曉，但以率先施行爲非耳。」大防曰：「致令人言，浼瀆聖聽，此實臣罪。今若不從其言，其餘

舍人亦必未肯奉行。轉益滋章，於體不便。臣聞太祖一日退朝，有不悅之色。左右覺而問之，太祖曰：『適對臣僚指揮，事有失當，至今悔之也。』以此見人君不以無失爲明，以能悔而改之爲善耳。」上釋然曰：「除命且留，俟祔廟取旨可也。」轍又奏：「竊聞仁宗聽政之初，即下手詔，凡內批轉官或與差遣，並未得施行，仰中書、樞密院審取處分。史臣記之曰：『是時上方親閱庶政，中外聞之，人情大悅。』正與今日事相類矣。」大防等知上從善如流，莫不欣幸。壬辰，轍言：「奉敕撰《大行太皇太后謚冊文》，謹先進呈。」詔恭依。壬寅，轍奏：準敕差篆太皇太后謚寶文。據太常寺狀，合依所請到謚，以「宣仁聖烈皇后之寶」爲文。

十二月己巳，群臣詣慶壽宮，上大行太皇太后謚冊。

紹聖元年甲戌

正月丁丑，詔禮部給度牒千，付京東等路體量賑濟司募人入粟。

二月，司農卿王孝先言：「賑濟之餘，軍糧匱竭。」又送伴北使張元方等還言：「相、滑等州飢民衆多，倉廩空虛。」轍見范純仁、鄭雍議曰：「此事豈可不令上知？」二人皆不欲，曰：「侍郎何以爲計？卻恐上問及。」轍曰：「雖未知所出，然當令上知之。昔眞宗初即位，李沆作相，每以四方水旱盜賊聞奏。參知政事王旦謂沆曰：『今天下幸無事，不宜以細事撓上聽。』沆曰：『人主年少，當令聞四方艱難。不爾侈心一生，無如之何。吾老不及見，此參政異日憂也。』」

純仁曰：「善。」劉奉世曰：「誠宜先白，若上先言，極不便。」既而純仁奏：「近日張元方自河朔來，言流民甚衆。」轍曰：「元方言相州見養流民四萬餘人，通利軍一萬餘人，滑州二千餘人。然軍中月糧止支一斗，其餘盡令坐倉。蓋倉廩已空矣，恐別生事。」上曰：「爲之奈何？」轍曰：「滑州已支山陵餘糧萬石與之，可以支持兩月耳。兼京東賑濟司準備糧食太多，提刑司又太多，已令安撫轉運司再相度矣。俟見得去着，更議應副。又京城賑濟應副備至，然省倉軍糧止有二年五月備，臣曾令王孝先具的實數子在此。」上曰：「何其寡備至此？」轍曰：「非一日之故，蓋累年官賣米太多。去年臣曾與呂大防商量，限市價九十已上乃出糶。今爲饑饉，止賣六十，蓋不得已也。熙寧初，臣在條例司，竊見是年有九年以下糧。」上曰：「須九年乃可。」轍曰：「九年未易遽置，但陛下常以爲意，愼事惜費，令三五年間有三五年備，亦漸可也。臣之愚意以爲朝廷新經大喪，繼以饑饉匱乏，若災止如此尚可，萬一更水旱，何以繼之？方今正是君臣恐懼修省之日，不可不知耳。」丁未，以戶部尚書李清臣爲中書侍郎，兵部尚書鄧溫伯爲尚書（右）（左）丞。二人久在外，不得志，遂以元豐事激怒上意，清臣尤力。己酉，葬宣仁聖烈皇后于永厚陵。轍有挽詞二首。己未，虞主祔廟。

三月乙亥，左僕射呂大防罷爲觀文殿大學士、知潁昌府。乙酉，上御集英殿，策試進士。李清臣撰策題，即爲邪說，以

扇惑群聽。轍上疏曰：「伏見御試策題，歷詆近歲行事，有欲復熙寧、元豐故事之意。臣備位執政，不敢不言。然臣竊料陛下本無此心，其必有人妄意陛下牽於父子之恩，不復深究是非，遠慮安危，故勸陛下復行此事。此所謂小人之愛君，取快於一時；非忠臣之愛君，以安社稷爲悅者也。臣竊觀神宗皇帝以天縱之才，行大有爲之志，其所施設，度越前古，蓋有百世而不可改者也。臣請爲陛下指陳其略。先帝在位近二十年，而終身不受尊號；裁損宗室，恩止祖免，減朝廷無窮之費；出賣坊場，雇募衙前，免民間破家之患；罷黜諸科誦數之學，訓練諸將慵惰之兵；置寄祿之官，復六曹之舊；嚴重祿之法，禁交謁之私；行淺攻之策以制西戎，收六色之錢以寬雜役。凡如此類，皆先帝之睿算，有利無害。而元祐以來上下奉行，未嘗失墜者也。至於他事有失當，何世無之？父作之於前，子救之於後，前後相濟，此則聖人之孝也。漢武帝外事四夷，內興宮室，財用匱竭，於是修鹽鐵、榷酤、均輸之政，民不堪命，幾至大亂。昭帝委任霍光，罷去煩苛，漢室乃定。光武、顯宗以察爲明，以讖決事，天下恐懼，人懷不安。章帝即位，深鑒其失，代之以寬。豈弟之政，後世稱焉。及我本朝，眞宗皇帝右文偃革，號稱太平，群臣因其極盛，爲天書之說。及章獻明肅太后臨御，攬大臣之議，藏書梓宮，以泯其迹。仁宗聽政，亦絕口不言，天下至今韙之。英宗皇帝自藩邸入繼，大臣過計，創濮廟之議。朝廷爲之洶洶者數年。及先帝

嗣位，或請復舉其事，寢而不答，遂以安靖。夫以漢昭、章之賢與吾仁宗、神宗之聖，豈其薄於孝敬而輕事變易也哉？蓋有不可不以廟社爲重故也。是以子孫既獲孝敬之實，而父祖不失聖明之稱，此眞明君之所務，不可與流俗議也。臣不勝區區，願陛下反覆臣言，愼勿輕事改易。若輕變九年已行之事，擢任累歲不用之人，人懷私忿而以先帝爲詞，則大事去矣！」奏入，不報。再以劄子面論之。上不悅曰：「人臣言事何所害？但卿昨日以劄子奏，謂機事不可宣於外，請祕而不出；今日乃對衆陳之，且引漢武帝以上比先帝，引喻甚失當。」轍曰：「漢武帝明主也。」（王）（上）曰：「卿所奏言漢武帝外事四夷，內興宮室，立鹽鐵、榷酤、均輸之法。其意止謂武帝窮兵黷武，末年下哀痛之詔，豈明主也？」范純仁進曰：「武帝雄材大略，史無貶詞，況轍所論事與時也，非論人也。」上意稍解，轍退上奏：「今者偶因政事，懷有所見，輒欲傾盡，以報知遇。而天資闇冥，不達機務，論事失當，冒犯天威，不敢自安。伏乞聖慈憐臣不識忌諱，出於至愚，少寬刑誅，特賜屏逐，以允公議。」李、鄧從而媒蘖之。丁酉，除端明殿學士、知汝州。告詞略曰：「文學風節，天下所聞。擢任大臣，本出朕心。事有可否，固宜指陳。而言或過中，引義非是。朕雖曲爲含忍，在爾自亦難安。原誠終是愛君，薄責尚期改過。」上批：「蘇轍引用漢武故事比擬先帝，事體失當，所進入詞語，不著事實。朕進退大臣，非率易也，蓋義不

得已。可止以本官知（洪）〔汝〕州，仍别撰詞進入。」制曰：「朕以眇躬，上承烈考之緒，夙夜祗飭，懼無以丕揚休功。實賴左右輔弼之臣，克承厥志。其或身在此地，倡爲姦言，怫於衆聞，朕不敢赦。太中大夫守門下侍郎蘇轍頃被選擢，與聞事機，義當協恭，以輔初政。而乃忘體國之義，徇習非之私。始則密奏以指陳，終於宣言而眩聽。至引漢武上方先朝，欲以窮奢黷武之姿，加之經德秉哲之上。言而及此，其心謂何？宜解東臺之官，出守列郡之寄。尚爲寬典，姑務省循。可特授依前太中大夫、知汝州。」

四月壬戌，轍至汝州，有謝上表。是日以提舉杭州洞霄宮章惇爲尚書左僕射兼門下侍郎，右僕射范純仁罷爲觀文殿大學士、知潁昌府。丁卯，有《謝雨文》，有《汝州楊文公詩石記》。

五月癸卯，侍御史虞策、殿中侍御史來之邵、井亮采言：「轍近以論事失當，責守汝州，而吳安詩草制有『風節天下所聞』及『原誠本於愛君』之語，命詞乖剌如此！質之公議，難逭典刑。」又監察御史郭知章言：「安詩行蘇轍誥，重輕止徇於私情，褒貶不歸於公議，不加黜責，何以懲戒？」詔安詩罷起居郎。乙巳，虞策言：「太中大夫、知汝州蘇轍引漢武帝比先朝，止守近郡，請遠謫以懲其咎。」上曰：「已謫矣，可止也。」乙丑，有《龍興寺吳畫殿記》。

六月甲戌，右正言上官均言：「近具劄子論奏前宰臣呂大防、門下侍郎蘇轍擅權欺君，竊弄威福，及前御史中丞李之純

等朋邪誣罔，同惡相濟。乞明正典刑，以服中外。既及旬浹，未蒙施行。臣以爲人主之所以臨制天下，爲腹心之臣者莫重於執政，爲耳目之官者莫重於諫官。審詔誥、慎出納者莫重於舍人、給事。呂大防、蘇轍擅操國柄，不畏公議，引用柔邪之臣如李之純輩，充塞要路，以固寵祿。又以張耒、秦觀撰次國史，曲明大防輩改變法度之功。是以人主賞罰私其好惡，其惡一也。同時執政如胡宗愈、許將、劉摯、蘇頌皆以與呂大防、蘇轍議論異同，轍陰諭諫官、御史死力排擊，卒皆斥罷。敢以姦謀轉移陛下腹心之臣，易於反掌，其罪二也。李之純頃在成都與呂大防相善，大防秉政，引用之純爲侍郎，又除知開封府。之純尹京無狀，又府舍遺火，延燒殆盡，法當譴責，反挾私愛擢爲御史中丞。楊畏、虞策、來之邵等皆任爲諫官、御史，是四人者，傾險柔邪，嗜利無恥，其所彈擊者皆受大防、蘇轍密諭，或附會風指，以濟其欲。是以天下耳目之官佐其喜怒，以塗蔽朝廷之視聽，其罪三也。舍人主出制命，給事主行封駮。命令有未善，差除有未當，皆許繳駮。如范祖禹、喬執中、吳安詩、呂希純四人者，皆附會呂大防、蘇轍好惡，隨意上下，不恤公論，其所繳駮者皆大防、蘇轍之所惡，其所掩蔽者皆大防、蘇轍之所愛。是以天子掌誥命出納之臣濟其好惡，其罪四也。呂大防自爲執政以至宰相，凡八九年，最爲歲久。蘇轍執政雖止三四年，而強狠狗私尤甚。如隳壞先帝役法、官制、學校科舉之制，士民失業；棄先帝

經畫塞徼要害之地，招西戎侵侮，邊陲之患，至今未弭，其罪五也。呂大防、蘇轍身爲大臣，義當竭忠盡公以輔佐人主，乃便辟柔佞，陰結宦官陳衍，伺探宮禁密旨，以固寵祿，其罪六也。大防、蘇轍同惡相濟，固非一日。李之純、楊畏、虞策、來之邵爲朝廷耳目，曾不糾察，反陰相黨附，以圖進用。御史黃慶基、董敦逸憤發彈奏蘇轍等專權之罪，罷斥爲轉運判官。李之純、楊畏、來之邵希附軾、轍等，反指慶基、敦逸以爲誣陷忠良，不當更除監司，遂謫守軍壘。陛下既親機務，洞分邪正，軾、轍既已斥罷，來之邵輩方始奏論。其朋邪罔上，趍時附勢，情狀明白，衆所共知，非臣之私言臆度也。李之純既已罷免尚書，謫守單州，今楊畏尚爲禮部侍郎，來之邵爲侍御史，虞策爲起居郎，喬執中爲給事中。范祖禹、呂希純雖出守外郡，皆尙除待制。罪同罰異，此中外之所未喻也。議者以爲李之純柔懦無能，謚爲中丞，其所附呂大防、蘇轍指意彈擊，皆楊畏、來之邵朝夕說喻，脅持爲之。二子姦險，過於之純。之純既已斥謫，而二人尙居清要，哆然自得，曾不愧避。臣聞治國之要，莫先於辨邪正；欲辨邪正，莫若驗之以事。今楊畏輩邪險之情皆已明驗，若不加斥遠方，俾安要近，則是邪正兼容，忠佞雜處，蠹敗國政，理之必然。竊觀陛下自親機務，收還權會，大防、蘇轍黨人十已去七八。然楊畏等六人尙居清要，未快士論。伏望陛下考察呂大防、蘇轍擅權欺君、姦邪不忠之罪，推究楊畏等朋邪害正、趨時反

覆之惡，譴責黜免，明正典刑，以示天下。」制曰：「事君者有犯勿欺，所以盡爲臣之節；無禮必逐，豈容逃慢上之誅？太中大夫、知汝州蘇轍父子兄弟，挾機權變詐之學，驚愚惑衆。轍昔以賢良方正對策于庭，專斥上躬，固有異志。有司言轍懷姦不忠，如漢谷永，宜在罷絀。我仁祖優容，特命以官。在神考時獻書縱言時事，召見詢訪，使與討論。與軾大倡醜言，未嘗加罪。仰惟二聖厚恩，宜何以報？垂簾之初，老姦擅國。置在言路，使詆先朝。以君父爲仇，無復臣子之義。愎忮深阻，出其天資。援引猥浮，盜竊名器。專恣可否，疇敢誰何？至與大防中分國柄，罔上則合謀取勝，狥私則立黨相傾。排嫉忠良，眩亂風俗。既洞察險詖，猶肆誕謾，假設虛詞，規喧朝聽。比雖薄責，未厭公言。繼覽奏封，交疏惡狀。維爾自廢忠順之道，而予務全終始之恩。甫屈刑章，尚假民社。往自循省，毋速後愆。可特降左朝議大夫、知袁州。」

七月丁巳，三省言：「近聞朝廷以呂大防、劉摯、蘇轍落職降官，黜知小郡。臣始以謂陛下慈厚，不欲盡言，姑示薄責而已。今觀制詞，在大防則曰睥睨兩宮，呼吸群助，誣累慈訓，包藏禍心；在劉摯則曰誣詆聖考，愚視朕躬，窺伺禁省，密爲離間；在轍則曰老姦擅國，肆詆先朝。以君父爲仇，無臣子之義。既及此矣，則罪重謫輕，情法相遠。伏望更加詳酌，以正其罪。」監察御史周秩言：「朝廷議呂大防、劉摯落職，降蘇轍三官，責知小郡，臣愚竊以爲未也。大防

等罪尙可以爲民師帥乎？然大防與摯始責，姑易地再施行猶可也；轍之責已再三矣，而止於降官，則不若未責，而更容臣等極論之也。臣愚謂大防等罪不在蘇轍之下，大防、摯、轍是皆言之而又行之者也。蓋大防等所言所行，皆害先朝之事。彼得罪於先朝，而輕論之，它日有得罪於陛下者，而重論之，於義安乎？呂惠卿以沮難司馬光，罪至散官安置。則爲人臣者寧犯人主，勿犯權臣，爲得計也。且摯與轍譏斥先朝，不減於軾。大防又用軾之所謀所言，而得罪輕於蘇軾，天下必以爲非。」詔司馬光、呂公著各追所贈官幷謚告，及追所賜神道碑額。降授左正議大夫、知隨州呂大防守本官行祕書監，分司南京，郢州居住；降授左朝議大夫、知黃州劉摯守本官，試光祿卿，分司南京，蘄州居住；降授〔左〕朝議大夫、知袁州轍守本官，試少府監，分司南京，筠州居住。轍在郡有異政，旣罷去，父老送者皆嗚咽流涕，數十里不絶。

八月，過眞州，有《阻風》詩。行至江州彭澤縣，被筠州之命。

九月癸亥，至筠，有謝表。

二年乙亥

正月壬子，《次韻兄惠州上元見寄》詩。甲辰，有《曹谿卓錫泉銘》。

〔二〕〔三〕月二十五日，有《古史後序》一首。

九月戊申，逍遙聽老卒，有塔碑〔五〕。辛未，饗明堂，大赦天下，轍有賀表。

三年丙子

二月，有《盆中石菖蒲忽生九花》一首。

三月乙未，有《祭寶月大師文》幷《送成都僧法舟西歸》詩。

四年丁丑

二月庚辰，三省言：「呂大防、劉摯、蘇轍爲臣不忠，朝廷雖嘗懲責，而罰不稱愆。其餘同惡相濟，幸免者甚衆，亦當量罪，示有懲艾。」詔：大防責舒州團練副使、循州安置；劉摯鼎州團練副使、新州安置。又制曰：「朋姦擅國，責有餘辜。造訕欺天，理不可赦。其加顯黜，以正明刑。降授左朝議大夫、試少府監、分司南京、筠州居住蘇轍，操傾側孽臣之心，挾縱橫策士之計。始與兄軾肆爲詆欺，晚同相光協濟險惡，造無根之詞而欺世，聚不逞之黨以蔽朝。謂邪說爲讜言，指善政爲苛法。矯誣太后，愚弄沖人。助成姦謀，交毁先烈。發怨懟于君臣之際，忘忌憚於父子之間。陰懷動搖，公肆排訐。粤予親政，尚爾撓權。持罔上之素心，爲怙終之私計。罪同首惡，法在嚴誅。而事久益彰，罰輕未稱。朕顧瞻嚴廟，跂念裕陵，義不敢私，恩難以貸。黜居散秩，投置遐陬。非徒今日知馭衆之威，亦使後世識爲臣之義。勉思寬憲，務蓋往愆。可責授化州別駕、雷州安置。」

閏二月甲辰，軾責授瓊州別駕，昌化軍安置。

五月甲子，兄弟相遇於藤，相與同行。

六月丁亥，至雷州，有《謝到州表》。癸巳，軾與轍相別，渡海往昌化，有《和子瞻過南海》詩。

十月，軾有《停雲》詩寄轍，轍次韻答之。

十一月己卯，廣西經略安撫司走馬承受段

諷言：「知雷州張逢周恤安置人蘇轍及軾兄弟，與之同行至雷州。請下不干礙官司按罪。」詔提舉荆湖南路常平董必具實狀以聞。

十二月癸未，新州安置劉摯卒。己亥，有《和陶詩集序》。

元符元年戊寅

二月，軾以轍生日，有《沈香山子賦》贈轍，轍和以荅之。丙申，詔差河北路轉運副使呂升卿、提舉荆湖南路常平董必並充廣南東西路察訪。時有告劉摯在政府日謀廢立者，章惇、蔡卞欲因是起大獄嶺表，悉按誅元祐臣僚，故遣升卿等。

戊申，長星見。

三月癸丑，詔呂升卿等差充廣南東西路察訪指揮更不施行。癸酉，提舉荆湖南路常平董必言：「朝請郎知雷州張逢於轍初到州日，同本州官吏門接。次日爲具召之，館於監司行衙，又令僦進見人吳國鑑宅居止，每月率一再移廚管待轍，差借白直七人。海康縣令陳某追工匠應副國鑑修宅。」詔轍移循州安置，逢勒停，諤衝替。

八月，轍至循州，寓居城東之聖壽寺。已乃哀橐中之餘鬻之，得五十千，以易民居大小十間。北垣有隙地可以毓蔬，有井可以灌，乃與遜荷鉏其間。州民黃氏，宦學家也，有書不能具，時假其一二讀之。題《白樂天文集》後。

二年己卯

有巢谷者自眉山徒步訪轍於循州，又將見軾於海南，行至新州而卒，年七十三，轍爲之傳。

四月二十九日，有《龍川略志序》。

七月二十二日，有《龍川别志序》。

閏九月丁丑，有《春秋傳後序》。戊寅重陽，有《與父老小飲四絶》。

十一月辛未，有《祭（孫）〔新〕婦黄氏文》。

三年庚辰

正月己卯，哲宗崩，徽宗即位。庚辰，大赦天下。

二月癸亥，轍量移永州安置。轍有《次韻子瞻和陶淵明雜詩十一首》。

四月庚戌，元子生。辛亥，赦天下。丁巳，轍移岳州，敕曰：「朕即祚以來，哀士大夫失職者衆。雖稍收叙，未厭朕心。兹者天祚予家，挺生上嗣。國有大慶，賚及萬方。解網卹辜，何俟終日？責授某官蘇轍，擢自先帝，與聞政機，坐廢累年，在約彌厲。漸還善地，仍畀兵團。可濠州團練副使，岳州居住。」轍歸至（處）〔虔〕州被命，有謝狀。

十一月癸亥朔，敕曰：「朕初踐祚，思赴治功，敷求俊良，常恐不及。念雖廢棄，不忍遐遺。轍富有藝文，嘗預機政。謫居荒裔，積有歲時。稍從内遷，志節彌厲。昭還故秩，仍領眞祠。服我異恩，無忘報稱。可特授太中大夫、提舉鳳翔府上清宫，外州軍任便居住。」至鄂州被命，有謝表。有田在潁昌府，因往居焉。

徽宗建中靖國元年辛巳

正月（己巳）〔癸亥〕，中太一宫使范純仁卒，轍有挽詞。甲戌，欽聖憲肅皇后向氏崩，有慰表并挽詞三首。

三月丙子，有《祭東塋文》。戊寅，有《鮮于侁父母贈告跋》。

五月丙戌，欽聖憲肅皇后神主祔於廟室，

轍有《慰表》二首。
七月丁亥，軾卒於常州。
九月癸亥，有祭文。
十月，有《追和軾歸去來詞》。
十一月庚辰，祀南郊，赦天下，轍有賀表。
十二月庚寅，王東美器之妻蘇氏卒，有墓誌。丙申，有《祭范子中朝散文》。

崇寧元年壬午

三月戊午，跋《巢谷傳》。
四月丁未，有《祭王氏嫂文》。
五月丁卯，有《祭兄文》。是月庚午，詔蘇軾追貶崇信軍節度行軍司馬，其元追復舊官告繳納。蘇轍更不叙職名。乙亥，詔蘇轍等五十餘人，令三省籍記姓名，更不得與在京差遣。
閏六月癸酉，葬軾於汝州郟城縣小峨眉山，有墓誌銘，有《再祭八新婦文》。戊寅，詔轍降爲朝請大夫，以銓品責籍之時差次不倫故也。有謝表。
八月丙子，詔司馬光等子弟並不得任在京差遣。太常寺太祝蘇适與外任合入差遣。
十一月十三日，有《雪》詩。

二年癸未

正月，補《子瞻謫居儋耳唐佐從之學》、《遷居蔡州》詩。
二月，《寒食詩》。己巳，有《癸未生日》詩。
三月甲午，《跋楞嚴經》，有《六孫名字説》。辛丑，《春盡》詩。次日立夏。
四月戊午，有《夢中詠醉人》詞。
六月庚午，有《立秋偶作》。
九月乙酉，有《九日》詩，有《立冬聞雷》詩。
十月，有《罷提舉太平宫欲還居潁昌》詩。

十一月癸卯，有《次遲韻對雪》一首。

三年甲申

正月庚寅，還潁昌，有《甲申歲設醮青詞》。

三月丙子，有《上巳日久病不出示兒姪》詩。辛卯，有《葺東齋》詩并《初得南園》詩。

六月，詔頒元祐姦黨姓名三百九人刻石諸州。

七月丁酉，有《記夢》詩，有《抱一頌》，有《葺居五首》，有《歲暮口號二首》。

四年乙酉

正月戊寅，有《雪後小酌贈内》詩。

三月庚戌，有《喜雨》詩。

五月，《和遲田舍雜詩九首》。

七月甲寅，詔元祐宰執墳寺特免毁拆，不得充本家功德院，並別賜敕額，爲國焚修。

《冬至雪》詩，有《歲暮》二首、《除夜》詩。

五年丙戌

正月戊戌，彗出西方。丁未，大赦天下，毁元祐姦黨石刻。

三月辛亥，提舉南京鴻慶宮范純禮卒，純禮字彝叟，轍有祭文。己未，姪孫元老中進士第，有《次遲韻贈陳元倪秀才并送元老歸鄉》詩。有《秋社分題》詩，有《築室示三子》詩，有《中秋無月》二首、《九日獨酌》三首。

九月，有《潁濱遺老傳》及《欒城後集序》。

十月庚戌，有《大雪》詩。是時行大錢當十，民以爲病，故詩中及之。

十一月八日，有《夢中反古菖蒲》詩，有

《守歲》詩。

大觀元年丁亥

正月庚戌，詔應係籍宰執墳寺，（會）〔曾〕經放罷者並給還，轍有謝表。

二月，有《丁亥生日》詩。

七月乙酉朔，有《苦雨》詩，有《釀重陽酒》詩。有《九日》詩，有《初成遺老齋待月軒藏書室》三詩，有《送少子遜赴蔡州酒官》詩二首，有《論語拾遺》二十七章。

十一月乙丑，詔八寶初成，可於來年正月用之。

二年戊子

正月壬子，有《正旦》詩。是日，帝受八寶，赦天下。轍復朝議大夫，遷中大夫，皆有謝表并焚黃文。有《七十吟》。

二月，有《生日》詩，有《八璽》詩。

〔五月〕有《夏至後得雨》詩。

八月癸巳，有《移花》詩。

十二月壬辰，有《伐雙穀》詩，有《除日詩》、《書老子解後》。

三年己丑

有《上元夜适勸至西禪觀燈》詩。

二月庚寅，有《望日雪》詩。遜自淮康歸覲，逾旬而歸，有《送行》詩二首。

八月，有《中秋新堂看月》詩。

九月，有《重九陰雨病中把酒示諸子》詩。

有《己丑除日》詩。

四年庚寅

有《新春五絶》，有《上元雪》詩。

閏八月辛亥，有《雨中秋》詩。辛酉，有《菊》，有《黃花》詩，有《除夜》二詩。

政和元年辛卯

有《正月十六日》一首。有《七十三歲作》

一首，有《七夕》詩、《重九》詩。

十月戊午，有《雪》詩四首，有《冬至》詩、《除日》詩，有《欒城第三集序》、《卜居賦》、《再題老子解後》。

二年壬辰

有《壬辰年寫真贊》。

二月，有《壬辰生日記胸中所懷自作》一首。

五月十九日，有《喜雨》詩，有《送遲赴登封丞》詩。

八月辛亥，《題蔡幾先海外所集文後》。

九月庚申，有《墳院記》。是月壬午，中大夫轍轉太中大夫致仕。轍居潁昌十三年。潁昌當往來之衝，轍杜門深居，著書以爲樂，謝卻賓客，絶口不談時事。意有所感，一寓於詩，人莫能窺其際。

十月三日，轍卒，年七十四。

十一月乙丑，追復端明殿學士，特賜宣奉大夫。

七年三月二十五日，夫人史氏卒，同葬汝州郟城縣上瑞里。

三子：遲，字伯充，官至太中大夫，工部侍郎，徽猷閣待制，紹興二十五年卒；适，字仲南，官至承議郎，通判廣信軍，宣和四年卒；遜，字叔寬，官奉議郎，通判瀘州潼川府，靖康元年卒。五女，文務光、王適、曹煥、王浚明、曾縱其壻也。務光字逸民，適字子立，煥字子文，縱字（子）元矩。遲二子：簡、策。適三子：籀、範、築。遜四子：筠、箴、箱、簦。

轍有《詩傳》二十卷，《春秋集傳》十二卷，《老子解》二卷，《欒城集》、《後集》、《第三集》共八十四卷，《應詔集》

十二卷。子瞻評其文，以爲「子由之文實勝僕，而世俗不知，乃以爲不如。其人深不願人知之，其文如其爲人。故汪洋澹泊，有一唱三歎之聲，而其秀傑之氣，終不可沒」。轍少讀《太史公書》，患其疏略。漢景、武之間，《尚書》古文、《詩毛氏》、《春秋左氏》皆不列於學宮，世能讀之者少，故其所記堯舜三代之事多不合聖人之意。戰國之際，諸子辯士各自著書，或增損古事以自信其說，一切信之，甚者至採世俗之語以易古文舊說。及秦焚書，戰國之史不傳於民間，秦惡其議已也，焚之略盡。幸而野史一二存者，遷亦未暇詳也。故其記戰國有數年不書一事者。於是因遷之舊，上觀《詩》、《書》、《春秋》，旁取《戰國策》及秦漢雜錄，起伏羲、神農，訖秦始皇帝爲七《本紀》，十六《世家》，三十七《列傳》，謂之《古史》，凡六十卷。晚在海康，刊定舊解《老子》，寄子瞻。子瞻題其後曰：「昨日子由寄《老子新解》，讀之不盡卷，廢卷而歎：使戰國有此書，則無商鞅、韓非；使漢初有此書，則孔、老爲一；使晉、宋間有此書，則佛、老不爲二。不意老年見此奇特。」及歸潁昌，時方詔天下焚滅元祐學術，轍敕諸子錄所爲《詩》、《春秋傳》、《古史》，子瞻《易》、《書傳》、《論語說》，以待後世君子。復作《易說》三章及《論語拾遺》，以補子瞻之闕。其論大衍之數五十，天地之數五十有五，盡掃古今學者增損附會之說，得其本眞。既殁，籀等述其緒訓，爲《潁濱遺語》一卷。紹興中，以遲貴，累贈太師，封魏國公，史

氏楚國太夫人。

〔一〕據《續資治通鑑長編》卷三九九，李清臣罷知河陽在元祐二年四月戊申，《年表》誤繫於四月。參李俊清《蘇潁濱年表訂誤》，下同。

〔二〕據蘇轍《歐陽文忠公夫人薛氏墓誌銘》，薛氏元祐四年十一月甲申祔於文忠之塋，《年表》繫此文於九月，誤。

〔三〕據蘇轍《祭忠獻韓公文》，使還及作祭文當爲元祐五年事，《年表》連書於此，易致誤。

〔四〕據蘇軾《張文定公墓誌銘》，張方平葬於元祐七年八月九日，《年表》誤繫於八年。

〔五〕據蘇轍《逍遥聽禪師塔碑》，逍遥聽卒於紹聖三年九月戊申，《年表》誤繫於二年。

《蘇潁濱年表》一卷，宋孫汝聽撰。陳振孫《書録解題》載《三蘇年表》三卷，右奉議郎孫汝聽編。《大典》止收老泉一卷、潁濱一卷，館臣著於《存目》。今不特原書失傳，即《大典》本亦不見。昔年在館，從《大典》「蘇」字韻録出，又失去老泉一卷。此書紀載翔實，究勝於後代所編者。惟轉輾鈔訛，再取《潁濱遺老傳》及詩文集較之，十得八九矣。宣統己酉秋，江陰繆荃孫跋。《藕香零拾》本《蘇潁濱年表》。

山谷年譜

（宋）黃㽦 編

曹清華 校點

影印文淵閣四庫全書本

黄庭堅（一〇四五—一一〇五），字魯直，號山谷道人，晚年又號涪翁，洪州分寧（今江西修水）人。治平四年進士，神宗朝歷任北京國子監教授、知吉州太和縣及著作佐郎、集賢校理等職。元祐間任校書郎、神宗實録檢討官，遷集賢校理、起居舍人、秘書丞。哲宗親政，出知宣州，改鄂州，又以修實録不實之罪貶涪州别駕，黔州安置，移戎州。徽宗朝又因所作《荆南承天院記》被指爲幸灾謗國，除名羈管宜州。崇寧四年卒于貶所，年六十一。

黄庭堅與張耒、晁補之、秦觀號稱「蘇門四學士」，詩與蘇軾齊名，被推爲江西詩派的一祖三宗之一。其文集在後世累經翻刻，今人劉琳等整理爲《黄庭堅全集》（四川大學出版社二〇〇一年）。事蹟見《宋史》卷四四四本傳。

宋任淵《山谷詩集注》、史容《山谷外集注》均附所編年譜，爲詩文目録式。黄罃所編《山谷年譜》三十卷，以詳於著述繫年、網羅資料珍貴爲人所重。但後人每病其卷帙繁冗，明陳以志約編爲《黄山谷年譜》十四卷，清徐名世節編爲《黄文節公年譜》一卷。清楊希閔則以黄譜過于繁瑣，徐譜失於草略，又爲《黄文節公年譜》一卷，間多考證。今人龍榆生則有《山谷先生年譜簡編》（《豫章黄先生詞》附，中華書局一九五七年），陳永正有《黄庭堅年譜簡編》（《黄庭堅詩選》附，廣東人民出版社一九八四年），較爲簡明；水賚佑著《黄庭堅書法年表》（《黄庭堅書法史料集》内，上海書畫出版社一九九三年），係專題學術年表，而鄭永曉著《黄庭堅年譜新編》（社會科學文獻出版社一九九七年），則翔實可參。本書所收爲黄罃譜，據影印文淵閣四庫全書本標點，庫本缺字，則據適園叢書本校補。

文集之有年譜，尚矣。先太史詩文徧天下，而年譜獨闕。近世惟傳蜀本《詩集》，舊注援據爲詳，第循洪氏所編《退聽》之舊，自元豐戊午以上無所稽焉，觀者病之。此固家之子孫不容不任其責。畨不揆，少日過庭，飌聞舊事，竊嘗有志於是。中間多病廢忘，十遺七八，日復老矣，懼將泯没。蓋嘗編次遺文爲《别集》二十卷，然於編年無所考證。因悉收《豫章文集》、《外集》、《别集》、《尺牘》、《遺文》、家藏舊藁、故家所收墨蹟，與夫四方碑刻、它集議論之所及者，旁羅博搜，系諸歲月。獨恨畨生晚，距先太史之殁今已百年，一時哀次，豈敢妄謂無所差舛？姑俟博聞君子質而正之。昔山房李彤季敵於《豫章外集》有言：「雖先生晚年删去，後學安敢棄遺？」此則畨今日掇拾之意。其或真蹟既亡，别無考證，則寧略之，尚幾不滋異時之疑。至於見聞單淺，排纘無叙，此則孤陋不學之罪，又奚敢辭？歲在屠維協洽日南至，諸孫畨謹序。

山谷年譜卷一

宋黄䇕撰

慶曆五年乙酉

先生是歲癸未月丙寅日壬辰時生於分寧縣修水故居。蓋六月十二日。

皇祐三年辛卯

先生是歲已能作詩。世傳七歲作《牧童》詩云：「騎牛遠遠過前村，吹笛風斜隔岸聞。多少長安名利客，機關用盡不如君。」已載《桐江詩話》。

右蜀本《詩集》舊譜，任氏專爲文集詩注，故它皆不録。今之《譜》倣編年，凡先生書啓雜文及諸家雜説可以互見歲月者，不敢不廣記備載，亦或重複，寧失之繁，庶覽者有所據依焉。

皇祐四年壬辰

先生是歲作詩送人赴舉，有云：「送君歸去玉帝前，若問舊時黄庭堅，謫在人間今八年。」已載《西淸詩話》。

嘉祐四年己亥

先生是歲以後游學淮南。

按：建中靖國元年五月癸未，先生《跋王子予外祖劉仲更墨蹟》云：「庭堅年十五六時游學淮南。」蓋是時先生母舅李公擇在淮南，詳見後注。公擇名常。子予名雩。

嘉祐六年辛丑

先生是歲在淮南。

先生有作《二室墓誌》云：「庭堅年十七，從舅氏李公擇學於淮南，始識孫公，得聞言行之要，啓迪勸獎，使知向道之方者，孫公爲多。孫公憐其少立，故以蘭溪歸之。」又有《和答莘老見贈》詩云：「往歲在辛丑，從師海瀕州。」莘老

名覺。

《溪上吟》

《清江引》元注：時年十七。

右二詩見《豫章外集》，其後如《叔父幼子晬日》詩，則又《別集》所載。今蜀本止用《文集》，亦恐家藏遺藁及士大夫之所藏者，蜀中或未盡見。今但欲參攷歲月，則不敢有所決擇去取，悉附于後。

按趙伯山《中外舊事》云：先生少有詩名，未入館時，在葉縣、大名、德州、德平，詩已卓絕。後以史事待罪陳留，偶自編《退聽堂詩》，初無意盡去少作。胡直孺少汲建炎初帥洪州，首爲先生類詩文爲《豫章集》，命洛陽朱敦儒、山房李彤編集，而洪炎玉父專其事，遂以《退聽》爲斷，以前好詩皆不收，而不用呂汲公《老杜編年》爲法，前後參錯，殊抵迕也。

嵤嘗聞先人言先祖尚書諱字見于《晬日》詩注。少蒙先生友愛，蓋嘗編類詩文。今家問中先生晚年答書有云：「詩文久欲令寫寄，亦爲念九三七書字多誤，故未能就。後有可委之信，或寄草本來，彼可自抄也。」此帖尚有墨蹟可攷，獨恨〔所編爲徐俯師川久假不歸，遂無別〕本可據。今所傳《豫章文集》即洪氏所次，而先生平生得意之詩及嘗手寫者多在《外集》，嵤竊識之。後見晉陵尤公袤，亦疑編次之未當，嵤即具以所聞對，公擊節三歎，蓋前輩讀書精確，自具眼目如此。嵤嘗攷洪氏、李氏舊編，洪氏則以《古風》二首爲首，不及古賦、楚詞。而李氏所編文集則第一卷首載古賦、楚詞，第二卷方及古詩，乃以《贈別李次

翁》爲首，而《古風》二首反寘之卷末，至《外集》第五卷題目之首獨注「行役并雜體詩」六字，竟莫詳其編次綱目所在，但分古詩、律詩，而於《外集》之末跋云：「彤曩聞先生自巴陵取道通城入黄龍山，盤礴雲窗，爲清禪師徧閱《南昌集》，自有去取，仍改定舊句。彤後得此本於交游間，用以是正。其言『非予詩』者五十餘篇，彤亦嘗見於他人集中，輒已除去，其稱『不用』者，後學安敢棄遺？」今《外集》十一卷至十四卷是也。又於第十四卷後跋云：「《前集》內《休亭賦》、《墨戲賦》、《白山茶賦》、《木之彬彬》、《悲秋》、《演雅》、《次韻答王慎中》、《題張澄居士隱居三首》、《題少章寄寂齋謝從善司業》、《送惠山泉》、《送劉士彥赴福建運判》、《論語斷篇》，皆屬先生晚年刪去。」觀其去取之間，止據此而已，則蜀本《詩集》任氏所注，搜校之功不爲小補。甞今所編不得不以歲月爲次，故具載李氏所跋，而或者復病其諸集互載，後學不見各人詮次之意，甞於是各書元載《外集》、《別集》，今附于下，則雖素所未讀，一見亦昭然矣。至於句中之眼，言外之意，觀者當自得之。

《題東寺柱》康州詩

康州諱庶，字亞夫。先生之父，終于康州守。此詩載《豫章文集》第十一卷，元次《和涼軒》二首後，今任氏所次《和涼軒》二首在崇寧二年。然康州作詩歲月，在前已不可攷，其寺見有先生所書石刻，亦不載歲月。不敢寘諸卷末，謹附于此。

嘉祐八年癸卯，英廟登極。

先生是歲以鄉貢進士入京師。

治平元年甲辰

先生是歲春以赴禮部試，嘗留京師。

先生有作《王力道墓誌銘》云：「比歲以鄉舉士，俱集京師。甲辰、丁未歲相從也。」蓋先生登第于次舉丁未歲。先生初冠鄉士，省試後，與喬希聖諸公待榜，相傳先生復在魁列，同舍置酒爲慶。未幾，有僕被髮大呼而入，舉三指以示衆，問之，乃喬與同舍二人中選，先生則不預也。座上諸客悉皆散去，至有流涕者。獨先生飲酒自若，又與希聖同出觀榜，慍結之色略不少見。喬嘗與孫莘老言而重之。

治平三年丙午

先生是秋再赴鄉舉。詩以「野無遺賢」命題，主文衡者盧陵李詢，讀先生詩中兩句云：「渭水空藏月，傅巖深鎖煙。」擊節稱賞，以謂此人不惟文理冠場，異日當以詩名擅四海。先生遂膺首選。

先生本傳云「治平中兩首鄉薦」，蓋通前舉而言也。詢字仲同，登皇（極）〔祐〕己卯歲科，後以奉議郎致仕。見周益公必大《跋山谷先生與李彥誠帖》。彥誠名忱。蓋仲同之孫，亦登科，元祐六年爲洪州獄掾，與先生以世契交遊，備載書帖云。

《觀叔祖少卿奕棋》

少卿諱淳，字元之。終於太常少卿。此詩蓋是聚族居鄉日先生所作。故凡諸父昆弟相與題詠賡唱不可繫以歲月者，悉附于早年鄉居之時，至于鄉曲朋舊亭館等詩亦併附于此。

《次韻十九叔父臺源》
叔父諱襄，字聖謨，別號臺源先生。
《次韻叔父臺源歌》
《南屏山》　元題《次韻和臺源篇》九首。
《七臺峰》
《七臺溪》
《疊屏巖》
《靈壽臺》
《偃橋洞》
《靈椿臺》
《雲濤石》
《羣玉峰》
《次韻叔父聖謨詠鶯遷谷》
《叔父釣亭》
《巖下放言五首》
《息暑巖》
《博山臺》　已上二十一篇並元載《外集》。

《用幾復韻伯氏思堂》
幾復名介。豫章西山人。先生作《幾復墓誌》載「幾復年甚少，則有意於六經，方士大夫未知讀《莊》、《老》時，幾復爲余言」云云。則是幾復與先生少年交游。蓋幾復自熙寧九年同學究出身，爲長樂尉、廣州教授、楚州推官、知四會縣，仕於嶺南者十年。元祐三年沒于京師。故以《至樂詞》、《讀莊子》詩係於先生居鄉之日，而它詩歲月不可攷者悉附于後。
《至樂詞寄黃幾復》
《錄夢篇》
《幾復讀莊子戲贈》
《讀書呈幾復二首》
《阻水呈幾復二首》
《漫書呈幾復三首》

《留幾復飲》

《再留幾復》

《擬古樂府長相思寄黃幾復》

《古樂府白紵四時歌》

《贈別幾復》

《韓信》 元注：爲黃幾復作。

按蜀本云：「韓生沈鷙非悍勇，俛身跨下眞自重。滕公不斬人未知，蕭相自追王始用。從來儒者溺所聞，奇兵果斬成安君。功成千金購降虜，東面置坐師廣武。軍前定策收萬全，燕齊爭下如風旋。雖云晚計失疏略，此事已足垂千年。君不見秦丞相、衛公子，立法治秦薄如紙。法行投鼠不忌器，乃是天資少恩爾。白頭故人一趙良，忠言過耳棄路旁。吾固知功名成敗不足據，直觀古人用心處。」王直方立之云：「元豐初，山谷過下邳淮陰廟作。以示孫莘老，言其太過無含蓄，山谷然之，遂改今詩。」

《淮陰侯》

《顔闔》

《午寢》

詩中有「二十二年非」之句。

先生早年之詩，自《溪上吟》、《清江引》元注歲月，其後間有可攷者，不過得之於詩句中。其有舊次在前，亦多居鄉所作，本以類相從，悉附于後。

《戲贈諸友》 元注：時詔下，是年科舉，故附于此。

《侯元功問講學之意》

元功名蒙。政和六年爲中書侍郎。

《新涼示同學》 已上二十三篇並元載《外集》。

治平四年丁未，神廟登極。

先生是歲春以赴禮部試，留京師。登張唐

卿榜第三甲進士第，調汝州葉縣尉。

先生有《寄李師載》詩云：「同陞吏部曹，往在紀丁未。」又有《次韻胡彥明同年羈旅京師》詩云：「丁未同陞鄉里賢。」

《初望淮山》

詩中云：「風裘雪帽別家林，紫燕黃鸝已夏深。三釜古人干祿意，一年慈母望歸心。」蓋得官歸途所作。歸日當在夏末。

《新息渡淮》

詩中有「京塵無處可軒眉，照面淮濱喜自知」之句。新息屬蔡州，渡淮乃自京回江南之路。

《光山道中》　已上三篇元載《外集》。

詩中有「出門捧檄羞閒友，歸壽吾親得解顏」之句。

《夷仲叔父幼子晬日》

夷仲諱廉，終于給事中。幼子諱叔敖，字嗣深，丙午九月生，馬涓榜登第，終于戶部尙書。先生伯氏元明嘗跋此詩云：「嗣深修撰弟初生，骨駿神秀，氣見萬里。故山谷有此佳句。九方皐之風鑒何其神耶。借令見今日忠憤義勇，憂國愛君，壁立千仞，當有蟠空奇崛之語形容大節。建炎二年十月望日，鳳山下森爽臺大臨書。」元明諱大臨，先生伯氏，而在羣從兄弟中第七，嘗自號寅菴。見《寅菴唱和》。此詩元載《別集》。

《悲秋》，爲知命弟作。

知命諱叔達，有詩載集中。此篇見載《文集》。

《寄傅君倚同年》

君倚名肩，娶先生從姑。詩中有「喜君

山谷年譜卷二

熙寧元年戊申

先生是歲赴葉縣尉，九月到汝州。

《次韻賞梅》

《趙令許載酒見過》

《和答趙令同前韻》

《趙令答詩約攜山妓見訪》

《謝趙令載酒》

《清明》

《戲題葆眞閣》

《戲贈惠南》

惠南蓋江西老禪，號積翠菴清隱，亦在分寧。莫詳作詩歲月，今附于此。

《寄新茶與惠南》

《贈清隱持正禪師》 已上十篇並元載《外集》。

方策名」之句，故附于此。

《贈元發弟》

元發諱叔度。

《答德甫弟》

《學許氏說文贈諸弟》

《病嬾》 已上四篇並元載《外集》。

《木之彬彬》　此篇見載《文集》。

按家藏文藁有先生初本云：「曹公所喜三人，皆黨錮之餘俊。孔融、禰衡，陽狂嫚侮，操且疑且信，故置衡荆州，黃祖推刃；融禍晚作，烹雛覆巢。獨楊修早慧，數解隱語，又探其不言者發之，最先得罪。雖有父公雅故，不足以貰死。嗟乎！修黃犢子，有致遠材，一怒其臂，死于隆車之轍，曾不早知隰子之伐木耶？田常與大夫隰斯彌登臺，下撫都邑，西向而蔽於隰氏之樾，成子不言。隰子歸，使人伐木。斧斤離數創則止之，相室曰：『何變之亟也？』曰：『田子將成大事，諱人知其微，不伐木，未深忌也。知人之所不言，其忌深矣。』故曰知微者與禍鄰，口如耳者幾乎存。雖然，隰子之所見，與百里奚策虞公可同年語哉？感二三子行事，惟坐進斯道者，不戒而無悔，作《木之彬彬》。

木之彬彬，非取異于人，可宮室則斬則伐，可籩豆則捋則擷。草之茸茸，非求顯于世，中芻牧則刈則鉏，中毉和則剝則枯。非以其材故耶？是非之衢，市者責贏。傫民之生多破，彼草木尚無情。吾嘗觀若人矣，工於辨人，拙於自辨。閟戶庭者爲虜，司機括者爲情。罪莫慘于德有心，禍莫深于心有見。罪不在德，心在蠡賊；禍不在心，見〔其〕髡鉗。之人也，皦皦自鮮，行于衆汙之前；嶢嶢不讓，立乎衆卑之上。積小不當，是以忘其大當。悲夫！水風則波，木風則摩。橫畏途而常巧，果而喪其太阿。萬仞將傾而反顧，謂樗里當如我何。羿注矢以司物，十常中其七八。羞烏喙以朝

餔，曰上帝不予察。禍集于安能及我，怨棲于物與之名。脱其言則喪智，舞其智則害明。從事於道者，奈何見曉于冥冥。」

《聽履霜操》并序

按家藏文藁有先生初本，云：「士有意于問學，不得於親，能勿怨者，預聽斯琴。予故爲危苦之詞，以撼其關鍵，冀其動心忍性，遇變而不悔。

靈官窈窕兮寒夜永，篁竹造天兮月疏影。霜能秋聲兮木葉下，起視夜兮闌干斗柄。幽人據琴而當予曰：夫子則鍾期，嘗試刳心而爲之聽。若有人兮亦既修宴，衽席之言兮不知其子之齊聖。嘉孝子之心終無已兮，不忍忘初之戒命。嗚呼悲哉！葛屨翦翦兮絺綌涼涼，衣則風兮車上霜。天雪愁兮空山四野，挽九河澮涕痕兮，忽承睫其更下。寒饑迫人，死日至兮，憯不矜我。躬盡子職而不我愛兮，終非父母之本心。天地高厚，世莫報兮，今也奈何曰：怨不我好則已兮，豈其予之心願？哀號中處兮，於父母又何求？我行于野兮，不敢有履聲。恐親心爲予動兮，是以有履霜之憂。」

《鄒操》并序。

按：家藏文藁有先生初本，云：「晉人以幣交孔子而召之，禮際甚善。孔子將渡河，聞趙簡子殺鳴犢、舜華，臨河而不濟，曰：『洋洋乎，丘之不濟，此命也夫！』自頃學士大夫常怏怏此旨，以謂魯哀、季桓不足與聞《說命》、《伊訓》，公山佛肸不足與道《武成》、《牧誓》，衛以家聽南子，齊以國聽田常，陽貨亂人，原壤之不肖，俯仰是間，周旋

而不絕也。簡子殺其大夫鳴犢、舜華，不已甚乎！彼蓋不知國之有賢大夫，社稷庇食焉。無罪而戮民，士可以覆篕；無罪而士死，大夫可以命車；無罪殺賢大夫，勦國之榦也。勦國之榦而國人戴之若無罪，是何祥也？故君子見微，歸在鄒，作《鄒操》云爾。

歸歟歸歟，是邦不可以游。甚愛吾車之柅，非津者不以我舟。彼有邦吾既求之，彼有政吾既聽之。日月川流，筋力舍予而去之，山夷谷實，忍不與人曉之。洋洋乎水哉！丘則不得濟也。昊天下威，螻蟻尚卒歲也。除塞露而及堂，幾何而不殆也。墜大木而斧根，枝葉未有害也。用麟於牛羊之鼎，啜羹者皆在位也。求所用生喪其生，吾愛屨而忍蠆也。望其祥而卜之，曷歸問吾蔡也。已乎已乎，鳥獸山林寢廟食也。滔滔者我人，丘不得息也。我是孔艱，日月慝也。大同至公，天地德也。小物自私，智之賊也。河水東傾，我心孔悲兮。四牡奔奔，御不省式兮。徐驅而理銜，大路甚夷兮。高丘有林，斧所相兮。大廈岌岌，不謨匠兮。往者不可言，來者吾猶及兮。」

《渡江》

《流水》

《虎號南山》

《采菊》

右楚詞，雖《外集》稱山谷晚年刪去，今不敢輒有去取。其可以歲月附見之餘，併附于此。

《讀晉史》　已上七篇並元載《外集》。

《讀謝安傳》

《四月末天氣陡然如秋遂御裌衣遊北沙亭

觀江漲》

二篇並元載《別集》。

《徐孺子祠堂》祠堂在城下。今附。

《何造誠作浩然堂陳義甚高然頗喜度世飛昇之説築屋飯方士願乘六氣遊天地間故作浩然詞二章贈之》

《贈希孝》

《戲贈張叔甫集句》

《次韻戲答彥和》

《漁父二首》

按：别本前一首即後篇《古漁父》，今併存之。

《古漁父》

《問漁父》

《早行》

詩中有「秋陽弄光影」之句，當是赴任時作。

《初至葉縣》

《思親汝州作》已上十三篇並元載《外集》。

按：玉山汪氏有先生此詩眞蹟，題云：「戊申九月到汝州，時鎭相富鄭公。」而首句與集中不同，云「風力霜威侵短衣」。

熙寧二年己酉

先生是歲在葉縣，二月按鬭死者于舞陽。

《書舞陽西寺舊題處》并序

按序中有云：「浩浩七年，其間興廢成壞，所更多矣。」以前推之，舊題當在癸卯入京之時，後七年則在北京矣，故附于此。

《飲南禪梅下戲題》

因後篇有《登南禪寺懷裴仲謀》詩，以時序附此。

《次韻坦夫見惠長句》

山谷年譜卷三

熙寧三年庚戌

先生是歲在葉縣。七月初二日，元配蘭溪縣君孫氏殁于官所。

先生作《二室墓誌》云：「殯于葉縣者二十二年，元祐六年先夫人捐館，乃克歸二夫人之骨于雙井。」蓋六年爲辛未，知數至此二十二年。蘭溪即莘老女。

《漫尉》 元注：庚戌爲葉縣尉時作。

《睡起二首》

《次韻春遊別説道二首》 元注：時蒲城佚盗，郡以校見督。

《寄別説道》

《陳説道約日送菜把》

《迎醇甫夫婦》

按別本題云《遣人迎陳六夫婦》，即集中一作「遠嫁蕭咸親髮白」者。而後篇又《次韻裴仲謀同年》

先生與仲謀詩甚多，略以時序爲次。時仲謀爲舞陽，去葉才百里。有「賤子與君俱少年」之句。

《和裴仲謀雨中自石塘歸》

《次韻裴尉過馬鞍山》

《和仲謀夜中有感》

《漫書呈仲謀》

《登南禪寺懷裴仲謀》

《題蘇才翁草堂壁後》并序

《春近四絶句》 已上十四篇並元載《外集》。

詩中有「閏後陽和臘裏回」之句。按：是歲閏十一月，故附此。

有《送醇甫歸蔡》及《送陳氏女弟》、《寄別陳氏妹》諸詩，必醇甫夫婦無疑，但先後歸耳。蓋先生之妹適陳型，嘗寓于蔡。醇甫當是其字。今各以時序附。

《題南寺王髯題名處》

《次韻任君官舍秋雨》

《河舟晚飲呈陳說道》

《題樊侯廟二首》廟在葉縣。

《哀逝》

《悼往》

此詞首云「西風悲兮，敗葉索索」，政與蘭溪之歿同時。故附于此。

《紅蕉洞獨宿》

詩中有「衣笐妝臺蛛結網，可憐無以永今朝」之句。按別本云：「重簾複幕夜蕭蕭，眞感生懷不自聊。枕落夢魂飛蛺蝶，燈殘風雨碎芭蕉。瓊枝玉樹埋黄土，衣笐妝臺閟絳綃。故物盡能回白首，斯人無以永今朝。」

《送醇甫歸蔡》

《將歸葉先寄明復季常》

先生雖作尉，而治檄不時，如蒲城佚盜以校見督之類。此詩雖題《將歸葉寄明復季常》，然有「簡書催我去，衝雪凍雨脚」之句，必是因校出而歸無疑。故附于此。

《次韻寄滑州舅氏》已上十八篇並元載《外集》。

按《國史》：熙寧三年四月壬午，右正言李常落秘閣校理，降太常博士，通判滑州。此詩不著月日，今併附是歲之末。

熙寧四年辛亥上

先生是歲在葉縣。

按《思親》詩注：九月到汝州。則終吏

之期當在此歲。

《春祀分得葉公廟雙凫觀》廟觀皆在葉縣。

《春雪呈張仲謀》

按：後篇《送張仲謀》詩中有「竊愁寂寞雙凫縣」之句，以時序先附此。仲謀名詢。

《次韻元禮春懷十首》

按：後篇《送蒲元禮南歸》詩有「三年葉公城」之句，以時序先附此。又云：「吾師李武昌，金聲而玉德」。蓋元禮居蘄州，以史考之，公擇自滑復職知鄂州耳。

《再和元禮春懷十首》并序

《次韻答蒲元禮病起》

《送蒲元禮南歸》

《寄季張》

《戲贈陳季張》

《賦陳季張北軒杏花》

《從陳季張求竹竿引水入廚》

《題季張竹林村》

《陳氏園詠竹》

《張仲謀家堂前酴醾委地》

《和答登封王晦之登樓見寄》

按：後篇《戲贈王晦之》詩中有「我亦未見緱山凫」之句，以時序先附此。

《送鄧慎思歸長沙》

《寄頓二主簿時在縣界首部夫鑿石塘河》

《戲贈頓二主簿不置酒》

《春思》

詩中有「不覺簡書催秣馬」之句。

《衆人觀俳優》

《同孫不愚過昆陽》

按《輿地廣記》：昆陽正屬葉縣，即光武破王尋之地。

山谷年譜卷四

熙寧四年（丁）〔辛〕亥中

《贈陳公益》并序

序中有「官於葉城下」之語。

《戲答陳公益春思二首》

《送焦浚明》

詩中有「我住葉公城」之句。

《雜詩》

《飲韓三家醉後始知夜雨》

《行邁雜篇六首》

《去賢齋》

《還家呈伯氏》元注：葉縣作。

《夏日夢伯兄寄江南》

《送張子列茶》

《謝張仲謀端午送巧作》

《食瓜有感》

《和答孫不愚見贈》

《孫不愚引開元故事請爲移春檻因而贈答》

《送陳氏女弟至石塘河》

陳氏女弟已見前注。

《睡起》

《書睢陽事後》

《流民歎》

《次韻邵之才將流民過懸帛嶺均田》

詩中有「素餐每愧斯民病」之句。

《次韻答邵之才》

《呈李卿》已上四十七篇並元載《外集》。

《行役喜雨寄任公漸大夫》

《曉從任大夫祖行過石橋寄粹甫》

《雨晴過石塘河留宿贈大中供奉》

《戲贈潘供奉》

詩中有「大梁相逢初不識」之句。因前篇供奉，故附。

《答王晦之見寄》

詩中有「暮上緱嶺飛雙鳧」之句。

《戲贈王晦之》

詩中有「我亦未見緱山鳧」之句。

《送陳季常歸洛》

季常名慥。詩中有「誰云區區葉，車馬肯來尋」之句。

《次韻時進叔二十六韻》

詩中有「飛鳧王令尹，期我向君所」之句。

《薛樂道自南陽來入都留宿飲會作詩餞行》

此詩當在葉縣，蓋南陽入都之路。而別有《送薛樂道知鄖鄉》詩，亦有「黃山葉縣連牆居」之句。

《次韻荅薛樂道》

《孫不愚索飲有酒已盡戲答》

《辱粹道兄弟寄書久不作報以長句謝不敏》

《陳季張有蜀芙蓉畏飲客至開輒剪去作詩戲之》

《再贈陳季張拒霜花二首》

《蒲城道中寄懷伯氏》

《次韻伯氏謝安石塘蓮花酒》

《次韻伯氏戲贈韓正翁菊花開時家有美酒》

《寄張仲謀》

《謝仲謀示新詩》

《送張仲謀》

詩中有「窮愁寂寞雙鳧縣」之句。

《再和答張仲謀陳純益兄弟》

山谷年譜卷五

熙寧四年辛亥下

《戲詠江南土風》

《十月十五日早飯清都觀逍遙堂》

《傷歌行四首》

《奕棋二首呈任公漸》

《謝曉純送衲襪》

《思賢》

《按田》并序

《雪中連日行役戲書簡同僚》

《宿黃山》

《送蘇太祝歸石城》

詩中有「偶然把酒葉公城」之句。

《雪後登南禪茅亭簡張仲謀》

詩中有「雪後憑高望洛都」之句。

《寄張仲謀次韻》

《寄別陳氏妹》

《戲招飲客解酲》

《答閻求仁》

詩中有「身隨衣食葉南陽」之句。

《擬君子法天運》

《答龍門潘秀才見寄》

《客自潭府來稱明因寺僧作靜照堂求予作》

《題雙鳧觀》

《送陳蕭縣》

《答和孔常父見寄》 已上四十九篇並元載

《外集》。

常父名武仲。

《次韻奉和仲謨夜話唐史》
《張仲謨送河鯉未至戲督以詩》
《和答張仲謨泛舟之詩》
《戲書效樂天》
《余成詩》
《觀崇德君墨竹歌》并序
詩中有「一官偶仕葉公城」之句。
《聽崇德君鼓琴》已上二十四篇並元載《外集》。
《酌姨母崇德君壽酒》此篇元載《别集》，二詩皆因前篇附見。
《舟子》并序
《致政王殿丞逍遥亭》
《送杜子卿歸西淮》
《衝雪宿新寨忽忽不樂》
按《垂虹詩話》云：「山谷尉葉縣日作《新寨》詩，有『俗學近知回首晚，病身全覺折腰難』之句。傳至都，半山老人見之，擊節稱歎，謂：『黄某清才，非奔走俗吏。』遂除北都教授，即爲潞公所知。」
右此説與《國史》及先生本傳皆不合，漫附于此，兼此詩兩句乃載蜀集舊本，全篇云：「一夢江南據馬鞍，夢中投宿夜闌干。山銜斗柄三星沒，雪共月明千里寒。俗學近知回首晚，病身全覺折腰難。江南長盡梢雲竹，歸及春風斬釣竿。」今《豫章集》前六句皆不同耳。
《新寨餞南歸客》
《郭明父作西齋于潁尾請予賦詩二首》
《予既不得葉遂過洛濱醉遊累日》
《呈王明復陳季張》
《即席》
詩中有「無益氣蕭蕭，元禮喜作詩」及

「大薛知力學，小薛受善言」之句，蓋皆同時游從者。又有「解官方就閒」之句，故附于官滿之後。

《曉起臨汝》

臨汝，汝州郡名。又蔡州上蔡縣，後魏改爲臨汝。

《過平輿懷李子先時在并州》

平輿縣屬蔡州。詩中有「心隨汝水春波動」之句。

按：《潛夫詩話》載山谷教人云：「世上豈無千里馬，人中難得九方皋。此可以爲律詩之法。」即此詩也。

《以同心之言其臭如蘭爲韻寄子先》

《離汝寄張子》

《勸交代張和父酒》

《過百里大夫冢》

冢在南陽縣界，恐是去鄧州經過作此詩，元在《蒲城道中寄懷伯氏》前，今附此。

按：呂氏《童蒙訓》云：「或稱魯直『桃李春風一杯酒，江湖夜雨十年燈』，以爲極至。魯直自以此猶砌合，須『石吾甚愛之[一]，勿使牛礪角。牛礪角尙可，牛鬬殘我竹』，此乃可言至耳。然如魯直《百里大夫冢》詩與《快閣》詩，已自見成就處也。」

《雜詩八首》已上三十一篇並載《外集》。

第六首先生有眞蹟云：「比見師川錄示諸賢和南塔題壁詩，甚愧老拙簸秕在前也。歸閱（計）（詩）草中有一篇與壁題異，不知壁間字是拙筆否。今錄上。」邠老刮去，手寫此篇：「薰爐茶鼎暫時同，寒日鴉啼柿葉風。萬事須還麴居士，百年止在槐安宮。」而第八首元載第六卷，題作《武陵》，今從蜀本附此。先生居官

所作雖曰可攷，而歲月先後或不能盡合，則以月日有疑者列于官滿之歲。後倣此。

〔一〕吾：原作「君」，據《黄文節公全集》正集卷二一《題竹石牧中》詩改。

山谷年譜卷六

熙寧五年壬子

先生是歲試中學官，除北京國子監教授。

按《國史》：熙寧五年正月戊戌，王安石以試中學官等第進呈。又先生本傳：熙寧中舉四京學官，第又爲優，教授北京國子監，留守文彦博才之，留再任。

《次韻景珍酴醿》

景珍名令蠙。

《以金沙酴醿送公壽》

《寄懷公壽》

《道中寄公壽》

《道中寄景珍兼簡庾元鎮》

《景珍太博見示舊唱和蒲萄詩因而次韻》

公壽、景珍皆仕京師，故附于是歲入京之時。蓋元祐間先生館中則有《過故人

東平侯趙景珍墓》詩，又先生有跋自所書《與宗室景道》云：「往余與公壽、景珍游，時景道方爲兒嬉戲，今頎然在朝班。思公壽、景珍不得見，每見景道，尚有典刑」云云。此書書於慧林，政館中時作。已上六篇並元載《外集》。

《同宋景瞻分題汴上行》此篇元載《別集》。

熙寧六年癸丑

先生是歲在北京。

先生有《代韓康公赴大名謝表》，其間云：「南陽在漢之故里，許田先人之弊廬，實爲作翰之邦，連荷長民之寄。尚憂曠敗，終累保全。豈誤采朝僉，再流睿渥，往典帝宮之門鑰，獲瞻魏國之觚稜。許還近班，不以故事，承三接之清燕，稱萬年之壽觴。恩榮不替於再三，補報未聞于萬一」。按《國史》：熙寧四年三月，韓絳罷相知鄧州，五年四月知許州。六年二月壬寅，知許州、觀文殿學士、吏部侍郎韓絳爲大學士，知大名府，仍詔入覲，遇大朝會綴中書門下班，出入如二府儀。與謝表所叙皆合。又有《代康公謝韓魏公北京到任啓》云：「仲月頒藴，百嘉長嬴。」則是康公到任在是年仲夏。又以《國史》攷之，明年四月康公方以平章事召赴闕，則先生是歲在任無疑。先生在北京凡首尾七年，詳見己未歲所載二詩。右先生之文可以歲月攷者悉附見如左，其餘自載本集，各以類分，此不具載。後倣此。

《秋思》和答幼弟阿熊呈上六舅學士先生并引

阿熊諱非熊，字仲熊。

按：詩引「不拜請益之席，蓋十三年，歲在星紀，實作此文」。星紀之歲在丑，

而先生自十五六歲從舅氏學於淮南。以辛丑至癸丑計之恰十三年。故附于此。此詩元載《外集》。

熙寧七年甲寅

先生是歲在北京。

按《國史》：是年四月丙戌，觀文殿大學士、吏部侍郎、知大名府韓絳依前同平章事，監修國史。河東節度使、守司徒兼侍中、判河陽文彥博判大名府。

《六月閔雨》

《既作閔雨詩是夕遂澍雨夜中喜不能寐起作喜雨詩》二篇並元載《外集》。

按：是歲禱雨，故附此。

熙寧八年乙卯

先生是歲在北京。

《呻吟齋睡起五首呈世弼》

詩中有「學省非簿領」之句。世弼名純亮，即先生妹夫所謂王郎者。

《招戴道士彈琴》

《送錢一杲卿》

詩中有「冷官困北門」之句。杲卿乃穆父內翰長子，黃師是之妹夫。時師是爲河北漕，錢時在外舍。師是名實。

《曉出祥符趨府》

《奉答子高見贈十韻》

《和庭誨苦雨不出》

詩中有「端居廣文舍」之句。

《和庭誨雨後》

《招子高二十二韻兼簡常甫世弼》

〔詩中有「我行向厭次，夏扇日在搖」及〕「駕言聊攝歸，飛霜曉封條」之句。蓋言往來之時，與奉和世弼詩相表裏。

《次韻子高即事》

《次韻謝子高讀淵明傳》

《奉和王世弼寄上七兄先生用其韻》

詩中有「學宫尸廩入」及「言趨厭次城」與「舉場下馬入，深鎖嚴籥管」之句，則是北京所作，必因考試而出。是年適當科舉，若次之戊午，則先生乃考試于衛州，又「厭次」非衛州經行之路。故附于此。

《和世弼中秋月詠懷》

詩中有「廣文官舍非吏曹」之句。

《和答王世弼》

詩中有「燕堂淡薄無歌舞」之句。

《韻和常甫世弼二君不利秋官鬱鬱初不平故予詩多及君子處得失事》

詩中有「頻來草玄宅」之句，又當科舉之歲，故附于此。

《酌別世弼》

詩中有「鄴王臺下倒清樽」之句。

《送魏君俞知宿遷》

《秋懷二首》

《和李文伯暑時五首》

文伯字去華，先生之婿，李窠德素之子。雖納婿在後，而先生與龍眠李氏爲素交，或舊作亦未可知。姑倣舊次附于此。

《次韻庭誨按秋課出城》

《庭誨惠鉅硯》

《叔誨宿邀湖上之遊以故不果往》

《送吴彦歸番陽》

詩中有「學省困虀鹽，三見秋氣爽」之句。先生到北京已三秋矣。

《大風》

《題司門李文園亭》

《夜觀蜀志》

《觀道二篇》

《西禪聽戴道士彈琴》 已上三十七篇並元載《外集》。

山谷年譜卷七

熙寧九年丙辰

先生是歲在北京。

先生自到任距今已三年，時文潞公尚判大名府，以《國史》參之，當在是時舉再任。

《二月丁卯喜雨吴體爲北門留守文潞公作》《李右司以詩送梅花至潞公予雖不接右司想見其人用老杜和元次山詩例次韻》已上二篇並元載《外集》。

《題文潞公黄河議後》元載《别集》。

此詩當是後作，因潞公詩附。

熙寧十年丁巳

先生是歲在北京。

《次韻外舅謝師厚喜王正仲三丈奉詔禱南岳回至襄陽捨驛馬就舟見過三首》

正仲名存。按《實録》：熙寧九年十一月詔：安南行營將士病疾者衆，遣同知太常禮院王存禱南岳。自京師十一月被命，至衡山回程必在次年，又後篇有「衡山返命」之語，則是時無疑，故附此。又按《垂虹詩話》云：「山谷《次韻謝師厚喜王正仲見過》詩『漢上思見龐德翁，别來悲歎事無窮』，張孝先光武云『曾見親札，歎作歡』，則覺語健，政如山谷改杜詩『少年今開萬卷餘』，不可拘平側也。」又按《後山詩話》云：「謝師厚廢居於鄧，王左丞存，其妹婿，奉使荆湖，枉道過之。」師厚名景初。

《次韻正仲三丈自衡山返命舍驛過外舅師厚贈答》已上四篇並元載《外集》。

元豐元年戊午上

先生是歲在北京。是歲考試舉人于衛州。

先生《與東坡書》云：「自衛州試舉人，歸于鄭掾處，得賜教。」又云「去九月到京，老兒病腳氣，初甚驚人，會得善醫者診視，今十去九矣。又苦寒嗽，未能良愈，坐此不通書門下」云云。蓋此書乃次年之書，今先附此。

《古風二首上蘇子瞻》

按《烏臺詩話》載：「元豐元年二月內，北京國子監教授黃某寄書一角幷《古風》二首與軾。」又蜀本《詩集》任氏舊注云：「東坡亦有報書及和章。山谷書云：『今日竊食於魏，會閣下開幕府在彭門。』又云：『作《古風》詩二章賦諸從者。』」即此詩是也。以《東坡集》攷之，蓋元豐元年，魏即北京，彭門即徐州。建炎中，山谷之甥洪炎玉父編舅氏文集，斷自《退聽堂》始，《退聽》以前，蓋不復取，《古風》二篇冠詩之首，且云：「以見山谷受知于東坡，有所自也。」退聽堂在汴京酺池寺南，山谷作館職時寓筆硯於是。有《贈俞清老詩跋》曰：「書于酺池寺南退聽堂下。」然此堂名其後隨所在揭之。

右二詩蜀本《詩集》任氏所注方始于此，其考證已爲得之者悉從其舊。今畚所編，自此二篇之前皆《外集》、《別集》。任氏所未編者，其有歲月可繫于後者隨疏于左，庶覽者無惑焉。

《閏月訪同年李夷伯子眞於河上子眞以詩謝次韻》

按：是歲閏正月，而詩中有「日晴花色自深淺，風暖鳥聲相應酬」之句，姑以時序附此。

《戲答子真河上見招來詩頗誇河上風物聊以當嘲云》

《次韻子真會靈源廟下池亭》

詩中有「置酒臨魏城」之句。

《和答李子真讀陶庾詩》

《丙寅十四首效韋蘇州》并序

序云「二月丙寅，率李原彥深、謝愔公靜游百花洲」云云。

按《國史》：元豐元年二月丙午朔，則丙寅乃二十一日，先生是時在北京。此詩元次《竹軒咏雪》，然謝師厚居南陽，而後篇《夏雨眠起》之什有「腹便時蒙嘲」之句。又有《送朱旼中允宰宋城》詩亦云：「鄴王臺邊春一空，但有雪飛楊柳風。我從南陽解歸橐，重簾複幕坐學宮。」當是先生告假，或因他故至南陽，在冬春間耳，今附于此。公靜，師厚之子。

《催公靜碾茶》

《用前韻戲公靜》

《對酒歌答謝公靜》

《送朱旼中允宰宋城》

詩中有「朱侯官居鄴城下」之句，首句即「鄴王臺邊春一空」，已見前注。宋城屬南京。

《過方城尋七叔祖舊題》

七叔祖諱注，字夢升。終南陽主簿。歐陽文忠公爲作墓銘，載《六一居士集》。方城屬唐州，故附此。

《奉和慎思寺丞太康傳舍相逢并寄扶溝》

《和太丞尉氏孫著作二十韻》

《次韻晉之五丈賞壓沙寺梨花》 已上二十五篇並元載《外集》。

壓沙寺在北京。

《海棠花》

詩中有「東窗渾爲讀書忙」之句。元載《別集》，今以時序附此。

《種決明》

《同世弼韻作寄伯氏在濟南兼呈六舅祠部學士》

濟南即齊州。蓋公擇自滑州通判歲餘復職，知鄂州，徙湖州，又徙齊州。以歲月攷之，當在是歲。

《伯氏到濟南寄詩頗言太守居有湖山之勝同韻和》

《次韻寄李六弟濟南郡城臨亭之詩》

《平原宴坐二首》

按：蜀中詩刻先生眞蹟題作《平原郡齋》，而詩句又與此小異，云：「平生浪學不知株，江北江南去荷鋤。窗風文字翻葉葉，猶似勸人勤讀書。」「成巢不處避歲鵲，得巢不安呼婦鳩。金錢滿地無人費，一斛明珠薏苡秋。」平原屬德州，德與齊接境，故附于此。

《用明發不寐有懷二人爲韻寄秉彝德叟》

《陪謝師厚游百花州盤礴范文正公祠下道羊曇哭謝安石事因讀生存華屋處零落歸山丘爲十詩》

《百花州雜題》

《竹下把酒》

《砌臺晚思》

《和師厚接花》

按蜀本前四句云：「妙得花三味，誰明幻與眞。家風穰下土，笑面洛陽春。」

《和師厚栽竹》

《次韻師厚萱草》

《次韻師厚雨中晝寢憶江南餅麪酒》

《飲李氏園三首》

山谷年譜卷八

元豐元年戊午下

《和師厚秋半時復官分司西都》

按《實錄》：熙寧十年十一月詔復尙書都官郎中、分司西京謝景初權藩郡通判。今先生《和師厚復官》二詩，一云「夏雨眠起」，一云「秋半」，然未詳作詩先後，姑以時序同附。

《師厚家居示里中諸君》

《和答師厚黃連橋壞大木亦爲秋雹所碎之作》

詩中有「溪橋喬木下，往歲記經過」之句。

《寄南陽謝外舅》

詩中有「離筵如昨日」之句，當是別後所作。

按《二月丙寅詩序》有云「繫馬李氏園」，今附此。

《次韻謝外舅病不能拜復官夏雨眠起之什》

《次韻外舅謝師厚病閒十首》

《次韻奉送公定》

公定名悰，師厚之子。

《和公定河朔漫成八首》

《次韻謝公定王世弼贈答二絕句》

《次韻公定世弼登北都東樓四首》

《和謝公定征南謠》已上六十二篇並元載《外集》。

按《國史》：沈起經略交廣在六年四月。朝廷征交趾在八年十二月下詔，九年正月己卯交賊陷邕州，而郭逵伐交趾在九月二日，其次富良降乾德。班師在十二月。此詩必非當時所和，故附于此。

《和外舅夙興三首》元注：寓大雲寺作。今附于此。已上七篇並元載《外集》。

《醇道得蛤蜊復索舜泉舜泉已酌盡官酒不堪不敢送》

按蜀本《詩集注》云：「舜泉當是河北酒名。」《外集》有《和王世弼求舜泉》詩，首句云：「寒虀薄飯留佳客，蠹簡殘編作近鄰。」張淵方回家本置此詩于北京教授時，與詩意正合。自此詩至未入館以前，洪玉父皆不編入，今《豫章前集》有之，然亦不過數篇爾。方回大父名塤，山谷妹婿也。右此詩雖援證實爲北京之詩，先生在北京最久，不能詳其何年所作。但此類在各卷既已成編，或稱從舊次、附前作之類，亦皆從之。止以今所考據者隨時增附於其間。若夫舊注無不差舛，或可援證者，即隨加更定。後倣此。

《世弼惠詩求舜泉輒欲以長安酥共泛一桮次韻戲答》

此詩因舜泉作，附于此。

《送蛤蜊與李明叔諸君》

詩中有「廣文不得載酒去」之句。

《戲贈世弼用前韻》

《世弼病方家不善論蛤蜊之功戲答》

《次韻師厚食蟹》

《次韻謝外舅食驢腸》

《次韻師厚答馬著作屢贈詩》

《次韻子瞻與舒堯文禱雪霧豬泉和唱》

按《東坡年譜》：是年有《和舒堯文析雪詩》。

《薄薄酒二章》

按《東坡年譜》：熙寧九年作。而先生與東坡相識乃在是歲。又先生有此詩眞蹟

石刻跋云：「此詩作已十餘年，環中云平生愛之，欲歸江南，要我手寫。燭下忍病眼書此，元祐三年四月庚辰。」卻數之當附于此。

《竹軒咏雪呈外舅謝師厚幷調李彥深》

《戲贈彥深》 元注：李原字彥深，厚之弟。居南陽。

《贈李彥深》

《觀王熙叔唐本草書歌》

《擬古雜言》

《古豪俠行贈魏鄰幾》

《拘士笑大方》

《賦未見君子憂心靡樂八韻寄李師載》

詩中云：「同升吏部曹，往在歲丁未。別離感寒暑，歲星行十二。」自丁未戊午恰十二年。

《江南》

詩中有「五年身屬官倉」之句，今附此。

《公益嘗茶》

詩中有「子雲窗下草玄經」之句。

《和答郭監簿詠雪》

詩中有「官冷有田知歲豐」之句。

《次韻張祕校喜雪三首》

詩中有「廣文何憾客無氈」之句。

《次韻寅菴四首》

「雙井敝廬之東得勝地一區，長林巨麓，危峰四環，泉甘土肥，可以結茅菴居。是在寅山之頰，命曰寅菴。喜成四詩，遠寄魯直。可同魏都士人共和之。」大臨原序。

《次韻七兄青陽驛西阻水見寄》 已上四十篇並元載《外集》。

詩中有「官筒之詩鄴城下」之句。

元豐二年己未上

先生是歲在北京已六年。

先生有《次韻和答孔毅甫》詩云：「六年國子無寸功，猶得江南萬家縣。」蓋次年授太和耳。毅甫名平仲。

二月十二日，先生繼室介休縣君謝氏歿于官所。

以《二室墓誌》攷之，自元祐六年辛未卻數，殯于大名者十一年。介休即師厚之女。

《見子瞻粲字韻詩和答三人四返不困而愈崛奇輒次舊韻寄彭門》

詩中有「昨蒙雙鯉魚，遠託鄭人緩」之句。鄭人即前《與東坡書》：自衛州試舉人歸于鄭掾處，得所賜教云云。末又有「冬春慾雪」之語，而此詩亦云「鳥聲日日春，柳色弄晴暖」，次篇有云「東南望彭門，官道平如案」。二詩與前書當是今春所作。

《再和寄子瞻聞得湖州》

按《國史》：元豐二年二月，蘇軾知湖州。

《次韻答堯民》

堯民名端仁。

《過西山》

《春游》已上五篇並元載《外集》。

山谷年譜卷九

元豐二年己未中

《次韻感春五首》

《聖東將寓于衛行乞食於齊有可憐之色再次韻感春五首贈之》

《次韻蓋郎中率郭郎中休官二首》元注：郭文時御道巾野服，過親黨飯，頗爲分臺御史所訶。

《次韻郭右曹》

《次韻伯氏寄贈蓋郎中喜學老杜之詩》

《蓋郎中惠詩有二強攻一老不戰而勝之嘲次韻解之》

《和呂秘丞》

《送楊瓘鴈門省親二首》

《次韻答張沙河》

沙河縣屬邢州，乃河北西路，去北京爲不遠。後篇有「張侯去沙河，三食鄴下麥」之句，則是北京作無疑，故附于此。

《送張沙河遊齊魯諸邦》

《和張沙河招飲》

《同堯民游靈源廟廖獻臣用馬陵二字賦詩》詩中有「我坐廣文舍，七年讀書燈」。蓋是舉首尾之數耳。

《八音歌贈晁堯民》元注云：長與堯民論出處之致未竟，故終言之。

《八音歌贈晁堯民》

按：別本「自古同心難」下有兩句云：「土硬非道器，要君斲鼻端。」熟攷之，添此始及八音。

《三月壬申同堯民希孝觀淨名寺經藏得弘明集中沈炯同庾肩吾諸人遊明慶寺詩次韻奉呈二公》

《飲城南即事》

詩中有「鄙夫漫有便便腹，嬾書欲眠誰比數」之句。

《見二十弟倡和花字漫興五首》

詩中有「睡起草玄三畝宅」之句。二十弟即知命。

《希仲招飲李都尉北園》 已上三十二篇並元載《外集》。

《梨花》 此篇元載《別集》，姑以時序附此。

《次韻師厚五月十六日視田悼彥深》

元注云：「去年五月十三日與之游西郊。」今元年所載《丙寅詩序》既云：「二月丙寅率李原彥深、謝愔公靜游百花洲。」因附于此。

《次韻晁補之廖正一贈答詩》

詩中有「獨憐形迹滯河山」之句，而《再答明略》云「使年七十今中年」，先生是年三十有五，故附此。正一字明略。

《再次韻呈明略》

《走答明略適堯民來相約奉謁故篇末及之》

《答明略并寄無咎》

《再次韻呈明略并寄無咎》

《再答明略二首》

《次韻廖明略陪吳明府白雲亭宴集》

《次韻吳可權題餘干縣白雲亭》 已上十篇並元載《外集》。

山谷年譜卷十

元豐二年己未下

《次韻無咎閻子常攜琴入村》

因前篇晁補之詩附。

《定交詩效鮑明遠體呈晁無咎》〔一〕

《贈無咎》

《二十八宿歌贈別無咎》

《答李康文》

詩中有「深塹借問談經地」之句。

《送彭南陽》已上七篇並元載《外集》。

《和早秋雨中書懷呈張鄧州》此篇元載《別集》。

《和舍弟中秋月》

詩中有「廣文陋儒嬾於事」之句。

《贈陳元輿祠部》

《直舍寄陳子惠》

詩中有「廣文賓退下簾重」之句。

《林爲之送筆戲贈》

詩中有「廣文困虀鹽」之句。

《再和答爲之》

《再和答爲之》

《贈趙言》

詩中有「北門塵土滿衣襟」及「廣文直舍官槐陰」之句。

《雜詩四首》

《九日對菊有懷粹老在河上四首》

詩中有「學省公廳只對街」之句。粹老名醇。

《次韻粹老客亭詩後》

《粹老家隔簾聽琵琶》

《呈馬粹老范德孺》

《贈謝敞王博諭》

《贈張仲謀》

詩中有「迎我不知沙路長」之句。

《乞貓》

先生有手書此詩，題（公）〔云〕：「從隨主簿乞貓。」

《謝周文之送貓兒》

《講武臺南有感》

詩中有「花似去年堪折贈，插花人去淚闌干」之句。

《曹村道中》

詩中有「瓜田餘蔓有荒壠，梨子壓枝鋪短牆」之句。 已上二十四篇並載《外集》。

《臨河道中》

臨河屬開德路，路由河陽經行，先曹村後臨河，故前篇有「覺來去家三百里」之句，指大名也。 此篇元載《別集》。

《謝張泰伯惠黃雀鮓》

詩中有「去家十二年」之句，蓋自先生戊申歲到葉縣，至此十二年。

《贈答晁次膺》

《夜聞鄰舟崔家兒歌》

《重答》

《鴻溝》

《裴晉公書堂》

《子產廟》

《楊朴墓》

《次韻孔著作早行》

《次韻孔四著作北行滹沱》 已上十篇並元載《外集》。

《和范廉》 此篇元載《別集》。

《和陳君儀讀楊太眞外傳五首》

《讀曹公傳》 并序

《雜詩》 已上七篇並元載《外集》。

《絕句》 此篇元載《別集》。

《衛南》

衛南屬澶州，與北京、滑州皆爲比鄰。此詩當是在北京作。
《酒》
《次韻答柳通叟求田問舍之詩》
《書扇》　已上四篇並元載《外集》。

〔一〕定交：原作「交定」，據《黄文節公全集》外集卷五原詩乙。

山谷年譜卷十一

元豐三年庚申〔上〕

先生是歲入京，改官，授知吉州太和縣。詳見先生《寄李公擇詩序》。

是秋，自汴京歸江南。見《曉放汴舟》詩註。

十月，游山谷寺。

按：《張翔夫哀詞序》云「張彪民翔夫，往在皖溪口開泉長安嶺下。元豐庚申十月，余舟次泉下」云云。山谷寺在皖山三祖山，屬舒州，有石牛洞等林泉之勝，先生遊而樂之，因此號山谷道人。

十一月小寒日，上潛峰。

先生有題名石刻云：「建康李參，彭蠡李秉彝、秉文，磁湖吴擇賓，華陽丘楫，豫章黄（廷）〔庭〕堅，歲庚申日小寒，

過飯而西上潛峰，謁司命，所過道人寢室將十區。便房曲閣，所見山皆不同，輒有佳處。行憩寶公井，瞻禮粲禪師塔，坐卧傅巖亭下。下酒島，歸宿曉老生生堂西閣下，漏下十刻所。」以長歷攷之，即元豐三年十一月二十一日也。又《擢秀閣》詩後題云：「廣陵蘇子平、南康李德叟、章水黃魯直，庚申小寒後一日同來觀灊山天柱雪。」

十二月，過南康還鄉。

見《大孤山》詩注。

《次韻答叔原會寂照房呈稚川》

詩中有「我家猶北門」之句，當是先生入京改官，猶寄家北京耳。

《同王稚川晏叔原飯寂照房得房字》

《次韻叔原會寂照房得照字》

《次韻稚川得寂字》

《都下喜見八叔父》

八叔父即夷仲給事。是時爲集賢校理，判尚書刑部。

按《國史》：元豐三年除權發遣河東提點刑獄公事兼提舉義勇保甲，政先生入京改官之時，且詩中有「一別七冬夏」之句，當時熙寧間。先生在北京時，給事嘗體量河北、河東災傷，道經由相見，至今七年耳。

《次韻叔父夷仲送夏君玉赴零陵主簿》

已上六篇並載《外集》。

《次韻王稚川客舍二首》

按蜀中石刻先生此詩眞蹟題云：「王斿稚川元豐初調官京師，寓家鼎州，親年九十餘矣。嘗閲貴人家歌舞，醉歸，書其旅邸壁間云：『鴈外無書爲客久，蛩邊有夢到家多。畫堂玉珮縈雲響，不及

桃源欸乃歌。』予訪稚川于邸中而和之。」「五湖」作「五更」，「每占」作「不嗔」。

《王稚川既得官都中有所盼未歸予戲作林夫人欸乃歌二章與之竹枝歌本出三巴其流在湖湘耳欸乃湖南歌也》

按蜀本石刻題云：「余復戲代稚川之妻林夫人寄稚川，時稚川在都下，有所顧盼，留連未歸也。」而其詩與集中所載前後不同，云：「花上盈盈人不歸，棗下纂纂實已垂。尋師訪道魚千里，蓋世功名黍一炊。卧冰泣竹慰母飢，天吳紫鳳補兒衣。臘雪在時聽嘶馬，長安城中花片飛。」又任氏注云：「什邡張氏有山谷手書此詩，與今日本正同，唯一二字稍異，『實已垂』作『實已稀』」。又有跋云：「宋時有女鬼至人家歌《花上盈盈曲》，悲壯不可聽。」

《病起次韻和稚川進叔倡酬之什》

《稚川約晚過進叔次前韻贈稚川并呈進叔》

二詩中有「老境侵尋每憶家」及「我歸河曲定寒食」之句。

《自咸平至太康鞍馬間得十小詩寄懷晏叔原并問王稚川行李鵝兒黃似酒對酒愛新鵝此他日醉時與叔原所詠因以爲韻》

咸平、太康皆京師屬邑，在東南，政先生歸江南之路。 已上十二篇並元載《外集》。

《從舅氏李公擇將抵京輔以歸江南初自淮之西猶未秋日思歸》

是年夏，先生復往北京挈家歸江南作。

《翌日阻雨次韻》 已上二篇並元載《別集》。

《汴岸置酒贈黃十七》

按《王直方詩話》云：「山谷謂洪龜父云：『甥最愛老舅詩中何語？』龜父舉『蜂房各自開戶牖，蟻穴或夢封侯王。黃

流不解涴明月，碧樹爲我生涼秋」，以爲深類工部。山谷云：「得之矣。」後一聯即此詩。

《曉放汴舟》

詩中有「秋聲滿山河」及「又持三十口，去作江南夢」之句，政歸江南所作。

《次盱眙用前韻》已上三篇並元載《外集》。

《詠史呈徐仲車》

仲車名積，謚節孝先生，家于楚州。當是先生經涂所作。

《次韻徐仲車喜董元達訪之作南郭篇四韻》

元達名逵。

《次韻仲車爲元達置酒四韻》

《次韻仲車因妻行父見寄之詩》

此三詩蜀本置之崇寧元年。然先生有是年八月間《與平仲少府書》云：「審仲車先生棄士大夫，不起於山陽窮居失所，又不幸至此，直使人哀痛也。然仲車好德樂義，不屈其身，耋老好學不倦，以至於盡，在先生無憾矣。」此書疑在荆南。蓋有「自八月大病幾至委頓」之説，政是荆南待命之時。則此詩決非當時所作，今移附于此。

《外舅孫莘老守蘇州留詩斗野亭庚申庭堅和》

亭在揚州召伯埭。按：淮海秦少游集有《和孫莘老召伯斗野亭》古詩。

《十月十三日泊舟白沙江口》元注：真州，唐永正縣之白沙鎮也。

《發白沙口次長蘆》

《阻風入長蘆寺》

詩中有「歲寒風落山，故鄉喜言旋」之句。

《次韻伯氏長蘆寺》

詩中有「攜手霜木末」之句。
《金陵》
《别蔣穎叔》
穎叔名之奇。嘗作江淮發運。當是經塗所作。
《次韻答李端叔》
《贈别李端叔》
《行行重行行贈别李之儀》
端叔名之儀。寓居蕪湖。三詩雖有先後，因是時經塗，附見。
《阻風銅陵》
《銅官縣望五松山集句》
《阻水泊舟竹山下》
詩中雖有「柳暗花濃一半春」之句，然歲月已不可攷，姑附于此。
《銅官僧舍得尚書郎趙宗閔墨竹一枝筆勢妙天下爲作小詩二首》
《池口風雨留三日》
《貴池》
《大雷口阻風》
《庚寅乙未猶泊大雷口》
按《國史》：元豐三年十二月己丑朔，庚寅蓋初二日，與行程頗合。
《乙未移舟出口》
《丙申泊東流縣》　已上二十一篇並元載《外集》。
《題山谷石牛洞》
先生有眞蹟石刻題云：「題山谷寺石橋下。」
《書石牛溪旁大石上》
《題山谷大石》　此二篇並元載《外集》。
《題灊峰閣》
閣在舒州提刑司。公擇時爲淮西提刑，蓋治所作。

山谷年譜卷十二

元豐三年庚申下

《發舒州向皖口道中作寄李德叟》

《題馬當山魯望亭四首》

《宿舊彭澤懷陶令》

先生過南康軍《祭劉凝之文》云「元豐三年庚申十二月辛酉」。彭澤屬江州，又在江州之下。

《潯陽江口阻風三日》

《泊大孤山作》元注：庚申十二月。

《題落星寺四首》

先生有真蹟，以前二首題云《題落星寺》，第三首題云《題落星寺嵐漪軒》，第四首題云《往與道純醉卧嵐漪軒夜半取燭題壁間云》。又有蜀本石刻，前一首題云《落星寺僧請題詩》，而首句略不

《次韻公擇舅》

《同蘇子平李德叟登擢秀閣》

《靈龜泉上》

《從丘十四借韓文二首》

詩中有「安得見丘遲」之句。

《以右軍書數種贈丘十四》

《李君貺借示其祖西臺學士草聖并書帖一編二軸以詩還之》

《三至堂》

《玉照泉》已上八篇並元載《外集》。

同，云「游空天象有賣墜」，及「畫吟」作「畫倚」，「江撼牀」作「波撼牀」，「蜜房」作「蜂房」，「牖戶」作「戶牖」，「青雲梯幾級」作「虛空更幾級」，「瘦藤」作「一藤」。而第四首石刻題作《醉書落星寺壁時與劉道純同飲二僧在焉》。

《玉京軒》

先生有眞蹟跋語云：「將且起坐，復得長句，匆匆就竹輿不暇寫。歲行一周，道純已凋落，爲之隕涕，故書遺超上人。可刻石于吾二人醉處，它日有與予友及道純好事者，尙徘徊碑側。元祐六年大寒，黃庭堅書。」

《壽聖觀道士黃至明開小隱軒太守徐公爲題曰快軒庭堅集句詠之》

《過致政屯田劉公隱廬》

詩中有「水行天再環」之句。蓋先生自戊申赴葉縣尉至庚午方改官歸政，與詩句合。　已上九篇並元載《外集》。

《拜劉凝之畫像》

此詩蜀本《詩集》置之崇寧元年。蓋先生自荆入岳，遵陸至萍鄉，回涂自筠陽豫章山行，由東林太平觀至江州，初不經由南康。今附于此。

《知郡大夫改築射亭與五老峰晤對極爲勝賞輒以長句詠歎》　此篇元載《別集》。

《和劉太博攜家游廬山》

《駐輿尋訪後山陳德方家》　此二篇並元載《外集》。

《題姨母李夫人墨竹二首》

此詩載《文集》，蜀本置之館中，非是。蓋畫壁在廬山楞伽寺。今附此。

《題李夫人偃竹》

《南康席上贈劉李二君》　此二篇元載《外

集》。

元豐四年辛酉（上）

先生是歲赴太和。是歲考試舉人于南安軍。

《豐城》

豐城乃豫章屬邑。自豫章至吉州太和，先經由此地。

《臨江寺僧以金線猿皮蒙琹几》

臨江軍在豐城之上。

《上蕭家峽》

《何蕭二族》

《魏夫人壇》

《隱梅福處》

《蕭子雲宅》

《避秦十人》

《黃雀》

皆是赴太和經由所作。已上九篇並元載《外集》。

《休亭賦》

此賦雖無年月，先生作《蕭濟父墓誌》云：「濟父元祐六年乃以特奏名試于庭，得一命而歸沒于牖下。初，濟父既無仕進意，築屋于清江峽之碕巴丘之上，曰休亭。閒居且二十年。」因前篇有《蕭家峽》詩，今附于此。又按：洪駒父嘗跋先生此賦：蓋山谷少作也，晚年刊定，其卒章曰「是謂不蓍而筮從，無龜而吉卜」，蓋初本其末兩句云「蓋嘗聞伯夷之風，何能問詹生之卜」。

《到官歸志浩然二絕》

《庭堅得邑太和六舅按節出同安邂逅於皖公溪口風雨阻留十日對榻夜語因詠誰知風雨夜復此對牀眠別後更覺斯言可念列置十字字爲八句寄呈十首》

詩中有「得邑邇梅嶺，開花向春妍」之

句。又序稱「別後」，故附于此。

《題吉州承天院淸涼軒》

《戲題承天寺法堂前柏》

《次韻答楊子聞見贈》

詩中有「黃綬今爲白下令」之句。

《蕭巽葛敏修二學子和予食筍詩次韻答之二首》

《胡朝請見和食筍詩輒復次韻》

《聞致政胡朝請多藏書以詩借書目》　已上二十篇並元載《外集》。

《贛上食蓮有感》

贛上即今贛州，舊虔州。先生自吉往南安考試經過。

按：先生有此詩眞蹟藁本，謹附錄于後：「蓮實大如指，分甘念母慈。共房頭䶫䶫，更深兄弟思。實中有幺荷，拳如小兒爪。今我憶衆雛，迎門索梨棗。蓮心政自苦，食苦何能甘。投筋去未能，竊祿以懷慙。蓮生淤泥中，不與泥同調。食蓮雖云多，知味良獨少。吾家雙井塘，十里秋風香。安得免冠紱，歸製芙蓉裳。」今集中亦有數字不同。

《南安試院無酒飲周道輔自贛上攜一榼時時對酌惟恐盡試畢僕夫言尚有餘樽木芙蓉盛開戲呈道輔》

詩中有「山邑已催乘傳馬，曉窗猶共讀書螢」之句。

《戲贈南安倅柳朝散》

《效孔文擧贈柳聖功六言三首》

《謝陳正字送荔枝三首》

詩中有「十年梨棗雪中看」及「稍知身作近南宮」之句。蓋自葉縣、北京仕宦十年，而後來太和，頗與詩意合。又云「橄欖灣南遠歸客，煩將嘉果送蓬門」，

當是自贛上得之，就寄歸太和耳。今附于此。

《題虔州東禪圓照師新作御書閣》

《題槐安閣》并序　已上十篇並元載《外集》。

序中云：「東禪僧進文結小閣於寢室東。」故附于此。

山谷年譜卷十三

元豐四年辛酉下

《洪範以不合俗人題廳壁二絶句次韻和之》

詩中有「南康郡下參軍耳」。南康即贛州地名。洪範名卞，時官贛上。蓋先生試院歸塗所作。

《發贛州寄余洪範》

按：先生有此詩眞蹟，「胸中淳于呑一石，麾下庖丁解十牛」作「紅衣傳酒傾諸客，清夜中談誇九州」。又有題名數行云：「王誠之、柳城甫、周道甫、魏伯殊、余洪範、徐適道、徐致虛、馬固道、東禪惠老。」及有詩一首云：「惠老有才氣，往來三十年。松風沉永日，詩句即深禪。萬水千山裏，長安大道邊。相逢欲留語，此月別時圓。」謾附于此。　二

篇並元載《外集》。

《答余洪範》　此篇元載《別集》。

《秋思寄子由》

按蜀本《詩集注》云：「是時蘇黃門謫監筠州鹽稅。」筠、吉皆在江西。山谷嘗有《與黃門書》云：「得邑極南，幸執事在旁郡。」又云：「有高安行李必問動靜。」高安即筠州。黃門名轍，字子由。

《奉寄子由》（大臨）（轍）

《奉答元明》（轍）（大臨）

二詩元附。

《次韻奉寄子由》

《再次韻奉答子由》

《再次韻寄子由》

《次韻寄上七兄》

《秋思》

《和七兄山蕷湯》

《同韻和元明兄知命弟九日相憶二首》

按：先生有此詩眞蹟藁本，首篇云：「革囊南渡傳詩句，兄弟相思意象眞。九日黃花傾壽酒，幾迴青眼望車塵。早爲學問文章誤，老作東西南北人。安得田園可溫飽，長拋簪紱裹頭巾。」後篇與集中，但「鄰田」作「田鄰」耳。

《雙澗寺二首》

寺在太和境內。

《代書》

詩中有「我爲萬夫長」之句。

《睡起》

《奉送周元翁鎖吉州司法廳赴禮部試》

元翁名燾。

《飲潤父家》

潤父舊名渥，字潤父，後更名育，字懋達，會稽人，時爲吉州司理。先生以兄

弟合宗，已載先生所作《黃育字序》。

《次前韻寄潤父》

《出迎使客質明放船自瓦窰歸》

《答何君表感古冢》

《會稽竹萌爲蘄春傅尉作》

《還深甫同年兄詩卷》

《次韻和答孔毅父》

毅父嘗爲吉倅。

《再和舊韻寄孔毅父》

《招隱寄李元中》　元中名冲元。已上二十四篇並元載《外集》。

《龍眠操三章贈李元中》　此篇元載《文集》。

元豐五年壬戌（上）

先生是歲在太和。

按九月十六日《上運使劉朝請書》云：「錄錄下邑，蓋將期年。又承秕政之後，負逋在民，縲繫滿獄。勤苦教養，僅爲細民之安。」

《二月二日曉夢會于廬陵西齋作詩寄陳適用》

適用名汝器，時知廬陵。先生到官在去歲，此詩蓋今春作。

《長句謝適用惠送吳南雄所贈紙》

《寄陳適用》

《絕句》

《戲題》

《寄懷元翁》

《對酒次前韻寄懷元翁》

《侯尉之吉水覆按未歸三日泥雨戲成寄之》

《侯尉家聽琵琶》

《寄袁守廖獻卿》

《廖袁州次韻見答并寄黃靖國再生傳次韻寄之》

《次韻奉答廖袁州懷舊隱之詩》

《上權郡孫承議》

先生有作《知吉州姚公墓銘》云：「姚公殁于元豐辛酉八月己未。」當是此後來攝郡事。

《送權郡孫承議歸宜春》

《奉和孫承議謝送菜絶句》

《和孫公善李仲同金櫻餌唱酬二首》

詩中有「我方困健訟」及「不能鳴弦坐」之句。

《答余洪範二首》

《藥名詩奉送楊十三子問省親清江》

《三月乙巳賦鹽萬歲鄉且蒐獮匿賦之家晏飯此舍遂留宿是日大風自採菊苗薦湯餅二首》

按：别本「湯餅」下有「紅藥盛開」四字。且有三首，其三云：「春風一曲花十八，拚得百醉玉東西。露葉壓枝見紅藥，猶似舞餘和汗啼。」

《題高君正適軒》　已上十三篇並元載《外集》。

山谷年譜卷十四

元豐五年壬戌〔中〕

《贈别李次翁》

按蜀本《詩集注》，以張方回家本編次在《秋思寄子由》之後。

《寄李次翁》 此篇元載《外集》。

《别友賦送李次翁》 此篇元載《文集》。

《四月戊申賦鹽萬歲山中仰懷外舅謝師厚》

按：師厚之弟刑部尚書景溫所作《謝氏小隱田記》云：「元豐五年，余自長沙蒙恩以禮部侍郎召還。道出襄陽，時伯兄以朝散大夫通判是州。兄弟相見皆白首矣。」而此詩亦有「祇今漢龐公，白髮佐州郡」之句。則是今歲所作無疑。

《癸丑宿早禾渡僧舍》

《宿觀山》

《上大蒙籠》 元注：乙卯晨起。

《勞坑入前城》 元注：乙卯飯後。

《乙卯宿清泉寺》

《丙辰仍宿清泉寺》

《丁巳宿寶石寺》

《戊午夜宿寶石寺視寶石戲題》

《己未過太湖僧寺得宗汝爲書寄山蕷白酒長韻詩寄答》

《庚申宿觀音院》

《辛酉憩刀坑口》

《金刀坑迎將家待追漿坑十餘戶山農不至因題其壁》

《題安石榴雙葉》

《次韻漢公招七兄》

《送酒與周法曹用贈潤父韻》

《寄題安福李令適軒》

安福蓋太和鄰邑。

《寄題安福李令先春閣》
《寄題安福李令愛竹堂》
《題安福李令朝華亭》
《登快閣》
閣在太和。今有先生祠堂。
《和李才甫先輩快閣五首》
《八月十四夜刀坑口對月奉寄子難子聞適用》
子難名堯臣。
《彫陂》
詩中有「僧言生長八十餘，縣令未嘗身到此」之句。
《幾復寄檳榔且答詩勸予同種復次韻寄之》
以歲月攷之，此時幾復已爲廣州四會令矣。
《黃幾復自海上寄惠金液三十兩且曰惟有德之士宜享將以排蕩陰邪守衛眞火幸不以凡物畜之戲答》
《幾道復覓檳榔》
詩中有「莫笑忍飢窮縣令」之句。
《次韻幾復答予所贈三物三首》
《戲答龍泉余尉問禪二小詩》
龍泉蓋太和鄰邑。
《漫興》
詩中有「曉來不倦聽衙鼓」之句。
《次韻答任仲微》
詩中有「不堪黃綬腰銅印」之句。
《次韻答任仲微》
《和答任仲微贈別》
《送酒與畢大夫》
《喜太守畢朝散致仕》
先生作《太守畢公墓誌銘》云：「元豐五年冬十一月，歿于理所。」
《倉後酒正廳昔唐林夫謫官所作十一月己

卯余納秋租隔牆芙蓉盛開》

按長歷，十一月己卯乃是年十一月初二日。先生有眞蹟題云：「太和倉後酒正廳，昔唐林夫謫官所作，十一月己卯余來受秋租，隔牆木芙蓉盛開。」

《送晁道夫叔姪》

詩中有「我爲折腰吏」之句，又云「二年吟楓葉」，則是到太和兩載矣。故附是歲。

《和知命招晁道夫叔姪》

《再次韻戲贈道夫》

《次韻惜范生》

《吉老受秋租輒成長句》

吉老蓋太和縣倅。

《再次韻和吉老》

《招吉老子範觀梅花》

子範姓李名觀，袁州人，元豐二年特奏推恩爲太和尉。其兄名觀，字夢符，爲清江縣，嘗爲太守作《祭歐公母夫人文》曰：「昔孟軻亞聖，母之教也；今有子如軻，雖死何憾。」文忠擊節賞之，故後篇有「乃兄本是文章伯」之句。

《子範徼巡諸鄉捕逐羣盜幾盡輒作長句勞苦行李》

詩中有「乃兄本是文章伯，此老眞成矍鑠翁」之句。

《送徐隱父宰餘干二首》已上五十二篇並元載《外集》。

先生有此詩眞蹟藁本云：「地方百里身南面，翻手冰霜覆手炎。贅壻得牛庭少訟，長公齊馬吏爭廉。邑中丞掾陰桃李，案上文書略米鹽。治狀要須聞豈弟，此行端爲霽威嚴。天上麒麟來下瑞，江南橘柚間生賢。玉臺書在猶騷雅，孺子亭

荒只草烟。半世功名初墨綬，同兄文字敵青錢。割雞不合庖丁手，家傳風流在著鞭。」

山谷年譜卷十五

元豐五年壬戌下

《送何君庸上贛石》君庸蓋太和簿。

《送君庸》

《北園步折梅寄君庸》

《次韻君庸寓慈雲寺待詔惠錢不至》已上四篇並元載《外集》。

《奉和答君庸見寄》

《梅花》此二篇元載《别集》。

《何主簿蕭齋郎贈詩思家甚苦戲和答之》

《次韻和魏主簿》

《次韻奉答存道主簿》已上三篇並元載《外集》。

《從時中乞蒲團二首》前篇載《外集》第七卷，首句云「撲屋

陰風雪作團」。後篇載《外集》第十四卷，首句云「織蒲投我最宜寒」。前篇小異，蜀本作《謝時中送蒲團》。併附此，詳見後注。

《奉送時中攝東曹獄掾》

時中蓋太和同官，入城攝事，故詩中有「府中奪我同官良」之句，又有云「蒼崖按轡虎豹號」及「昨日歸來有行色」，恐是尉曹與子範爲交承者。

《戲答諸君追和予去年醉碧桃》

《奉答茂衡惠紙長句》

《雜言贈羅茂衡》已上三篇並元載《外集》。

茂衡，太和人。

元豐六年癸亥上

先生是歲在太和。

《癸亥立春日煮茗於石池寺見庚戌中盛二十舅中叔爲縣時題名歎此寺不日而成哀縣學敝而不能復》

《立春》

《寄舒申之戶曹》

申之名卷。詩中有「吉州司戶官雖小」之句。

《次韻答杜仲觀二絕》

《再次韻杜仲觀二絕》

《社日奉寄君庸主簿》

《觀王主簿家酴醾》

《酴醾》

《延壽寺見紅藥小魏揚州號爲醉西施》

《延壽寺僧小軒極蕭灑予爲名曰林樂取莊生所謂林樂而無形者并爲賦詩》

詩中有「晚風紅藥翻」之句，當是同時所作。姑以時序爲次。

《元翁坐中見次元寄到和孔四飲王夔玉家長韻因次韻率元翁同作寄溢城》

夔玉名球，太和人。侍郎王贇之子。

《再次孔四韻寄懷元翁兄弟并致問（般）〔穀〕甫》

《次韻元翁從王夔玉借書》

《學元翁作女兒浦口詩》

《去歲和元翁重到雙澗寺觀余兄弟題詩之篇總忘收錄病中記憶成此詩》

《古風贈周元翁》

《戲贈元翁》

《送張才翁赴秦簽》

詩中有「北門相見後十年」之句。已上二十篇並元載《外集》。

《演雅》

按蜀本《詩集注》云：「末句云『江南野水碧於天，中有白鷗閒似我』，當是在太和所作。山房李彤季敵云：『此篇山谷晚年刪去。』」

《戲和答禽語》

《次韻舍弟喜雨》

詩中有「春隴未鉏蠶未眠」之句。以時序爲次。

《一夕風雨花藥都盡唯有豨簽一叢濯濯得意戲題》元注：是日丙午四月朔。

按《國史》：元豐六年四月實丙午朔。故附于此。二篇並元載《外集》。

《奉答固道》

詩中有「強學未操製錦刀」之句。

《奉和聖思講論語長句》

詩中有「簿領文字千兔禿，公庭嚚訟百蠶鳴」之句。二篇並元載《別集》。

《次韻答宗汝爲初夏見寄》

《同吉老飲清平戲作集句》

《次韻周法曹游青原山寺》

《次韻曾都曹喜雨》

蘄得歲，同病託諸公」之句。又有《戲題曾處善尉廳》，即此人。尉廳亦非都曹所居，當是時中與之對攝。

《戲題曾處善尉廳二首》

《寄上高李令懷道》

上高屬筠州，與太和皆江西屬邑。

《謝文灝元豐上文藁》

《讀方言》　已上九篇並元載《外集》。

山谷年譜卷十六

元豐六年癸亥中

《次韻秋郊晚望》

《次韻周德夫經行不相見之詩》

《答周德夫見寄》

《歐陽從道許寄金橘以詩督之》

《次韻吉老十小詩》

《次韻吉老寄君庸》

《次韻奉答吉老幷寄何君庸》

《袁州劉司法亦和予摩字詩因次韻寄之》

袁與吉爲鄰。此詩雖未知何時所作，與前篇同韻，姑附于此。

《聞吉老縣丞按田在萬安山中》

萬安蓋太和鄰邑。

《次韻喜陳吉老還家二絕》

《再次韻和答吉老二首》

《太和奉呈吉老縣丞》
詩中有「令尹三年課」之句。
《吉老許惠李北海石室碑以詩及之》
《吉老兩和示戲答》
《次韻吉老知命同游青原二首》
《次韻知命入青原山口》
《陳吉老縣丞同知命弟游青原謁思禪師予以簿領不得往二公雨久不歸戲作百家衣一首二十韻招之》
《次韻知命永和道中》
《次韻吉老游青原將歸》
《喜知命弟自青原歸》
《寄張宜父》
《送彥孚主簿》
彥孚姓黃。詩中有「主簿吾宗秀」之句。
《寄餘干徐隱甫》
詩中有「顧予白下邑」之句。
《寄晁元忠十首》
詩中有「北書來無期，鴈不到梅嶺」之句。
《次韻晁元忠西歸十首》
此篇雖非同時所作，然莫詳歲月。姑附于此。
《奉答李和甫代簡二絕句》
《贈王環中》
《戲和于寺丞乞王醇老米》
《答永新宗令寄石耳》
永新蓋太和鄰邑。
《贈朱方李道人》
《朱道人下世》
《題前定錄贈李伯牖二首》
《戲題水牯菴》
先生有此詩眞蹟，題云《戲題知命水牯菴》。而知命亦有和篇云：「只看縛竹與

編茅，基上誰憑牢不牢。無量劫馳邪枉徑，刹那閒得舊時槽。腳根著地曾稱屈，鼻孔撩天未是高。欲問此菴端的處，南泉解便快簾刀。」 已上六十五篇並元載《外集》。

山谷年譜卷十七

元豐六年癸亥下

《靜居寺上方南入一徑有釣臺其象甚古而俗傳謬妄意嘗有隱君子漁釣其上感之作詩》

《高至言築亭於家園以奉親揔其觀覽之富命曰溪亭乞余賦詩余先君之弊廬望高子所築不過十牛鳴爾故余未嘗登臨而得其勝處》

《題息軒》

《題神移仁壽塔》

《題海首座壁》

《題仁上座畫松》

《摩詰畫》 已上七篇並元載《外集》。

《題覺海寺》

《題醒心軒》 此二篇並元載《別集》。

十二月，移德平鎮。

先生有《大孤山》詩刻云：「是歲癸亥十二月，余自太和移德平。」

《江西泊舟後作》

《追憶予泊舟西江事次韻》

《宫亭湖》

詩中有「平生來往湖上舟，一官四十已包羞」之句。先生是年三十九矣。蓋歸舟自湖濱入脩江，由武寧而至分寧耳。

已上三篇並元載《外集》。

《贈鄭郊》

按蜀本《詩集注》云：「山谷有荆州爲興上人書此詩跋云：『癸亥歲，予解官太和，過武寧，聞清上人當來延恩，因謁鄭子通問消息，題詩子通之壁。草堂，鄭郊處士隱處也』云云。」予家所藏舊本如此。老禪謂延恩長老法安，安死於元豐八年，山谷爲之銘。則此詩蓋是歲經涂所作。

《元豐癸亥經行石潭寺見舊和栖蟾詩甚可笑因削柎滅藁别和一章》

舊詩云：「千里追奔兩蝸角，百年得意大槐宫。夢回身卧竹窗日，院静鴉啼柿葉風。世路侵人頭欲白，山僧笑我頰猶紅。壁間佳句多丘隴，問訊髑髏聊檿蓬。」乃嘉祐癸卯所作。今前兩句仍舊耳。

《夜發分寧寄杜澗叟》

《題杜槃澗叟冥鴻亭》

已上三篇並元載《外集》。

《毁璧》并序

按《别集》載《毁璧序》云：「夫人歿後十有四年，太夫人始知不得葬，哭之不成聲曰：『使是子安歸乎？』某兄弟

無以自解說，念夫人建洪氏之廟南康廬山之下，使刻石於廬山，築亭以庥之。仿佛其生平而妥之。」蓋夫人卒以熙寧庚戌，至今恰十四年。

《過家》

《上冢》

《明叔知縣和示過家上冢二篇輒復次韻》

明叔名知章，治平二年進士，元豐中知分寧。詩中有「去國三十年」之句，蓋自太和還家赴德平所作。

《次韻郭明叔長歌》

先生有此詩眞蹟云「謹次韻上答知縣奉議惠賜長歌，邑子宣德郎黃庭堅再拜上」。其間與印本有同異處，如「何如高陽酈生醉落魄」作「都不如」，「安用蚓食而蝸跧」作「安用蚓食而蝸跧」，「詩書自可作斲輪」作「自奇老斲輪」，「鵬翼垂天公且起」作「鵬翼垂天公直起」，「黃花零亂一樽酒」作「黃花零落一樽酒」。此帖見藏泉江劉薦家。

《詠清水巖呈郭明叔》並序

《次韻清水巖》

《次韻郭明叔登縣樓見思長句》

《宿山家效孟浩然》

《題徐氏姑壽安君壽梅亭》

《寄題陳瓘野軒》

瓘字瑩中。

《題章和甫釣亭》已上十二篇並元載《外集》。

元豐七年甲子〔上〕

先生是歲赴德州德平鎮。到官當在夏秋之間。

是春過揚州、泗州。

先生有《與余清老書跋》云：「元豐甲子相見於廣陵。」又有過泗州僧伽塔作

《發願文》，在三月。

《揚州戲題》

先生有眞蹟載石刻，題云：「余往年過維揚，時小呂申公作守。席上問申公紅藥開早晚，因戒一牙吏走向土廟探花，還報云：『花蓓初大如指面。』歸而作小詩。」

按《漫叟詩話》云：「《過揚州芍藥未開》一首，甲子春作。」此詩元載《外集》。

《寄劉泗州二首》

前篇載《外集》第十四卷，後篇載《別集》第一卷。因泗州經涂附。

《宿廣惠寺》

詩中有「僧舍初寒夜氣清」及「都下苦無書信到，數行歸鴈月邊横」之句，則是秋時到官無疑。故附此。

《送呂知常赴太和丞》

詩中有「我去太和欲期矣」之句。二篇並元載《外集》。

《平鎮張澄居士隱處三詩》

按蜀本《詩集注》云：「張方回家本題云『王郎求此詩』。」其詳具後篇。此詩山谷晚年亦删去。

山谷年譜卷十八

元豐七年甲子下

《古風次韻答初和甫二首》
詩中有「道人四十心如冰」之句。先生生於乙酉，是年四十。和甫名虞世，名士善醫，有《養生必用方》行於世。

《次韻答和甫盧泉水三首》并序
盧泉在東平府須城縣盧泉鄉。

《和甫得竹數本於周翰喜而作詩和之》
已上六篇並元載《外集》。

《贈初和甫》

《承示中秋不見月及憫雨連作恐妨秋成奉次元韻》此二篇並元載《别集》。

《寄題欽之草堂》
欽之即傳堯俞。草堂在河陽。

《寄耿令幾父過新堂邑作酒幾父舊治之地》
堂邑，德州縣名。

《放言十首》

《送伯氏入都》

《渡河》已上十四篇並元載《外集》。

元豐八年乙丑，哲廟登極。

先生是歲春夏猶在德平。四月丁丑，以秘書省校書郎召。其到京師，當在六七月間。
按《實録》：是歲四月丁丑，奉議郎黄庭堅爲校書郎。

《次韻清虚喜子瞻得住常州》
按《東坡年譜》：元豐七年自黄移汝，十二月上表乞於常州居住。八年正月到南京，有放歸陽羨之命，遂居常州。今附于此。子由嘗爲王定國作《清虚堂記》，清虚即定國也。

《次韻公秉子由十六夜憶清虚》

《次韻清虛同訪李園》

《次韻清虛》　已上四篇並元載《別集》。

《寄裴仲謨》

按蜀本《詩集注》云：「山谷在德平，與德州太守書云：『庭堅官局，勉以不瘝。幸親老在都下，善眠食，兄弟無它。』」而此詩有「我家輦轂下，薪桂炊白玉。在官與影俱，衣綻髮曲局。天機行日月，春事勤草木」之句。則先生在德平過春又可無疑。仲謨名綸。

《碾建溪第一奉邀徐天隱奉議幷效建除體》

《再作答徐天隱》

《重贈徐天隱》

《以十扇送徐天隱》

《四月丁卯對雨寄趙正夫》

正夫名挺之。

《寄懷趙正夫奉議》

先生有《題絳本法帖》：元豐八年夏五月戊申，趙正夫出此書於平原官舍。又《題樂府木蘭詩後》云：「元豐乙丑五月戊申，會食于趙正夫平原監郡西齋。」二詩蓋當時作。

按《國史》：元祐三年十月己丑，蘇軾言御史趙挺之在元豐末通判德州，而著作黃庭堅方監本州德平鎮，挺之希合提舉官楊景棻之意，欲於本鎮行市易法，而庭堅以爲鎮小民貧，不堪誅求。若行市易，必致星散，公文往來，士人傳笑云云。先生它日宜州之禍亦基於此，故因備載。

《題羅山人覽輝樓》

詩中有「思齊太任政勤苦」之句。　已上三篇並元載《外集》。

《寄黃幾復》　元注云：「乙丑年德平鎮作。」按

《成都續帖》：先生草書此詩跋云：「時幾復在廣州四會，予在德州德平鎮。皆海濒也。」

《神宗皇帝挽詞三首》

按蜀本《詩集注》云：按《實錄》：是歲三月戊戌，神宗升遐。此詩及《王文恭挽詩》皆因崩薨歲月爲次。後多倣此。

《王文恭公挽詞二首》

王珪字禹玉。相神宗、哲宗。按《實錄》：元豐八年五月庚戌薨，謚文恭。

《謝送碾賜壑源揀芽》

詩中有「橋山事嚴庀百局」及「右丞似是李元禮」之句。橋山謂神宗山陵，右丞謂李清臣邦直。

《以小龍團及半挺贈無咎并詩用前韻爲戲》

晁補之字無咎。

《和答外舅孫莘老》

按蜀本《詩集注》云：「舊本云：『莘老病起作詩寄同舍。』《實錄》本傳云：『元豐八年自祕書少監除右諫議大夫。』故詩中有『少監巖壑姿』及『寄聲舊僚屬，尙憐費諫紙』之句。而首句則云『西風挽不來』，當是初秋所作。」

《和答莘老見贈》

詩中有「諫垣始登收」之句，當是同時作。此篇元載《外集》。

《次韻定國聞子由卧病績溪》

按蜀本《詩集注》云：「蘇黄門《欒城集》有《復病》詩云：『病作日短至，病消秋風初。』黄門時爲歙州績溪令。」王定國名鞏。

《次韻子由績溪病起被召寄王定國》

按蜀本《詩集注》云：「蘇黄門《穎濱遺老傳》云：『移知歙州績溪，始至而奉神宗遺制。居半年，除祕書省校書郎。

明年至京師，除右司諫。』此詩今歲秋冬間所作。」先生有此詩眞蹟藁本云：「種萱盈九畹，蘇子憂國病。炎蒸卧百戰，山立有餘勁。斯人廊廟器，不合從遠屛。江湖搖歸心，毛髮侵老境。艱難喜歸來，如晴月生嶺。仍懷阻行舟，風水蛟鱷横。補袞諫官能，用儒吾道盛。上書抵平津，蠹藁尙記省。至今民社計，非事頰舌競。方來立本朝，獻納繼晨暝。人才包新舊，王度濟寬猛。必開曲突謀，滿慰傾耳聽。斯文呂與張，泉下亦蘇醒。天聽四門闢，國是九鼎定。身得遭太平，分甘守閒冷。天津十年面，想見頎而整。何時及國門，休暇過煮茗。燒燈留夜語，鴻鴈看對影。但恐張羅地，頗復多造請。維此禮部公，寒泉甃舊井。謫去久羸瓶，召還及脩綆。太任決齋宮，陛下天統慶。日月進亨衢，經緯寒耿耿。西走已和戎，南還無哀郢。不圖西逐臣，朝轡天街並。王子竄炎州，萬死保軀命。還家頰故紅，信亦抱淵靜。稅屋待車音，掃門親帚柄。行當把書傳，載酒求是正。端如嘗橄欖，苦過味方永。」

《次韻李之純少監惠研》

詩中有「我亦洗湔與清流」之句。當是初入館時。之純名周。

《送舅氏野夫之宣城二首》

李莘字野夫，亦先生母舅。按任氏注云：「按《實錄》：元豐八年十二月屯田郎中李莘知宣州。」然此詩未必是時所作，姑以除官之歲月爲次。餘多倣此。

《宣九家賦雪》

詩中有「窮臘月半破」之句。宣九謂宗室宣州院第九者。

《喜念四念八至京》
詩中有「朔雪蕭蕭映薄幃」之句。念四即非熊。念八諱仲堪，字覺民。先生從弟。二篇並元載《外集》。
《訪趙君舉》
詩中有「朔風吹雪滿都城」之句。因前篇賦雪附見。元載《別集》。

山谷年譜卷十九

元祐元年丙寅上

先生是歲在祕書省。
按《國史》：元祐元年三月，司馬光言：「校書郎黃庭堅好學有文，即日在本省別無職事。欲望特差與范祖禹及男康同校定《資治通鑑》。」從之。
十月丙戌，除神宗實錄院檢討官、集賢校理。
按《國史》：十月丙戌，黃庭堅除實錄院檢討官、集賢校理。
《送范德孺知慶州》
按蜀本《詩集注》云：「德孺名純粹。」
按《實錄》：元豐八年八月，直龍圖閣、京東運使范純粹知慶州。此詩云『春風旌旗擁萬夫』，當是今年春初方作此詩

爾。趙子湜家有山谷《與晁堯民帖》云：『范五詩至今未成，比年幾月四十日不曾道一句。』范五即德孺。」

《題王黃州墨跡後》

《題王仲弓兄弟巽序》

仲弓名寔。

《寄尉氏倉官王仲弓》

《有惠江南帳中香者戲贈二首》

《子瞻繼和復答二首》

按蜀本《詩集注》云：「右六詩《答東坡》篇中有『喜公新赴朝參』之句。是時東坡自登州至京師，爲禮部郎中。而迎燕、潤花皆春時事。」

右按《國史》：是歲正月，蘇軾爲中書舍人。先生有此詩墨蹟題云：「有聞帳中香，疑爲熬蠟者，輒復戲用前韻。願勿以示外人，恐不解事者或以爲其言有味也。」因附于此。

《謝公擇舅分賜茶三首》

詩中有「國老元年密賜來」及「拚洗一春湯餅睡，亦知清夜有蛟龍」之句，是春末所作。

《以潞公所惠揀芽送公擇次舊韻》

《承吏部蘇尙書右選胡侍郎皆和鄙句次韻道謝》

《奉同公擇作揀芽詠》

《今歲官茶極妙而難爲賞音者戲作兩詩用前韻》

《公擇用前韻戲嘲雙井》

《又戲爲雙井解嘲》

《奉同六舅尙書詠茶碾煎烹三首》

《與李公擇道中見兩客布衣班荆而坐對戲弈秋因作一絕》

《次韻公擇雨後》

《六舅以詩來覓銅犀用長句持送舅氏學古之餘復味禪悅故篇及之》

《奉和公擇舅氏送呂道人研長韻》

詩中有「春官酌典禮」之句。公擇時爲禮部侍郎。

《再和公擇舅氏雜言》

詩中有「人言無忌似牢之，挽入書林覷文字」之句。

《次韻答王四》

《戲答仇夢得承制三首》

一載《外集》第四卷，二載《外集》第七卷。

《和任夫人悟道》　已上二十篇並元載《外集》。

《便羅王丞送碧香酒用子瞻韻戲贈鄭彥能》

按蜀本《詩集注》云：「以類相從，附前篇子瞻詩。蓋守密州時作，今追用其韻。」彥能名僅。

《題聖寺庭枸杞》

《次韻子瞻贈王定國》

東坡詩所謂「謫僊竄夜郎，子美耕東屯」，即此韻。以《東坡集》攷之，是歲春晚所作。

《次韻張詢齋中春晚》

《次韻張仲謀過酺池寺齋》

詩中有「夜談簾幕冷，霜月動金蛇」之句。

《觀祕閣西蘇子美題壁及張侯家墨蹟十九紙率同舍錢才翁學士賦之》

詩中有「邇來四十年，我亦校書郎」之句。蓋明年正月，先生爲著作佐郎矣。此篇元載《別集》。

《次韻答晁無咎見贈》

此篇與《春晚》同韻。

《雨過至城西蘇家》

詩中有「飄然一雨洒青春」及「都城誰是得閒人」之句。

《暮到張氏園和壁間舊題》

《從人求花》　已上三篇並元載《外集》，以時序爲次。

《次韻答張文潛惠寄》

文潛名耒。按蜀本《詩集注》云：「按《實錄》：是歲十二月試太學，錄張耒爲祕書省正字。」此詩蓋夏初方到太學供職所作。故詩有「忽復燕哺兒」及「學省得佳士」之句。

《明月篇贈張文潛》　此篇元載《外集》。

《同錢志仲飯籍田錢孺文官舍》

志仲名穀。孺文名景祥。

《次韻曾子開舍人遊籍田載荷花歸》

按：《王直方詩話》載此篇，自「美物亦有實」至「籠燭照嬋娟」云：「令君誠重客，食前頗加籩。西觀足膴仕，東觀多臞仙。何時載樽俎，坌入觀少年。及此歸沐早，少休從事賢。傳觴定可醉，下箔出嬋娟。」子開名肇。

《送劉士彥赴福建轉運判官》

按蜀本《詩集注》云：「按《實錄》：元豐六年六月壬子，朝請郎劉士彥爲福建路轉運判官。」此篇後亦刪去。

《次韻韓川奉祠西太一宮四首》

《次韻王荊公題太一宮壁二首》

《東坡集》亦有此詩。以《東坡集》攷之，當在是年秋。

《有懷半山老人再次韻二首》

《和答錢穆父猩猩毛筆》

穆父名勰。《欒城集》中有和章，略依倣以爲次。

《戲詠猩猩毛筆》

《客有和予前篇爲猩猩解嘲者復戲作詠》

按蜀本《詩集注》云：「山谷有此詩跋云：『錢穆父奉使高麗，得猩猩毛筆，甚珍之。惠予，要作詩。蘇子瞻愛其柔健可人意，每過予書案，下筆不能休。此時二公俱直紫微閣，故予作二詩，前篇奉穆父，後篇奉子瞻。』」又任氏舊注云：「山谷此詩舊題云：『前篇奉錢穆父，後篇奉子瞻。是時二公皆作中書舍人。』按：東坡是歲九月方遷翰林學士。」

《奉和文潛贈無咎末篇多見及以既見君子云胡不喜爲韻》

《贈陳師道》

師道字無己，一字履常。按蜀本《詩集注》云：「按《實錄》：元祐二年四月乙巳，徐州布衣陳師道充徐州州學教授。」觀此贈陳師道之篇，以爲逸民。蓋猶未得官也。而詩又有「紅榴鋪多子」之句，宜以爲元年所作。

嚳淳熙初客富川，與王景文質論詩。景文云：「嘗聞榮茂世云，得之前輩言，山谷嘗與後山相遇於潁昌，因及杜詩《暮歸》詩中『客子入門月皎皎，誰家擣練風凄凄』之句，故此詩有云『霜月入戶寒皎皎』及『萬人叢中一人曉』。」元載《外集》，雖未詳歲月，因前篇注故附。

《送六十五弟貢南歸》

《贈吳道士》　此二篇亦載《外集》。

山谷年譜卷二十

元祐元年丙寅下

《次韻答邢惇夫》

按蜀本《詩集注》云：「按《實錄》：元祐元年正月，起居舍人邢恕權發遣隨州。惇夫，恕之子也，侍親以行。此詩有『夢不到漢東』之句。漢東即隨州。又云『雨作枕簟秋』，蓋元年秋也。」惇夫名居實。

《和邢惇夫秋懷十首》

詩中有「陳師道篇」，如前說。

《謝公定和二范秋懷五首邀予同作》

按蜀本《詩集注》云：「詩有黃令，謂幾復也。幾復丁卯歲方至吏部改官。見二年詩。此詩蓋元年所作明矣。詩亦有『陳師道篇』，如前說。」

《送謝公定作竟陵主簿》

《同謝公定攜書浴室汶師置飯作此》

詩中有「天上歸來對書客」之句。

《謝人惠茶》

《懋宗奉議有佳句詠冷庭叟野居庭堅於庭叟有十八年之舊故次韻贈之庭叟有佳侍兒因早朝而逸去其後乃插椒藩甚嚴密》

已上三篇並元載《外集》。

《贈送張叔和》

叔和名塤。

《送顧子敦赴河東三首》

子敦名臨。按蜀本《詩集注》云：「按《實錄》：元祐元年七月，祕書少監顧臨爲河東轉運使。此詩有『攬轡都城風露秋』之句。蓋秋晚所作。」

《司馬溫公挽詞》

是歲九月丙辰溫公薨，而葬以明年二月。

《欒城集》亦有此詩。當是今冬所作。

《送鄭彥能宣德知福昌縣》

先生有此詩眞蹟跋云：「吾友鄭彥能今可爲縣令師也。以余寒鄉士，不能重之於朝，故作詩贈行，以識吾愧。元祐元年丙寅，黃庭堅題。」今以歲月爲次，移附於此。

《古意贈彥能》

此詩元載《外集》。雖非同時所作，併附于此。

《次韻子瞻武昌西山詩》

《東坡集》此詩序云：「元祐元年十一月二十九日作。」

《子瞻詩句妙一世乃云效庭堅體蓋退之戲效孟郊樊宗師之比以文滑稽耳恐後生不解故次韻道之》

《東坡集·送楊孟容》詩即此韻，次《武昌西山》詩後。

《柳閎展如蘇子瞻甥子其才德甚美有意於學故以桃李不言下自成蹊八字作詩贈之》

《戲詠蠟梅三首》

按蜀本《詩集注》云：「京師初不以蠟梅爲貴，其得名自先生始。」今附此篇於元年之冬。

《蠟梅》

按蜀本《詩集注》云：「舊本題下注云『和呈都尉』，當以爲王詩，有『埋玉』之句，謂王詵晉卿尙蜀國公主，時主已下世。」

《短韻奉乞蠟梅》

此篇蜀本載於崇寧二年《謝人惠貓兒頭筍》後。今從元次附此。

《從張仲謀乞蠟梅》

《賈天錫惠寶薰乞詩予以兵衛森畫戟燕寢

凝清香十字作詩報之久失此藁偶於故紙中得之》

按蜀本《詩集注》云：「山谷有此詩跋云：『余甚寶此香，未嘗與人。城西張仲謀爲我作寒計，惠騏驥院馬通薪二百，因以香二十餅報之。』」

《戲答張祕監饋羊》

此篇蜀本載之三年。按《實錄》：元祐二年二月己丑，祕書監張問爲給事中。今移附于此。

元祐二年丁卯〔上〕

先生是歲在祕書省兼史局。

正月，除著作佐郎。

按《國史》：正月辛未黃庭堅爲著作佐郎。

《常父惠示丁卯雪十四韻謹同韻賦之》

詩中有「春皇賦上瑞」之句。則歲首所作。常父即孔武仲。

《詠雪奉呈廣平公》

按吴曾《漫錄》云：「歐陽季默嘗問東坡：『山谷詩何處是好？』東坡不答，但劇口稱重黃詩。季默云：『如夜聽疏疏還密密，曉看整整復斜斜，豈是佳耶？』東坡云：『政是佳處。』」廣平公即宋盈祖。

《和王明之雪》 此篇元載《別集》，與前篇同韻。

《次韻宋楙宗僦居甘泉坊雪後書懷》

《和答子瞻和子由常父憶館中故事詩》

按蜀本《詩集注》云：「以《東坡》、《欒城集》爲次。又此詩云『桃李春晝永』。」

《雙井茶送子瞻》

《和答子瞻》

《子瞻以子夏丘明見戲聊復戲答》

《省中烹茶懷子瞻用前韻》

按蜀本《詩集注》云：「四篇當是今歲春送新茶詩，有『翰林貽我東』之句，謂東坡先生。按《實錄》：元年九月丁卯，東坡遷翰林學士。《東坡集》有《次韻黃魯直赤目》詩，即此韻。而元年十月山谷遷實錄院檢討官，今歲又爲著作佐郎，故有『願載軒轅訖鼎湖』之句。」

《以雙井茶送孔常父》

《常父答詩有煎點徑須煩緑珠之句復次韻戲答》

《戲呈孔毅父》

按蜀本《詩集注》云：「三篇皆用前韻。第三篇有『校書著作頻詔除』之句。山谷今歲除著作佐郎。」

《謝黃從善司業寄惠山泉》

從善名降，後爲御史中丞。此篇亦用前韻，山谷晚年删去。按《實錄》：元豐八年十二月乙酉，承議郎黃降守國子司業。此詩以與《省中烹茶》同韻，姑從蜀本之次。

《予欲金玉汝贈黃從善》

《寄從善》 政此二篇元載《外集》。恐亦非當時所作，併附于此。

《次韻子瞻春菜》

按《東坡集》：《春菜》詩在《和古風》前。此詩當是追和，今附于此。元載《外集》。

山谷年譜卷二十一

元祐二年丁卯（中）

《見諸人唱和酴醿詩輒次韻戲詠》

按蜀本《詩集注》云：「《欒城集》中有《次韻孔文仲舍人酴醿》，即此韻。此後有《和曾子開扈從詩》，見《外集》。以《欒城》詩攷之，蓋四月一二日也。」

《次韻秦覯過陳無己書院觀鄙句之作》

按蜀本《詩集注》云：「無己來京師寓居陳州門，見予所作《秋懷》詩。書院當在此地。而此詩有『牆陰老春薺』之句。」覯字少章。

《陳留市隱》并序

此詩蓋陳無己先作。蜀本詩序云：「陳留江端禮季共曰：『陳留市上有刀鑷工，年四十餘，無室家子姓，惟一女年七歲矣。日以刀鑷所得錢與子女醉飽，醉則簪花吹長笛，肩女而歸。無一朝之憂，而有終身之樂，疑以爲有道者也。』視此加詳，因具載之。」

《晁張和答秦覯五言予亦次韻》

《劉晦叔許洮河綠石研》

晦叔名昱。

《以團茶洮州綠石研贈無咎文潛》

按蜀本《詩集注》云：「按《實錄》：元祐元年十二月試太學錄張耒，試太學正晁補之並爲祕書省正字。而此詩有『道山延閣委竹帛』之句。蓋今歲所作。」

《謝王仲至惠洮州礪石黃玉印材》

仲至名欽臣。因洮研詩附見。

《次韻文潛同游王舍人園》

詩中有「濃綠張夏帷」之句。

《卧陶軒》

詩中有「城南晁正字」之句。

《次韻寄晁以道》

以道名説之。

《次以道韻寄范子夷子默》

子夷名正平。子默名正思。

《僧景宗相訪寄法王航禪師》

按蜀本《詩集注》云：「張方回家本山谷自注云：『智航道人住嵩山法王寺，數遣小僧景宗到京師，因宗還寄之。』」又先生有此眞蹟石刻，題云：「因僧景宗還大法寺寄航長老。」

《次韻子瞻送顧子敦河北都運二首》

按蜀本《詩集注》云：「按《實錄》：元祐二年四月癸巳，給事中顧臨爲河北路都轉運使。以東坡詩爲次。」

《餞子敦席上奉同孔經父八韻》

《次韻張昌言給事喜雨》

以《東坡》、《欒城集》爲次。欒城詩云「已收蠶麥無多日」，蓋四月間。昌言名問。

《送李德素歸舒城》

《詠李伯時摹韓幹三馬次蘇子由韻簡伯時兼寄李德素》

《東坡集》有此詩，在《喜雨》詩後。伯時名公麟。德素名亲。

《次韻子瞻和子由觀韓幹馬因論伯時畫天馬》

《次韻答王慎中》

慎中名寅。

《子瞻去歲春夏侍立邇英子由秋冬間相繼入侍作詩各述所懷予亦次韻四首》

先生有此四詩眞蹟，題云「子瞻去歲春夏侍立邇英，子由秋冬間相繼入侍，次韻四首，各述所懷，予亦次韻。」

《再次韻四首》

先生有眞蹟題云《子由作四絕句書起居郎時入侍邇英講所見輒以所聞次韻》。按：第二篇首句「風欞倒影日光寒」先生眞蹟石刻作「風欞倒竹影光寒」，政合《春明退朝錄》所云隆儒殿在邇英閣後叢竹中故事。

《次韻子瞻題郭熙畫秋山》

以東坡詩爲次。東坡詩所謂「玉堂晝掩春日閒」，即此韻，在《入侍邇英殿》詩後。

《題郭熙山水扇》

《題惠崇畫扇》

《題鄭防畫夾五首》

《戲題小雀捕飛蟲畫扇》

《題畫孔雀》

先生有此詩眞蹟石刻題云：「題實師畫孔雀。」

《睡鴨》

先生有此詩眞蹟石刻，首句「山雞照影」作「山雞臨水」。

《小鴨》

《題劉將軍鴈二首》

前篇載《文集》五卷。後篇載《文集》九卷。

《題劉將軍鵝》

《題晁以道雪鴈圖》

《題王居士所藏王友畫桃杏花二首》

《題陽關圖二首》

《題歸去來圖一首》

《題畫鵝鴈二首》

《題老鶴萬里心》

《題韋偃馬》

《答王道濟寺丞觀許道寧山水圖二首》

前篇載《外集》第三卷，二十二韻。後篇載《外集》第十二卷，比前篇多一韻。其間大同小異。恐前篇是改定本，一時編次不覺幷載。今併存之。已上十二篇並元載《外集》。

《次韻奉酬劉景文河上見寄》

詩中有「煮春茗」之句。

《奉謝劉景文送團茶》

《謝景文惠浩然所作廷珪墨》

《和劉景文》

《同劉景文遊郭氏西園因留宿》

《同景文詠蓮塘》已上五篇並元載《外集》。

山谷年譜卷二十二

元祐二年丁卯下

《次韻子瞻題無咎所得文與可竹二首粥字戲嘲無咎人字詠竹》

《東坡集》此詩在《郭熙秋山》後。

《次韻文潛休沐不出二首》

《奉同子瞻韻寄定國》

東坡《玉堂獨坐懷王定國》詩即此韻。在《題無咎竹》後。

《次韻王定國揚州見寄》

《往歲過廣陵値早春嘗作詩云春風十里珠簾捲彷彿三生杜牧之紅藥梢頭初繭栗揚州風物鬢成絲今春有自淮南來者道揚州事戲以前韻寄王定國二首》

先生有此詩眞蹟云：「後數年，京師塵土中，客有自揚州來，交轡久之，道王

定國事，因用前之字韻作二小詩寄定國。」按：石刻第二詩「日邊」作「目邊」。此詩後又書云：「王晉卿數送詩來索和，老嬾不喜作。此曹狡猾，又頻送花來促詩。戲答：『花氣薰人欲破禪，心情其實過中泉。春來詩思何所似，八節灘頭上水船。』」今集中偶不載，因附於後。

《次韻錢穆父贈松扇》

《戲和文潛謝穆父松扇》

東坡《和張耒松扇》詩在王定國後。

《謝鄭閎中惠高麗畫扇二首》

《畫王氏夢錫扇》　此篇元載《別集》。

《次韻王炳之惠玉板紙》

炳之名伯虎。

《謝王炳之惠石香鼎》

《謝王炳之惠茶》　此篇元載《別集》。

《次韻柳通叟寄王文通》

《送張天覺得登字》

按蜀本《詩集注》云：「按《實錄》：元祐二年七月開封推官張商英提點河東路刑獄。」商英字天覺。東坡此詩在《松扇》後。

《次韻徐文將至國門見寄》

詩中有「槐催舉子著花黃」之句。蓋是歲秋試。

《博士王揚休碾密雲龍同事十三人飲之戲作》

《和答梅子明王揚休點密雲龍》　此篇元載《外集》。

《答黃冕仲索煎雙井并簡揚休》

《再答冕仲》

《戲答陳元輿》

元輿名軒。

《再答元輿》

《次韻冕仲考進士試卷》

已上皆武成宮試闈所作。

《和冕仲觀試進士》

《送劉道純》

詩中有「大梁城中笏拄頰」之句。二篇並元載《外集》。

《次韻游景叔聞洮河捷報寄諸將四首》

景叔名師雄。按蜀本《詩集注》云：「按《實錄》：元祐二年八月禽西蕃首領鬼章青宜結，檻送闕下。」

《和游景叔月報二捷》

與前詩同時作。

《次韻崔伯易席上所賦因以贈（竹）〔行〕二首》

按蜀本《詩集注》云：「按《實錄》：元祐二年十月將作少監崔公度知潁州。又按本傳：公度字伯易，高郵軍人。此詩十月所作。」

《同子瞻和趙伯充團練》

《戲答伯充勸莫學書及爲席子澤解嘲》

趙伯充名叔盎。席子澤名延賞。

《謝景叔惠冬笋雍酥水梨三物》

《再答景叔》

二詩並以時序爲次。

《次韻幾復和答所寄》

先生有此詩眞蹟跋云：「丁卯歲，幾復至吏部改官，追和予丁丑在德平所寄詩也。」

《寄上叔父夷仲三首》

按蜀本《詩集注》云：「張方回家本前一篇題云《寄上叔父夷仲》，後二篇題云《叔父夷仲入奏近寄此詩用前韻》。」今以先生所作《叔父行狀》攷之，元祐元年

二月差按察成都等路茶事。二年除直祕閣權發遣都大茶馬，以職事入奏，十二月除右司。則前一篇寄蜀中，後二篇則叔父已出蜀矣。

《奉答謝公靜與榮子邕論狄元規孫少述詩長韻》

按：謝景溫《小隱田記》又云：「七年不幸伯兄歿于鄧。」而此詩有「謝公逐如此，宰木已三霜」，則是今歲所作。任氏次于元年，非是。今改附于此。子邕名輯。

《送薛樂道知郢鄉》

詩中有「我思謝公淚如雨，屬公去灑穰下土」之句。

《送朱樂仲》

詩中有「故人皆在國北門」及「十五餘年乃一逢」之句。　二篇並元載《外集》。

《和答劉仲叟殿院》

詩中有「諸公遊蓬壺，賤子濫末至」之句。

《題劉法直詩卷》　二篇並元載《別集》。

山谷年譜卷二十三

元祐三年戊辰上

先生是歲在祕書省兼史局。

正月，東坡知貢舉，先生爲參詳。

按《題太學試院》云：「元祐三年正月乙丑鎖太學，試禮部進士四千七百三十二人。三月戊申，奏號進士五百人、宗室二人。子瞻、莘老知舉，熙叔、元輿、彥衡、魯直、子明參詳，君貺、希古、履中、器之、成季、明略、無咎、堯民、元忠、遐叔、子發、君時、天啓、志完點檢試卷。是日侍御史日晏不來，爲子發書。」

五月，詔新除著作郎黃庭堅依舊著作佐郎，以御史趙挺之〔論，故有是命〕。

按：挺之有憾於先生德平鎮日不肯奉承行市易事，已見元豐八年注。

《考試局與孫元忠博士竹間對窗夜聞元忠誦書聲調悲壯戲作竹枝歌三章和之》

元忠名朴。

《觀伯時畫馬》

《東坡集》有和篇，題云《試院中作》。

《題伯時畫蠅虎》

《題伯時畫觀魚僧》

按舊本題云：「伯時作清江游魚，有老僧映樹身觀之，筆法甚妙，予爲名曰《玄沙畏影圖》，并題數語云。」

《題伯時畫頓塵馬》

先生有此詩眞蹟，題作《輾馬》，今觀詩句乃云：「忽思馬欲頓風塵」，則是《輾馬》無疑。蜀中見有石刻。

《題伯時畫嚴子陵釣灘》

《題松下淵明二首》

按：蜀本《詩集》前一篇注云「皆試院作」。後一篇載《外集》第四卷，當是初本。今併存之。後篇已注改，兼蜀本石刻眞蹟題云《題李伯時所作松下淵明》，而第三、第四句亦不同，云「平生夢管葛，把菊見南山」。

《老杜浣花谿圖》并引

按《金陵續帖》：先生有草書此詩，多不同，如「碧雞坊西結茅屋，百花潭水濯冠纓」作「浣花溪邊築茅屋，百花潭底濯塵纓」，「空蟠」作「獨蟠」，「探道」作「譚道」，「且眼前」作「但眼前」，「樂易」作「樂逸」，「園翁」作「田翁」，「皆去」作「皆出」，「酒船」作「江樓」，「無主看」作「爛漫列」，「解鞍脫」作「干戈解」，「不用」作「不願」，「平安報」作「平安信」，「鋪牆」作「鋪壁」，「常使」作「長使」，「千古無」作「今古無」。漫載于此。元載《外集》。

《伯時彭蠡春牧圖》

《題伯時馬》二篇元載《別集》。

《次韻子瞻子由題憩寂圖二首》

按蜀本《詩集注》云：「子由《題柳仲遠所藏李伯時畫胡僧憩寂圖》，舊有跋云：『元祐三年正月二十七日子由題。』東坡與山谷皆有和章，當是皆試院後作。今附見于此。」而蜀本石刻眞蹟題云：「子瞻詠李伯時所作《憩寂圖》，其本石子瞻醉墨也。」

《次韻子瞻元夕扈從端門二首》

《戲和舍弟船場探春》

《次韻舍弟題牛氏園二首》已上五篇並元載《外集》。

《王才元惠梅三種皆妙絕戲答三首》

先生有此詩跋云：「州南王才元舍人家有百葉黄梅，絕妙。禮部鎖院，不復得見。開院之明日，才元遣送數枝，蓋是歲大雨雪，寒甚，故梅亦晚開耳。」又一跋云：「元祐初，鎖院禮部，阻春雪，還家已三月。王才元舍人送黄紅多葉梅數種，爲作三詩，付王家素素歌之。」今玉山汪氏有先生三詩眞蹟，如「城南名士遣春來」作「佳士百葉緗梅」，「觸撥人」作「苦惱人」。按：王立之《詩話》，「觸撥」字初作「苦惱」，其後改焉。今具載于此。才元名棫。立之，才元之子，字直方。

《急雪寄王立之問梅花》

《又寄王立之》

已上二篇元載《外集》。

《王立之承奉詩報梅花已落盡次韻戲答》

《乞桃花二首》

《寄杜家父二首》

《王才元舍人許牡丹求詩》

《謝王舍人剪送狀元紅》

《王立之以小詩送並蒂牡丹戲答》

《從王都尉覓千葉梅云已落盡戲作嘲吹笛侍兒》

此詩有「催盡落梅春已半」之句，蓋是出試院所作。

《次韻李士雄子飛獨遊西園折牡丹憶弟子奇二首》

按：舊本共三首。前二首云：「花開西寺十里雪，管領須傾三百盃。已撥春醅鬧如蟻，望君及得禁煙回。」「東陽瘦盡吟詩骨，冷落花前飲鳳團。魏紫姚黄滿京洛，大名城裏看山丹。」而此本第一首卻題作《再和子飛寄子奇》。此二篇元載

《外集》。

《次韻答曹子方雜言》

按蜀本《詩集注》云：「曹輔字子方。東坡有《送曹輔赴閩漕》詩，在《好頭赤》詩後。」按《實錄》：元祐三年九月太僕寺丞曹輔權發遣福建路轉運判官。山谷此詩蓋輔未出使以前所作，今附于此。

《和曹子方雜言》

《謝曹子方惠二物二首》　已上三篇並元載《外集》。

《戲答陳季常寄黃州山中連理松枝二首》

按蜀本《詩集注》云：「山谷有《太平興國寺浴室院題》云：『故人陳季常，林下士也，寓棋簟於此。子瞻、范子功數來從之。元祐三年六月丁亥書。』」然此詩未必是時所作，姑以物色附見。

《次韻子瞻送李廌》

李廌字方叔，是歲下第歸。東坡此詩在《次韻黃魯直畫馬》後。

《次韻宋楙宗三月十四日到西池都人盛觀翰林公出遊》

翰林公謂東坡。東坡有《和宋肇遊西池》即此韻。在《訪李方叔》詩後。

《韓獻肅公挽詞三首》

韓絳字子華。事神宗再爲宰相。按《實錄》：元祐三年三月薨，謚獻肅。東坡有《韓康公挽詞》，在《游西池》後。康公即獻肅。

《次韻子瞻寄眉山王宣義》

東坡有《慶源宣義王丈求紅帶》詩即此韻。其序云：「請黃魯直學士、秦少游賢良各爲賦一首，爲老人光華。」先生有此詩眞蹟稾本云：「參軍但有四立壁，

初無臨江千木奴。白頭不是折腰具，桐帽椶鞵稱老夫。滄江鷗鷺野心性，陰壑虎豹雄牙須。鸕鷀作裘初服任，猩血染帶鄰翁無。昨來杜鵑勸歸去，更得把酒聽提壺。當今人才不乏使，天上二老須人扶。兒無飽飯尚勤書，婦無複褌且著襦。社甕河漉溪可漁，更問黃雞肥與臞。林間醉著人伐木，猶夢官下聞追呼。萬釘圍腰莫愛渠，富貴安能潤黃壚。」

《送高士敦赴成都鈐轄二首》

按前篇注有云：「此後有《送高士敦鈐轄》詩，並見《外集》。」今附于此。

《聽宋宗儒摘阮歌》

《自門下後省歸卧酺池寺觀盧鴻草堂圖》

《欒城集》有此圖詩，當同時作。按：《欒城集》次於《韓康公挽詞》後。

《子瞻寺壁作小山枯木》

《題子瞻寺壁小山枯木》

寺壁即酺池寺。

《題子瞻枯木》

《次韻子瞻詠好頭赤圖》

《東坡集》此詩在《紅帶》詩後。

《次韻子瞻書黃庭經付蹇道士》

《子瞻題秋引進雪林石屏要同作》

《次韻子瞻送穆父二絕》

《和子瞻內翰題公擇舅中丞山房》

《題子瞻書詩後六言》

先生有此詩眞蹟，題云「題東坡先生自書詩卷尾」。

《戲贈高述六言》　已上七篇並元載《外集》。

《王聖美三子補中廣文生》

聖美名子（韻）〔韶〕。此篇蜀本載之二年。合移附是歲。

山谷年譜卷二十四

元祐三年戊辰 中

《蘇李畫枯木道士賦》

先生有《跋自書枯木道士賦後》云：「比來子由作《御風詞》，以王事過列子祠下作，猶未見本，問子瞻文作何體。子瞻云『非詩非騷，直是屬韻《莊周》一篇耳。』晁無咎作《求志》一章，子瞻以爲《幽通》當北面也。此二文他日當奉寄，閒居當熟讀《左傳》、《國語》、《楚詞》、《莊周》、《韓非》。欲下筆略體古人致意曲折處，久(久)〔之〕乃能自鑄偉詞。雖屈、宋亦不能超此步驟也。」

《東坡居士墨戲賦》

《白山茶賦》 已上三篇並元載《文集》。

《劉明仲墨竹賦》 此篇元載《外集》。

《題子瞻墨竹》

《題東坡竹石》 此二篇並元載《別集》。

《詠伯時虎脊天馬圖》

《訪伯時象龍圖》

《題竹石牧牛》

按蜀本《詩集注》云：「三詩並附前篇。」而《天馬圖》有「歲在執徐同」之句。蓋戊辰歲也。

《題伯時天育驃騎圖二首》

《觀劉永年（圖）〔團〕練畫角鷹》

《題王晉卿平遠》

《題燕邸洋川公養浩堂畫》 此二篇並元載《別集》。

《戲題大年防禦蘆鴈》 此篇元載《外集》。

《題大年小景》 此篇元載《別集》。

《避暑李氏園二首》

《李大夫招飲》 已上三篇並元載《外集》。

《大暑水閣聽王晉卿家昭華吹笛》

《次韻子瞻和王子立風雨改書屋有感》

子立名適。東坡此詩在《送曹輔》詩後。

《嘲小德》

東坡有和章，次前篇。

《戲答王定國題門兩絕句》

東坡《嘲小德》詩後有《和王定國會飲清虛堂》詩，時定國歸自揚州。

《呈外舅孫莘老二首》

按蜀本《詩集注》云：「詩意喜莘老得歸。按《實錄》：元祐三年九月，御史中丞孫覺提舉醴泉觀。本傳：公以疾堅請外，提舉舒州靈仙觀。」此詩九月以後所作。今附于此。

《寄老菴賦》

先生有此賦眞蹟跋云：「劉貢父作《菴記》，菴在歷陽溫湯之僧舍。莘老來索此文。」雖莫詳年月，因前詩請外，故附此。

《以天壇靈壽杖送莘老》

《次韻胡彥明同年羈旅京師寄李子飛三章一章道其困窮二章勸之歸三章言我亦欲歸耳胡李相甥也故有檳榔之句》

《與胡彥明處道飲融師竹軒》

《謝送宣城筆》

按：《成都續帖》中有先生手寫此詩，題云《謝陳正字送宣城諸葛筆》，跋云：「李公擇在宣城，令諸葛生作雞距法，題云：『草玄筆寄孫莘老』。」

《王彥祖惠其祖黄州制草書其後》

《送徐景道尉武寧二首》

《杜似吟院兩首》

《奉送劉君昆仲》 已上十一篇並元載《外集》。

《清人怨戲效徐庾慢體三首》

山谷年譜卷二十五

元祐三年戊辰下

《戲答俞清老道人寒夜三首》

按蜀本《詩集注》云：「趙彥清家有山谷跋此詩，其末云：『東坡屢哦此詩，以爲妙也。元祐四年歸自門下省，書於酺池寺南退聽堂上。』此跋四年所書，而詩則三年冬所作。蓋四年之冬，東坡在杭州也。」

《祕書省冬夜宿直寄懷李德素》

《歲寒知松柏二首》

按蜀本《詩集》前一篇注云：「東坡所和乃『知』字韻，在《嘲小德》詩後。」後篇在《外集》第六卷。今併附此。

《東觀讀未見書》

《被褐懷珠玉》

《款塞來享》

按蜀本《詩集注》云：「三篇未必同時所作，然皆效進士體，以教兒姪，今附見。《東坡雜記》云：『元祐三年十二月二十八日，上御延和殿，奏范鎮新樂。時西夏方遣使款延州塞，故進士作《延和殿奏新樂賦款來享詩》云。』」

《效進士作觀成都石經詩》

《送曹子方福建路運判兼簡運使張仲謀》

詩中有「山驛官梅破小寒」之句，以時序附此。詳見前篇注。

《戲贈曹子方家鳳兒》

詩中有「莫隨閩嶺三年語」之句，蓋同時作。

《何氏悅亭詠柏》 已上四篇並元載《外集》。

《憶邢惇夫》

按蜀本《詩集注》云：「山谷《跋惇夫

集》有『國馬不及奉輿，甃於皀櫪』之語。蓋元祐三年十一月庚戌也。此詩宜附見于此。」

《次韻秦少章晁適道贈答詩》

詩中有「陰風雪塞蘆」之句，當是此年多所作。蓋明年冬少章從東坡在杭州矣。

《次韻答秦少章乞酒》

詩中有「水餅嚼冰蔬」之句，亦冬時所作。

《次韻答少章聞雁聽雞二首》

先生有此詩眞蹟，題云《同陳無己和答秦少章聞雁聽雞二絶句》。

《伯父祖善耆老好學於所居紫陽溪後小馬鞍山爲放隱齋遠寄詩句意欲庭堅和之幸師友同賦率爾上呈》

序中有「師友同賦」之語，當是求東坡諸公和章。明年東坡已在杭，故附于此。

已上三篇並元載《外集》。

嘗昔嘗聞諸先人，此詩蓋和曾伯祖祖善韻。曾伯祖詩并序云：「老伯行年七十有六，同時兄弟名滿四海，墓木已拱，合令老夫老更狂。近築亭於馬鞍山，松聲泉溜，足以忘年。魯直九姪爲我乞詩朝中諸公，要驚山祇突兀出聽：直木皆先伐，輪囷卻歲寒。時需病者粟，倒著掛時冠。人樂觀魚尾，山齋跨馬鞍。朝中乞佳句，留與子孫看。」是時先生所求朝士和篇甚多。今張文潛集中有和篇，末句云：「平生未識面，試作阿咸看。」即和此詩韻耳。

元祐四年己巳

先生是歲在祕書省兼史局。

按蜀本《詩集注》云：「山谷在京師，多與東坡唱和。四年夏，東坡出知杭州，

遂無詩伴。而山谷常苦眩暈，多在史局，又多侍母夫人醫藥。」任氏注云：「山（中）〔谷〕有《與王長源詩跋》云：『相見於京師，忽忽不得盡生平朋友之意。長源告行，會小人年來頭眩，不能苦思，因以廢詩。輒以舊詩十許贈長源。』又有《老杜詩跋》云：『老夫今年四十五，不復能作詩，它文亦懶下筆。欲學詩，老杜足矣。』又與俞清老、曹荀龍書皆云：『庭堅自去年三月已不作詩。』山谷是歲四十有五。又嘗有詩云：『日歷如山不到詩。』」今以山谷《答黎晦叔》（詩）〔書〕攷之，書云：「自元祐中以病虐不能苦思，遂不作詩。」又《與深道宣德書》云：「自二年來，苦頭眩，不能苦思，因絕不作詩。」則其不作詩恐不特因無詩伴耳。

七月，除集賢校理。

按《實錄》：七月甲午，以修實錄院檢討官、朝奉郎、行祕書省著作佐郎黃庭堅爲集賢校理。

九月，遇明堂大禮，以任子恩澤奏補姪樸。

先生有《乞奏補狀》，載《外集》。

《頤軒詩六首》

按家藏此詩眞蹟，序云「元祐四年正月癸酉」。又有《與君素手書》云：「《頤軒詩》久草成，以眞不工，久未寫去。今漫遣，不知可意否。」後題「二十一日」。

《寺齋睡起二首》

後詩云：「桃李無言一再風」，蓋春時作。又有「人言九事十爲律，儻有江船吾欲東」之句。今《豫章文集》前篇載第五卷，後篇載〔第〕九卷。今從任次。

《記夢》

《同元明過洪福寺戲題》

按舊本幷蜀本有序云：「三月中，同呂元明、畢公叔至洪福寺，見元明壁間舊題，元與晉之醉後使騎擊木撼花以爲笑戲題云。」

《出城送客過故人東平侯趙景珍墓》

按蜀本石刻眞蹟題云《春游偶到故人東平侯墓下》，今以時序附見。此篇元載《別集》。

《效王仲至少監詠姚花用其韻四首》

按：此詩蜀本置之三年。按先生有手書眞蹟。此前後二首跋云：「元祐四年春末，偶入竇高州園。園中闃然，花之晚開者皆妙絕。羣木陰中姚黃數本初開，不數日當零落草根，因折取二本，獨賞於門下後省。其一歸李公擇，其一歸王仲至。仲至作四詠，因同韻作。仲至詩規模甚遠，不與當時同律，故罕知音云。六年五月乙丑，同忠玉、宗玉乞飯乞浴於淨照道人所，愛此紙宜筆墨，書此以消飯。」今移附于此。

《戲答晁適道乞消梅二首》

《以梅餽晁深道戲贈二首》

以時序爲次。

《次韻子實題少章寄寂齋》

子實名端。因後有《送少章》詩，附見于此。此篇後亦刪去。

《次韻孫子實寄少游》

《戲書秦少游壁》

《贈秦少儀》

少儀名覿。

《送少章從翰林蘇公餘杭》

按蜀本《詩集注》云：「按《實錄》：東

坡出知杭州在元祐四年，而行以五月。陳無己至南京見東坡，《從登後樓》詩『五月池無水』，又《送行》詩云『一雨三月涼』。」四詩略從舊次。

《題淨因寺壁二首》

《六月十七日晝寢》

《北窗》

以時序爲次。

《趙子充示竹夫人詩蓋涼寢竹器憩臂休膝似非夫人之職予爲名曰青奴幷以小詩取之二首》

先生有此詩眞蹟。後一首題云：「從趙端承議乞竹奴，俗所謂從夫人者。」

《題李十八知常軒》

《次韻奉答吉鄰機宜》

《題劉氏所藏展子虔感應觀首二首》　已上四篇並元載《外集》。

《范蜀公挽詞二首》

按蜀本《詩集注》云：「東坡作《蜀公誌銘》云：『元祐二年閏十二月薨，葬以四年八月。』此詩蓋四年夏秋間所作。」

《宗室公壽挽詞二首》

按《呂氏蒙訓》云：「『天網恢中夏，賓筵禁列侯』，後改云『屬舉左官律，不通宗室侯』。」

《黃潁州挽詞二首》

潁州名好謙，字幾道。其子即師是。爲河北漕時先生作學官，與之通譜。好謙居陳州，故有「哀笳宛丘道」之句。此詩當是前作，今從任次。

《樂壽縣君呂氏挽詞二首》

《李濠州挽詞二首》　此二篇元載《外集》。

山谷年譜卷二十六

元祐五年庚午

先生是歲在祕書省兼史局。

《寄忠玉提刑》

按《實錄》：元祐五年六月己未，右宣德郎馬瑊提點淮南西路刑獄。又八月戊戌以淮南西路提點刑獄馬瑊爲兩浙路提點刑獄。雖蜀本於四年注稱先生已不作詩，只得附於是歲。先生有眞蹟藁本題云《贈送忠玉提刑朝奉》：「市骨斮千里，量珠買娉婷。駑駘驂逸駕，西子泣深屏。吾人材高秀，胸次別渭涇。嚴能喜劇部，持節按祥刑。萑蒲稍衰息，郡縣或空囹。讀書頭欲白，見士眼終青。今時斧斤地，虛次待發硎。早晚太微禁，占來有使星。」此篇元載《外集》。

元祐六年辛未

先生是歲在祕書省兼史局。

三月，詔爲起居舍人。以韓川有言，行著作佐郎。

按《國史》：三月癸酉詔鄧溫伯、趙彥若、范祖禹、曾肇、林希各遷一官，陸佃爲龍圖閣直學士，黃庭堅爲起居舍人，並以《神宗實錄》書成賞勞也。中書舍人韓川有言，詔黃庭堅行著作佐郎。又按《國史》：初，呂大防欲用庭堅，太皇太后曰：「恐再繳，不如依例與改官。」

六月，特封母壽光縣太君爲安康郡太君。以先生陳乞以書成轉官恩回授。先生有《辭免轉官》及《乞回授狀》，載《別集》。

六月十八日，丁母安康太君憂。

先生叔父給事有《與郭明叔提舉書》

云：「家世不祐，六月間李氏嫂傾逝。此懷苦楚，何以堪任。諸姪已扶護歸分寧。幸蒙朝廷恩賜優厚，感戴何已。」蓋嘗蒙朝廷賻恤耳。

元祐七年壬申

先生是歲正月八日護母安康郡太君喪抵家。

五月，叔父給事歿于京師。

叔父即夷仲。五月丙申歿于官。先生有《與洪甥書》云：「老舅方此荼毒，百骸殄瘁。又聞給事叔父之訃，一慟欲絕，奈何！」

元祐八年癸酉

先生是歲居喪，六月外除。

二月戊申，葬母氏安康太君，祔于臺平祖域之內康州使君之兆。

七月，除編修官。

按《國史》：七月壬寅呂大防言：神宗皇帝正史限一年了畢，契勘昨修兩朝正史，係差史官五員，今來止有三員。切慮猝難就緒，欲差前實錄院檢討官黃庭堅、正字秦觀爲編修官。從之。

九月除服，具奏辭免編修之除。

先生有《辭免史院編修狀》，載《別集》。

《癸酉八月同百丈肅禪師溫湯作小詩呈九僊舜公長老》 此篇元載《別集》。

《宿靈湯文室》

詩中有「月明漸映簷東出，置機東牀夜蕭瑟」之句。恐是同時作。 此篇元載《外集》。

《叔父給事挽詞十首》

按：樞密直學士劉奉世撰給事《墓誌銘》，以元祐八年九月丁酉葬于雙井之原。又先生有《與宇文伯修書》云：「九月之末，方畢叔父給事葬事。」又

云：「欲乞一宫觀。」時已免喪矣。
《江西道院賦》
序云：「元祐八年秋九月。」
《次韻章禹直開元寺觀畫壁兼簡李德素》
禹直名嗣功。嘗以上書言新法羈管洪州。
《次韻道輔雙嶺見寄三疊》
《次韻章禹直魏道輔贈答之詞》
《和答魏道輔寄懷十首》
道輔名泰。襄陽人，曾子宣夫人之弟，作《東軒筆錄》、《碧霞朠》〔一〕、《漢南隱書》，自號漢南處士。道輔嘗留豫章，此詩有「今來冬日至」之句，政先生還鄉之時。
《窗日》
詩中有「添得思堂一卷書」之句。
《次韻道輔旅懷見寄》
先生有《與章禹直手簡》云：「兩日不會，曷勝馳情？昨與德素、天倪會語縣庭，殊思與公同之。」又云：「與道輔唱酬詩皆和，得淨本已送道輔。昨已宿雙嶺，想未見本，少間得空，別錄呈也。今日不出，能見過否。」故禹直、道輔諸詩悉附于此。　已上十五篇並元載《外集》。

紹聖元年甲戌

先生是歲居鄉待辭免之命。
除知宣州。又除知鄂州。
先生有《跋東坡磨衲贊》云：「紹聖元年五月甲子，新宣城假守黃庭堅書。」又先生有《與李獻父知府書》云：「伏奉手誨勤篤，并煩遺騎馳送宣城勅，感佩至意。」又有《與運使中舍書》云：「伏蒙賜書存問曲折，感慰無量。失宣城得武昌，消息盈虛，誠如尊諭。」按《國史》：閏四月甲申，以禮部侍郎孔武仲爲

寶文閣待制知宣州，從所請也。其新差權發遣宣州黃庭堅別與差遣。

三月丁亥，宿王子居息菴。

先生有草書跋尾云：「元祐九年三月丁亥，宿王子居息菴，爲表弟舜功作此草。」按《國史》：改元在四月癸丑，降御札云：「其因盛夏之辰，載新元統之號。」

五月，到城下。

先生《與李獻父書》有云：「庭堅但須分寧卸鹽船空即解維，後月初必獲參展。許借兩舟至海昏，盛暑，使賤累少得清涼，實受賜也。」書後題「二十一日」。而書中有「竊審公庭無留事，內外得職，履夏具宜」之語，發書當在四月間。又有《題唐本蘭亭後》云：「紹聖元年六月辛未，上藍院南軒同程正輔觀。」正輔名德孺，蜀人。

六月，離城下。八月，到彭澤。

先生有《彭澤縣題名》云：「紹聖元年六月八日來謁石興宗，李幾道在焉。尋勝至此，休於橘陰者久之。伯氏元明、舍弟天民將姪樸、桓自微徑來江西。黃庭堅魯直記。」又有彭澤讀書巖題字云：「尉石興宗諸子讀書巖中，號橘林三少。故予爲立巖名。」興宗名振。三少，謂悉、憑、悠。」

七月奉祠，因舟行淮南。

按《國史》：紹聖元年六月丁亥，新知鄂州黃庭堅管句亳州明道宮，於開封府界居住。報國史院取會文字。又先生有《與運使中舍書》云：「十三日受勅管句亳州明道宮，并得堂劄，已除范祖禹提舉明道宮，奉聖旨各於開封界居住，報

應國史院取會文字。亦能識時解意旨[三]，且泛舟迤邐向淮南耳。」又按《國史》：紹聖元年九月壬午，修國史蔡卞、林希言：「先帝日歷自熙寧二年正月以後至三年終，係元祐中祕書省官孔武仲、黄庭堅、司馬康修纂，自熙寧四年以後至七年終，係范祖禹修纂。而黄庭堅、司馬康、范祖禹又皆係修先帝實錄官，其間所書，相爲表裏，用意增損，多失事實。緣修國史院已得旨重修，所有昨來范祖禹所進日歷，伏乞一就看詳改正，務盡事實，使後世考觀，無所疑惑。」從之。

九月，復過池州。

先生有《池州齋山焦筆巖題名》云：「江西黄大臨、弟庭堅、叔獻、叔達，子樸、相、棁，孫杰，紹聖元年九月辛丑泛舟同來。」

十月，離分寧。

先生有與天民、知命初八日書云：「今日至武寧，見諸官畢，即行。」又有十七日書云：「道中適晴暖，行李甚得所。七哥清快。葷味亦不乏。吾上路來尤輕安。三十三切勿過憂，亦聞裏面事稍慢，或歲初便得歸也。漫寄少梨棗去，作冬節。」按蜀本《詩集注》云：「山谷初寓太平州之蕪湖，事具《與王瀘州書》。與其兄元明俱來陳留，事具《與梁大夫書》，云：『伯氏越州司理相送至府畿。』後止東寺之淨土院，事具《與趙伯充書》，且云：『一室明暖，容膝有餘。』舟行時與東坡相遇於江上。」山谷有《題東坡眞贊》云：『紹聖之元，吾見東坡於彭蠡之上，其貌不爾。』又《與佛印書》

云：『惠州偶阻風，相會三日。』與黄門相遇於貴池。其後山谷在荆州，黄門與書云：『貴池相别，於今八年。』」今以先生前後書尺眞蹟石刻及彭澤池陽題名等一一參考以月日，是歲先生自分寧赴宣城，舟行由海昏過城下赴官，道間得祠。其與東坡相遇時，按《國史》：是歲四月，東坡落職知英州。按《東坡年譜》有《乞舟行赴英州狀》云：「帶家屬數人前去泝泗之間，乘舟泛江，倍道而行，至南康軍出陸赴任。」又東坡有與先生作《銅爵臺研銘》，親筆刻研上，乃「紹聖元年七月十三日，東坡居士書」。則是相遇之時當在六七月間。先生九月復過池州，與蕪湖相距才一二程耳。考之家書，則又十月離分寧，與元明同行。書中之語有云「或歲初便得歸」，意是挈家略歸，即爲陳留之役。時元明得官越州，樸得官杭州，其後復挈家寓蕪湖，以候分骨肉相養也。蓋《王瀘州書》中止言「兄弟同庖，蓋四十口，得罪東南，勢不可扶，將皆寓太平州之蕪湖。」是書乃已謫居黔中，在紹聖二年，則是骨肉復寓蕪湖。於它書亦可互見耳。天民名叔獻，先生之弟。

十一月至陳留，供報文字。

按《國史》：黄慶基言《神宗實錄》隱沒先朝良法美意，輒以微言含寓諷刺數十事修編，令府界供答文字，未見施行，乞早誅責。

十二月，尙在陳留俟命。

先生有《與公藴知縣書》云：「被旨至陳留，略已六十日。」又有書《壽禪師垂戒碑》贈朱時發，乃十二月丙申陳留淨

土院深明閣書。按《國史》：十二月丙申，三省同進呈臺諫官前後章疏，言實錄院所修先帝實錄，類多附會姦言，詆熙寧以來政事，乞重行竄黜。及國史院取會到編修官范祖禹、趙彦若、黄庭堅所供文狀，各稱别無按據，得之傳聞事。上曰：「文字已盡見，史官敢如此誕慢不恭。」章惇曰：「不惟多稱得於傳聞，雖有臣僚之家取到文字，亦不可信。但其言以傳聞修定，欺誕敢爾。」安燾曰：「自古史官未有如此者，亦朝廷不幸。」又曰：「常日進呈文字多先議定。」上早來，章惇言：「合取自聖斷。」即未經聚議輕重。惇曰：「合取自聖意裁度。」上曰：「庭堅供答尤不遜，莫量分等第。」章惇等曰：「三人事體不甚相遠，恐不須分。」上曰：「須各與安置。」惇等曰：「據罪當如此。」又奏：「臣僚入劄子，言國史院簽貼實錄，詆誣編落事。元祐大臣乃欲塵玷先朝政事，援引司馬光、蘇軾兄弟門下之人，皆平昔不得志者，其於事跡往往刪除漏落，或緣飾詆誣，意欲掩覆先帝之光烈。爲臣不忠莫大焉，欲乞根究詣實。應提舉史院呂大防，修史官趙彦若、范祖禹等重行貶責，以示萬世大公至正之法。」詔祖禹責貶武安軍節度副使、永州安置，彦若責授安遠軍節度副使、澧州安置，庭堅責授涪州别駕、黔州安置。

《次韻元日》

詩中有「四十九年蘧伯玉」之句，意是今春首作。此篇元載《外集》。

《贈石敏若》

敏若名悉，興宗之子。此詩蜀本載之崇

寧元年。合在是歲，詳見前注。

《題大雲倉達觀臺二首》

按先生有手書石刻跋云：「永利禪寺東偏，遵微徑，攀古松，登高丘，四達而平，所瞻皆數百里。問其地主，曰戴器之。因名曰達觀臺，而屬器之築屋於其上。器之忻然曰：『敢不諾。』因爲作二詩。踰旬屋成，器之置酒，命歌舞者二三，時與鎮官蘇臺范光祖同賞焉。余既去，越三年，聞器之以疾不起，但增感歎爾。山徑荒蕪，好事者遠聞而來，或不得一登而去。問其故，曰：『更數尉，以爲臺上窺見其室家，故鍵閉而藏其鑰。』余笑曰：人家不過有五七婦女，亦當在室屋中作女工事，豈常鋤耘於後圃耶？州西酺池寺僧伽浮屠，高三百六十尺，下見親賢宅，旁見禁中，游人以時登，未聞官典其鑰也；岳陽樓下瞰郡官數家，游者無虛日，特未之思耳。余流落夔梓間，九年而歸，見智遠長老莊嚴此院，甚有意思。而詩以經元符間掊擊不存，臺上石刻，聞尉公密令彎生碎之。復來求本，故書遺之，并紀叙鍵閉游人之意，冀即識者能思之耳。崇寧元年五月朔，黃庭堅書。」即此跋推之，合在是歲。 此篇元載《外集》。

《寂住閣》

《深明閣》

按蜀本《詩集注》云：「二篇陳留淨土院作。元注云：『陳留宿一殯堂，因書爲寂住閣。』」

《雜詩》

詩中有「誰知佛印祖師禪」之句。當是今夏與佛印相遇時作。 此篇元載《別集》。

紹聖二年乙亥

先生是歲拜黔州謫命。

按《國史》先生本傳：章惇、蔡卞與羣姦論實錄詆誣，俾前史官分居畿邑以待，摘千餘條示之，謂爲無驗證。繼而院吏考閱，悉有據依，所餘才三十二事，殊細瑣。庭堅書鐵龍爪治河有同兒戲，至是首問焉，對曰：「庭堅時官北都親見之，眞兒戲耳。」凡有問皆直辭以對，聞者壯之云云。先生被命即行，其《與公蘊知縣書》云：「庭堅以謬於史事，遠竄黔中。罪大恩寬，惟有感涕，即日俟受命即行。」又按《國史》：紹聖二年春正月，黄履言：「朝廷以趙彦若等修纂先帝實錄，厚加誣毁，皆已竄逐。惟監修官呂大防獨得幸免。今訊治大防親有撰述，筆迹甚明，若不例謫，何以示公。」翟思言：「呂大防始以典領史，特遷兩官，合行追奪。」劉拯言：「范祖禹、趙彦若、黄庭堅擅敢增損誣毁先帝，爲臣不忠，罪不可赦。」詔呂大防特追奪兩官，趙彦若、范祖禹、陸佃、曾肇、林希並追奪一官。除林希在職日淺外，曾肇與小郡，陸佃候服闋與小郡，庭堅特追一官。當用過回授恩澤。

先生赴貶所，伯氏元明同行。

按《書萍鄉縣廳壁》云：「初，元明自陳留出尉氏、許昌，渡漢沔，略江陵，上夔峽，過一百八盤，涉四十八渡，送余安置于摩圍山之下。」

三月辛亥，次下牢關。壬子之夕，宿黄牛峽。癸丑夕，宿鹿角灘下。

具《黔南道中行記》。

四月二十三日，到黔州。

具《到黔州謝表》。

寓居開元寺。

先生有《與張和叔書》云：「下處在南寺摩圍閣。」及有四月二十六日《與大主簿三十三書》云：「安下處是南寺一位有水閣，山亭極蕭灑。」末云：「黔州摩圍閣發。」又批云：「蜀人呼天爲圍。此閣臨江，正對摩圍峰也。」大主簿即先生姪樸，字匠師，元明之長子，授先生奏薦。三十三即先生之女，名睦，後嫁舒城李文伯。

《竹枝詞二首并跋》

《予既作竹枝詞夜宿歌羅驛夢李白相見於山間曰予往謫夜郎於此聞杜鵑作竹枝詞三疊世傳之否予細憶集中無有請三誦乃得之》

前詩有跋語云：「紹聖二年四月甲申。」蓋十九日，與此詩皆道中作。

《元明題歌羅驛竹枝詞》　此篇元載《外集》。

《竹枝詞二首》

詩中皆有夔州竹枝語。　此篇元載《別集》。

《和答元明黔南贈別》

先生《書萍鄉縣廳壁》云：「元明送余，安置于摩圍山之下，淹留數月不忍別。士大夫共慰勉之，乃肯行。揜淚握手，爲萬里無相見期之別。」詩中有「急雪鶺鴒相並影，驚風鴻鴈不成行」之句，蓋冬時所作。然元明卻是六月十二日離黔州。具先生所與天民、知命書，此詩蓋追和耳。

紹聖三年丙子

先生是歲在黔州。

按蜀本《詩集注》云：「初，山谷既未能以家來。二年之秋，其弟知命自蕪湖

登舟。山谷《與秦少章書》云：『叔達附蘇伯固船自蕪湖登舟，攜一妾一子。』妾所謂李慶，具知命家書，今趙彥清家有錄本。子名祖，小字韓十，蓋仲子也。具家書及與秦少章、宋子茂書。及山谷之子相，小名小德，小字四十，幷其所生母俱來。知命中道生一女。又與其從兄嗣直會於夔州。是歲五月六日抵黔南。」又任氏注云：「山谷書云：『知命居士得三月二十八日書，知慶兒已免娠，入夔州。已回客次，俱無恙。嗣直又適得相會，何慰如之！』嗣直名叔向，給事之子。山谷五月書云：『初五日宿大浩，初六日可來。趁疊石早飯。』又云：『今日甚思汝輩同剝粽子也。』」

《題瘦驢嶺馬鋪》知命

《行次巫山宋楙宗遺騎送折花廚醞》知命

《次韻楙宗送別二首》知命

《戲答劉文學》知命

《外姪李光祖往見尙垂髫今觀寄嗣直小詩已可愛因次韻書其後》知命

《上南陵坡》知命

《題小猿叫驛》知命

《馬上口號呈建始李令》知命

建始屬施州。

《次浮塘驛見張施州小詩次其韻》知命

《將次施州先寄張十九使君三首》知命

《和仲謀送別二首》知命

《次韻答清江主簿趙彥成》知命

《宋楙宗寄夔州五十詩三首》知命

右知命二十詩，元附先生集中，今從舊本。

《題蘇若蘭回文錦詩圖》

元雜置知命詩中。

紹聖四年丁丑

先生是歲在黔州。

按蜀本《詩集注》云：「其春知命往見嗣直於涪州，生一子，是爲小牛，秋冬間還黔。具山谷與知命、嗣直書。」今以先生《與七兄司理書》考之，有云：「知命挈攜在涪陵，十月乃歸。」又云：「庭堅處摩圍之下，安固寂靜，無時不湛然。願勿以遞中書浮湛動念也。」蓋正月初三日書。又四月《書陰眞君詩贈王瀘州之季子跋》云：「紹聖四年丙午，黔中禪月樓中書。」而六月嘗爲王聖涂作《忠州復古記》。十一月爲劉退夫臨寫《蘭亭》[三]，跋云：「紹聖四年十一月乙卯，摩圍閣中書。」

《楊明叔惠詩格律詞意皆薰沐去其舊習予爲之喜而不寐（石刻有然字）文章者道之器也言者行之枝葉也故次韻作四詩報之耕禮義之田而深其耒（石刻作本字）明叔言行有法（石刻作物）當官又敏於事而卹民故予期之以（石刻作故相期以遠者大者）》

按：蜀本石刻眞蹟止寫前兩篇，題作「故次韻作二頌以爲報」。而第三篇卻別題云《荐辱明叔佳句又作一頌奉報老人作頌不復似詩如蜂采花但取其味可也》。

《庭堅老嬾衰墮（石刻作老衰嬾墮）多年不作詩已忘其體律因明叔有意於斯文試舉一綱而張萬目蓋以俗爲雅以故爲新百戰百勝如孫吳（石刻作孫武吳起）之兵棘端可以破（石刻作當）鏃如甘蠅飛衛之射此詩人之奇也明叔當自得之公眉人鄉先生之妙語震耀（石刻作驚）一世我昔從公（石刻作蓋從此公）得之故今以此事相付》

按：蜀本石刻眞蹟添前篇第四首，卻題

云《再和二頌并序》。

《明叔惠示二頌云見七佛偈似有驚覺乃是見道之端發於此以二頌爲報》

按：蜀本石刻眞蹟有此二篇，而集中遺逸，故載于此。蜀本《詩集注》云：「楊皓字明叔。眉之丹稜人，官于黔中，時在山谷遷謫後。與明叔書帖可攷。此詩蓋黔中所作，故有「我已魑魅禦」之句。黔中詩絕少，姑附是歲。

《謫居黔南五首》

按蜀本《詩集注》云：「右摘樂天句。元題云《謫居黔南》，今附于此。蓋明年又遷於戎州云。」今蜀本有十首，元注：「摘樂天句。」近世曾慥端伯作《詩選》載潘邠老事云：「山谷十絕詩盡用樂天大篇裁爲絕句。蓋樂天長於敷衍，而山谷巧於剪裁。」端伯所載如此，必有依據，然敷衍剪裁之説非是。蓋山谷謫居黔南時，取樂天江州、忠州等詩，偶有會於心者，摘其數語寫置齋閣，或嘗爲人書，世因傳以爲山谷自作。然亦非有意與樂天較工拙也。詩中改易數字，可爲作詩之法。而楊氏增注云：「後五篇當是責宜州時作。」《冷齋夜話》以「老色日上面」及「輕紗一幅巾」二篇爲責宜州時，則三篇可見也。今以後五篇附，其一云：「老色日上面，歡悰日去心。今既不如昔，後當不如今。」其二云：「嘖嘖雀引雛，梢梢笋成竹。時物感人情，憶我故鄉曲。」其三云：「苦雨初入梅，瘴雲稍含毒。泥秧水畦稻，灰種畬田粟。」其四云：「輕紗一幅巾，小簟六尺牀。無客盡日靜，有風終夜涼。」其五云：「病人多夢醫，囚人多夢赦。如何

春來夢，合眼在鄉社。」

《王聖涂二亭歌》

以是年爲王聖涂作《忠州復古記》，故附此。

《送昌上座歸成都》　此篇元載《外集》。

〔一〕碧霞腴：原爲魏泰托名梅堯臣所著。《墨莊漫録》卷二、《避暑録話》均署作《碧雲騢》。

〔二〕意：原作「音」，據《黄文節公全集》別集卷一六及適園叢書本《山谷年譜》改。

〔三〕臨寫：原作「臨爲」，據別集卷一〇《書臨寫蘭亭後》改。

山谷年譜卷二十七

元符元年戊寅

先生是歲在黔州。是春以避外兄張向之嫌遷戎州。

按《國史》：紹聖四年三月，知宗正丞張向提舉夔州路常平。十二月壬寅，詔涪州別駕、黔州安置黄庭堅移戎州安置，以避使者親嫌故也。又按《國史》先生本傳云：「貶涪州別駕、黔州安置，言者猶以處善地爲屈法。會避親，遂移戎州。」又先生作《南園遁翁墓銘》云：「庭堅以罪放黔中三年，又避親嫌遷置于戎州。」今爲叙。

三月，先生離黔州。

按任氏注云：「山谷有《與楊明叔大字跋尾》云：『紹聖五年三月哉生明，涪

翁時遷于僰道，治舟開元寺江西之間。」僰道即戎。」

三月中，到涪陵。

先生有《答黎晦叔遲書》云：「承寄惠長韻詩。去年三月中到涪陵，乃得之。」又四月乙未爲涪陵藺大節作《朋樂堂記》、《與楊明叔跋》皆尚稱五年，蓋改元在六月耳。又先生有《與韋子駿提刑主客三月二十三日書》云「庭堅居黔中，衣食之須粗給。既又放徙，一動百動。所以少淹留此，月半乃得至涪陵。又當爲家弟少留」云云。又四月書云：「區區西來，以多病，所至就醫藥。又爲涪陵家弟少留，是以行李稽遲。」

五月戊午，上荔枝灘。

見先生《書韓退之符讀書城南》云「紹聖五年五月戊午，上荔枝灘，極熱」云云。

六月，至戎州。寓居南寺。作槁木菴、死灰寮。後僦居城南，名任運堂。

先生有《與王觀復書》云：「泝流在道三月。」又有《瀘州木龍巖題名》云：「紹聖五年五月晦。」而所作《章明揚墓碣》云「元符之元，夏六月，明揚之子如壎以書走戎州」云云。則是六月到戎州無疑。又九月八日《答李長倩書》云：「今寓居南寺，乃當闤闠中，屋室差勝開元舊居，但無復摩圍江山之勝。」槁木菴見《書遺道臻墨竹後與斌老》，題云：「元符三年三月，戎州無等院涪翁借地所築槁木菴中書。」任運堂見《書劉禹錫浪淘沙九首跋》云：「元符二年四月甲戌，戎州城南僦舍任運堂中書。」其任運堂有《銘》云：「或見僦舍之小堂

名任運，恐好事者多以藉口。余曰《騰騰和尚歌》云：『今日任運騰騰，明日騰騰任運。』蓋取諸此。余已身如槁木，心如死灰，但不除鬢髮，一無能老比丘，尚不可耶！」

重九日，遊無等院。

先生有題名云：「元符始元重九日，同僧在純、道人唐履、舉子蔡相、張溥、子相、姪桓步自無等院，登永安門，游息此寺。同僧惟鳳、修義、居泰、宗善觀甘泉鑿井回，乃見東坡老人題云，低回其下，久之不能去。責授涪州別駕戎州安置黄庭堅魯直書。」

《送曹黔南口號》

亦有致語，載《別集》。

《與黔倅張茂宗》

按蜀本《詩集注》云：「山谷初到黔南，曹譜伯達、張詵茂宗爲守貳，待之頗厚。山谷《與張叔和書》云：『庭堅至黔南將一月矣，曹守張倅相待如骨肉。』又《與楊明叔書》云：『守倅皆京洛人，好事尚文，不易得也。』」今先生有《與大主簿三十三書》亦云：「太守曹供備譜，濟陽之姪。通判張詵，張景儉孫、公休之妻弟，皆賢，雅相顧如骨肉。」前篇載《外集》，後篇載《別集》。因《賈使君》詩以先後之次附見。

《贈黔南賈使君》

按蜀本《詩集注》云：「賈使君蓋與曹伯達爲代者。未知此詩何時所作，姑附於離黔之歲。」又別本注云：「信臣家世有北園，在崆峒山下。氣象雄壯，花木茂密。」信臣，賈使君字也。

《放目亭賦》并序

序云「黔江居士爲之賦」，故附於黔江之末。

元符二年己卯

先生是歲在戎州。

先生《題所和東坡與王慶源紅帶詩》云：「後十二年，觀此詩於戎州城南僦舍，所謂吾猶昔人非昔人也。元祐二年黄魯直、元符二年涪翁題。」又有《書簡公畫像贊後》云：「元符二年壬戌，僰道城南僦舍中書。」《劉禹錫浪淘沙竹枝歌楊柳詞跋》：「元符二年四月甲戌，戎州城南僦舍任運堂中書。」按蜀本《詩集注》云：「九月知命如成都，至明年二月還戎。」具山谷《與知命書》及《答勾宗卨書》又《與範長老書》云：「知命顚倒屨足，二月七日乃到戎州。」今又以先生《與李廣心主簿書》考之，有云：「知命到家不能三月，復以舟載李慶、韓十上成都矣。」又有《與弟姪書》云：「知命將李慶韓十涪婢粧奴往成都，此但留牛郎幷其乳母於此。」又云：「去巳兩月，未有歸音。」

《次韻雨絲雲鶴二首》

按蜀本《詩集注》云：「蜀中舊本此詩序云：『代史夫人和石信道。』按：信道名諒，時作瀘州江安令。史夫人蓋山谷外兄張祺子履之妻、張祉介卿之嫂。《綠荣贊》所謂『維女博士，史君炎玉』者也。此詩蓋在戎州所作。」山谷有《答蘇大通書》曰：「頃見外兄張子履家嫂，具道才德之美。」又曰「昨史嫂過僰道」云云。此詩當是夫人與其子俱來乞子履墓銘時也。「雨絲」、「雲鶴」皆春時景物，宜見於今年春。山谷作子履墓銘，

「葬以元符己卯之四月」，又曰「史夫人博學能文」。

《從斌老乞苦筍》

按蜀本《詩集注》云：「當是今歲夏初所作。元年夏初未至戎也。此篇元在戎州詩中，但序次不倫耳。山谷有《苦筍賦》云：『僰道苦筍，冠冕兩川。』」

《次韻斌老所畫橫竹》

《次韻謝斌老送墨竹十二韻》

《用前韻謝子舟爲予作風雨竹》

《再用前韻詠子舟所作竹》

《戲詠子舟畫兩竹兩鸜鵒》

《詠子舟小山叢竹》　此篇元載《別集》。

《次韻黃斌老晚游池亭二首》

按蜀本《詩集注》云：「與黃斌老唱和諸詩並因《苦筍篇》附見，當是同時所作。《池亭詩》有『黃菊拒霜殊未秋』之句，必今歲所作。明年秋晚，山谷蓋在省城矣。」

《次韻答斌老病起獨游東園二首》

《又和二首》

《又答斌老病愈遣悶二首》

《次韻斌老冬至書懷示子舟篇末見及之作因以贈子舟歸》

《戲題斌老所作兩竹梢》

《奉次斌老送癭木棋局八韻》　此三篇元載《別集》。

《對青竹賦》

《煎茶賦》

《苦筍賦》　此三篇皆入蜀作。

按蜀本石刻有《苦筍賦跋》云：「余生長江南，里人喜食苦筍。試取而嘗之，氣苦不可於鼻，味苦不可於舌，故嘗屏之，未始爲客一設。雅聞簡寂觀有甜苦

筍，每過廬山，常不値其時，無以信其說。及來黔中，黔人冬掘苦筍，萌於土中才一寸許，味如蜜蔗，而春則不食。唯僰道食苦筍四十餘日，出土尺餘，味猶甘苦相半，覺斑筍輩皆苦淡少味。蓋神農之所漏，有莘庖聖所未達者耶。故作此賦以曉蜀人。方苦筍時碧薑和醯，然茅火中而薦之，日食百數，至老嘗能作病也。」

《戲答史應之三首》

按蜀本《詩集注》云：「應之名鑄，眉人，客瀘戎間。山谷有《應之眞贊》云：『江安食不足，江陽酒有餘。』江安屬瀘州，漢江陽地也。」

《筇竹》

按蜀本《詩集》題作《也足軒》，注云：「軒在簡州，爲師範道人作。山谷有《與範帖》云：『知命欲往成都看。』」此篇元載《別集》。

元符三年庚辰，徽廟登極。

先生是歲在戎州。

先生有《書韓愈送孟郊序與張大同跋》：元符三年正月丁酉，甥雅州張大同治任將歸，來乞書。又云「時涪翁自黔南還於僰道三年矣，寓舍在城南屠兒村側，蓬藋柱宇，鼪鼯同徑」云云。三月有《供析狀》云：「責授涪州別駕、戎州安置黃庭堅准戎州公文，准提刑司牒節文：勘會正月十三日登極大赦，州縣散官編管人等，並仰逐處分析聞奏，請詳此勘會責授安置始末事因，開坐回示，以憑照會，依赦文分析開奏者牒。檢會昨於紹聖元年十一月內准朝旨，在開封府陳留縣聽候指揮。至紹聖二年正月初

八日授誥一道：『左朝奉郎、充集賢校理、管句亳州明道宫、雲騎尉、賜緋魚袋黄庭堅：朕以眇末，紹承聖緒，又懼不能發揚先帝成功盛德，曩詔儒學之臣，論次大典，於以章示至公，傳信萬世，明明在上，其可厚誣。爾庭堅擢於諸生，使預著作。罔念朝廷之屬任，專懷朋黨之私恩，依憑國書，疵詆先烈，變亂故實，輕徇愛憎。奏編累年，公罔朕聽。逮究厥實，語多無蹤。覽之瞿然，靡自寧處。得罪宗廟，朕何敢容？古有常刑，宜即誅殛。尚茲屈法，聊示竄投。服我寬恩，無忘自訟。可特責授涪州别駕，黔州安置，勳賜如故。』到紹聖五年二月十八日，准尚書刑部符：准勑，中書省尚書省備到提舉夔州路常平等事張向狀，勘會黔州安置黄庭堅，係向亡母之妹子，切慮合該迴避。奉聖旨，黄庭堅移戎州安置。所有責授安置始末事因，開坐詣實，即無漏落，謹具狀申戎州，謹狀。元符三年三月日，責授涪州别駕、戎州安置黄庭堅狀。」

三月，知命歸江南。

先生《與範長老書》云：「知命留此兩月，三月十三日解舟去。」知命不及到江南，卒於荆州。

五月，復宣義郎，監鄂州在城鹽税。

見先生《辭免吏部員外郎狀》。又，家藏先生《與道微使君手書》眞蹟云：「庭堅五月五日被告復宣義郎，添監鄂州鹽税。得不死於貶所，又有俸禄，實已滿慰所望，但已江漲，未能下峽，方欲挐舟一至青神，省張氏家姑，乃漸治舟而東。」

五月戊寅，賞鎖江荔枝。

先生有題名云：「太守劉廣之率賓僚來賞鎖江荔枝。同來者廖琮致平、張宗道源、徐確天隱、石諒信道、成節履中、文闕一字少延禧、慶崇、闕二字南玉。元符三年五月戊寅，黄庭堅魯直題。柘枝頭荔子一木四柯，西南一柯，獨肉厚而味甘。」又六月丙子作《張仲吉綠陰堂記》云：「今蒙恩放還，去此有日矣。」

己卯，追涼於安詔亭。

按家藏先生《書老杜詩真蹟跋》云：「元符三年五月己卯，棘道尉汲南玉置酒荔枝陰中，同盤者廖致平、石信道、成履中、史慶崇、張晦叔、楊中玉、黄魯直。食罷，追涼於安詔亭。投壺奕象，置涼榻而卧。南玉出天台紙，緊滑宜書，故書。」

七月，泛舟往青神省見張氏姑。

按蜀本《詩集注》云：「山谷既放還，以江漲未能下峽，西塡題名云爾。七月，自戎州行省其姑於青神。山谷之姑，張祉介卿之母。介卿時爲眉山青神尉。以七月二十一日解舟，八月十一日抵青神。具《與介卿書》。」今又以《次虎跳題名》石刻參考之，其題云：「涪翁既作武昌鹽史，會江漲不能下峽，乃拏舟至青神省姑氏。元符三年七月辛卯次虎跳。王穎叔泉起擊彘釃酒，同之者廖養正兄弟姪五人，楊咸孺、祝有道、道人慈元、孫叔慈。泉起臨江作大樓閣，舍西澗泉濺濺，會於石渠，常作風雨聲。久居城市，至此令人忘歸。他日松竹成陰，鑿坎種蓮乃盡之。」又有《草李潮八分小篆歌跋》云「元符三年七月二十三日，余

將至青衣」云云。

八月戊午，與楊韡、祝林宗上巖寺。

九月甲子，與外弟張祉介卿赴蒲志同泰亨中巖之約。乙丑，介卿及其兄姪邀煮茗於玉泉。

並見《游中巖行記》。

十月，告復奉議郎、簽書定國軍節度判官廳公事。

十一月，自青神復還戎州。

按蜀本《詩集注》云：「山谷《與嘉州至樂山王子原十一月二十日書》云：『到家悲苦滿懷。』蓋知命歸江南，死於荊州。當是初聞訃音也。」

十二月，發戎州。

按蜀本《詩集注》云：「十二月發戎州。過江安，爲石信道挽留，遂卒歲於此。信道時爲江安令。已見前注。信道，眉州人，家於江津。女嫁山谷之子，是歲十二月成親。」今以先生有《書丹青引後》考之，其書云：「十二月癸卯，余時解舟發僰道。」又有《跋所書梁甫吟後》云：「元符三年十二月癸卯，將發戎州，舟人湯潛賽武侯，久之不還。艤船鎖江亭下書。山谷道人時聞復朝請郎知舒州，而未被受。是日天大寒，留滯，追送之客廿許人在江濟。」又有《題東坡大字》云：「元符三年十二月甲辰夕，天下雪而大寒，呼酒解指脊乃能書此。」則解舟當在甲辰之後。

《贈知命弟離戎州》

《姪相隨知命舟行》

《十四弟歸洪州賦莫如兄弟四首》

此詩年月不可考。然有「歸掃松楸下，洒我萬里涕」之句，必蜀中作。元載

《外集》，今附於此。十四弟即天民。

《次韻奉答少激紀贈二首》

按蜀本《詩集注》云：「少激名抗，臨邛人，時爲戎州幕官。予嘗見其家山谷諸詩眞蹟，因後篇附見。

《次韻文少激判官祈雨有感》

按蜀本《詩集注》云：「此詩眞本云《伏承少激惠示夏日祈雨有感之詩》，末句云：『愛民天子似仁宗。』時徽宗皇帝初即位。」

《次韻李任道晚飲鎖江亭》

詩中有「西來雪浪如炰烹」之句，當是初夏所作。

《再次韻兼簡履中南玉三首》

《次韻任道食荔枝有感三首》

按蜀本《詩集注》云：「山谷有《戎州鎖江磨崖留題》云：『元符三年五月戊寅，太守劉廣之率賓僚來賞鎖江荔枝。』山谷《與姪檏書》云『初到戎，彭道微作守，甚有親親之意。道微既去，劉滋崇儀作守』云云。此（時）〔詩〕當同時所作，詩有『六年怊悵荔枝紅』之句。蓋自紹聖二年乙亥入蜀，至元符三年庚辰，凡六見荔枝。今已載《鎖江題名》，在前注。」

《以虎臂杖送李任道二首》 此篇元載《別集》。

《廖致平送綠荔枝爲戎州第一王公權荔枝綠酒亦爲戎州第一》

《謝楊履道送銀茄四首》

以時序爲次。

《送石長卿太學秋補》

詩中有「漢文新覽天下圖」，謂徽考初立。山谷有《試張通筆帖》云：「戎州

城南傚舍中，眉山石長卿觀書。」

《次韻少激甘露降太守居桃葉上》

詩語皆及徽考新政，當是秋時所作。

《青神縣尉廳葺城頭舊屋作借景亭下瞰史家園水竹終日寂然了無人迹又當大木綠陰之間戲作長句奉呈信孺明府介卿少府》

按蜀本《詩集注》云：「八月在青神尉廳作。尉即張祉介卿也。祉父閶，雅州人，娶山谷之姑，卒官太常卿。見山谷所作《張子履墓誌》。」

《戲贈家安國》

安國，眉山人，字復禮。

《次韻楊君全送酒長句》

《次韻君全送春花》

《謝楊景山承事送惠酒器》

按蜀本《詩集注》云：「君全名琳，景山名嵒，皆青神人。山谷有《中巖題字》云：『元符三年九月己巳，王元直攜酒帥楊君全、景山酌張子謙介卿、黃魯直於慈姥人東堂。』此詩蓋是時所作。故有『秋入園林花老眼』之句。綵花及酒當是重陽所送，『春花』言其象春時之花耳。」

《應之送春花》

按蜀本《詩集》作《史彥昇送春花》，附《楊君全送花》後。詩有「千林搖落照秋空」之句。

《題石恪畫嘗醋翁》

《題石恪畫織機圖》　此篇元載《別集》。

《謝應之》

按蜀本《詩集注》云：「即史應之也。往歲見山谷於戎，嘗以詩戲之。此篇當是應之自眉來青神，再見山谷，叙述往事，故有『去年席上蛟龍語，未委先生記得無』之句。山谷在青神有《與眉山

程信孺帖》：應之在館，時接從容，賓主相樂也。是歲來自眉山可知。」

《走筆謝王朴居士拄杖》

按蜀本《詩集注》云：「王朴字子厚，隱居嘉州至樂山。此詩當是自青神回舟經涂所作。」詩有「六年流落放歸時」之語。

《戲答王居士送文石》

《楊明叔從予學問甚有成當路無知音求爲瀘州從事而不能得予蒙恩東歸用蛟龍得雲雨鵰鶚在秋天作十詩見餞因用其韻以別》

按蜀本《詩集注》云：「按《實錄》：元符三年十一月癸亥朔，黄庭堅知舒州。詩有『老作同安守』之句，同安即舒州也。」

《次韻石七三六言七首》

詩云「老境五十六翁」，又云「欲行水繞山圍」，蓋元符三年將出蜀所作。石七三當是石信道家。

《以皮韉底贈石推官二首》此篇元載《別集》。已見石刻。

山谷年譜卷二十八

建中靖國元年辛巳

先生是歲正月解舟江安。

先生有《書和晁無咎詩與斌老跋》云：「元符三年十二月，余嘗發戎州，於百忙中爲斌老書此卷。建中靖國元年正月，遣小使持此來追余於江安縣」云云。文有《瀘州中壩葛氏竹林留題》云：「江南黃庭堅自僰道蒙恩放還，元符三年十月道出江安，江安宰石信道以親親見留卒歲。」及《書瀘州開福寺彌勒殿銘跋》云：「建中靖國元年正月乙亥，清輝閣前舟中書。」及有《題所書魏鄭公砥柱銘後》云：「建中靖國元年正月庚寅，繫舟王市，山谷老人燭下書。」

正月晦，與合江令尹白宗愈原道汎安樂溪。見《游瀘州合江縣安樂山行記》。

二月辛酉，與太守高仲本游西山南浦。庚寅，游三游洞。

見《南浦行記》并《題三游洞石刻》。

三月，至峽，準告復奉議郎權知舒州。

四月，至荆南，又準尚書省劄子，已降告命除吏部員外郎，乘遞馬發來赴闕。

先生有《書東坡思舊賦題跋》云：「建中靖國元年四月乙未，早發峽州舟中書。」及《題東坡字》云：「建中靖國元年五月乙巳，觀於沙市舟中。」先生既至荆南，以病癰瘍初愈，再具辭免，乞江湖一合入差遣。遂寓家荆南，有《跋匹紙》云：「十月戊子，荆州沙市舟中。」

六月二十三日，準尚書省劄子，奉聖旨不許辭免已除吏部之命。

見《辭免狀》，載《文集》。先生於是再

具辭免，幷述前狀：嘗乞太平州、無爲軍一處。及以亡弟哀惱，伏暑傷冷，併作羸疾。乞除江湖合入差遣一（向）〔次〕。遂留荆南待命，以至度歲。

《元師自榮州來追送余於瀘之江安綿水驛因復用舊所賦此君軒詩韻贈之幷簡元師從弟周彦公》

按此詩跋云：「余舊得東坡所作《醉翁操》善本，嘗對元道之，元欣然曰：往歲從成都通判陳君頎得其譜，遂促琴彈之，詞與聲色相得也。蜀人由是有《醉翁操》。然詞中之微旨，弦外之餘韻，俗指塵耳豈易得之？建中靖國元年正月辛未，江安水次偶住書此。」此篇元載《別集》。

《萬州太守高仲本宿約遊岑公洞而夜雨連明戲作二首》

《萬州之下巖唐末有劉道者定州無極人聞道於雲居膺禪師爲開巖第一祖法號道微自鑿石龕曰死便藏龕中不用日時門人奉其命二百年來游者題詩不可勝讀莫能起此開巖者故予作此二篇表見之其一用楊子安韻其一用王定國韻》

《又戲題下巖》

《萬州下巖》

此篇即用楊子安韻，載《文集》五卷。今附於此。

《戲題巫山縣用杜子美韻》

詩中有「江陵換夾衣」之句。

《和王觀復洪駒父謁陳無己長句》

按蜀本《詩集注》云：「王蕃字觀復，沂公之裔，官閬中。時多以書尺至戎州從山谷問學。至是自京師改官，復入蜀，會山谷於荆州。時山谷病癰初愈。《答觀

復簡》云：『臥病二十餘日，幾死者數矣。忽奉手誨，歡喜如從天上落也。』陳無己元符三年冬爲祕書省正字。故此詩有『集賢學士見一角』之語。」

《跋子瞻和陶詩》

先生有眞蹟石刻，題云：「建中靖國元年四月，在荆州承天寺觀此詩卷，歎息彌日，作小詩題其後。」又「子瞻謫嶺南，彭澤千載人」作「淵明千載人」，「氣味乃相似」作「風味乃相似」。蜀本載之崇寧元年，今移附於此。

《次韻聞善》

聞善名友聞，居荆南。蓋先生族伯父晦甫侍御之子。

《次韻益修四弟》

益修名友益，聞善之弟。

《以峽州酒遺益修繼前韻》

《謝益修四弟送石屏》

《顏徒貧樂二首》

顏徒名友顏，益修之弟。

《次韻答黄與迪》

《次前韻謝與迪惠作竹五幅》

《戲答王觀復酴醾菊二首》

《戲答王子予送凌風扇二首》

四篇以時序爲次。子予時僑寓荆州。

《謝王子予送橄欖》

《以椰子小冠送子予》

《呈楊康國》

《又戲呈康國》

二詩皆言黄柑未熟。

《次韻馬荆州》

詩中有「菜糝菊英同送秋」之句。

《和中玉使君晚秋開天寧節道場》

徽廟以十月十日誕降爲天寧節。開啓蓋

九月十日。

《入窮巷謁李材叟翹叟戲贈兼簡田子平三首》

詩中有「紫冠黃鈿網絲窠」之句。

《戲簡朱公武劉邦直田子平五首》

朱、劉、田皆荊南人。詩有「葵莧秋」之句。

《戲呈田子平六言》 此篇元載《外集》。

詩中有「荊州衣冠千戶，厚意獨有田郎」之句。

《戲贈米元章二首》

按蜀本《詩集注》云：「米芾字元章，爲發運司屬官，在江淮間。建中靖國之秋，東坡北還，常有手帖與之。」此詩似亦當時所作，蓋詩中有「滄江書畫船」之句，今附見。

《次韻錢德循鹿苑灘艤舟有作》

詩中有「已聽荊州漁鼓鳴」之句。此篇元載《別集》。

《病起荊江亭即事十首》

詩中有「大聖天子初元年」及「西風吹淚古藤州」之句。又是歲七月東坡卒於常州，而此詩猶未及之，當是初秋所作。

《荊州即事藥名詩八首》 此八篇元載《外集》。

《以古銅壺送王觀復》

《鄒松滋寄苦竹泉根麴蓮子湯三首》

松滋隸荊南。詩中有「新收千百秋蓮的」之句。

《次韻答馬中玉三首》

《次韻中玉梅三首》

《次韻中玉水仙花二首》

《王充道送水仙花五十枝欣然會心爲之作詠》

《吳君送水仙花并二大本》
《劉邦直送早梅水仙花三首》
《劉邦直送水仙花》
《謝檀敦信送柑子》
《贈李輔聖》
《和高仲本喜相見》
詩中有「雪滿荆州喜再逢」之句。
《戲詠暖足缾二首》
以時序爲次。
《戲呈聞善二兄》
《謝答聞善二兄九絶句》
嘗乾道之末隨侍先人官荆州，得見族伯祖晦甫侍御位。族伯父仲賁名椕，仲賁嘗言：「先生既與侍御位諸子爲昆弟，視聞善爲兄。聞善酗酒，山谷詩篇中多形勸戒。聞善每飲酒至醉，往往坐不肯起。一夕赴姻家柳氏夜集，既散，聞善復坐不歸。柳氏亦告酒盡，但有一甕酒未堪篘。聞善聞之喜甚，亟造其梱內，直抵甕下。聞善病酒疥，尋常旁坐者亦病之。聞善即以兩手轑甕中，柳氏子弟中眞有意欲毆之者，坐客勸曰：『酒已壞矣，曷若使之盡歡，可乎？』柳氏且怒且笑，不免取而酌之。聞善大喜，狂歌盡醉而去。」故先生詩中有「疥手轑甕庸何傷」及「柳家兄弟太迫窄」之句。蓋紀一時之實耳。又先生有《書贈聞善飲酒詩後》云：「往時族中多酗於酒。二十年間兩還故里，見子弟皆恂恂愛讓，醉而溫恭，中竊自喜，黄氏諸子之遺慶深長，諸少年尙承其風澤，時有興發者耶。因子立乞書，書九詩，可與族中觀知酒之利病如此。」
《戲呈聞善》

《題子瞻畫竹石》

按蜀本《詩集注》云：「舊題云《題全天粹所收子瞻竹石》。天粹名璧。山谷在荆州時有《與天粹帖》。又有《字説》云：『全璧，長林人。』長林屬荆門軍。此詩當附見於荆州詩中。」

《次韻向和卿松滋縣與鄒天錫夜語南極亭二首》

詩中有「提壺及思歸樂」之句。

《木龜亭留題》

《題羅公山古栢菴二首》

詩中有「會向天階乞哀晚」之句。二詩未詳地名，恐是蜀中或湖外所作。今附於此。並元載《别集》。

山谷年譜卷二十九

崇寧元年壬午

先生是歲在荆南。

先生有《正月與子由書》云：「三兩日即挐舟下巴陵，出陸至雙井六日耳，遂由雙井往萍鄉省伯氏元明。」

正月二十三日發荆州，二十六日至巴陵。

先生《與天民嗣文二弟書》云：「老夫正月二十三日發荆州。」又有《手書雨中登岳陽樓望君山二詩跋》云：「崇寧之元正月二十三夜發荆州，二十六日至巴陵。數日陰雨，不可出。二月朔旦獨上岳陽樓，太守楊器之、監郡黃彦并來，率同游君山。行二十四螺蚌中乃至，見住持僧年八十，跛曳而出。登其絶頂，環望積水數百里，實壯觀也。有野馬二

十餘輩游平澤中，猿猴輩出，上下松楠間，景氣甚野。」

二月初六日，至通城。

亦具所與天民、嗣文書：「老夫今日至通城之法興，道中幸健。即相見，悲喜相半。今遣王清走報，黃龍、脩上各不過住二日耳。」書末題「二月初六日」。

三月己卯，寓萬載廣慧道場。

先生有《跋陳日休所收舊字》云：「崇寧元年三月己卯，自分寧來宿萬載之廣慧道場。」按長歷，己卯蓋二十四日。

四月乙酉，到萍鄉。

按《萍鄉（璧）〔壁〕記》云：「杭荆江，略洞庭，涉修水，經七十二渡，出萬載、宜春，來省伯氏於萍鄉。來以崇寧元年四月乙酉，去以是月之己亥。」乙酉蓋四月朔。又，己丑飯於萍鄉護法院，見《書船子和尚歌後》。

是月丁未，登吳叔元秀江亭。

亭在新喻。有題名石刻云：「朝奉郎、新當涂假守黃庭堅，崇寧元年四月丁未來訪叔元。晚登秀江亭，澄波古木，使人得意於塵垢之外，蓋人間景幽兩奇絕耳。」

五月一日，過筠州。

先生有《與七兄長官書》云：「庭堅到臨江及筠，以親舊皆留兩日。筠亦以張九微凍著不欲拖拽上道，幸夜來已安，今早遂行。」書末題「五月初一日」。又批云「初一日五鼓元字」。又有《題胡氏所憩亭壁》云「山谷老人稅駕而飯，嘉作亭之意，爲書此榜。崇寧之元五月之吉實乙卯，黃庭堅」云。

是月到江州，十七日猶在展晝亭。

按《西林寺題壁》云：「黃庭堅，弟叔豹，姪柄，子相，及朱章、劉羲仲、李彭同來。瞻永禪師塑像，觀碑陰顏魯公題字。愛碧甃流泉，淩厲暑氣，裴回不能去。崇寧元年五月癸亥。」及《題太平觀壁》云：「黃庭堅自江西來會王宰、朱章、道士湯居善、周虛己於此堂。觀四山急雨，草木皆成聲。崇寧元年五月甲子，時發東林。」又有雲嚴海公院草書，其末題「五月十七日江州展畫亭」。及《息心銘跋》云「崇寧元年五月十七日江州展畫亭」。又有《草書跋》云：「崇寧元年五月十七日，湓浦展畫亭，飯後爲道淳上座作草，以滌餘困。」其暫留江州，蓋待嗣文節推弟船家同赴任。具先生《與洪龜父書》云：「四十及新婦在荆南，已遣十六節推弟往取船來會江州矣。」嗣文名叔豹，弟十六，蓋給事長子。

二十日過湖口。

見先生《追和東坡壺中九華詩》注。

是月繫舟於大雲倉之達觀臺下。

先生有手書《奉題伯時所作陽關圖跋》云：「元祐初作此詩，題伯時所作《陽關圖》。崇寧元年五月，見此草於趙升叔家，殊妙於定本。」升叔，伯時婿也。時俱繫舟於大雲倉之達觀臺下。

六月初九日，領太平州事，九日而罷。

按《國史》：崇寧元年五月庚午，司馬光而下四十餘人，貶奪降黜有差：孔平仲、畢仲游、徐常、黃庭堅、晁補之、韓岐、王鞏、劉當時、常安民、黃隱、張保源並送吏部，與合入差遣，仍令吏部依條差注施行。詔在乙亥。先生有《與徐師

川書》云：「老舅六月九日領太平事，十七日奉朝旨送吏部。即日解船至江口。以嗣文同行，遂爲遠別，亦大風不可行，留連方欲決去。會駒父奉其大母來，又爲之留七日。閏月十一日分手，亦衝東風至蕪湖矣。」又按：于湖居士張公孝祥作《高侍郎夫人王氏墓誌》載：侍郎諱衛。及與元祐諸公游，嘉言懿行，太夫人悉能記之。侍郎爲太平州判官，攝州事。山谷來爲守，謫久貧甚，既入境矣，復坐黨事。先侍郎得堂帖，不以告，迎候如禮。山谷既視印已，乃知之。侍郎爲治歸裝甚飭備，過於久所事。」觀此，則《冷齋夜話》所稱徐師川言：「予於東坡、山谷、瑩中三君子俱知敬畏，指其疵瑕，予能笑之。謂東坡欲學長生，瑩中對日者談命，山谷赴官姑孰，聞罷而俯就」。其說之妄益可見矣。

七月甲午，復繫舟達觀臺下。

先生有《跋草書後》云：「崇寧元年七月甲午，繫舟達觀臺下，待舒城家問。朝涼，戲作此卷。」

八月，復至江州。

先生罷太平後，裴回於江州，將復過荆南謀居，然竟留於鄂州。亦見《徐師川書》云「將家到荆南謀居」云云。詳見後注。又先生有《跋自書東坡乳泉賦》云：「紫極宮道士胡洞微明之，少入道於廬山康王觀，嘗從容趨事余伯祖父寶之。寶之，人豪也，少名茂先。故往時江淮之間詩云：『江南黃茂先，江北段少連。』明之猶能道其言論風旨，故其見余喜甚，相從忽忘日暮也。東坡公所作《乳泉賦》，數百年之文章也。明之又好

東坡，故書遺之，可深藏以待識者。崇寧元年八月己未，泊舟琵琶亭西書。」又先生有《跋登江州百花亭詩》云：「崇寧元年八月壬戌，來集斯亭。」己未蓋初七日。

九月，至鄂州。

先生有《跋元祐間與三姈太君帖》云：「崇寧元年九月甲申，繫舟樊口，庭堅題。」甲申蓋十二日。

《次韻答高子勉十首》

高荷字子勉，荆州人。而此詩有「春從細草回」之句，是春初所作。

《贈高子勉四首》

《再用前韻贈子勉四首》

詩中有「鳥語花中管弦」之句，春稍動矣。

《荆南簽判向和卿用予六言見惠次韻奉酬四首》

《蟻蝶圖》

《謝人送栗鼠畫維摩二首》

《戲答荆州王充道烹茶四首》

當是未離荆州所作。

《雨中登岳陽樓望君山二首》

此詩有跋，已具前注。

《自巴陵略平江臨湘入通城無日不雨至黃龍奉謁清禪師繼而晚晴邂逅禪客戴道純款語作長句呈道純》

按蜀本《詩集注》云：「巴陵、平江、臨湘皆屬岳州，通城屬鄂州，黃龍山在分寧。」李彤季敵《書豫章集後》云：「先生自巴陵取道通城入黃龍山，爲清禪師徧閲《南昌集》，自有去取。」即此詩也。

《觀化詩十五首》并序

此詩元載《外集》。其間詩中有「流落來從綿上州」之句，且多言鄉里景物。故附於此。

《題徐氏書記》

徐氏即徐禧德占。

《題胡逸老致虛菴》

《題蓮花寺》

《衝雨向萬載道中得逍遙觀遂託宿戲題》

此詩往萍鄉時所作。萬載屬袁州。

《題竹尊者軒》

《送密老住五峰》

按蜀本《詩集注》云：「山谷有爲密公作草書跋尾云：『元年三月壬午，旅寓宜春之開元，飯崇勝密公之堂。』即此僧也。壬午，（月）〔蓋〕二十七日。宜春屬袁州。」

《新喻道中寄元明用觴字韻》

此詩自萍鄉歸涂所作。新喻屬臨江軍。

《次韻子瞻和太白潯陽紫極宮感秋詩韻》

《追懷子瞻太白》

《瓊芝軒》

《龜殼軒》

《秋聲軒》

三篇皆紫極宮所作。

《濂溪詩》

按：濂溪先生故居去江州城不數里，溪在故居。今附於此。見載《文集》。

《戲效禪月作遠公詠》

按蜀本《詩集注》云：「遠公道場即今江州廬山東林寺。是歲八月庚申，山谷有《東林題名》，此詩當是同時所作。庚申蓋初八日。」

《湖口人李正臣蓄異石九峰東坡先生名曰壺中九華并爲作詩後八年自海外歸過湖

口石已爲好事者所取乃和前篇以爲笑實建中靖國元年四月十六日明年當崇寧之元五月二十日庭堅繫舟湖口李正臣持此詩來石既不可復見東坡亦下世矣感歎不足因次前韻》

《書郭功甫家屏上東坡所作竹》

按：家藏先生此詩眞蹟，題云《次韻東坡先生屏間墨竹》，止此六句。但「草不春」作「草偃風」，「一棋終玉局」作「一壺」，「瓊房第幾間」作「琳房」。并有功甫跋語云：「東坡作於予家漆屏之上，觀魯直之詩可以見其彷彿矣。」功甫蓋太平州人。

《太平州作二首》

按：家藏先生眞蹟，前一首題云《戲作觀舞絶句奉呈功甫兄》。又「片片梨花雨」作「細點梨花雨」。三篇元載《外集》。

《罷姑孰寄元明用觴字韻》

《武昌松風閣》

按蜀本《詩集注》云：「此詩經涂所作。今尺牘中有《跋與李德叟書》云：『崇寧元年九月甲申，繫舟樊口題。』時張文潛再謫黄州，猶未至也，故詩有『張侯何時到眼前』之句。」今按《國史》：崇寧元年七月庚戌，主管亳州明道宮張耒責授房州別駕、黄州安置，而文潛謝表云：「已於九月三日到黄州，公參訖。」

《次韻文潛》

《和文潛舟中所題》

按蜀本《詩集注》云：「二詩並次前篇。時文潛已到黄。山谷自鄂往見之。前詩中有『風雪牖戶勤塞向』之句。蓋冬深所作。

《題君子泉》

泉在黄州。

《宿黄州觀音院鐘樓上》

按蜀本《詩集注》云：「元在《次韻文潛》後。詩有『潘何』之語。今遷於此。爲後詩張本。」

《謝何十三送蟹》

按蜀本《詩集注》云：「何十三當是何頡之斯舉或其弟兄。頡之蓋黄州人。集中又有三詩見於《脩水集》者，亦附見。其一《又借答送蟹韻并戲小何》云：『草泥本自行郭索，玉人爲開桃李顏。恐似曹瞞説雞肋，不比東阿舉肉山。』其二《代二螯解嘲》云：『仙儒昔日卷龜殼，蛤蜊自可洗愁顏。不比二螯風味好，那堪把酒對西山。』其三《又借前韻見意》云：『望潮瘦惡無永味，海鏡纖毫只強顏。想見霜臍當大嚼，夢回雪壓摩圍山。』」今《豫章集》皆不載，今併附見。

何十三名覬。

《次韻文潛立春日三絶句》

《再次前韻》

按蜀本《詩集注》云：「按長歷，是歲十二月二十一日立春。明年春時山谷已歸鄂，故詩中有『已發黄州首更回』之句。」

崇寧二年癸未（上）

先生是歲留鄂州。

先生有四月二十二日《與張叔和通判書》云：「庭堅罷太平，即寓鄂渚。會范德孺謫來，即謀居漢陽，已而安厚卿來，遂營居九江。將登舟矣，德孺以散官安置，衆議以爲自不礙責降充宫觀人不得同州指揮，遂定居耳。」按《國史》：正

月己酉，范純粹常州別駕、鄂州安置。是時先生已管勾洪州玉隆宮〔一〕。

十一月，有宜州謫命。

按《國史》先生本傳：庭堅在河北，與趙挺之有小怨。挺之執政，轉運判官陳舉承風旨上其荆南所作《承天塔記》，指爲幸災。復除名羈宜州。嘗昔聞荆州族伯父仲賁嘗言爲兒童時乃識先生，備聞諸父聞善、益脩、諒正話及目擊當時之事，筆記甚詳。仲賁有《跋承天塔記》云：「先生初自蜀出峽，留荆州待辭免乞郡之命。與府帥馬瑊忠玉相從歡甚。閩人陳舉自臺察出爲轉運判官，先生未嘗與之交也。承天寺僧智珠造七級浮圖，乞記於先生。一日記成，忠玉飯諸部使者於浮圖下，環觀先生書碑，先生於碑尾但云『作記者朝奉郎、新知舒州事豫章黃庭堅，立石者承議郎、知府事莊平馬瑊』而已。舉與轉運判官李植、提舉常平林虞相顧，遽請於前曰：『某等願記名不朽，可乎？』先生不答，舉由此憾之。舉知先生昔在河北與趙挺之有怨，挺之執政，遂以墨本走介獻於朝廷，謂幸災謗國。先生遂除名，羈置宜州。忠玉亦以辰州猺賊寇邊，監察御史席震繼而劾之，奪官，羈置海州。遂俱歿於貶所。嗚呼，其亦不幸甚矣！其後不踰年，挺之去位，而舉因指靑蟲爲龍物，奏爲祥瑞，遂坐欺罔。誠足以爲小人陷君子之戒。」今併附見。

十二月十九日夜中發鄂渚，曉泊漢陽，親舊追送。

按蜀本《詩集注》云：「是歲山谷在鄂州，既而謫宜州。十二月十九日發鄂渚，

至岳陽作歲。而所議『乙丑越洞庭，丙寅渡青草』之句，謂是明年二月二十一二日。」今以先生《跋苦寒吟》攷之，其跋云：「開封張德潤，號爲有急難之義。予晚識之於長沙，名不虛得也。泊船驛步門，與德潤官廨相近，時時相過，奔走予所闕，如有人挽其前推其後也。它日持此卷來乞書，會舟子作歲除，未能行，舟中無它緣，偶得意書盡。崇寧二年十二月晦。」此眞蹟見藏晉陵尤氏。既歲暮到長沙，則過洞庭青草，當在此月二十以後，不應在岳陽卒歲。若以《國史》考之，十二月丙寅爲二十一日。雖注引先生與人帖云：「庭堅治行已有緒，既嫁女，別無一事。移舟漢陽，留數日，待親戚之在旁近耳。」此帖不注月日，今祕館中有先生雜文，內有此書，乃是

《與文舉書》。其書尾云：「十一月二十七日。」自二十七日推之，恐鄂州必無兩旬之留。亦或十九日傳寫之誤。或是初九日亦未可知。先生舟行往往不舍晝夜，此既夜發鄂渚，而先離荆州，亦是二十三夜，已載手書《君山詩跋》。兼先生次年有《與李樂道書》云：「十一月末，不肖蒙恩活之宜州，即發船過漢陽軍。」或是先欲留漢陽數日，走到長沙。況當時事勢，不應聞命之後留兩月度歲。又先生有《禮思大師題名》，乃崇寧三年正月甲辰。甲辰爲正月晦，思大師道場在衡山福巖。又先生有《書法輪古碑後跋》云：「崇寧三年二月丙寅，脩水黃庭堅書。」法輪在南嶽，見有石刻，詳見後注。則非二月丙寅過青草湖矣。

《崇寧二年正月己丑夢東坡先生於寒溪西

山之間予誦寄元明觴字韻詩數篇東坡笑曰公詩更進於曩時因和韻一篇語意淸奇予擊節賞歎東坡亦自喜於九曲嶺道中連誦數過遂得之》

己丑蓋九日。

《病來十日不舉酒二首》

詩中有「回施青春與後生」之句，當是春時所作。

《題小景扇》

《鄂州南樓書事四首》

詩中有「我亦來追五月涼」之句。山谷在鄂州作夏惟此年耳。

《南樓畫閣觀方公悅二小詩戲次韻》

《庭堅以去歲九月至鄂州登南樓歎其制作之美成長句久欲寄遠因循至今書呈公悅》

《養鬬鷄》

《和涼軒二首》

以時序爲次。詩有「西風」之語。

《題默軒和遵老》

《題楊道人默軒》此篇元載《外集》。

《次韻文安國記夢》

《寄賀方回》

《鄂州節推陳榮緒惠示沿檄崇陽中六詩余老嬾不能追韻輒自取韻奉和》

《頭陀寺》

《道中聞松聲》

《中秋山行懷子與節判》

《再登蓮落嶺懷君澤知錄》

《崇陽道中》

《晚發咸寧行松徑至蘆子》

《陳榮緒惠示之字韻詩推獎過實非所敢當輒次前韻三首》

〔一〕玉隆宮：原作「玉降宮」，《東都事略》卷一

一六本傳作「玉隆觀」，適園叢書本《山谷年譜》作「玉隆宮」，據改。

山谷年譜卷三十

崇寧二年癸未（下）

《德孺五丈和之字詩韻難而愈工輒復和成可發一笑》

按蜀本《詩集注》云：「按《實錄》：崇寧元年十月，管句南京鴻慶宮范純粹鄂州居住。二年，又責常州別駕、鄂州安置。」

《次韻德孺五丈新居病起》

《次韻德孺五丈感興二首》

《次韻德孺五丈惠貺秋字之句》

《范德孺需筆哀諸工佳者共成十枚分送》

此篇元載《別集》。

《求范子默染鴉青紙二首》

子默，德孺之子。

《謝榮緒惠貺鮮鯽》

《謝榮緒割獐見貽二首》
《吳執中有兩鵝爲余烹之戲贈》
《秋冬之間鄂渚絶市無蟹今日偶得數枚吐沫相濡乃可憫笑戲成小詩三首》
以題中時序爲次。
《甯子興追和予岳陽樓詩復次韻二首》
《和甯子興白鹿寺》
《謝人惠貓兒頭筍》
詩中有「鸚鵡洲前人未知」之句，蓋謂未離鄂州時也。
《以酒渴愛江清作五小詩寄廖明略學士兼簡初和父主簿》
詩中有「將發沔鄂間」之句。
《四休居士詩三首》
《十二月十九日夜中發鄂渚曉泊漢陽親舊攜酒追送聊爲短句》
《次韻陳榮緒同倚鐘樓晚望別後明日見寄之作》
詩中有「青草」、「枯松」之句，皆岳州事，蓋榮緒送山谷至岳，尚未過湖也。
《過洞庭青草湖》
《過土山寨》
按《南行錄》：湖中有土山巡檢，去黃陵廟十五里。
《晚泊長沙示秦處度范元實用寄明略和父韻五首》
長沙即潭州，在洞庭之南。
《次韻元實病目》
右自《洞庭青草湖》至此詩，蜀本載於明年。今移附於此。
《題李亮功家周昉畫美人琴阮圖》
按高子勉《記龍眠李亮功家藏周昉畫美人琴阮圖》：兼有宮禁氣象，旁有竹馬小兒，欲折檻前柳者。亮功官長沙，而山

谷謫宜州過見之，歎愛彌日，大書一詩於黃素上云云。亮功名寅。此篇元載《別集》。

《題李亮功戴嵩牛圖》

《題和東坡先生題李亮功歸來圖》二詩蜀本《詩集》舊載於崇寧元年潯陽諸詩之後。今移附於此。

《次韻寄藍六在廣陵》

《再和寄藍六》

《寄懷藍六在延年》三詩元載《外集》。詩中有「傳聲爲向揚州問，相憶猶能把酒不」及「追思二十年前會」之句。先生甲子歲嘗寓揚州，故附於此。

《文安國挽詞二首》

《史天休中散挽詞》因前篇有記夢詩，故附於此。

《宋夫人挽詞》此二篇元載《別集》。

崇寧三年甲申

先生是歲自潭州歷衡州、永州、全州、靜江府，舊爲桂州以趨貶所。

正月晦，過衡山。

先生有《禮福嚴寺思大師題名》云「正月甲辰」。按長歷，甲辰蓋晦日。

三月己卯，泊浯溪。

見《中興頌詩引》：三月己卯，風雨中舟泊浯溪。按長歷，己卯蓋初六日。

十四日，到永州。

先生有《與李樂道書》云：「三月十四日到零陵，不肖本欲寄家桂林，而家中堅欲相隨到貶所。至零陵已大熱。骨肉不可復將行，因盡室留零陵。」零陵即永州。

四月，發全州。是夏至宜州。

先生有《跋自書嬾瓚和尚歌後》云：「四月辛未，余將發清湘矣。楊唐老乞書，大暑天雨，體煩眼花，書不成字。」兼後注《李資深書卷跋》，則是先生至宜在五月六月之間。

十一月甲戌，遷居子城南。

先生《跋資深書卷》云：「崇寧三年十一月，余謫處宜州半載矣。官司謂余不當居關城中，乃以是月甲戌，抱被入宿子城南予所僦舍喧寂齋。雖上雨旁風，無有蓋障，市聲喧憒，人以爲不堪其憂，余以爲家本農桑，使不從進士，則田中廬舍如是，又可不堪其憂耶？既設卧榻，焚香而坐，與西鄰屠牛之机相直。爲資深書此卷，實用三錢買雞毛筆書。」

十二月二十七日，伯氏元明自永與唐次公俱來。

先生《乙酉家乘》云：「正月庚午朔，元明自永州與唐次公俱來，居四日矣。」《家乘》蓋先生日記。按范信中有《乙酉家乘序》云：「崇寧甲申秋，余客建康，聞山谷先生謫居嶺表，恨不識之，遂泝大江，歷湓浦，舍舟於洞庭，取道荆湘以趨八桂。至乙酉三月十四日，始達宜州。寓宿崇寧寺。翌日謁先生於僦舍，望之眞謫仙人也。於是忘其道塗之勞，亦不知瘴癘之可畏耳。自比日奉杖屨至五月七日，同徙居於南樓。圍棋誦書，對榻夜語，舉酒浩歌，跬步不相舍。凡賓客往來，親舊書信，晦明寒暑，出入相居，先生皆親筆以記其事，名之曰《乙酉家乘》。而其字畫特妙。嘗謂余他日北歸，當以此奉遺。至九月，先生忽以疾不起，子弟無一人在側，獨余爲經

理其後事。及蓋棺於南樓之上，方悲慟不能已。所謂《家乘》者，倉卒爲人持去。至今思之以爲恨也。紹興癸丑歲，有故人忽錄以見寄，不謂此書尙爾無恙耶。讀之恍然，幾如隔世。因鏤板以傳諸好事，亦可以見先生雖遷謫處憂患而未嘗戚戚也，視韓退之、柳子厚有間矣。東坡云御風騎氣與造物游，信不虛語哉。甲寅四月望日，蜀郡范寥信中序。」

《長沙留別》 此篇元載《外集》。

《勝業寺悅亭》

按《南行錄》：勝業寺在南嶽廟東，屬潭州衡山縣。有柳子厚《般舟和尙第二碑》。

《離福巖》

按《南行錄》：福巖在南嶽，依巖架空爲之。蓋思公道場有三生塔，亦屬衡山縣。

《贈益陽成之主簿》并引

引中云：「予之竄嶺南，道出衡陽，見主簿君益陽黃成之，問宗派，乃同世出祖兄也。」 此篇元載《別集》。

《花光仲仁出蘇秦詩卷思兩國士不可復見開卷絕嘆因花光爲我作梅數枝及畫煙外遠山追少游韻記卷末》

花光寺在衡州。經涂所作。

《題花光畫》

《題花光畫山水》

《所住堂》

《題高節亭邊山礬花二首》并引

《贈花光老》

《題花光爲曾公卷作水邊梅》 此三篇元載《外集》。

《贈惠洪》

詩中有「眼橫湘水暮」之句。

《贈惠洪》
此篇載《外集》。曾端伯謂非先生所作。玉父亦嘗刪去。漫附於此。
《戲詠零陵李宗古居士家馴鷓鴣二首》
零陵即永州。經涂所作。
《李宗古出示謝李道人苕帚杖從蔣彥回乞葬地二頌作二詩奉呈》
《書磨崖碑後》
按先生有眞蹟石刻題云：「崇寧三年己卯，風雨中來泊浯溪，進士陶豫、李格、僧伯新、道遵同至中興頌崖下。明日，居士蔣大年、石君豫、太醫成權及其姪逸、僧守能、志觀、德淸、義明、崇廣俱來。又明日，蕭衮及其弟褎來。三日，裴回碑次，請予賦詩。老矣，豈復能文，強作數語。惜秦少游下世，不得此妙墨劖之崖石耳。」又按王仲言《揮麈後錄》云：「崇寧三年，太史赴宜州貶所。是時外舅曾空青坐鉤黨，先徙是郡。太史留連踰月，極其歡洽，相予酬倡，如《江樾書事》之類。帥游浯溪，觀中興碑，太史賦詩，書姓名於左，外祖急止之曰：『公詩文一出，即日傳播。某方爲流人，豈可出郊？公又遂徙，蔡元長當軸，豈可不過爲之防耶？』太史從之。但詩中言『亦有文士相追隨』，蓋爲外祖而設。」空青即公卷，名紆。
《浯溪圖》
《太平寺慈氏閣》
元注：晚與曾公卷同登。
《題淡山巖二首》
《明遠菴》
《去年三月淸明蔣彥回喜太守監郡過其玉芝園作詩十六韻二侯皆有報章今年三月

余至玉芝園記錄一時次其舊韻》
《三月辛丑同徐靖國到愚溪過羅氏脩竹園入朝陽洞蔣彥回陶介石僧崇廣及余子相步及余於朝陽巖裴回水濱久之有白雲出洞中散漫洞口咫尺欲不見介石請作五字記之》
《代書寄翠巖新禪師》
詩中雖有「早梅開」之句，不可作時節會也。
《戲答歐陽誠發奉議謝余送茶歌》
《到桂州》
《答許覺之惠桂花椰子茶盂二首》
覺之名彥先。
《以椰子茶瓶寄上德孺二首》
《寄黃龍清老三首》
詩中有「中秋月」之句。秋時所作。
《贈法輪齊公》

法輪即南嶽岣嶁峰龍雲寺。先生有《重書法輪古碑跋》云：「大明本名惠遠，思大禪師之孫。與虞世南、李百藥、岑文本爲方外之友。三人皆爲作碑銘，幸岑中書之文僅存。又爲不解事僧傳於石刻，敗剝之幾不可讀矣。而法輪寺住持禪師景齊來求予刊定，且乞書而刊之。師金陵蔣山中人，嘗入予方外之師晦堂心公之室，謂我爲同門。蓋嘗參《字説》於王荆公，其人通達辨識，欲有所爲，人不能泥也。故欣然爲之書。法輪寺自晉至唐貞觀中，雖既廢復興，皆號龍雲寺，中間改號金輪，而無文記可尋，意武后時所改耳。其號法輪，則太平興國五年敕書也。崇寧三年二月丙寅，脩水黃庭堅書。」今以歲月附見。此詩元載《別集》。

崇寧四年乙酉

先生是歲在宜州。

二月六日，與諸人飲餞元明於十八里津。

見《乙酉家乘》。又二十六日得元明二十四日丁卯書，寄詩一篇、《青玉案》一篇。

三月十五日，成都范寥來相訪。

寥字信中。見《乙酉家乘》。

五月初七日癸卯，自此宿南樓，范信中同之。

見《乙酉家乘》。又先生有《題東坡小字兩軸》云：「崇寧四年五月丙午，觀於宜州南樓。」按：誠齋先生楊公萬里嘗作《宜州山谷先生祠堂記》云：「予去年十月致書桂林伯侍講張公，今乃得報，且委予曰：『宜州太守韓侯璧，直諒士也。初抵官下，他皆未遑，首新山谷先生祠堂。蓋山谷之貶宜州，崇寧甲申也。館於城之戍樓曰小南門者，明年卒焉。後人思之，即其地廟祀之。(於)〔于〕湖張安國大書豫章先生四字以揚之。然居向湫隘，屋廬壞隤，俎不成列，拜靡厝躬。今侯戾止，顧瞻而賓，爰出其圜，距城不遐，得地洵盱，湖光前陳，曠野洞開，諸峰崛奇，駿奔來庭。立屋六楹，以妥神居，刻木肖象，是似是享。俯湖爲閣，于登于臨，湖山清空，雲煙高寒。神則降集，人士奮豫。既成，來求閣名若記。栻既以清風名閣矣，子學詩山谷者，微子莫宜記之。』予執書歎曰：予聞山谷之始至宜州也，有甿某氏館之，太守抵之罪。有浮屠某氏館之，又抵之罪。有逆旅某氏館之，又抵之罪。館於戍樓，蓋圄之也。卒於所館，蓋飢寒之也。先

生之貶，得罪於時宰也，亦得罪於太守乎？鹿之肉，人之食；君子之殘，小人之資也。孰使先生之所挾，足以授小人之資也哉，夫豈不得罪於太守也！先生得罪於太守，則太守不得罪於時宰矣。豈惟不得罪也，又將取榮焉。由今視之，其取榮於當時者幾何？而先生饑寒窮死之地，今乃爲騷人文士佇瞻鑽仰之場，來者思而去者懷，而所謂太守者猶有臭焉。則君子之於小人，患不得罪爾，得罪奚患哉？今韓侯之賢，乃能社先生而稷之，惜也先生之前乎韓侯也！先生之沒，侯猶敬之如此，使其生也遇侯而嗅休之，則主賓之賢，牽聯俱傳也，惜也韓侯之後乎先生也！然士或同室而暌，或異世而逢。苟逢矣，前後足校哉！先生之祠，要自韓侯始，則韓之傳決也。而又得侍講張公名其閣，其傳益決也。因書其説，寄侍講以遺韓侯云。」今附於遷居南樓之後。

六月辛巳，游龍隱洞。

先生有《龍水城南帖》云「邵彥明置酒招余及華陽范信中、龍城歐陽佃夫，約淸旦會於龍隱洞。余三人借馬自南樓來，至則彥明及其弟彥昇在焉」云云。「彥明者，臨淮邵華彥昇兄也，信中名寥，佃夫名襄，余者江西之修水黄庭堅魯直。時崇寧四年六月辛巳」。

《予去歲在長沙數與處度元實相從把酒自過嶺來不復有此樂感歎之餘戲成一絶》處度名湛，元實名溫。此篇元載《別集》。今附是歲。

《宜陽別元明用觴字韻》

《元明留別》　此篇元載《外集》。

《信中遠來相訪且致今歲新茗又枉任道寄佳篇復次韻呈信中兼簡任道》此篇元載《別集》。

《和范信中寓居崇寧遇雨二首》

按蜀本《詩集注》云：「此詩亦四年夏所作。」

《乞鍾乳於曾公卷》

按蜀本《詩集注》云：「《豫章後集》有《與公卷書》，云『鍾乳何時再成』，又云『嶺南秋暑殊未解』。此詩蓋秋時所作，或遂絕筆於此篇歟。

九月三十日，先生卒。

按《國史》：九月五日奉御筆手詔：「元祐姦黨，詆訕先帝，罪在不赦。曩屈臺憲，貸與之生，斥之遠方，固無還理，終身貶所，豈不爲宜？今先烈紹興，年穀豐稔，鑄鼎以安廟社，作樂以協神民，嘉祥荐臻，和氣昭格。肆頒赦宥，覃及萬方。興言邦誣，久責遐裔。一夫失所，朕尙惻然。用示至仁，稍從內徙。服我寬德，其革爾心。應姦黨羈管編配安置居住，在廣南者與移荊湖南北，在荊湖者移江淮，其餘並移近裏，惟不得至四輔畿內。」後批「崇寧元年九月十六日，送進奏院，遍牒行下。」明年正月庚戌，劉摯而下叙復有差。先生在輕第二等之首，並叙復，令吏部與監廟差遣。而先生皆不及拜命，故先生本傳云：「三年，徙永州，未聞命而卒。」紹興初，高宗皇帝中興，特贈先生直龍圖閣，官子孫各一人。二年，先祖尙書以給事中召至行在。當家藏先祖親筆日記，載二月初六日戊辰，後殿引對，天語甚溫。詢先生子孫曲折，許它日召至行在。及十七日

己卯午刻，中使鄭諶傳宣至，先祖遂就省中見之。上令問先生諸孫曲折，先祖即因諶付口回奏。當時特贈，實與張耒、晁補之、秦觀四人同命。詞云：「勑故朝奉郎黄庭堅等，自熙寧大臣用事變法，始以異用排斥士大夫。維我神祖，念之不忘，元豐之末，稍稍收召。接於元祐，英俊盈朝。而爾四人，以文采風流，爲一時冠，學者欣慕之。及繼述之論起，黨籍之禁行，而爾四人每爲罪首，則學者以其言爲諱。自是以來，縉紳道喪，綱紀日隳，馴致宣和之亂。言之可爲痛心。肆朕纂承，既從昭洗。今爾四人，復加褒贈，斯足以見朕志矣。嗚呼！西清之遊，書殿之選，惟爾曹爲稱。使生而得用，能盡其才，亦何止於是歟。舉以追命，聊申賫志之恨，亦以少慰天下士大夫之心。英爽不亡，歆此休顯。」蓋詞臣推廣高廟聖意及之。後之子孫伏讀褒訓，銜戴國恩，欲報無路，何但痛哭流涕而已！因輒附諸篇末。

李之儀年譜

曾棗莊　編

據《宋代文化研究》第四輯增訂

李之儀（一〇四八—一一二八以後），字端叔，號姑溪居士，滄州無棣（今屬山東）人。治平四年進士，歷知萬全、開封縣，元祐中爲樞密院編修官，紹聖四年爲原州通判。元符二年，監内香藥庫，坐蘇軾薦辟放罷。崇寧元年，提舉河東常平，又坐爲范純仁草《遺表》，并作行狀，編管太平州，居于姑熟。久之，徙唐州。政和三年，又除名勒停。重和元年以後卒，年八十餘。著有《姑溪居士文集》五十卷、《後集》二十卷、《姑溪詞》一卷。事蹟見《東都事略》卷一一六、《宋史》卷三四四本傳。

李之儀是北宋末重要文學家，是蘇軾門人之一，其文與張耒、秦觀相上下。詩名雖不及黄庭堅、陳師道，但亦軒豁磊落，俊逸清新。亦工詞，尤善小令，清婉峭蒨，不减秦觀。他一生仕途蹭蹬，蘇軾知定州，辟其入幕，哲宗親政，蘇軾貶嶺南，坐貶；徽宗繼位，爲范純仁起草遺表，因而「廢錮終身，曾不少悔」。這樣一位勇于爲義的重要文人，《宋史》僅有一百一十二字的小傳，又無行狀、墓誌傳世，故其生平事迹大都不甚了了。本譜據其詩文及相關史料，編纂而成。所引李之儀詩文，皆見《姑溪居士文集》，只注篇名，括注卷次；引《姑溪居士文集後集》者，加注《後集》二字。

李之儀，字端叔，自號姑溪居士，滄州無棣（今屬山東）人。

之儀籍貫多有歧説。陳振孫《直齋書錄解題》作「趙郡人」，此乃郡望，所據當爲李之儀《天禧寺新建法堂記》（卷三七）、《歐陽文忠公別集後序》（《後集》卷一五），皆自署「趙郡李之儀」。《宋史·李之儀傳》附于從兄《李之純傳》後，《李之純傳》謂「李之純，字端伯，滄州無棣（今屬山東）人」。因此，一般也以李之儀爲滄州無棣人。吳芾《姑溪文集序》云：「端叔名之儀，其先景城人。既謫而南，始居姑溪，自號姑溪居士。」無棣屬滄州，景城屬瀛州，二地孰是？《四庫全書總目》（卷一五五）以爲當以景城爲是：「之儀字端叔，《宋史》稱滄州無棣人，而吳芾作《前集序》乃曰景城人。考《元豐九域志》，熙寧六年省景城入樂受，則當爲樂受人。史乃因滄州景城郡橫海軍節度，治平元年嘗由清池徙治無棣，遂誤以景城爲無棣也。陳氏《書錄解題》據所題郡望稱爲趙郡人，亦失之矣。」吳芾爲南宋人，距李之儀的時代較《宋史》作者爲近，故《四庫全書總目》之説似爲可信。其實不然，與更有力的證據相矛盾。李之儀《李氏歸葬記》（卷五〇）云：「李氏葬滄州無棣。自先祖出仕，從于楚州，即卜以葬。至先人捐館舍，以其地不可以從葬，乃卜于州之西南安樂鄉興口里；先妣歿，亦舉以祔。地近河，復以流鑿變更，間爲河逼，議遷者久之而未果。之儀得罪居太平州，既許自便，北歸道金陵，愛其江山勝麗，遂有卜葬之意。凡距城百里

內外，求之殆遍而不可得。邂逅復過太平，得此地爲葬，蓋當塗縣歸鄉尊宿社藏雲山之致雨峰下也。」「世葬滄州無棣」，說明李之儀的祖籍確爲無棣。從祖父起遷居楚州（今江蘇淮安），祖父、父親均葬楚州。從他這一代起，纔遷居當塗，並遷先父先妣之葬于當塗。這裏沒有片言隻字言及他曾居景城，不知吳芾謂李爲景城人之所據。又沈括曾爲李之儀母田氏作墓誌，他在《長壽縣君田氏墓誌銘》（《長興集》卷二九）中說：「夫人姓田氏，得滄州無棣李君諱頎以歸。君仕至太常少卿，而封夫人長壽縣君。始太常之家已去無棣而居楚，……元豐二年七月庚午疾革于京師子之儀之寓舍，……其喪歸從先君之域于楚之山陽興鄉之原。」所載與《李氏歸葬記》完全一致，也無一言語及曾居景城。

父李頎。

《姑溪居士妻胡氏文柔墓誌》（卷五〇）：「先人諱頎。」又云：「先人（李頎）蹭蹬祿仕，敝裘羸馬。」頎曾爲太常博士（見胡宿《文恭集》卷一五《李頎可太常博士制》）、知台州（見王珪《華陽集》卷一九《賜知台州李頎救災獎諭敕詔》）。

母田氏。

《姑溪居士妻文柔墓誌銘》（下稱《胡氏文柔墓誌銘》）：「先妣田氏。」

沈括《長壽縣君田氏墓志銘》云：「夫人姓田氏，其先齊諸公子。祖諱匀，家密之諸城。……得滄州無棣李君諱頎以歸。後君仕至太常少卿，而封夫人長壽縣君。」

姐妹三人。

李之儀《李氏歸葬記》：「先人之女，長嫁朝奉郎何景初，封德安縣（君）；次嫁顯謨閣直學士、大中大夫林邵，追封崇國夫人；次嫁朝請大夫鄭億，封同安縣君。」

妻胡文柔。

《胡氏文柔墓志銘》：「文柔諱淑修，字文柔，姓胡氏，世爲常州晉陵著姓。祖宿，歷位要顯，其子孫族屬多能取美官，遂爲大族。父宗質，娶宣城施元長之女，元長娶丹陽刁民約之妹，爲館閣舊人。……文柔當内外族盛時，獨能于所聞見，擇而不隨，一時翕然以爲賢。選所宜歸，皆修家達門，文柔辭焉。……余方從學者游，有以合姓爲言者，先人難之。文柔謂其親曰：『此可託也。』乃歸于我。」

《故朝請郎直秘閣淮南江浙荆湖制置發運副使贈徽猷閣待制胡公（奕修）行狀》（《後集》卷一九）：「本貫常州晉陵人氏。曾祖寂，故贈太師、沂國公；曾祖妣，沂國太夫人李氏。祖宿，故任樞密副使，贈太師、魏國公，謚文恭；祖妣，蜀國太夫人吳氏；祖妣，魏國太夫人何氏。父宗質，故贈少師；妣，平原郡太夫人施氏。……公諱奕修，字叔微。……四子：績、緯、紳、維。」可知胡氏一族地位較顯赫。

胡氏一子名堯行。

《胡氏文柔墓誌銘》：「兩男子，長，未名而卒。次堯行，未葬前一年（即大觀三年）亦已卒。」

《李氏歸葬記》：「（頎）孫堯行，通仕郎、江州軍事判官。」

胡氏一女適虞奕。

《胡氏文柔墓誌銘》：「一女子，嫁餘杭虞奕，孝而義，甚似其母而明爽，疏通不膠于事，文字一過眼輒誦，爲文多魏晉間人語，後文柔數日卒。內外孫兒女十三人。」

《李氏歸葬記》：「之儀之女嫁承議郎、河北西路提點刑獄虞奕，封文昌縣君。」

妾楊姝一子名堯光。

《李氏歸葬記》：「次堯光，方四歲。」

按：傅增湘批宣統本《姑溪居士文集·李氏歸葬記》：「堯光即楊姝所生也。」似可信。

楊姝有二女。

《李氏歸葬記》：「次方二歲，次生未滿月。」

《李氏歸葬記》：「曾孫德師，郊社齋郎；德孚，尙幼。次方二歲；次生未滿月。堯行之女亦嫁虞氏孫澈，一未行。何氏孫釗，儒林郎，監秀州鹽場；鑄，將仕郎；鎮，承議郎，通判明州。林氏孫攄，正奉大夫、中書侍郎。鄭氏孫耀，將仕郎，宣州司法參軍。虞氏孫澈、浸、澐、渚。外孫十五人。已嫁皆大族，七在室。」

沈括《田氏墓誌銘》：「一男子，河中府萬全縣令、編次刪定官之儀也。三女子，嫁大理丞何景初、鄭意（前文作億）、太常博士林郘。孫堯行，太廟齋郎。一女子未嫁。」

根據以上所述，可列簡表如下：

父李頎
母田氏

- 之儀姐妹三人
  - 一適何景初
    - 何釗
    - 何鑄
    - 何鎮
  - 一適林邵—林攄
  - 一適鄭億—鄭耀
- 李之儀
  - 妻胡文柔
    - 長子未名而卒。
    - 次子堯行 通仕郎、江州軍事判官，大觀三年卒。
      - 李德師
      - 李德孚
    - 女適虞奕
      - 虞澈（娶堯行女）
      - 虞浸
      - 虞澐
      - 虞渚
  - 妾楊姝
    - 子堯光（大觀四年四歲）
    - 女（大觀四年二歲）
    - 女（大觀四年生）

慶曆八年戊子，一歲。

之儀生于此年。

《寄耀州畢九》（《後集》卷三）：「我初與子未束髮，長我一歲今皆翁。」耀州畢九即畢仲游，《畢仲游墓誌銘》（《永樂大典》卷一二〇五）：「改秘閣校理、知虢州，未行，知耀州。」又云：「宣和三年七月二十八日以疾卒，享年七十五。」宣和三年即一一二一年，上溯七十五年，則畢當生于慶曆七年（一〇四七）。畢長李一歲，故李當生于此年。

《上宰執》（卷二〇）：「壬午歲，聞被召，自潁昌亟來，獲見于國門外，蒙問勞甚渥，矜惻相仍。未幾，自以罪去，流落江上十五六年。方其來時，一妻、一女、子與其婦、一孫，並身而六。念一身獨在，晚纔有此兒，實相與爲命。

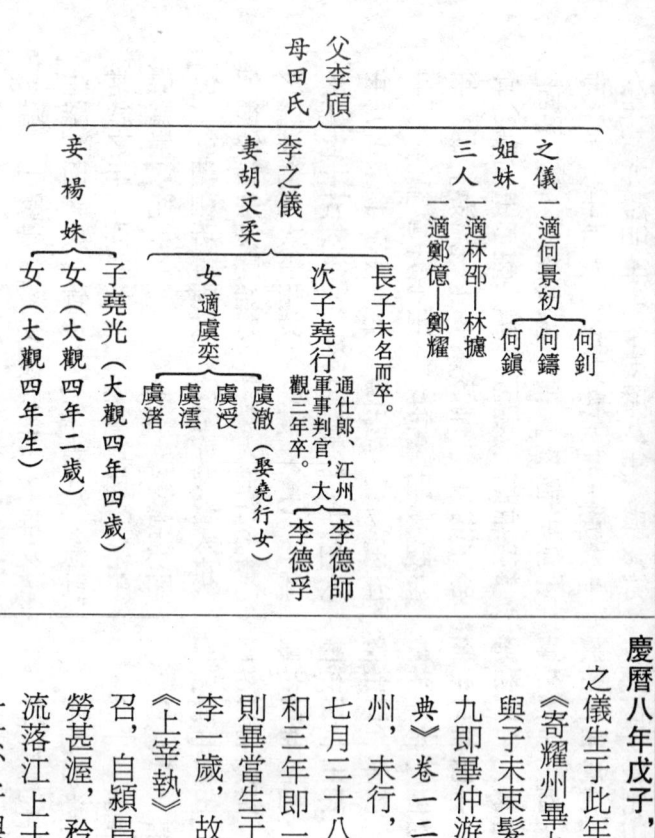

而交造者知其如是，遂用以快意。果得其實，固非所辭，而乃繫風捕影，巧爲訟端。一墮横逆，又復五年，不惟父子生離，而時以一官，年六十有八，豫計當叙之年，則已七十，遂當致仕。」壬午歲爲崇寧元年（一一〇二），時徽宗初即位，欲調和新舊兩黨，之儀亦被召入京。但很快徽宗又開始對元祐黨人進行迫害，之儀被編管太平州（今安徽當塗）。「流落江上十五六年」，則此信當作于政和六年（一一一六）。「一墮横逆，又復五年」，指編管太平州後五年，即大觀元年，時「赦天下」，「復廢官」，之儀被命管勾成都玉局觀，此爲閑職，仍在流落。「而時以官」，指政和六年「再領玉局」，時「年六十有八」，自政和六年上溯六十八年，亦證明李生于慶曆八年，與《寄耀州畢九》所得結論一致。

妻胡文柔亦生于此年。

《姑溪居士妻文柔墓誌銘》：「兩手結彌陀印而逝，時（崇寧）四年二月四日也」，「享年五十八」。自崇寧四年（一一〇五）上推五十八年，亦爲此年。

皇祐元年己丑，二歲。

皇祐二年庚寅，三歲。

皇祐三年辛卯，四歲。

皇祐四年壬辰，五歲。

皇祐五年癸巳，六歲。

皇祐六年、至和元年甲午，七歲。

至和二年乙未，八歲。

至和三年、嘉祐元年丙申，九歲。

嘉祐二年丁酉，十歲。

嘉祐三年戊戌，十一歲。

讀書于楚州山陽，約在此前後。

張耒《送李端叔赴定州序》：「某爲兒時，從先人于州學宫，始見端叔爲諸生。」「端叔與予外家通譜，于我舅行也。」時張耒年六歲。

嘉祐四年己亥，十二歲。

妻文柔入宫，約在此前後。

《姑溪居士妻文柔墓誌銘》云：「嘉祐中，嘗從其祖母入内廷，見于柔儀殿，中宫拊之曰：『是乃胡氏有學能文之女乎？』後因上元節，御宣德門觀燈，命婦皆在侍，又顧胡夫人曰：『能文之女何不來？』文柔適在後，遂呼出而賜冠帔。」

嘉祐五年庚子，十三歲

嘉祐六年辛丑，十四歲。

嘉祐七年壬寅，十五歲。

嘉祐八年癸卯，十六歲。

宋英宗治平元年甲辰，十七歲。

治平二年乙巳，十八歲。

治平三年丙辰，十九歲。

治平四年丁未，二十歲。

進士及第約在此年。

《四庫全書總目·姑溪居士文集提要》、伍紹棠《姑溪居士集跋》、《宋詩紀事》以及各種詞典，幾乎都衆口一詞地說，李之儀爲元豐進士，不知何據。《東都事略·李之儀傳》僅言其「少力學，舉進士」，未言在何年。《宋史·李之儀傳》云：「登第幾三十年，乃從蘇軾于定州幕府。」這一記載是可信的，有李之儀的詩文爲證：「流落何堪，幾三十年，爲河間賓客矣」（卷二五《與趙仲强兄弟手簡》）；「京洛三十年作客」（卷一《戲成小詩》）。蘇軾知定州，辟李之儀入幕府，

史有明文，在元祐八年（一〇九三），時李之儀四十六歲。上推三十年，則爲治平元年（一〇六四）。在治平年間，二年、四年皆舉行進士考試，而以此年進士及第的可能性較大。若爲元豐進士，元豐二年、五年、八年都曾舉行進士考試，即使李之儀是元豐二年進士（一〇七九）及第，到蘇軾知定州也僅十五年，何來「幾三十年」？

熙寧元年戊申，二十一歲。

熙寧二年己酉，二十二歲。

熙寧三年庚戌，二十三歲。

熙寧四年辛亥，二十四歲。

熙寧五年壬子，二十五歲。

爲官四明約在此前後。

《跋沈睿達帖》（卷四一）：「予官四明，與睿達爲僚時，纔二十餘。」

熙寧六年癸丑，二十六歲。

熙寧七年甲寅，二十七歲。

熙寧八年乙卯，二十八歲。

熙寧九年丙辰，二十九歲。

罷四明任。

張耒《送李端叔赴定州序》：「（自見端叔于山陽學宫）後幾二十年，端叔罷官四明，道楚，某又獲見。某時已孤，端叔吊我，悲懷如骨肉。」據邵祖壽《張文潛先生年譜》，張耒之父卒于此年，故李罷官四明當在此年或略晚。

熙寧十年丁巳，三十歲。

權知開封縣約在此時。

《權知開封府開封縣回章丞啓》（卷一四）：「士論推稱，久欽雅望；官途南北，未睹清標。」

元豐元年戊午，三十一歲。

元豐二年己未，三十二歲。

時爲萬全縣令、編次删定官，母田氏卒。

沈括《長壽縣君田氏墓誌銘》：「元豐二年七月庚午，疾革于京師子之儀之寓舍。年六十有九。……九月初甲子，其孤以其喪歸，從先君之域于楚之山陽興鄉之原。」又云：「一男子，河中府萬全縣令、編次删定官之儀也。」在萬全縣令任上，有《任河中府萬全縣令謝太守啓》（卷一三）、《任河中府萬全縣令轉宣德郎謝漕使啓》（卷一四）。

元豐三年庚申，三十三歲。

蘇軾、李之儀互通書問。

蘇軾《答李端叔書》：「聞足下名久矣，又于相識處，往往見所作詩文，雖不多，亦足以彷彿其爲人矣。尋常不通書問，怠慢之罪，猶可闊略。及足下斬然在疚，亦不能以一字奉慰。舍弟子由至，先蒙惠書，又復懶不即答。頑鈍廢禮，一至于此。而足下終不棄絶，遞中再辱手書，待遇益隆，覽之面熱汗下也。」此爲蘇、李書信往來之始。「在疚」即居喪，書末有「萬萬節哀強食」語，或其父即卒于此時。

元豐四年辛酉，三十四歲。

入折可適幕府。

《折可適墓誌銘》（《後集》卷二〇）：「元豐中，之儀在鄜幕府。」

《祭折渭中文》（卷四三）：「矧我以鄜，早辱公知。發訃失聲，既驚獨疑。十年江湖，望公天際。公不我遺，軫恤相繼。」

元豐五年壬戌，三十五歲。

元豐六年癸亥，三十六歲。

十二月，高麗王卒，楊景略爲祭奠使，辟李之儀爲書狀官。

《續資治通鑑長編》卷三四一載：「上批：祭奠高麗國使楊景略等奏辟李之儀書狀官，聞之儀雖諳達吏方，隨器可使，然文章之稱，不著士論。緣高麗俗喜文，中夏詞格，乃彼所視效，宜得學問博洽、用字整秀者乃稱兹選。可召赴中書試擬用書狀進呈。」

《宋史》卷四八七《高麗傳》：「景略辟李之儀書狀，帝以之儀文稱不著，宜得問學博洽、器宇整秀者，召赴中書，試以文乃遣。」

元豐七年甲子，三十七歲。

元豐八年乙丑，三十八歲。

元祐元年丙寅，三十九歲。

元祐二年丁卯，四十歲。

爲樞密院編修官約在此時。

《東都事略·李之儀傳》：「少力學，舉進士，元祐中爲樞密院編修官。」

與蘇軾等十六人集王詵西園。

米芾《西園雅集圖記》：「捉椅而視者爲李端叔。」

元祐三年戊辰，四十一歲。

蘇軾評李之儀詩。

蘇軾《夜值玉堂攜李之儀端叔詩百餘篇讀至夜半書其後》：「暫借好詩消永晝，每逢佳處輒參禪。」

《答李端叔》：「近讀近稿，諷味達晨，輒附小詩。更蒙酬和，益深感嘆。」

元祐四年己巳，四十二歲。

元祐五年庚午，四十三歲。

與蘇轍議六曹條例。

蘇轍《龍川略志》卷五：「予爲中書舍

人，與范子功、劉貢父同詳定六曹條例，……獨李之儀曰：『是誠可爲。』」

元祐六年辛未，四十四歲。

元祐七年壬申，四十五歲。

元祐八年癸酉，四十六歲。

入蘇軾定州幕府。

張耒《送李端叔赴定州幕府序》：「元祐八年，蘇先生守定武，士願從行者半朝廷，然皆不敢有請于先生。而蘇先生一日言于朝，請以端叔佐幕府。蘇先生之位，本能進退天下士，故用子如此，然其意可知也。……八年十月過我，告以將北，求予言爲贈行。」

《仇池翁南浮集序》（《後集》卷一五）：「元祐末，予從辟中山，實東坡先生幕府，後先生到官。先生謂予曰：『子近離京師，時事如何？』予對曰：『必有所更張。』先生曰：『有所聞乎？』予曰：『以意得知爾。』先生曰：『何以得知？』予曰：『是固不難得，蓋平日未有爲先生言者。……垂簾聽政，八年于此，主上未嘗可否一事。諸公奏行，將太母之令。太母權爲正，而正固在位也。其未嘗可否者，蓋退託而有所待也。方其政之在我也，豈無舍其舊而求同于我？或有所不納，既不得同，必退而爲異日之謀。今日乃其所謀之時，以八年之所待，則聖志固已定矣。一旦群然而進，如所定者十有八九，欲不信渠，可得乎？』」

《胡氏文柔墓誌銘》：「余從辟蘇軾子瞻府，文柔屢與予曰：『子瞻名重一時，讀其書，使人有殺身成仁之志。君其善同之。』邂逅子瞻過余，方從容笑語，忽

有以公事至前，遂爲辨理，以竟曲直。文柔屛間嘆曰：『我嘗謂蘇子瞻未能脫書生談士空文游說之弊，今見其所臨不苟，信一代豪傑也。』」

《東都事略·李之儀傳》：「軾帥定武，辟置幕下。」

有《主管定州安撫司機宜文字回謝諸知縣啓》（卷一四）。

蘇、李在中山多有唱酬題記。

《跋東坡書多心經》（卷三八）：「（東坡）在中山時，謂予曰：『早有意寫《華嚴經》，不謂因循，今則眼力不逮矣，良可惜者。子能勉之否？』予亦僅分黑白，每有愧于斯言也。」

《跋戚氏》（卷三八）：「元祐末，東坡老人自禮部尚書以端明殿學士加翰林侍讀學士爲定州安撫使，開府延辟，多取其氣類，故之儀以門生從辟。而蜀人孫子發實相與俱，于是海陵滕興公、溫陵曾仲錫爲定倅，五人者每辨色會于公廳，領所事竟，按前所約之地，窮日力盡歡而罷，或夜則以曉角動爲期。方從容談笑間，多令官妓隨意歌于坐側。各因其請，即席賦詠。一日，歌者輒于老人之側作《戚氏》，意將索老人之才于倉卒，以驗天下之所向慕者。老人笑而頷之，邂逅方論穆天子事，頗摘其虛誕，遂資以應之，隨聲隨寫，歌竟篇就，纔點定五六字耳。坐中隨聲擊節，終席不間他詞，亦不容別進一語。臨分曰：『足以爲中山一時盛事，前固莫與比，而後來者未必能繼也。』方圖刻石以表之，而謫去，賓客皆分散。」

王安中《跋李端叔帖》：「端叔從故侯蘇

公來鄉里，唱酬題記，處處有焉，端叔亦自有蘇李同時之語。」

元祐九年、紹聖元年甲戌，四十七歲。

正月，蘇軾與李之儀等論淵明詩。

蘇軾《書淵明種豆南山下詩》：「覽淵明此詩，相與嘆息，噫嘻，以夕露沾衣之故而犯所愧者多矣！元祐九年正月十六日，李端叔、王幾仁、孫子發皆在。東坡記。」

作《次韻東坡所和滕希靖雪浪石詩》（卷三）。

閏四月，蘇軾以語涉譏訕，貶官嶺南，胡文柔製扇相贐。

《胡氏文柔墓志銘》：「子瞻既貶，（胡氏）手製一扇以贐之，曰：『我一女子得是等人知，我復何憾。』」

紹聖二年乙亥，四十八歲。

紹聖三年丙子，四十九歲。

紹聖四年丁丑，五十歲。

時通判原州。

據《續資治通鑑長編》卷四九一、《會要》職官六七之一八載，李之儀時任朝請郎、原州通判，「特差替」。

《觀東坡集》（卷六）：「今朝又讀東坡集，記得原州鞫獄時。千首高吟賡欲遍，幾多強韻押無遺。」

《讀東坡詩》（《後集》卷八）：「邊州守禦謝沉機，獨喜身閑是道師。獄吏難堪非素料，病懷無計復何辭。空慚南郡三家學，賴有東坡一集詩。永日風埃惟惬睡，到頭不比在家時。」

紹聖五年、元符元年戊寅，五十一歲。

元符二年己卯，五十二歲。

時監內香藥庫，因曾入蘇軾幕罷官。

據《續資治通鑑長編》卷五一一載，六月，「權殿中侍御史石豫言：『監內香藥庫李之儀因蘇軾知定州日薦辟管勾機宜文字，之儀既爲奸臣心腹之黨，豈可更居此職，欲令有司放罷。』從之。」《宋會要輯稿》職官六七之二六：「六月二十四日，監內香藥庫李之儀放罷，以權殿中侍御史石豫言，之儀因蘇軾知定州日，薦辟勾當機宜文字，豈可更居此，故有是命。」這是李之儀第一次被貶。

元符三年庚辰，五十三歲。

哲宗去世，徽宗即位，被命提舉河東常平。

《宋史·李之儀傳》：「徽宗初，提舉河東常平。坐爲范純仁作遺表，作行狀，編管太平，遂居姑熟。久之，徙唐州，終朝請大夫。」按：從李之儀的現存詩文，似看不出曾徙唐州。

徽宗想調和新舊兩黨的矛盾，遠謫嶺南的元祐大臣陸續被赦北歸，范純仁及蘇軾兄弟亦在其內。

《宋史·范純仁傳》：「居（永）三年，徽宗即位，欽肅顯聖后同聽政，即日授純仁光祿卿，分司南京，鄧州居住。遣中使至永賜茶藥，諭曰：『皇帝在藩邸，太皇太后在宮中，知公先朝言事忠直，今虛相位以待。不知目疾如何，用何人醫之。』純仁頓首謝。道除右正議大夫、提舉崇福宮。不數月，以觀文殿大學士、中太一宮使召之，有曰：『豈唯尊德尚齒，昭示寵優；庶幾鯁論嘉謀，日聞忠告。』純仁以疾，捧詔而泣曰：『上果用我矣，死有餘責。』徽宗又遣中使賜茶藥，促入覲，仍宣渴見之意。純仁乞歸許養疾，徽宗不得已許之。每見輔臣問

安否，乃曰：『范純仁，得識一面足矣！』遂遣上醫視疾。疾小愈，丐以所得冠帔改服色酬醫。詔賜醫章服，令以冠帔與族侄。」

蘇軾《答李端叔書》：「某年六十五矣。兒侄輩在治下，頻與教督之，有一書，幸送與。」又：「實以罪垢深重，不忍更以無益寒溫之問，玷累知交。然竟不免累公，慚負不可言。比日計赴許。」時蘇轍之子在許昌，李之儀時提舉河東常平。

宋徽宗建中靖國元年辛巳，五十四歲。

提舉河南常平。

爲范純仁作遺表、行狀。

《代范忠宣公遺表》（卷一三）：「伏望皇帝陛下清心寡欲，約己便民，達孝道于精微，擴仁心于廣遠。深絕朋黨之論，詳察邪正之歸。搜抉幽隱，以盡人材；屏斥奇巧，以厚風俗。愛惜生靈，而無輕議邊事；包容狂直，而無易逐言官。若宣仁之誣謗未明，致保佑之憂勤不顯，本權臣務快其私忿，非泰陵實謂之當然。以致未寬流人之往愆，悉以赦恩而特叙，尚使存沒，猶污瑕疵。又復未解疆場之嚴，遂空帑藏之積，有城不守，得地難耕。凡此數端，願留聖念，無令後患，常軫淵衷。」

《宋史·范純仁傳》：「疾革，以宣仁后誣謗未明爲恨，呼諸子口占遺表，命門生李之儀次第之。……凡八事。建中靖國改元之旦，受家人賀。明日，熟寐而卒。年七十五。」

蘇軾北歸，次其韻。

《次韻東坡還自嶺南》（卷四）：「憑陵歲月固難堪，食蘗多來味卻甘。時雨纔聞

遍中外，臥龍相繼起東南。天邊鶴駕瞻僊袂，雲裏詩箋帶嶺嵐。重見門生應不識，雪髯霜鬢兩毿毿。」

蘇軾卒，爲作挽詞。

《東坡挽詞》（卷一一）：「從來憂患許追隨，末路文詞特見知。肯向虞兮悲蓋世，空慚賜也可言詩。炎荒不死疑陰相，漢水相招本素期。月墮星沉豈人力，輝光他日看豐碑。」

趙鼎臣《書楊子耕所藏李端叔帖》：「東坡先生既謫儋耳，平日門下客皆諱而自匿，惟恐人知之。如端叔始終不負公者，蓋不過三數人。端叔既窮，故人無相與聞者。今觀其書詞，猶能使之眷眷如此。今固有以得其人，不待相識也。」

蘇轍示蘇軾和陶詩于李之儀。

《跋東坡諸公追和淵明歸去來引後》（《後集》卷一五）：「東坡平日，自謂淵明後身，且將盡和其詩乃已。自知杭州以後，時時如所約，然此語未嘗載之筆下。予在潁昌，一日從容，黃門公遂出東坡所和，不獨見知爲幸，而于其卒章，始載其後盡和。平日談笑問所及，公又曰：『家兄近寄此作，令約諸君同賦。』」

作《跋黃擬山所藏劉君錫太尉畫》，自署「建中靖國元年六月二十四日姑溪居士李之儀」。

崇寧元年壬午，五十五歲。

六月，蘇轍葬蘇軾于汝州郟縣，之儀致奠。

《與趙仲強兄弟手簡》（卷二五）：「昨日已具馬將北去，遽報東坡喪舟來，亟郊外致奠。」

以草范純仁遺表被逮入京，繼貶當塗。

《上宰執》（卷二〇）：「壬午歲，聞被

召，自潁昌亟來。獲見于國門外舟中，蒙問勞甚渥，矜惻相仍。未幾以罪去，流落江上。」

《胡氏文柔墓誌》：「崇寧二年（當為元年之誤，詳下），予以撰故宰相范忠宣行狀，逮繫御史獄。方大暑，文柔自潁昌兼程野宿，追余至京師。僦數椽地，手自執爨，具獄中飲。當烈日炎焰中，斯須不暫，過者爲流涕。……余既南遷，文柔相迎于御史府，顧余泣且喜曰：『囹圄中何所不有，而君乃豐悅過于常時，豈不以之介然耶？我當與君俱，貶所未必惡也。』遂同涉閩閬，止旅邸。其修途所次具已集矣。或曰：『陸趨良勞，又方庚伏中，且久雨，奈何？』遂附運糧空舟以行。而舟敝，上不能蔽，果大霪至，加雨衣相擁覆，兼夜晝者六七。比舍舟而陸，歷深山大澤，夫婦形影相攜，暑每增熾，卒達旦命途，時藉草以休其乏。既即貶所，異鄉人情齟齬，又以罪來，上下觀望，幾不相誰何。蓬蓽蕭然，惟薪水相給而已。」

《東都事略·李之儀傳》：「及范純仁卒，爲作遺表，爲世傳誦，遂坐黨籍，廢黜終身。」

《宋史·李之儀傳》：「徽宗初，提舉河東常平，坐爲范純仁遺表，作行狀，編管太平，遂居姑熟。」

《宋史·范純仁傳》附《范正平傳》：「及（蔡京）當國（按據《宋史·宰輔表三》蔡京于崇寧元年七月為相），乃言正平矯撰父遺表。又謂李之儀所述《純仁行狀》，妄載中使蔡克明傳二聖虛佇之意，遂以正平逮之儀、克明同詣御史府。

……捶楚甚苦，皆欲誣服。獨克明曰：
『舊制，凡傳聖語，受本于御前，請寶印
出，注籍于內東門。』使從其家得永州傳
宣聖語，本有御寶，又驗內東門籍皆同。
其遺表八事，諸子以朝廷大事，防後患，
不敢上之，繳申潁昌府印寄軍資庫。自
潁昌取至，亦實，獄遂解。正平羈管象
州，之儀羈管太平州，正平家屬死者十
餘人。」
吳芾《姑溪居士文集序》（卷首）：「或
謂端叔晚節銳于進取，有所附麗。雖若
可疑，然范忠宣遺奏極于鯁切，詆斥不
顧。一時用事者欲置忠宣之子于理，端
叔慨然自列，謂實出其手。既而公所爲
忠宣行狀復出，由是得罪南遷，廢痼終
身，曾不少悔。其勇于義如此，詎可以
微瑕掩之哉？」

黃庭堅知太平州，與李之儀同聽楊姝彈琴。
《好事近·與黃魯直于當塗花園石洞聽楊
姝彈履霜操魯直有詞因次韻》（卷四七），
凡三首，錄其一：「相見兩無言，愁恨
又來千疊。別有惱人深處，在懵騰雙睫。
七弦雖妙不須彈，惟願醉香頰。只恐
近來情緒，似風前秋葉。」
按：楊姝乃當塗歌妓，李之儀有不少
詩詞皆爲她而作。其《清平樂·聽楊姝
琴》（卷四五）：「殷勤仙友，勸我千
年酒。一曲《履霜》誰與奏，邂逅麻
姑妙手。　坐來休嘆塵勞，相逢難似
今朝。不待輕移玉指，自然癢處都
消。」《浣溪沙·爲楊姝作》（卷四六）：
「玉室金堂不動塵，林梢綠遍已無春。
清筆佳思一番新。　道骨仙風雲外侶，
煙鬟霧鬢月邊人。何妨沉醉到黃昏。」

《跋山谷二詞》：「魯直自放廢起爲吏部郎，再辭不起，遂請無爲、當塗。而得當塗，蹭蹬幾一年方到官。既七日而罷，又復數日乃去。」《山谷年譜》載：「建中靖國元年辛巳，召以爲吏部員外郎，時病癰初愈，辭免恩命，乞知太平州。留荆南待命，遂逾冬焉。崇寧元年壬午，……六月赴太平州，九日（前文作七日）而罷，管勾洪州玉局觀。九月至鄂州，寓居逾年。」可知黄庭堅在當塗與李之儀一起聽楊姝彈琴，只可能在此年六月，不可能在崇寧二年。

謫居當塗。

崇寧二年癸未，五十六歲。

子婦卒。

《與祝提舉無黨啓》（卷二一）：「某到太平四周年，第一年喪子婦。」

作《次韻淵明歸去來兮詞》

詞云（《後集》卷一三）：「歸去來兮，吾其老矣何時歸？悟鳧鶴之長短，鑒斷續之哀悲。悵野馬之過隙，雖絶足而寧追。予行年五十有五，蓋知五十四年之非。」

十月作《跋梅聖俞與郭功甫詩》（卷四二），自署「崇寧二年十月十九日」。

崇寧三年甲申，五十七歲。

謫居當塗。

作《跋黄正叔帖》（卷四〇），自署「崇寧三年八月十日之儀題」。

又作《跋荆公補成良臣充太學生奏草後》（卷四一），自署「崇寧三年十月二十四日。」

崇寧四年乙酉，五十八歲。

謫居當塗。

二月四日，妻胡氏卒。

《胡氏文柔墓誌》（卷五〇）：「一日，二三禪者相遇處留飯，甕絛舉鑵，文柔皆不以委人。既徹，微覺疾作，居兩日遂革。……兩手結彌陀印而逝，時四年二月四日也。……享年五十八。」

長女卒。

《胡氏文柔墓誌》：「一女子嫁餘杭虞奕，……後文柔數日卒。」

《與祝提舉無黨啓》（卷二一）：「某到太平四周年，……第三年亡妻，子女相繼見舍。」

作《張氏壁記》（卷三七），有「崇寧四年立春日」語，署「姑溪老農記」。

冬，作《跋東坡玉盤盂詩後》（卷三八），有「崇寧四年冬至後七日」語。

又作《跋小重山詞》。

跋云（卷四〇）：「崇寧四年冬，予遇故賀鑄方回，遂傳兩闋，宛轉細繹，能到人所不到處。」

崇寧五年丙戌，五十九歲。

謫居當塗，復官，移居金陵。

烹茶讀書。

《贈人》（卷一七）：「丙戌正月九日，過彥國，明窗稍理，蘊火取暖，焚香烹茶，翛然相向。欲歸而德威遽至，復坐笑語。徐觀几上散帙，得老杜詩、《五代史》、《廬陵歐公集》、《宋文選》，不覺駭愕。輒謂彥國曰：『子之膽過身矣！』已而抵掌相顧曰：『膽未足大，始我學屠龍爲有罪。』姑溪老人。」

記建茶硯屏事。

《書劉九思建茶硯屏》（卷一七）：「上饒

劉思道以術名于世，嘗得其（鍾弱翁）建茶硯屏，云昔嘗相遇于京師，臨分以之爲別，其義不可忘也，遂命成就之。予方有所適，思道冒大江特見訪于歷陽，出以相示，因以記其所自來，亦以尋吾弱翁之舊也。崇寧五年九月十二日。」

作《張覺夫字序》（卷三五），署「崇寧五年五月二十八日姑溪居士序」。

遇赦，復舊官。

《與祝提舉無黨啓》：「某到太平四周年，第一年喪子婦；第二年病瘁，涉春徂夏，劣然脱死；第三年亡妻，子女相繼見舍；第四年初，則癬瘡被體，已而寒疾爲苦。于其中間，人情不相當，靡所不有。自忝冒叙復，便欲迤邐北歸，日復一日。今幸苟生，勢不容更往矣。……故忘其僭易，上干使臺，暫借一寬舟，只至山陽，度往還無四十日，自不妨別差使。」

《上宰執手簡》（卷二〇）：「一墮横逆，又復五年」；「自罪非横，五年于兹。」但這次復官只得一個虛銜，大觀四年作《李氏歸葬記》自署「朝奉大夫、管勾成都尉李之儀」，似即復官後之銜。

過金陵。

《善應軒記》（卷三六）：「崇寧五年冬，余將游吳越，道金陵，德餘朝夕相從，間留宿，駁語細繹，往往達旦于是。渠可斯須忘耶？臨分書其略。十月十九日。」

作《跋山谷所書藥方後》（卷三九），自署「崇寧五年十月十九日」。

又作《跋董安期帖》（卷四二），自署「崇寧五年十二月二十四日，姑溪居士」。

大觀元年丁亥，六十歲。

居金陵，游吳越。

元旦過秀州。

《正旦日大雪過秀州城外聞樂神踏歌打鼓》：「歲除夜雪一寸許，便覺新年喜氣多。大觀元年第一日，一番勝事信可歌。」

謝親友賀復官。

《又謝仲輝啓》（卷一五）：「伏蒙仁私以某再進一官，特賜慶問者。……自觸駭機，上口恩貸。遷之善地，假以餘生。方逮繫之初，駭聞中外；及既行之後，孰不嘆嗟。纔辭縲絏之艱，遽覽溪山之勝。實疇昔願到而不可得，豈羈累所在而輒見投。出處不疑，人人略無少間；循習既久，種種靡不相宜。所賴者，方時善類之尤親；所得者，昔人陳迹之可見。遂使六年之久，不殊三組之歸。殆此序遷，出于望外。」自崇寧元年至大觀元年，恰爲六年。

《謝韋深道賀復官啓》（卷一四）：「伏念某間關晚節，流落倦途。加之憂患相仍，所以志氣頓盡。雖竹柏之操，不以時遷；其如歲月之遙，何以自處？……不圖例奉于詔音，驟使復還于仕籍。衣冠顛倒，無復儀形；賓客過從，恍疑夢寐。」

次子堯光生。

《李氏歸葬記》：「次堯光，方四歲。」此記作于大觀四年，故知生于此年。

大觀二年戊子，六十一歲。

移家金陵。

作《跋儲子椿藏書帖》，自署「大觀二年八月四日姑溪居士題」。

作《跋荆公薦醫生德餘奏草》（卷四一）：有「比徙金陵」語，自署「大觀二年八月十一日書」。

次女生。

《李氏歸葬記》（卷五〇）：「次方二歲。」此文作于大觀四年，可知生于此年。

大觀三年己丑，六十二歲。

復居當塗。

作《之儀家當塗七年矣，屢過禪嶽山下，望高山塔，欲一游，輒不果。異時山主懃公大師與其子宣上人相過，因往報之。取路回遠，薄晚方到，遂留宿。棟宇一新，舍次皆得其便，而宏麗高朗，唯見者知焉。又復規範齊肅，鐘鼓應接。問之，乃懃一力所就。絲蓄粒聚，未嘗毫髮資之人。此尤難者，感嘆不已，因賦二小詩》。

次子堯行卒。

《胡氏文柔墓誌》（卷五〇）：「次堯行，未葬前一年亦已卒。」文柔葬于「大觀四年十一月十八日」，可知堯行卒于此年。

大觀四年庚寅，六十三歲。

居當塗。

作《跋山谷二詞》。

跋云：「予居當塗凡五六年，魯直所寓筆墨，無不見之。獨求此二詞，竟不知所在。比遷金陵又二年，一日，楊君庶之以書見抵，並以之相示，而求記其後，方知在楊氏。蓋深藏不妄示人也。」

與鄭穎叔游。

《送鄭穎叔入京序》（卷三五）：「予得罪，居太平。既歸，道金陵，樂其江山風物而不能去，因家焉。間以事來太平，久之，遂有生游死葬之意。邂逅貴溪鄭

君穎叔爲州學教授，時得一接語，則魁然若不可得而同，淵然若不可得而測。既徙家焉，乃屢從之游。而予所舍，適在天寧寺側，穎叔投閑多過其地。」

折可適卒，作《祭折渭州文》（卷四三）。

遷先人墳于當塗。

《與何給事》（卷一八）：「早以山陽舊墳稍低下，不免雨甚，水不能泄，河漲凌注，念欲遷者久之，于是得卜。適介盛德，臨附一方，與夫當塗令公部屬之便，固知仁人周恤，必以是爲急難，而赴之必克。」

《李氏歸葬記》：「以大觀四年四月十八日，奉先人先妣，合未葬喪而葬焉。」署銜爲「朝奉大夫、管勾成都尉李之儀謹記」。

《胡氏文柔墓志銘》：「今得卜于太平州當塗縣藏雲山之致雨峰下，遂遷先人先妣以葬，而以文柔從葬。先人諱頎，先妣田氏。享年五十八，其葬以大觀四年十一月十八日。」

書長短句。

《書樂府長短句後》（《後集》卷一三）：「器之上人好事，不立畦畛，所到人多喜之。喜收予書，雖造次必錄無擇。藏雲歲杪，夜長燈短，輒以此軸見邀，如醉夢中，隨智臣口占，隨得隨書，不覺軸盡。又以歲月與其會人及其他見邀，云將爲異日之觀。時大觀四年十二月十日夜，釋寶之、周智臣、葛大川、釋子長、樊聖可並器之與予也。入雲際院東房火積中記。」

政和元年辛卯，六十四歲。

作《跋東坡諸公追和淵明歸去來引後》

《後集》卷一五），自署「政和元年八月二十日」。

三女生。

《李氏歸葬記》（大觀四年四月作）：「次生未滿月。」

政和二年壬辰，六十五歲。

作《送戴道人序並詩》。

序云：「戴道人，金陵富家，家破得命術，……過太平，予一見知其不凡。」自署「政和二年二月二十日姑溪老人」。

作《重修雲巖壽寧禪院記》（卷三六）：「興工于大觀四年冬，而落成于政和二年夏。……成之年七月二十一日，姑溪老農李之儀記。」

作《折公墓誌銘》（《後集》卷二〇）。

政和三年癸巳，六十六歲。

作《癸巳三月二十七日還醮》。文云：「臣男堯光，比出瘡疹。輒昧療治，勢甚綴旒。遂兹叩請，報如答響，竟獲痊安。因其日之受生，謹乃心而致謝。」由此知其子堯光生于三月二十七日。

作《跋戚氏》（卷三八），自署「政和壬辰八月二十日夜葛磊川出此詞于寧國莊，姑溪居士李之儀書」。

爲王性之所編《南浮集》作序。

《仇池翁南浮集序》（《後集》卷一五）：「蔡君家世輦轂之下，軒輊無所繫，而能以退爲進，父子之間，自爲知己。獨于先生南遷以後所見于抑揚者，博訪兼收，所較他日之得爲備。吾友汝陰王性之實與討論，仍手自抄錄，總若干篇，集成若干卷。性之將適宣城，道太平，蔡君以書並其總目，因性之以相示，邀余爲

之序。先生即世十餘年矣，門人之在者無幾。方其南遷，予適在左右，而又疇昔相期，蓋有獨得之重者。予雖老且病矣，而承顏接詞，表裏相盡，凡在今日，固莫予若也。因以予所遇本末，並論次之，乃世所未知者。是亦先生之志也。」仇池翁即蘇軾，「先生即世十餘年」，由此可知作于此年前後。

爲楊姝事除名勒停。

《宋會要輯稿》職官六八之二九：「九月二十六日，管勾成都府李之儀除名勒停，知太平州當塗縣權通判孫郯、太平州司法向子㷆、司戶程通各衝替。……淮東提刑司勘到之儀與楊姝踰濫及信憑楊姝所生男爲己子，增歲乞補。孫郯、向子㷆、程通失覺察，故皆坐之。」

政和四年甲午，六十七歲。

爲王性之所編歐陽修別集作序。

《歐陽文忠別集後序》：「汝陰王樂道與其子性之，皆博極群書，手未嘗釋卷。得公家集所不載者，集爲二十卷。余得幸而觀之，遂以嘗聞人所誦公之言以記于後，亦足以告乎學者而爲之勸也。政和四年三月二十三日趙郡李之儀書。」

政和五年乙未，六十八歲。

作《跋東坡先生書圓覺經十一偈後》，自署「政和五年四月二十三日，門人李之儀謹題」。

作《吳思道藏海齋記》（卷三七）。

記云：「吾友吳師道，寓都累年，其職事在秘殿，其所聞見皆一時盛事。乃于所舍，名之曰藏海。卓哉，能師東坡之語（指蘇軾「唯有王城最堪隱，萬人如海一身藏」），而知朝市之隱也。……政

和五年四月二十四日姑溪老農李之儀記。」

自湖州歸，作路西田舍小詩。《路西田舍示虞孫小詩二十四首跋》（卷一二）：「余既觸罪罟，遂與時忘，求所以寄其餘坐者，無如躬耕爲可樂。適有田數頃，分兩處，或舟或車，往來其間，隨時抑揚，以寓其所樂。而地薄農拙，種種輒身履之。然天時一不相契，則其力至于數倍。雖終歸于有數，要是營求完補，幾傾刻不得暇。旁視若不余堪，而我之樂常在也。比自湖州歸，邂逅所值者如此。因以其勞苦之餘，發爲呻吟，隨得隨輯，得二十四首，與田父踏歌無異。要乃借以自舒，則其流皆爾也。虞孫遠來相顧，以此見邀作草字。字非所工，又無以充之，遂寫以塞責。庶幾余所樂者從而可見，異時相攜于其間，當知無一字虛設。政和五年五月十七日。」其十六云：「見事遲來五十年，何須投老念艱難。暖衣飽食無過此，誰是鮎魚上竹竿。」按：「五十年」當指進士及第以來，且爲約數。

政和六年丙申，六十九歲。

再領成都玉局觀。政和六年，徽宗詣玉清和陽宫，上玉皇上帝徽冊，赦天下。十一月，祀昊天上帝于圜丘，又赦天下。李之儀遇赦復官，再領成都玉局觀。《上宰執書》：「流落江上，十五六年」；「時以一官，年六十有八。」即在此時，參慶曆八年條。

《再領玉局昔東坡翰林作詩送戴蒙有玉局觀他年第幾人之句後自嶺外歸遂領玉局予復官亦得之坡今亡矣悵然有懷》（卷

四）：「東坡因地宿相親，玉局終爲繼戴人。祿仕豈知承末軌，恩光又許謝前塵。青蠅附驥原非綏，白玉無瑕晚更眞。泉下有靈應首肯，不隨凡劣易淄磷。」「再領玉局」的「再」字表明，他曾于大觀中管勾成都玉局觀（大觀四年所作《李氏歸葬記》所署「朝奉大夫、管勾成都尉」，當為「管勾成都玉局觀」之誤）；政和三年除名，現又再領成都玉局觀。《覃恩謝時宰》：「伏念某傾失妨閑，自貽罪累。荏苒桑榆之迫，逡巡溝壑之歸。先世之傳，纔餘一子；孤老所託，更無兩倪。零丁門戶之僅存，展轉蒸嘗之可畏。切謂興滅繼絶者，本先王之盛事；且復祈哀請命，則幸先生之親逢。」細審其語，似即因楊姝事除名，後復官時作。

作《天禧寺新建法堂記》，自署「政和六年九月十五日趙郡李之儀記」。

政和七年丁酉，七十歲。

政和八年、重和元年戊戌，七十一歲。

作《祥瑛上人字序》（卷三五），自署「戊戌三月六日姑溪老農書」。

宣和元年己亥，七十二歲。

宣和二年庚子，七十三歲。

宣和三年辛丑，七十四歲。

宣和四年壬寅，七十五歲。

宣和五年癸卯，七十六歲。

宣和六年甲辰，七十七歲。

宣和七年乙巳，七十八歲。

靖康元年丙午，七十九歲。

建炎元年丁未，八十歲。

建炎二年戊申，八十一歲。

李之儀卒年不詳，《東都事略·李之儀傳》：「卒年八十餘。」則當卒于此年以後。

周紫芝《書姑溪老人詩卷後》（《太倉稊米集》卷六六）：「頃余北走建康，暮投青山市，詰朝謁太白祠。公時在路西，聞余來，使人折簡見邀，遂止余宿，素燈白醪，雪髯紅頰，議論袞袞可聽，喜津津見于顔間。余惟恨拜公于床下爲已晚也，然私竊自喜，公年雖高，而氣力強健，繼此猶可以數見。逾月而歸，則公已逝矣。此數詩乃當時酒間爲余書者。紹興三年秋七月中休日，閱群書見之，把卷興懷，爲之雪涕。」本此，當卒于紹興三年七月前。若能查出周紫芝「北走建康，暮投青山」的具體時間，則可定其卒年。

著有《姑溪居士文集》、《後集》，凡七十卷。

吴芾《姑溪居士文集序》（卷首）：「李公端叔，以詞翰著名元祐間。余始得其尺牘，頗愛其言思清婉，有晉宋人風味，恨未睹他制也。乾道丁亥，假守當塗，因訪古來名士居此邦而卓然有聲于世者，惟李太白、郭功父與端叔三人。郡舊有太白、功父集，而端叔獨闕然。求于其家，而子孫往往散落，無復遺稿。間得之邦人，類而聚之，命郡士戴翬訂正，釐爲五十卷，鋟版于學。昔二蘇于文章少許可，尤稱重端叔，殆與黄魯直、晁無咎、張文潛、秦少游輩頡頏于時，今觀其集，信可知矣。」可見前集爲吴芾于乾道三年（一一六七）所編。晁公武約與吴芾同時，其所編《郡齋讀書志》尚未著録《姑溪居士文集》，可見尚未見到此書。較吴芾晚生不足百年的陳振孫《直齋書録解題》，不僅著録了《姑溪居

士文集》五十卷，而且還著錄了《後集》二十卷，可見《後集》亦爲南宋人所編。可能即爲戴罼所編，因他曾參與《文集》之訂正，最具續編《後集》的條件。可惜《後集》無序跋，無從肯定。現存此集的最早抄本爲殘存的明吳寬叢書堂抄本，另有多種清抄本；現存最早刻本爲伍紹棠所刻粵雅堂叢書三編本，其《姑溪居士集跋》云：「按焦竑《國史經籍志》，尚有《姑溪集》五十卷，《後集》二十卷，而《季滄葦書目》乃作《姑溪居士集》一卷，是其流傳漸少。此本爲余戊辰歲（同治七年，即一八六八年）在廠肆所購，繕寫訛謬，幾不可讀。爰細加校勘，授之梓人，其太脱誤者則姑闕之，以俟他日增補云。」

《宋史·李之儀傳》：「之儀能爲文，尤工尺牘，軾謂入刀筆三昧。」

《宋史·藝文七》：「李端叔《姑溪集》五十卷，又《後集》二十卷。」

曾子開年譜稿

（近）周明泰 編
李春梅 校點

民國二十一年鉛印三曾年譜本

曾肇（一〇四七—一一〇七），字子開，建昌南豐（今屬江西）人，曾鞏弟。治平四年進士，調黄巖縣主簿，爲鄭州州學教授。擢崇文院校書，删定《九域志》。元豐間爲集賢校理、國史編修官，累官右司郎中。元祐元年，爲《神宗實録》檢討，擢起居舍人，轉中書舍人，歷知潁州、應天府，入爲吏部侍郎。復出知徐州，徙江寧府。紹聖間，歷知瀛、滁、泰、海諸州。徽宗即位，召爲中書舍人，遷翰林學士兼侍讀，知制誥，以兄曾布爲相，避嫌除龍圖閣學士，提舉中太一宫。出知陳州，徙應天府、揚州、定州。崇寧初，入黨籍，落職，謫知和州，徙岳州，繼貶濮州團練副使，汀州安置。大觀元年卒，年六十一。紹興二年，賜謚文昭。

曾肇自少力學，善屬文，有曾鞏家風，四庫館臣稱其制誥爾雅典則，得訓詞之體，雖深厚不及曾固，而淵懿温純，不失家法（《四庫全書總目》卷一五三）。著述甚豐，但多散佚，現存《曲阜集》（《曾文昭公集》）四卷，有康熙刻本、《四庫全書》本、《豫章叢書》本。事蹟見楊時《曾文昭公行述》（《曲阜集》附録）、《宋史》卷三一九本傳。

近人周明泰編有曾氏三兄弟年譜，合稱《三曾年譜》，本譜即其一。譜述生平仕歷、家事、朝政大事及章奏著述等，主要取材於史傳、《行述》及文集，較爲簡明。

宋仁宗慶曆七年丁亥，公生。

九月二日生。

公姓曾氏，諱肇，字子開，南豐人。四世祖諱延鐸，散騎常侍，始爲南豐人。曾祖諱仁旺，累贈太師、沂國公；曾祖妣陳氏，楚國太夫人。祖諱致堯，尚書戶部郎中，直史館，贈太師、密國公；祖妣黃氏，趙國太夫人。考諱易占，太常博士，贈太師、魯國公。妣周氏，周國太夫人；吳氏，吳國太夫人；朱氏，魯國太夫人。魯公是年卒於南京，年五十有九。兄曄，時年三十有九，周出；兄鞏，時年二十有九；兄牟，時年未詳；兄宰，時年二十有一；兄布，時年十有三，皆吳出。長姊時年十有七；次姊時年十有六；八姊德耀，時年六歲；九姊德操，時年四歲。兄曄子覺，時年十有四。

公天資仁厚，而容貌端嚴。自少力學，博覽經傳，爲文溫潤有法。《宋史》本傳。

慶曆八年戊子，二歲。

皇祐元年己丑，三歲。

皇祐二年庚寅，四歲。

皇祐三年辛卯，五歲。

皇祐四年壬辰，六歲。

皇祐五年癸巳，七歲。

兄曄卒，年四十有五，十二月葬。

至和元年甲午，八歲。

至和二年乙未，九歲。

嘉祐元年丙申，十歲。

嘉祐二年丁酉，十一歲。

三月，兄鞏、牟、布及從兄阜、姊夫王補之俱中進士第。

七月，長姊卒，年三十有二，適關景暉。

嘉祐三年戊戌，十二歲。

嘉祐四年己亥，十三歲。

五月，次姊卒，年三十有三，適王補之。

從兄庠中進士第。

嘉祐五年庚子，十四歲。

第七姊歸王補之。

嘉祐六年辛丑，十五歲。

兄宰進士及第。

九月，八姊德耀卒，年二十，許字王幾，未嫁。

十月，長姊葬於杭州錢塘縣履泰鄉龍升原。

嘉祐七年壬寅，十六歲。

嘉祐八年癸卯，十七歲。

三月二十九日，仁宗崩。

四月一日，英宗立。

英宗治平元年甲辰，十八歲。

治平二年乙巳，十九歲。

依兄布在懷仁，兄牟卒，母朱太夫人如京師。

按：兄鞏《與王介甫第三書》云：「子進弟奄喪，已易三時矣。悲苦何可以堪？二姪年可教者，近已隨老親到此。二尤小者，六舍弟尚且留在懷仁。視此痛割，何可以言？」知公今年適在懷仁，依兄布而子進當係兄牟之字也。

兄子覺中進士第。

治平三年丙午，二十歲。

治平四年丁未，二十一歲。

正月，英宗崩，神宗立。

舉進士，調黃巖簿，用薦爲鄭州教授，擢崇文校書、館閣校勘兼國子監直講，同知太常禮院。太常自秦以來，禮文殘缺，先儒各以臆說，無所稽據。肇在職多所

盭正，親祠皇地祇於北郊，蓋自肇發之，異論莫能奪其議。《宋史》本傳。

調黃巖縣主簿。郡守簡公亢守鄭州，薦其賢，請爲州學教授。四方之士蓋有聞風重繭而至者，踦門授經無虛夕。是時，上方向用儒臣，欲以經術造士，近臣言公經行宜居首善之地，不宜淹留一郡。有旨筵和殿賜對，公所陳皆上所欲聞者，酬問久之，殆將更僕矣。除崇文校書，兼國子直講。未幾，遷館閣校勘，刊定《九域志》。改大理寺丞，同知太常禮院，權判太僕寺殿中省。《龜山集·曾文昭公行述》。

按：公自鄭州入仕京師，當在神宗御極之初。則其在黃巖爲時必甚暫，但改大理寺丞諸職，則不詳其年月，未能一一分隸矣。

神宗熙寧元年戊申，二十二歲。

四月乙巳，兄宰卒，年四十有七。

熙寧二年己酉，二十三歲。

閏十一月，姊夫王補之卒，年四十有六。

熙寧三年庚戌，二十四歲。

十一月，兄子覺卒，年三十有七。

熙寧四年辛亥，二十五歲。

八月壬申，兄子覺葬於南豐龍池鄉之源頭。

熙寧五年壬子，二十六歲。

熙寧六年癸丑，二十七歲。

熙寧七年甲寅，二十八歲。

同知太常禮院。

三月，九姊德操卒，年三十有一，適王幾。

兄布以論市易事被責，亦奪公主判，滯於館下，又多希旨窺伺者，衆皆危之，公恬然無慍。《宋史》本傳。

按：是年三月大旱，詔求直言。三司

使曾布論判官吕嘉問市易掊克之虐，遂免，出知饒州。已見布年譜中。

八月，姊夫王平甫卒。

熙寧八年乙卯，二十九歲。

熙寧九年丙辰，三十歲。

十月，從兄庠卒，年五十有九。十一月，葬於南豐龍池鄉之源頭。

熙寧十年丁巳，三十一歲。

三月庚申，兄宰葬於南豐龍池鄉之源頭。

元豐元年戊午，三十二歲。

除集賢校理，轉殿中丞。《龜山集·曾文昭公行述》。

元豐二年己未，三十三歲。

元豐三年庚申，三十四歲。

有《進元豐九域志表》。

按：《四庫全書總目提要》云：「《元豐九域志》十卷，宋承議郎知制誥丹陽王存等奉敕撰。迄元豐三年閏九月書成，此本前有存等進書原序，王應麟稱其文見於《曲阜集》，蓋曾肇之詞也。」又云：「《曲阜集》四卷，宋曾肇撰。」中略。惜其全本已亡，多有未盡。如《進元豐九域志表》爲肇所撰，見於王應麟《玉海》，而集中亦無之，則其佳文之散失者固不少矣。

元豐四年辛酉，三十五歲。

元豐五年壬戌，三十六歲。

四月，除大理寺丞集賢校理。《曲阜集》。

按：《宋史》本傳無爲大理寺丞語，《行述》及《琬琰集》本傳叙改大理寺丞皆在同知太常禮院之前。《曲阜集》則以爲在今年四月，是在同知太常禮院之後矣。

五月，轉朝散郎。《曲阜集》。

八月，轉除國史院編修，判登聞鼓院吏部郎中。《曲阜集》。
曾公亮薨，公狀其行。神宗覽而嘉之，遷國史編脩官，進吏部郎中。《宋史》本傳。
曾公薨於元豐元年。
九月，丁母憂。
母朱太夫人卒，年九十有二。
元豐六年癸亥，三十七歲。
母憂。
四月丙辰，兄鞏卒於江寧府，年六十有五。
元豐七年甲子，三十八歲。
母憂。
六月丁酉，兄鞏葬於南豐從周鄉之源頭。
元豐八年乙丑，三十九歲。
三月戊戌，神宗崩，哲宗立。
爲戶部郎中。《曲阜集》。
四月，上哲宗皇帝《乞復轉對奏》。
服除，入爲戶部郎中，復還吏部，遷右司郎中，覃恩賜緋衣銀魚。哲宗嗣位，以公先帝史官，故命公充《神宗實錄》檢討官。《龜山集·曾文昭公行述》。
復爲吏部兼著作郎，遷右司郎中，接送契丹賀正旦使。《琬琰集》本傳。
按：《宋史·職官志》云：「八年，詔吏部郎中曾肇、禮部郎中林希兼著作職事官。」兼職自此始。
哲宗元祐元年丙寅，四十歲。
擢起居舍人。未幾，爲中書舍人。《宋史》本傳。
上哲宗皇帝《論經明行修科宜罷投牒乞試糊名謄錄之制奏》。
九月朔，司馬溫公卒，有《代范樞密祭溫公文》。
按：是年二月，以范純仁同知樞密院

事。

論葉康直知秦州不當，執政訝不先白御史，因攻之，公求去。范純仁語於朝曰：「若善人不見容，吾輩不可居此矣。」力爲之言，乃得釋。《宋史》本傳。

元祐二年丁卯，四十一歲。

爲中書舍人。

二月，上宣仁皇后《論文德殿受册奏》。又上宣仁皇后《論坤成節百官上壽奏》。

太皇受册，詔遵章獻故事御文德殿，公言：「天聖初，兩制定議受册崇政，仁宗特改焉，此蓋一時之制。今帝述仁宗故事，以極崇奉孝敬之誠，可謂至矣。臣竊謂太皇當於此時，特下詔揚帝孝敬之誠，而固執謙德，屈從天聖兩制之議，止於崇政，則帝孝愈顯，太皇之德愈尊矣。」坤成節上壽，議令百官班崇政，公又言：「天聖三年，近臣班殿廷，百官止請内東門拜表，至九年始御會慶。今太皇盛德，不肯自同章獻，宜如三年之制。」並從之。《宋史》本傳。

十月，上哲宗皇帝《論韓維不當罷門下侍郎奏》。

門下侍郎韓維奏范百祿事，太皇太后以爲讒毁，出守鄧。公言：「維爲朝廷辨邪正是非，不可以疑似逐。」不草制。《宋史》本傳。

元祐三年戊辰，四十二歲。

爲中書舍人。

五月，上哲宗皇帝《繳王覿外任詞頭奏》。

諫議大夫王覿以論胡宗愈出守潤。公言：「陛下寄腹心於大臣，寄耳目於臺諫。二者相須，闕一不可。今覿論執政即去之，是愛腹心而塗耳目也。」帝悟，

加覲直龍圖閣。《宋史》本傳。

八月，上哲宗皇帝《進仁宗朝戒飭內降詔書事迹乞禁止請謁奏》。

有《重修御史臺記》。

元祐四年己巳，四十三歲。

爲中書舍人。

上哲宗《論亢旱乞罷春宴奏》。

公與彭汝礪同上此奏，十六日批出罷宴。《曲阜集》。

春旱，公同彭汝礪上疏曰：「天菑方作，君臣側身畏懼之時，乃相與飲食燕樂，恐無以消復天變。」翌日，有旨罷宴。《宋史》本傳。

有《賀元祐四年明堂禮成肆赦表》。

蔡確貶新州，公先與彭汝礪相約極論。會除給事中，汝礪獨封還制書，言者謂公賣友，略不自辨，以寶文閣待制知潁州。《宋史》本傳。

元祐五年庚午，四十四歲。

徙鄧州。《宋史》本傳及《神道碑》。

徙齊州，未至，改陳州。在潁，濬清河百餘里，以通東南貨物，人至今賴之。部使者議開八尺溝，疏陳蔡積水，潁人素以爲患。公距其議，使者以語悚公，公復移書折之。及徙陳，執論益堅，人于是知公非私于一州也。《龜山集·曾文昭公行述》。

元祐六年辛未，四十五歲。

移知應天府，兼南京留守。司當東南孔道，士大夫舟車銜尾結轍而至，平時宴勞無虛日。公曰：「飾廚傳以邀往來之譽，吾不爲也。」乃積公帑之餘，大興學校，親加訓導，養成人材爲多。居數月，除中書舍人，命格不下。《龜山集·曾文昭公行

述》。

《曲阜集》載詩題有云：「元祐六年十月庚午，駕自景陵宮移仗謁先聖孔子祠。入門降輦，步就小次，由東階以升，奠爵再拜，禮官告成禮。然後退幸太學，詔博士皆升堂，坐諸生兩廡下，命國子祭酒豐稷講《書·無逸》終篇，又幸武成王廟而還。左丞相呂大防、右丞相劉摯率百官皆從。於是丞相賦詩以形容上德，諸在位者皆屬和。肇以禮官忝從諸大夫之後，謹和詩一章。」按公爲禮部侍郎，係在七年，此作六年，誤。

元祐七年壬申，四十六歲。

入爲吏部侍郎。《宋史》本傳。

五月，爲禮部侍郎。《曲阜集》。

按：《龜山集·曾文昭公行述》作秋還朝，擢守尚書禮部侍郎。

有《分祭郊社議》，又有《上哲宗皇帝乞分祭奏》。

初，詔集議，顧臨、蘇軾、范祖禹等八人主合祭，范純禮、曾肇、劉安世等二十二人主分祭，肇又獨上此奏。至九月，宰臣呂大防進呈，卒從顧臨等議。《曲阜集》。

十月，又上哲宗皇帝《乞分祭奏》。

又上哲宗皇帝《議明堂祀上帝及五帝奏》。

又上《哲宗皇帝論選忠良博古之士置諸左右奏》。

公在禮院時，啓親祠北郊之議。是歲當郊，公堅抗前說，既而合祭天地。乃自劾，改刑部。請不已，出知徐州，徙江寧府。

帝親政，更用舊臣，數稱公議禮，趣入對。公言：「人主雖有自然之聖賢，必賴左右前後得人，以爲立政之本。宜於

此時，選忠信端良之士，寘諸近班，以參謀議，備顧問，與夫深處法宮，親近暬御，其損益相去萬萬矣。」《宋史》本傳。

在徐數月，徙知江寧府，兼江南東路兵馬鈐轄。《龜山集·曾文昭公行述》。

元祐八年癸酉，四十七歲。

知江寧府。《曲阜集》。

九月初三日，有《薦徐積爲太學狀》。

十月，有《薦章處厚呂南公奏觀狀》。

紹聖元年甲戌，四十八歲。

出知瀛州，與兄布易地。《宋史》本傳。

知瀛州，充高陽關路安撫使。《龜山集·曾文昭公行述》。

閏四月，除知杭州。《曲阜集》。

過闕，上哲宗皇帝《乞詔天下皆得直言及百官次對奏》。時方治實錄譏訕罪，降爲滁州，稍復集賢殿修撰。《宋史》本傳。

紹聖二年乙亥，四十九歲。

有《滁陽慶曆前集序》。

按：《宋史·藝文志》八總集類，有曾肇《滁陽慶曆前集》十卷。錢大昕《二十二史攷異》曰：「陳氏云《滁陽慶曆集》十卷，朝散郎滁人徐徽仲元集，斷自慶曆以來，曾肇子開紹聖中謫守爲之序。此志前有徐徽《滁陽慶曆集》十卷，而復出此，其實非有二本也。」

守滁歲滿，除知泰州。《龜山集·曾文昭公行述》。

按：「泰州」，史傳及《琬琰集》本傳均作「秦州」，《神道碑》又作出知陳、秦、福州。

紹聖三年丙子，五十歲。

紹聖四年丁丑，五十一歲。

徙海州。

有《王補之文集序》。

按：文首云：「補之歿二十有八年，二子絪、縕既仕，乃克集其遺文。」

元符元年戊寅，五十二歲。

元符二年己卯，五十三歲。

元符三年庚辰，五十四歲。

正月己卯，哲宗崩，徽宗立。

復召爲中書舍人。《宋史》本傳。

二月十九日，上徽宗皇帝《乞修轉對之制詔百官民庶極言時政奏》。

日食四月朔，當降詔求言。公具述帝旨，詔下，投匭者如織。章惇惡之，欲因事去公，帝不聽。元祐臣僚被譴者，咸以赦恩甄叙，公請並錄死者，作訓詞哀厚惻怛，讀者爲之感愴。《宋史》本傳。

七月，上徽宗皇帝《論減罷監司守臣上殿奏》。

八月，上徽宗皇帝《論中書舍人不當書門下錄黄奏》。

九月，轉除集賢院修撰，爲中書舍人兼翰林學士。《曲阜集》。

上徽宗皇帝《論龔原罷給事中奏》。

又上徽宗皇帝《論内降指揮不可直付有司奏》。

十月，轉除翰林院學士兼侍讀、知制誥。《曲阜集》。

遷翰林學士兼侍讀。諫官陳瓘、給事中龔原以言得罪，無敢救，公極力論解。時論者謂元祐、紹聖均爲有失，兄布傳帝命，使公作詔諭天下。公見帝言：「陛下思建皇極以消弭朋黨，須先分别君子小人，賞善罰惡，不可偏廢。」開說備至，已而詔從中出。布之拜相，公適當

制，國朝學士，弟草兄制，唯韓維與公，爲衣冠榮。《宋史》本傳。

上徽宗皇帝《乞法仁宗下詔禁止干求內降奏》。

撰《除曾布銀青光祿大夫守尚右僕射兼門下中書侍郎制》。十月八日下。

文曰：左右置相，以總吾喉舌之司；東西分臺，以幹我鈞衡之任。居中如鼎足之峙，承上若台符之聯，相須而成，闕一不可。乃登次輔，以告大廷。左光祿大夫、知樞密院事、上柱國、魯郡開國公曾布，敏識造微，懿文貫道，器周小大之用，智適古今之宜。被神考特達之知，亟躋禁從；膺先朝倚注之重，久執事樞。而能悉心公家，宣力夙夜，忠以迪上，誼不辭難，憂勤百爲，壯老一節。肆朕纂臨之始，尤嘉翼戴之勞，參稽師言，圖任舊德。文昌端揆之列，紫薇陪侍之班，合茲寵名，作我近弼。仍遷階品，增衍丞封。於戲！朕有休息百姓之心，汝則覿文而匿武；朕有總核庶工之志，汝則務實而去華。以至甄序材良，敦獎正直，澄清風俗，振肅紀綱，使萬物各得其平，無一或失其所，汝之職也。尚往欽哉！

按《隱居通議》云：「宋元豐中，南豐先生曾文定公鞏爲中書舍人掌外制，時其弟文昭公肇以磨勘轉吏部郎中，文定公爲行制。後文昭公爲翰林學士掌內制，時其兄文肅公布拜相，文昭公爲草麻。當時朝班榮之，曰：『兄行弟制，弟草兄麻。』」

兄布在相位，引故事避禁職，拜龍圖閣學士，提舉中太一宮。《宋史》本傳。

除龍圖閣學士，提舉中太一宫兼集禧觀事，公修撰《哲宗實録》，仍侍讀如故。《龜山集·曾文昭公行述》。

徽宗建中靖國元年辛巳，五十五歲。

爲翰林學士。《曲阜集》。

三月，上徽宗《論日食赤氣之異奏》。太史奏日又當食四月。公請對，言：「比歲日食正陽，咎異章著。陛下簡儉清淨之化，或衰於前；聲色服玩之好，或萌於心；忠邪賢不肖，或有未辨；賞慶刑威，或有未當；左右阿諛，壅蔽矯舉，民冤失識，鬱不得伸。此宜反覆循省，痛自克責，以塞天變。」言發涕下，帝悚然順納。《宋史》本傳。

撰《南豐軍山廟碑》。

撰《范忠宣公墓誌銘》。

范公卒於正月癸亥，葬於四月庚子。十月，奉敕撰《東嶽廟碑》。

封曲阜縣開國侯，食邑一千户，賜紫金魚袋。《神道碑》。

出知陳州，歷太原府、應天府、揚、定二州。《宋史》本傳。

知陳州，徙知太原府，充河東路經略安撫使。公奏：「西事素非所習，且臣兄布嘗與措置，議論之際，不無妨嫌。」力辭不赴，改知南京，徙知揚州，兼淮南東路兵馬鈐轄。到官一日，徙知定州路安撫使。《龜山集·曾文昭公行述》。

崇寧元年壬午，五十六歲。

落職，謫知和州，徙岳州。《宋史》本傳。

自熙寧以來四十年，大臣更用事，邪正相軋，黨論屢起。公身更其間，數不合。兄布與韓忠彦並相，日夕傾危之。公既居外，移書告之曰：「兄方得君，當引

用善人，翊正道，以杜惇、卞復起之萌。而數月以來，所謂端人吉士繼跡去朝，所進以爲輔佐、侍從、臺諫往往皆前日事惇、卞者。一旦勢異今日，必首引之以爲固位計，思之可爲慟哭。比來主意已移，小人道長，進則必論元祐人於帝前，退則盡〔排〕元祐者於要路。〔異〕時惇、卞縱未至，一蔡京足以兼二人，可不深慮？」布不能從。未幾，京得政，布與公俱不免。《宋史》本傳。

落龍圖閣學士，謫知和州，道除舒州靈仙觀。時崇寧元年七月也。徙居岳州。《龜山集·曾文昭公行述》。

九月丁酉，治臣僚議復元祐皇后及謀廢元符皇后者罪，降韓忠彥、曾布官，竄曾肇以下十七人。《宋史·徽宗本紀》。

按：公之被竄，當即在徙居岳州之時。

撰《贈司空蘇公墓誌銘》。

蘇公卒於建中靖國元年五月庚辰，葬於崇寧元年十一月丙申。

崇寧二年癸未，五十七歲。

七月庚寅，責授濮州團練副使。《宋史·徽宗本紀》。

貶濮州團練副使，安置汀州。《宋史》本傳。

秋，治上封事異趨者千餘人，因追咎公草求言詔，貶濮州團練副使，汀州安置。《龜山集·曾文昭公行述》。

崇寧三年甲申，五十八歲。

在汀州。

崇寧四年乙酉，五十九歲。

在汀州。

崇寧五年丙戌，六十歲。

歸潤州。《宋史》本傳。

手詔左遷官例許內徙。移公台州，兄布

亦自衡徙舒，會於途中。未及徙所，又例還爵秩，授公朝散郎。與公遂還居潤州里第，兄弟戴白相從，人所歆慕。《龜山集·曾文昭公行述》。

春正月，星變，詔求直言，毀元祐黨人碑，復謫者仕籍。公得移台州，未至，復朝散郎，寓居潤州。《神道碑》。

大觀元年丁亥，六十一歲。

八月丙辰，卒於潤州。

按：《琬琰集》本傳作六月丙辰。

紹興初，謚曰文昭。《宋史》本傳。

累勳上護軍，封曲阜縣開國子，食邑五百戶。八寶恩追復朝請郎，後再以恩復朝請大夫，集賢院修撰。《龜山集·曾文昭公行述》。

按：《神道碑》載公曾以建中靖國元年封曲阜縣開國侯。

兄布先一日卒於潤州，年七十有三。後贈觀文殿大學士，謚曰文肅。

公娶錢塘強氏，累封和義郡君，尚書祠部郎中、三司戶部判官諱至之女也。

有子八人。長曰緄，通直郎、知揚州天長縣丞事；次曰縱，承事郎、監太平州蕪湖縣酒稅務；絢，宣議郎、監兗州東嶽廟；統，將仕郎、監應天府柘城縣稅務；絾，將仕郎，監睦府酒稅務；緯，承務郎，權知泗州招信縣丞事；續、纁，舉進士。女四人，長適宣德郎王緯；次適宣義郎劉侼，二尚幼。孫男二十人，悰、恪、慥、悅、懷、悟、愔、悌、恂、愖、怡、恢、恉、惲、憓、忳、惔、懍、懙、憺；孫女六人。《龜山集·曾文昭公行述》。

有《曲阜集》四十卷，《外集》十卷，《奏

議》十二卷，《邇英殿故事》一卷，《元祐外制集》十二卷，《庚辰外制集》三卷，《內制集》五卷，《尚書講議》八卷，《曾氏譜圖》一卷。《龜山集·曾文昭公行述》。

大觀二年戊子

十一月，葬於南豐縣世賢鄉梅潭之原。《龜山集·曾文昭公行述》。

余草《曾子開年譜》以配其兩兄，而爲《三曾年譜》，蓋取其文章勳位萃於一門，爲古今所罕見也。三人事蹟，史各有傳。然以詳略不同，有時非彼此徵引不能互相參證，若其家事則無取重複，故互有繁簡，庶免讀者憎其詞費也。周明泰附識。

淮海先生年譜

（清）秦鏞 編
秦瀛 重編
吴洪澤 校點

清嘉慶二年世恩堂刻本

秦觀（一〇四九—一一〇〇），字少游，一字太虛，號邗溝居士、淮海居士，揚州高郵（今屬江蘇）人。以文知名，蘇軾極賞其才。元豐八年進士，授定海主簿、蔡州教授。元祐五年召爲太學博士，校正秘閣書籍，遷秘書省正字，兼國史院編修官。紹聖初，入黨籍，出爲杭州通判，貶監處州鹽酒税，削秩徙郴州。四年，編管横州。五年，除名，徙雷州。徽宗即位，復宣德郎，放還，行至藤州卒，年五十二。

秦觀爲「蘇門四學士」之一，詩、詞、文創作均有成就，尤以婉約詞知名，被譽爲「當代詞手」（陳師道《後山詩話》）。所著《淮海居士文集》四十九卷，歷代均有刻本傳世，今人徐培均有《淮海居士長短句箋注》、《淮海集箋注》。事蹟見《東都事略》卷一一六、《宋史》卷四四四本傳。

秦觀年譜，有宋李燾、明秦淇編者，原本已失傳。今傳最早者爲清秦鏞編、秦瀛重編《淮海先生年譜》，有嘉慶、道光刻本。同治間，有秦清錫重訂本，刊入《錫山秦氏宗譜》，較詳細。又有高郵後學王敬之節要本，附《淮海集》刊行，較簡略。近人龍沐勛有《淮海先生年譜簡編》，今人王初蓉、王保珍、徐培均，以及日本中田勇次郎等並纂有秦觀年譜，可見學術界對秦觀研究的重視。

始祖淮海先生年譜，爲國朝初年先生二十世孫監察御史鏞輯，蓋本諸萬曆壬午先生十八世孫武進族人名淇舊本，而加以案語，考證亦加詳焉。瀛少時於族父鈞儀處得見是本，板已遺失，藏者絶少。忽忽又三十餘年，瀛官於杭，會族人持是本至，即向於族父處所見者。爰于公暇，重事編次，缺者補之，誤者辨之，凡瀛之所案，但書「案」字於每條之上，其舊案及族父所加增者，則書案某先生云云，示不敢掠美前賢也。佐瀛參訂者，仁和邵徵士志純之力爲多云。嘉慶二年丁巳九月十五日，無錫二十八世孫瀛謹述於浙江按察使官署之懷清堂。

淮海先生年譜

二十八世孫瀛重編

宋仁宗皇祐元年己丑，先生生。

先生姓秦氏，名觀，字太虛，改字少游，別號邗溝居士，學者稱爲淮海先生。先世居江南，中徙維揚，爲高郵州武寧鄉左廂里人。大父承議府君諱某。父元化公諱某，師事胡安定先生瑗，有聲太學。母戚氏。

案：先生文集《書王氏齋壁》云：皇祐元年，余先大父赴官南康，道出九江，余實生焉。

皇祐二年庚寅

皇祐三年辛卯

皇祐四年壬辰，先生年四歲。

大父承議府君滿歲受代，猶寓止僧舍。未幾，代者卒，王叔瞻之先君來領其職事，通家相好也。見《書王氏齋壁》。

皇祐五年癸巳

至和元年甲午，先生年六歲。或書皇祐六年，是年二月太史言日當食，改至和。

先生始入小學。父元化公游太學，歲時歸覲，具言太學人物之盛，數稱海陵王君觀高才力學，遂以其名名先生。

案：《李氏王夫人墓誌銘》但言元化公稱王君觀及其從弟覿，而不言名先生。名先生之說，見之舊譜。然王君觀從弟名覿，而先生之季弟亦名覿，或取二王之名先後以名其子，似可信也。又案：《王夫人墓誌銘》言至和中先君游太學，不指元年，至和首尾幾及三年，恐係至和二年事亦未可定。

至和二年乙未

嘉祐元年丙申或書至和三年，是年九月謝天地，改嘉

祐。

嘉祐二年丁酉

嘉祐三年戊戌，先生年十歲。

通《孝經》、《語》、《孟》大義。

嘉祐四年己亥

嘉祐五年庚子

嘉祐六年辛丑

嘉祐七年壬寅

嘉祐八年癸卯，先生年十五。

丁父元化公憂。

英宗治平元年甲辰

治平二年乙巳

治平三年丙午

治平四年丁未，先生年十九。

娶徐氏，名文美，潭州寧鄉縣主簿徐成甫女。

案：《徐君主簿行狀》，成甫初娶張氏。繼娶蔡氏，子五人，文通、文仲、文剛、文饒、文昌。女三人，文美、文英、文柔。先生之配，蓋徐氏長女也。

神宗熙寧元年戊申

熙寧二年己酉，先生年二十一。

作《浮山堰賦》。

案：舊譜於先生年十二載，博學強記，善屬文；於年二十一載，博綜史傳，文詞溢發。竊謂先生之學力文章固當與年俱進，然詩文集及本傳皆無明文，似不應指定某年，故從刪。

熙寧三年庚戌，先生年二十二。

叔父定登葉祖洽榜進士第，授會稽尉。

案：大音先生鏞云：「高郵譜：定，先生諸父，仕至端明殿學士，卒葬江都。西山秦家莊有秦端明定墓。」又

案：會稽尉至元豐三年始得代，疑屬遷調，非進士初官。

熙寧四年辛亥

熙寧五年壬子，先生年二十四。

好讀兵家書，作《單騎見虜賦》。

案：《記夢答劉全美》七古起二句云「歲逢困敦斗指申，辰次庚辰漏傳子」，蓋子年七月庚辰日子時也。以《宋史》攷之，元豐七年甲子、紹聖三年丙子七月皆無庚辰，唯熙寧五年壬子四月朔乃庚戌，四、五、六月皆不閏，則七月當有庚辰。又案李燾《長編》熙寧五年六月己酉朔，閏七月戊申朔，詩中所云「辰次庚辰」者，七月初二日也。

熙寧六年癸丑

熙寧七年甲寅，先生年二十六。

聞眉山蘇公軾爲時文宗，欲往遊其門，未果。會蘇公自杭倅徙知密州，道經維揚，先生預作公筆語題於一寺中，公見之大驚。及晤孫莘老，出先生詩詞數百篇，讀之，乃嘆曰：「向書壁者，必此郎也。」遂結神交。

熙寧八年乙卯，先生年二十七。

外父徐成甫卒，繼室蔡氏殉焉，爲撰《行狀》及《蔡氏哀詞》。

熙寧九年丙辰，先生年二十八。

同孫莘老、參寥子訪漳南老人於歷陽之惠濟院，浴湯泉，遊龍洞山，謁項羽祠，極山水之勝，得詩三十首、《湯泉賦》一篇。孫莘老詩云：「川谷閟深阻，天時正莽蒼。聊同不速客，來浴自然湯。茂宰藹休政，道人棲淨坊。怳如登十地，熱惱頓清涼。」先生次韻和之。

熙寧十年丁巳，先生年二十九。

蘇公自密州徙知徐州，先生乃往候公於彭城。贈之以詩云：「人生異趣各有求，繫風捕影祇懷憂。我獨不願萬戶侯，惟願一識蘇徐州。徐州英偉非人力，世有高名擅區域。珠樹三株詎可攀，玉海千尋眞莫測。一昨秋風動遠情，便憶鱸魚訪洞庭。芝蘭不獨庭中秀，松柏仍當雪後青。故人持節過鄉縣，教以東來償所願。天上麒麟昔漫聞，河東鸑鷟今纔見。不將俗物擬天眞，北斗已南能幾人。八磚學士風標遠，五馬使君恩意新。黃塵冥冥日月換，中有盈虛亦何算。據龜食蛤暫相從，請結後期遊汗漫。」蘇公次韻贈別。

是歲，孫莘老寄老菴成，作《寄老庵賦》。

漳南道人自湯泉來會於高郵，追叙去年登臨之美，作《遊湯泉記》。

元豐元年戊午，先生年三十。

先生舉鄉貢不售，蘇公有詩云：「底事秋來不得解，定中試與問諸天。」又簡云：「此不足爲太虛損益，但弔有司之不幸耳。」

先生退居高郵，杜門卻掃，以詩書自娛，乃作掩關之銘。

是時蘇公以治河功成，作黃樓，先生作《黃樓賦》以寄，公爲詩以謝曰：「我坐黃樓上，欲作黃樓詩。忽得故人書，中有黃樓詞。黃樓高十丈，下建五丈旗。楚山以爲城，泗水以爲池。我詩無傑句，萬景驕莫隨。夫子獨何妙，雨雹散雷椎。雄辭雜今古，中有屈宋姿。南山多磬石，清滑如流脂。朱蠟爲摹刻，細妙分毫釐。佳處未易識，當有來者知。」

是歲又作《歎二鶴賦》。

十月五日，蘇公跋《湯泉賦》後。

案：查慎行《蘇公年表》：「是年秦少游將入京應舉，至徐謁公，黃魯直以古風二首上公。黃、秦二君奉教於公始此。」蓋不詳先生於前一年先見公於彭城也，《蘇公年表》「始此」二字誤。

元豐二年己未，先生年三十一。

正月十五日，作《五百羅漢圖記》。

將如越省大父承議公及叔父定於會稽，會蘇公軾自徐州徙知湖州，遂與偕行，過無錫，遊惠山，和唐人韻三首，蘇公及參寥子同賦。又會於松江，至吳興，泊西觀音院。端午日，同公遍遊諸寺，尋別蘇公，至德清道中作詩還寄，遂如越。

七月，聞蘇公被詔獄，亟渡江至吳興，問訊得實，乃復自吳興過杭中。

秋後一日，同參寥子月夜杖策度風篁嶺，謁辯才法師於潮音堂。作《龍井題名記》，又別作《龍井記》。乃東遊鑑湖，謁禹廟，憩蓬萊閣。是時給事廣平程公闢領越州，先生相得歡甚，多登臨唱酬之什。作《會稽唱和詩序》、《錄寶林禪院事實》，又作《會稽懷古》諸詞。

歲暮，始還高郵，除夕抵家。

是歲十二月，蘇公謫黃州團練副使。

案：先生《龍井題名記》：「元豐二年中秋後一日，余自吳興過杭，東還會稽，龍井辯才法師以書邀予入山。比出郭，已日夕，航湖至普寧，遇道人參寥，問龍井所遣籃輿，則曰：『以不時至，去矣。』是夕，天宇開霽，林間月明，可數毛髮。遂棄舟從參寥杖策並湖而行，出雷峰，度南屏，濯足

于惠因澗，入靈石塢，得支徑上風篁嶺，憩龍井亭，酌泉據石而飲之。自普寧經佛寺十，皆寂不聞人聲，道旁廬舍或燈火隱顯，草木深鬱，流水激激悲鳴，殆非人間有也。行二鼓矣，始至壽聖院，謁辨才於潮音堂，明日乃還。」又案：先生客會稽，作《滿庭芳》詞，即「山抹微雲」之篇，蘇公極賞此詞，戲呼先生爲「山抹雲君」。又案《藝苑雌黄》云：范祖禹之子元實乃少游壻也，爲人凝重，終日不言。有妓問之曰：「公亦解詞曲否？」答曰：「吾乃山抹微雲君女壻也？」

元豐三年庚申，先生年三十二。

是歲，鮮于公侁字子駿爲揚州守，待先生以禮，爲作《揚州集序》。邵彦瞻爲揚州從事，爲作《集瑞圖序》。

春二月，作書唁蘇公於黄州。公弟子由將赴高安，過高郵，相從兩日，先生送至邵伯埭，贈詩而還。子由和詩有曰：「筆端大字鴉棲壁，袖裡新詩句琢冰。送我扁舟六十里，未嫌罪垢汙交朋。」子由留廣陵甚久，先生值寒食上冢，不得從，已而屬和其廣陵諸詩。

四月，爲杭州法惠院言師作《雪齋記》。

入夏，得中暑疾，秋復大劇，浹月始安。時黄魯直將赴泰和令，李端叔自楚如晉陵，皆過訪。魯直攜《歛帚》、《焦尾》兩編，先生爲之心折。別次揚州，以書來，爲先生手寫《龍井》、《雪齋》兩記，字畫精美。先生即寓書參寥子，寄錢塘僧勒石焉。

冬十一月，得蘇黄州書。

是歲，先生與李樂天簡云：「去年如越省

親，會主人見留，辭不獲去。又貪此方山水勝絕，故淹留歲暮耳。自還家來，比會稽人事差少，杜門卻掃，日以文史自娱，時從扁舟循邗溝而南，以適廣陵。泛九曲池，訪隋氏陳迹；入大明寺，飲蜀井；上平山堂，折歐公所種柳，而誦其所賦詩，爲之喟然以歎。遂登摘星寺，寺迷樓故址也，其地最高，若金陵、海門諸山，歷歷皆在履下。其覽眺所得，佳處不減會稽望海亭，但制度差小耳。僕每登此，竊心悲而樂之。人生豈有常？所遇而自適，乃長得志也。以閣下趣尚高遠，得以發其狂言。」

元豐四年辛酉，先生年三十三。

春正月，先生叔父定自會稽得替，便道取疾入京改官。先生侍大父承議公還高郵。又安厝亡嬸於揚州。入夏，與弟覯、覿習兩先生制科之文。

秋，應省試題名。尋答蘇黄州書云：「辱誨諭，且令勉彊科舉。如某者，豈敢求異于時？但長年頗慙，爲兒女子所嗤笑耳。得公書，重以親老之命，頗自摧折，不復如向來簡慢。盡取今人所謂時文者讀之，就其體作數首，輒有見推可者，因以應書，遂亦蒙見録。今復加工，如求應舉時矣。」

冬十月，作《徐氏張夫人墓誌銘》，遂西行赴京師。

元豐五年壬戌，先生年三十四。

先生應禮部試，罷歸。過南陽新亭，有詩寄王子發。遂如黄州候蘇公，于官舍作《弔鏄鍾文》。過廬山訪大覺璉公，南游玉笥而歸。

秋九月，作《圓通禪師行狀》。圓通賢，達

觀穎禪師之法嗣也。

是歲，大父承議公卒。

案：大音先生鏞曰：「先生游廬山玉笥，於詩文無可考。唯《圓通院白衣閣絕句》三首及後九年作《俞紫芝字序》，述昔游玉笥山，訪蕭子雲故隱，道見靈芝生乎磐石之上，愛玩久之。俄遇童子老人共譚，其事甚奇，因附見於此。又元豐七年蘇公游廬山，跋先生所與辯才題名，疑即此時所題也。」又案：若舫先生鈞儀云：「武昌府嘉魚縣太平湖，相傳水嘗涸，時夜有光怪，或誌其處而掘之，得銅鐘一。《明一統志》云宋秦觀爲《弔鏄鐘文》即此。」

元豐六年癸亥，先生年三十五。

先生取經傳子史之文，選輯得若干卷，題曰《精騎集》，自爲之序曰：「予少時讀書，一見輒能誦，暗疏之亦不甚失。然負此自放，喜從滑稽飲酒者游，旬朔之間，把卷無幾日，故雖有彊記之力，而常廢於不勤。比數年來，頗發憤自懲艾，悔前所爲，而聰明衰耗，殆不如曩時十一二，每閱一事，必尋繹數終，掩卷茫然，輒復不省。故雖然有勤苦之勞，而常廢於善忘。嗟夫，敗吾業者，常此二物也。比讀《齊史》，見孫搴荅邢詞云：『我精騎三千，足敵君羸卒數萬。』心善其說，因取經傳子史事之可爲文用者，得若干條，勒爲若干卷，題曰《精騎集》云。噫，少而不勤，無如之何矣，長而善忘，庶幾以此補之。」

是歲，代俞次皋作《御書手詔記》。《李氏王夫人墓誌銘》，夫人，如皋王觀之母

也。又作《曾子固哀詞》，亂曰：「天不慭遺一老兮，固縉紳之所傷。矧不肖以薄技兮，早獲進於門牆。」先生與南豐交，始末未詳，據《哀詞》，則其所從游舊矣。

案：先生《蠶書》：「予閒居，婦善蠶，從婦論蠶，作《蠶書》。考之《禹貢》，揚、梁、幽、雍不貢繭物。兗『篚織文』，徐『篚玄纖縞』，荆『篚玄纁璣組』，豫『篚纖纊』，青『篚檿絲』，皆繭物也。而『桑土既蠶』獨言於兗，然則九州蠶事，兗爲最乎。予游濟河之間，見蠶者豫事時作，一婦不蠶，比屋詈之，故知兗人可爲蠶師。今予所書，有與吳中蠶家不同者，皆得之兗人也。」先生自高郵至汴，必經兗境，此當自京師歸，閒居所作。又案《逆旅集自序》亦云：「余閒居有所聞，輒書記之。」然皆未詳年月，無從編次，附載於此。

元豐七年甲子，先生年三十六。

正月，蘇公軾量移汝州。七月過金陵，謁王荆公，既別去，復致書曰：「向屢言高郵進士秦觀太虛，公亦粗知其人。今得其詩文數十首，拜呈。詞格高下，固無以逃於左右，獨其行義修飭，才敏過人，有志於忠義者，某請以身任之。此外，博綜史傳，通曉佛書，講習醫藥，明練法律，若此類，未易以一二數也。才難之歎，古今共之，如觀等輩，實不易得。願公少借齒牙，使增重於世，其他無所望也。」荆公答書曰：「得書，知尚盤桓江北，俯仰逾月，不勝感悵！示

及秦君詩，適葉致遠一見，亦謂清新嫵麗，與鮑、謝似之。公奇秦君，口之而不置，我得其詩，手之而不釋。又聞秦君嘗學至言妙道，無乃笑我與公嗜好過乎？餘卷正眊眩，未暇細讀。嘗鼎一臠，旨可知也。愈遠，自愛，不宣。」

先生以小像寄蘇公索贊，公舟至竹西，報書，尋作贊曰：「以君爲將仕耶？其服野，其行方。以君爲將隱耶？其言文，其神昌。置而不求，君不即，即而求之，君不藏。以爲將仕將隱者，皆不知君者也。蓋將挈所有而乘所遇，以游于世而卒返於其鄉者乎！」

冬十月，先生與蘇公會於金山。

先生將赴京師，索文稿，删其可存者，得古體詩一百十二、雜文四十有九篇，從游之詩附見者五十有六，合二百一十七篇，次爲十卷，號《淮海閒居集》。

案：大音先生鏞云：「荆公自熙寧九年罷相，以使相判江寧府，凡數年矣。先生所居，止一江之隔，非若徐、黄之數千里也。使先生肯就從遊，亦何待蘇公之介紹哉？然先生不以近相取，而以遠相求，其趣操可覩矣。世乃以先生爲文章之士，何哉？然而蘇公且惓惓若此者，蓋是時荆公落莫已久，且捨宅爲寺，（王安石奏施金陵舊第爲寺，賜額保寧，在熙寧十年。）蘇公自黄來，流連款洽，以故人相託，自是友朋文章道義，氣誼在世局之外者也，先生、蘇公兩得之矣。」又案：是年蘇公跋先生廬山題名云：「某與大覺禪師别十九年矣，禪師脱屣當世，雲棲海上，謂不復見記，乃爾拳拳耶？撫卷太息。

欲一見之，恐不可復得。會與參寥師自廬山之陽竝出而東，所至皆禪師舊迹，山中人多能言之者，乃復書與太虛、辯才題名之後，以遺參寥。太虛今年三十六，參寥四十二，某四十九，辯才七十四，禪師七十六矣。此吾五人者，當復相從乎？生者可以一笑，死者可以一歎也。元豐七年五月十九日，慧日院大雨中書。」鏞案：「此跋見蘇公與先生交，眞道味蕭然遊方之外者也。及其過金陵，又復惓惓若此者。嗚呼，此其所以爲蘇公與！」

元豐八年乙丑，先生年三十七。

先生登焦蹈榜進士第。作《謝及第啓》云：「淮海孤生，衣冠末系。志在流水，嘗辱子期之知；困於鹽車，頗爲伯樂之顧。徒以爲養而求仕，故雖被黜以忘慙。豈意力田而逢年，亦稱長袖而善舞。大羹焉用，以貴本而不遺；昌歜甚微，緣嗜偏而見取。方賢書之上獻，俄吏議之旁連。竊鈇致疑，事非在我；解驂見贖，世鮮其人。倘賴平反，卒蒙昭雪。折劍既以重鑄，死灰因而復然。究其倚伏之難常，益信窮通之有定。屬明皇之繼照，推睿澤以橫流。特免試言，徑躋仕版」云云。

《上王岐公論薦士書》、《上呂申公晦叔書》。

先生慕馬少游之爲人，改字少游，陳無己師道爲作《字序》。

除定海主簿，尋調蔡州教授，奉母夫人赴蔡州。（任）〔作〕《書王氏齋壁》云：「皇祐元年，余大父赴官南康，道出九江，余實生焉。滿歲受代，猶寓止僧舍。

未幾代者卒，叔瞻之先君來領其職事，通家相好也。至和元年，叔瞻始生於南康。後余迎老母來爲汝南學官也，而叔瞻亦奉太夫人閒居於郡之西郭。時余之先大父、先人皆捐館，而叔瞻之先君亦沒於瀘州。皇祐逮今幾四十一年，中間豐瘁、得喪、死生、休戚不可悉記，獨兩家之孤各奉其母相遭于此，甚可悲也。」

蘇公未至汝，乞居常州，尋以常州團練副使復朝奉郎、知登州，召爲禮部郎中。先生具啓致賀。

是歲有《到任謁先師文》、《神宗皇帝晏駕功德疏》、《虞氏夫人墓誌銘》。

案：先生集中所載《書王氏齋壁》云「皇祐逮今四十一年」，考之儀眞本、山東本、鄂州本及仁和本皆同，而舊譜載皇祐逮今幾四十年，蓋因先生任蔡州教授在三十七歲，而四十一歲則在京師，與文中「來爲汝南學官」及「各奉其母相遭於此」句不合也。今從之。

哲宗元祐元年丙寅，先生年三十八。

先生在蔡州。是歲太皇太后、皇太后上尊號受册及坤成節、興龍節，先生皆作賀表，爲太守向公作。又代作《境内祀諸神文》。

蘇公軾爲翰林學士，與鮮于公侁共以賢良方正薦先生於朝。先生致鮮于公書曰：「觀以聲聞過情，深爲同進所忌，閉關卻掃，罪惡日聞。詔書比下，明公首以觀充賦，乃知君子之所爲自有常度，豈以顯晦數疏而易其意哉？汝南雖當孔道，人事絕少，風氣和平，魚稻蔬果不減於

淮海，士子亦樂于相從，養親讀書之計，極爲安便。但創置之官，居處什物，百色皆無，自供職以來，干乞營繕，殆無須臾之間。久不獲進左右之問，緣此故也。」

劉貢父攽赴京過汝南，先生作詩送之曰：「觀也本諸生，早與世參商。方枘不量鑿，交親指爲狂。末路辱公知，賜出非所望。相期古人處，豈止事文章。汝南雖奧區，校官實始張。解鞅百無有，棲棲寄僧坊。築室從有徒，皆公借餘光。一壺千金值，所濟在倉黃。萬里猶比鄰，別離無足傷。何以報公德，修好以爲常。」

是歲，作《汝水漲溢說》、《王定國註論語序》、《瀘州使君任公墓表》。

案：舊譜於元豐八年載，是歲有登第後青詞。考之青詞內「輒取甲寅之歲」句，疑是丙寅之訛，因編次於此。

元祐二年丁卯，先生年三十九。

先生自汝南被召至京師，爲忌者所中，復引疾歸汝南。范公純仁安撫境內，復薦先生堪備著述之科。檄至，先生作書以謝曰：「某淮海一介之士，行能無取，比因緣科第，獲列仕版。又屬朝廷復置賢科，而一二邇臣猥以充賦，名實乖戾，果致多言。相公當國，憐其孤單，不即閒罷，使得自便，引疾而歸，僥倖深矣。比遇相公均逸藩輔，而某承乏之地，實在節制之下。疵賤無介紹，不敢以書自通，眷眷私懷，何以云喻？豈圖相公過有採聽，首賜論薦，使備著述之科。檄書初至，發函伏讀，且喜且懼。蓋相公於某，昔既有保全之賜，今又有論薦之

恩，顧惟狂愚，何以辱此？屬拘官守，不獲進謝門闌，又不敢具啓事以叙悃愊。區區俗禮，非國士所以報知己者也，惟相公裁察。」

先生弟少章先生覯客京師，游張文潛、黄魯直之門，家搆小室，魯直以「寄寂」名其齋，贈之以詩。先生亦作詩寄覯、覿兩先生。

是歲，作《鮮于子駿行狀》、《爲高符仲書王摩詰輞川圖後》、《跋高無悔書卷》、《次韻太守向公登樓眺望詩》。

案：大音先生鏞云：「先生賢書甫上而旋掛吏議，賢良方舉而即遭擯斥，才人之不幸如此，蓋其榮遇之時而已然，固非待於後之遷謫也。又先生有《對淮南詔獄》詩，未詳年月，併附録於此：「一室如懸磬，人音盡不聞。老兵隨臥起，漂母給朝曛。樊雉思秋野，鞲鷹望暮雲。念歸忘食事，日減臂環分。」

又案《山谷集》，是年有《晁張和荅秦覯五言次韻》詩云：「山林與心違，日月使髩換。儒衣相詬病，文字奉娛玩。自古非一秦，六籍蓋多難。詩書或發冢，熟念令人惋。秦君鋭本學，驥子已血汗。相期駿天衢，伯樂嘗一眄。士爲欲心縛，寸勇輒尺懦。要當觀此心，日照雲霧散。扶疏萬物影，宇宙同璀璨。置規豈唯君，亦自警弛慢。」

元祐三年戊辰，先生年四十。

先生被召至京師應制科，進策三十篇、論二十篇，進策序篇云：「淮海小臣，不聞廟堂之議，帷幄之謀，獨耳剽目采，

頗知當世利病之所以然者。嘗欲輸肝膽，效情愫，上書於北闕之下，則又念身非諫官，職非御史，出位犯分，重煩有司之誅，隱忍逡巡而不敢發。幸陛下發德音，下明詔，使大臣任舉賢良方正、能直言極諫之士，將修祖宗故事，而親策于庭。嗚呼，此亦愚臣效鳴之秋也！輒忘疏賤，條其意之所欲言者，爲三十篇以獻，惟陛下財擇焉。」

既奏，除太學博士、校正秘書省書籍。三月初八日，與敕命一道：「朕惟太學者教化之源，博士者儒賢之選。俾天下之士守道而服業，任至重也，未始輕授。汝觀賢良昭於薦剡，條對列於制科，辨論精深，暢明作述，特除左宣教郎、太學博士、校正祕書省書籍。朕之所期，豈在承譌襲舛、蹈常喜舊而已哉。宜懋遠猷，無忘所學。」

蘇公軾、孫公覺同知貢舉，少章覯與李方叔廌竝落，而殿試榜首李常寧，先生父姑之夫也。

是歲，書裴秀才跋尾，少章先生留京師。駕幸太學，先生《和館閣》詩云：「原廟初更十二章，還與詔蹕幸諸庠。法天璧水遙迎仗，應夜深衣不亂行。風動四夷將遣子，禮行三舍遂賓王。前知此舉追虞氏，果有球音發舜堂。」又《晚出左掖》詩：「金爵觚稜轉夕暉，翩翩宮葉墮秋衣。出門塵障如黃霧，始覺身從天上歸。」

案：宣教郎，政和四年始有此名。舊藏敕書及各譜，皆稱宣教，瀛不敢遽爲改正，謹記於此以存疑。

又案：《山谷集》于是年《次韻秦少

章晁適道贈荅》詩云：「二子論文地，陰風雪塞廬。寧穿東郭履，不奉子公書。士固難推挽，時聞有詔除。負暄眞得計，獻御恐成疏。」又《次韻答秦少章乞酒》云：「朝事鞍馬早，吏曹文墨拘。初無尺寸補，但於朋友疎。豈知（箪）〔簞〕瓢子，卧起一床書。炙背道堯舜，雪屋相與娛。步出城東門，野鳥鳴廢墟。頗知富貴事，勢窮心亦舒。詩來獻窮狀，水餅嚼冰蔬。斗酒得醉否，枵腹如瓠壺。亦可召西舍，侯嬴非博徒。」又《次韻荅少章聞雁聽雞二首》：「平生絕少分甘處，身要從師萬事忘。霜雁叫羣傾半枕，夢回兄弟綵衣行。」「朝士聞雞常半途，朱門擁被不關渠。秦郎五起聽三唱，殘燭貪傳未見書。」

元祐四年己巳，先生年四十一。

先生在京師，由博士遷正字。

夏四月，蘇公力請外郡，遂以龍圖閣學士出知杭州，弟子由代爲翰林學士。是時洛蜀相攻，頗多附會搆隙。先生與黃、晁諸公，實不與聞黨事也。

冬十一月，進《南郊慶成詩》，進表云：「伏睹皇帝陛下肇修典禮，冬日之至，親有事於南郊。前期之日，陰雲蔽空，將祀之夕，月躔畢宿。於法當雨，而是夜開霽，特甚晏溫[一]，星月昭明。明日雨雪乃作，朝野欣然，歎頌之聲形於中外。非二聖有作，上當天心，神祇顧享，何以逮此？臣疎賤，通籍祕省，預見熙事，不勝犬馬區區之情，輒將輿人之頌，撰成《郊禮慶成詩二十韻》，隨狀上進」云云。又作《南郊祭告上清儲祥宮詩》。

是歲，代向宗回作《敕書獎諭記》，書《晉賢圖後》。

案舊譜，山谷以寄寂名少章齋，贈之以詩，在元祐二年，而《山谷集》則編次所贈詩於元祐四年。又有《次韻寄少游》云：「薛宣欲吏雲，季氏或招閔。此公胸中秋，萬物欲收稛。賣藥偶知名，草（元）〔玄〕非近準。才難不易得，志大略細謹。士生要宏毅，天地爲蓋軫。驥來鹽車驂，井下短綆引。難甘呼爾食，聊寄粲然囅。誰能借前籌，還婦用束縕。吾聞調羹鼎，異味及枌堇。豈其供王羞，而棄會稽笋。」又《戲書秦少游壁》云：「丁令威化作遼東白鶴歸，朱顏未改故人非。微服過宋風退飛，宋父擁篲待來歸。誰饋百牢鸛鵒妃，秦氏烏生八九子。雅烏之兄尾畢逋，憶炊門牡烹伏雌。未肯增巢令汝棲，莫愁野雉疎家雞，但願主人印纍纍。」又《贈秦少儀》云：「汝南許文休，馬磨自衣食。但聞郡功曹，滿世名籍籍。渠命有顯晦，非人作通塞。秦氏多英俊，少游眉最白。頗聞鴻雁行，筆皆萬人敵。吾早知有覯，而不知有覿。少儀袖詩來，剖蚌珠的皪。乃能持一鏃，與我箭鋒直。自吾得此詩，三日卧向壁。挽士不能寸，推去輒數尺。才難不其然，有亦未易識。」又《送少章從翰林蘇公餘杭》云：「東南淮海唯揚州，國士無雙秦少游。欲攀天關守九虎，但有筆力迴萬牛。文學縱横乃如此，故應當家有季子。時來誰能力作難，鴻雁行飛入道山。斑衣兒啼眞自樂，從師

學道也不惡。但使新年勝故年，即如常在郎罷前。」又案：張文潛亦有《送秦少章序》。

又案《續通鑑長編》，元祐六年八月戊子朔，以趙君錫論秦觀疏付三省，劉摯私志其事云：「初除觀爲正字，用君錫之薦。既而賈易詆觀不檢之罪，同日君錫亦有一章云：『臣前薦觀，以其有文學。今始知其薄於行，願寢前薦，罷觀新命。臣妄薦觀，罪不敢逃也。』觀亦有狀辭免。」舊譜載元祐四年由博士遷正字，頗不合，附錄於此。

元祐五年庚午，先生年四十二。

先生在京師。《春日呈錢尚書戶部》詩云：「三年京國鬢如絲，又見新花發故枝。日典春衣非爲酒，家貧食粥已多時。」尚書和詩餉米，再爲詩以謝：「本欲先生一解頤，頓煩分米慰長飢。客無貴賤皆蔬飯，唯有慈親食肉糜。」蓋先生祿養之誠，冰蘗之操，於此竝見之云。

先生子處度公湛在都下應秋試，未出。先生獨坐興國浴室院，有詩云：「滿城車馬沒深泥，院裡安閒總不知。兒輩未來鉤箔坐，長春花上雨如絲。」

少章先生在杭別蘇公而歸，公作《太息》一篇以贈之，其略云：「張文潛、秦少游此兩人者，士之超逸絕塵者也，非獨吾云爾，二三子亦自以爲莫及也。士駭於所未聞，不能無異同，故紛紛之言，常及吾與二子，吾策之審矣。士如良金美玉，市有定價，豈可以愛憎口舌貴賤之與？少游之弟少章，復從吾游，不及期年，而論議日新，若將施於用者。欲

歸省其親，且不忍去。烏乎，子行矣，歸而求諸兄，吾何加焉。作《太息》一篇，以餞其行，使藏於家，三年然後出之。」

是歲，作《龍圖閣直學士李公擇行狀》、《建隆慶禪師塔銘》，禪師即所稱漳南道人者也。

案：是年有《重過興國浴室次韻》詩，自序曰：「元祐三年，余被召至京師，從翰林蘇先生過興國浴室院，始識汶師。後二年復來，閱諸公詩，因次韻：『聊移小榻就風廊，臥久衣巾帶佛香。白髮道人還省記，前年引去病賢良。』」又案大音先生鏞云：「慶禪師係黃龍南之法嗣。」先生所作銘曰：「嗚呼我師，法妙難思，與物竝作，而不磷淄。經論老莊，卜筮方藥，是皆黃龍，佛手驢腳。我從中證，決定無疑，非遷陀客，當大笑之。山河既露，水鳥又談，能事畢矣，汝復何參。少賈之雄，老禪之伯，求其異相，亦不可得。有罔崑崙，南直海門，盡未來際，我師長存。」先生又嘗作《慶和尚眞贊》云：「大因緣，十八年。結跏座，帶刀眠。汝鼻孔，未遼天。呼我作，無事禪。」又禪師高郵、乾明諸開堂疏，皆先生作，語多透宗。蓋先生所交禪衲，如參寥、辯才、無擇輩，皆以詩文相契，而其參究宗乘，則得諸慶禪師爲多。亦猶坡公之于總老，魯直之於晦堂也。蘇公嘗稱先生通曉佛理，殆不誣矣。先生又嘗有《秋懷》詩云：「暮有二客至，俱以能禪聞。一枝惠林出，一派智海分。言各不相

可，往來劇絲棼。謝客姑舍是，妨余醉看雲。」又案：山谷是年題少章詩卷云：「少章別來文字，亹亹日新，不唯助秦氏父兄驩喜，予與晁、張諸友亦喜交游間當復得一國士。然力行所聞，是此物之根本，冀少章深根固蔕，令此枝葉暢茂也。」

元祐六年辛未，先生年四十三。

先生在京師。弟少章登馬涓榜進士第，調仁和主簿，張文潛有《送秦少章赴臨安簿序》。先生作詩送之云：「我宗本江南，爲將門列戟。中葉徙淮海，不仕但潛德。先祖實起家，先君始逢掖。議郎爲名士，余亦忝詞客。風流以及汝，三通桂堂籍。汝弱不好弄，文章有新格。久從先生游，術業良未測。武林一都會，山水富南國。下有賢別駕，上有明方伯。干將入砥礪，腰裹就銜勒。勿矜孔鸞姿，不樂棲枳棘。吳中多高士，往來寄老釋。辯才雖物化，參寥猶宿昔，投閒數訪之，可得三友益。少來輕別離，老去重乖隔。念汝行役遠，悁悁意不懌。道山雖云佳，久寓有飢色。功名已絕意，正苦婚嫁迫。終從大夫議，稅駕邗溝側。追踪漢兩疏，父子老阡陌。」

先生又寄少儀弟詩云：「一隔音塵月屢遷，忽收來問涕潸然。棲遲冊府吾如昨，流落江村汝可憐。夢裡漫成池草句，愁來空誦棣華篇。卑飛暫爾無多恨，會有高風送上天。」

是年，蘇公召入爲翰林承旨，得請外郡，出知潁州。

案：先生由博士遷正字，當在是年，附考于元祐四年下。又案：舊譜誤載

是年充國史院編修官，今改從元祐八年，附考於八年下。

元祐七年壬申，先生年四十四。

春三月上巳，詔賜館閣官花酒，以中澣日游金明池、瓊林院，又會於國夫人園，會者二十有六人。作《西城宴集詩二首》：「春溜泱泱初滿地，晨光欲轉萬年枝。樓臺四望烟雲合，簾幙千家錦繡垂。風過忽聞花外笑，日長時奏水中嬉。太平誰謂全無象，寫在羣仙把酒時。」「宜秋門外喜參尋，豪竹哀絲發妙音。金爵日邊棲壯麗，彩虹天際卧清深。已煩逸少書陳跡，更屬相如賦上林。猶恨眞人足官府，不如魚鳥自飛沈。」又作長調，以《金明池》名篇，其卒章云：「念故國情多，新年愁苦，縱寶馬嘶風，紅塵拂面，也則尋芳歸去。」與前詩末句意同，蓋當極盛之時，已作歸與之歎。嗟乎！可以知先生之心矣。

先生父姑卒，作《李常寧暨秦夫人合葬墓誌銘》。常寧以元祐三年臨軒第一，即以是年六月卒，詔賜錢卹其家，天下悲之。作《送馮梓州序》、《錄壯愍劉公遺事》。

蘇公召入爲端明殿學士、禮部尚書。

案大音先生鏞云：「先生春日寓直，有《懷參寥》詩云：『觚稜金爵自岧嶤。藏室春深更寂寥。捫蝨幽花欹露葉，岸巾高柳轉風條。文書几上鬚髯變，鞍馬塵中歲月銷。何日一笻江海上，與君徐步看生潮。』亦與前詩意同。」

又案：《顔魯公新廟記》搨本，乃先生是年所書，前署「明州定海主簿、祕書省校對黃本書籍秦觀書」一行。

先生始登第除定海主簿，尋調蔡州教授，元祐三年除太學博士、校正祕書省書籍，六年遷正字。此銜不列教授、博士等官，當是省文，第先生是年已遷正字而不署，豈黃本書籍即正字之所掌耶？《記》爲尚書職方員外郎華州曹輔撰，今在山東費縣魯公祠內，筆意瘦勁，深得二王遺法。碑陰有米黻記文。

元祐八年癸酉，先生年四十五。

先生在京師，由正字遷國史院編修官。有《辭史官表》云：「竊以史屬之除，聖朝所慎。若非承父兄之教詔，世守其官；則必積師友之淵源，材充厥職。臣於二者，實無一堪。聞命若驚，撫躬增懼。重念臣少而愚賤，長更屯奇。積累歲時，尚慮人情之未與；超踰涯分，豈爲物議之所容？以蕞爾不勝任之材，處灼然非所居之地，必招官謗，上累恩私。況儒館之中，資任高於臣者不少；班行之內，學術過於臣者甚多。與其容非薄以濫居，不若擇英豪而改授。伏望聖慈，追寢新命，檢會臣近申三省，除臣一外任差遣。」

又《謝館職啓》云：「法同博士，閱五載而遷官；例比編書，通三年而改秩。寵靈既逮，愧懼實深。伏念某族系單寒，器能淺陋。少時好賦，僅成童子之雕蟲；中歲窮經，未究古人之糟粕。始策名於進士，俄充賦於直言。濫居方物之前，叨被傳車之召。文章末技，固非道義之尊；箕斗虛名，祇取謗傷之速。亟從引避，幾至顛隮。褒未就於袞華，惡已成於瘡痏。三期之內，王尊乍佞而乍

賢，七年之中，魯田一與而一奪。但以偏親垂老，生計屢空，聊復靦顏以居，未能投劾而去。日期沙汰，分絕進升。豈期積日而累勞，輒亦逢年而遇合。東縕還婦，雖蒙假借之私；懲羹吹虀，尚慮譴訶之及。竊觀前史，具見鄙宗。西蜀中郎，孔明呼爲學士；東海釣客，建封任以校書。雖爲將相之品題，實匪朝廷之選用。夫何寡陋，遽有遭逢？此蓋伏遇某官道欲濟時，仁能錫類。始憐貧女，稍分秦壁之光；終念播臣，爲激越江之水。矧茲奇蹇，亦與甄收。敢不以古人行己之方，爲國士報君之義？千金敝帚，聊依翰墨以自娛；一割鉛刀，或冀事功之可立。」

是時先生與黃魯直、張文潛、晁無咎竝列史館，時人稱爲蘇門四學士。先生以才品見重於上，日有硯墨器幣之賜。

元日立春，先生作絕句三首。故事，立春日翰苑供詩帖子，蘇公和韻詩云：「詞鋒雄作楚騷寒，德意還同漢詔寬。好遣秦郎供帖子，盡驅春色入毫端。」蘇公作《上元扈從三絕》，先生亦有和詩云：「仗下番夷各一群，機泉如雨自繽紛。細看香案旁邊吏，卻是茅家大小君。」是時子由爲尚書右丞。

九月，太皇太后高氏崩，先生作挽詞云：「東朝制詔九年稱，烈武功高後世興。坐舉不周天柱正，親扶暘谷日車升。班行尚想延和殿，羽衛俄趨永厚陵。洛水嵩峰霄漢外，百官西望涕難勝。」是時哲宗始親政，翰林學士范祖禹慮小人乘間害政，上疏不報。祖禹之子元實，先生壻也。

是歲作《宣德郎葛舉集作「葛書舉」。墓誌銘》。舉，江陰人，與先生叔父定同年，而其子張仲，亦先生壻也。銘曰：「葛以國氏其支覃，亂離瘼矣遷江南。崛起貳卿諸弟參，長垣詞德如不慚。有地百里如子男，侯挽不來迄今談。其積如京發二三，有如不信銘斯鑱。」

蘇公復請外郡，出知定州。

案：《山谷年譜》云：「元祐八年七月，呂大防言：『神宗皇帝正史，限一年了畢。契勘昨修兩朝正史，係差史官五員，今來止有三員，切慮卒難就緒。欲差前實錄院檢討官黃庭堅、正字秦觀充編修官。』從之。」又近得先生《賜硯記》拓本於濟河，同知黃君易據云硯藏鉅野李忠愍祠，其文云：「元祐八年八月十二日，臣觀始供史職，是日詔遣中使賜李廷珪、張近、潘谷、郭玉墨溜石硯闕闕盤龍麥光紙、點龍染黃越管筆，後三日乃賜器幣。近世史臣，唯遇開院，有墨硯紙筆之賜，續除者但賜器幣而已。續除備賜，自臣觀始云。國史編修官、左宣德郎、祕書省正字臣秦觀謹記。」

紹聖元年甲戌，先生年四十六。

春三月，李清臣發策試進士，始有紹復熙豐之意。畢漸迎合，擢首選。於是執政呂大防、范純仁、蘇轍、范祖禹皆罷。

先生坐黨籍，改館閣校勘，出爲杭州通判。

先生至汴上，作一絕云：「俯仰觚稜十載間，扁舟江海得身閒。平生孤負僧牀睡，準擬於今處處還。」至陳留客舍，作《艇齋》詩。

御史劉拯論先生在史館時，增損《實錄》，

道貶監處州酒税。是時端明蘇公自定州徙英州，再貶惠州安置。門下侍郎蘇公落職知汝州，徙袁州，再謫筠州居住。黄公魯直出知鄂州，再謫黔州。張公文潛出知潤州，徙宣州。晁公無咎謫監信州酒税。

先生到處州任，題務中壁云：「醅頭春酒響潺潺，壚下黄翁寢正安。夢入平陽舊池館，隔花螭口吐清寒。」

先生元祐中納侍兒朝華，時年十九，先生賦詩曰：「天風吹月入欄杆，烏鵲無聲子夜闌。織女明星來枕上，了知身不在人間。」後三年，先生欲修眞斷世緣，遣朝華歸，作詩曰：「月霧茫茫曉柝悲，玉人揮手斷腸時。不須重向燈前泣，百歲終當一別離。」朝華既去，不願嫁，乃復取歸。明年，先生出倅錢塘，至淮上，因與道友歎流光迅速，乃謂朝華曰：「汝不去，吾不得修眞矣。」復作詩遣之曰：「玉人前去卻重來，此度分攜更不迴。腸斷龜山離別處，夕陽孤塔自崔嵬。」時紹聖元年五月十一日。先生嘗手書記此事，未幾遂南竄。按：此則所載三詩，考今集中惟存「天風吹月」一首，又贈道流四時詩也，未詳孰是。見舊譜附録。

紹聖二年乙亥，先生年四十七。

先生在處州，頗以遊咏自適。櫸山下隱士毛氏故居有文英閣，先生嘗寓此賦詩。其《遊水南菴》詩二絶云：「竹柏蕭森溪水南，道人爲作小圓菴。市區收罷魚豚税，來與彌陀共一龕。此身分付一蒲團，靜坐蕭蕭玉數竿。偶爲老僧煎茗粥，自攜修綆汲清泉。」

又嘗遊府治南園，作《千秋歲》詞云：「水邊沙外。城郭春寒退。花影亂，鶯聲碎。飄零疎酒盞，離別寬衣帶。人不見，碧雲暮合空相對。　憶昔西池會。鵷鷺同飛蓋。攜手處，今誰在。日邊清夢斷，鏡裏朱顔改。春去也，落紅萬點愁如海。」

先生既歿，魯直始和此詞，其後范成大來爲處州，絕愛其「花影鶯聲」之句，即其地建鶯花亭。陸放翁有詩云：「沙外春風柳十圍，綠陰依舊著黃鸝。故應留與行人恨，不見秦郎半醉時。」

紹聖三年丙子，先生年四十八。

先生在處州。既罷職，乃修懺法海寺，因題壁云：「紹聖元年，觀自國史編修官蒙恩除館閣校勘、通判杭州，道貶處州，管庫三年，以不職罷。將自青田以歸，因往山寺中修懺，日書絕句於住僧房壁云：『寒食山川百鳥喧，春風花雨暗川原。因循移病依香火，寫得彌陀七萬言。』」先是，使者承望風指，候伺過失，卒無所得。至是，遂以謁告寫佛書爲罪，削秩徙郴州。

先生將赴湖南遣祭洞庭湖神文云：「紹聖三年十月己亥朔十一日丁卯，前宣議郎秦觀敬以錢馬香酒茶果之奠，望洞庭、青草湖境上，敬承于岳州境內洞庭昭靈王、青草安流王、淵德侯、順濟侯、忠潔侯、孝烈靈妃、孝感侯之神。觀罪戾不肖，頃緣幸會，常廁朝列，備員儒館，承乏史臣。福過災生，數遭重劾。蒙恩寬貸，投竄湖南。老母戚氏，年逾七十，久抱末疾。盡室幼累，幾二十口，不獲俱行。既寓浙西，方令男湛，謀侍南來。

敬唯諸神，皆以威烈忠孝，著在方冊，廟食此方，分風擘流，有禱如響。觀之得罪本末，諸神具知，願加哀憐。老母異時，經彼重湖，賜以便風，安然獲濟。仍願神貺，早被天恩，生還鄉邑。觀以疾走便道，不遑躬詣祠下，盡此血誠。故修薄奠，以伸悃愊。心切詞迫，唯諸神明鑒之。」

先生至郴陽道中，題一古寺壁二絕：「門掩荒寒僧未歸，蕭蕭庭菊兩三枝。行人到此先腸斷，問爾黃花知不知？」「哀歌巫女隔祠叢，飢鼠相追壞壁中。北客念家渾不睡，荒山一夜雨吹風。」歲暮抵郴州。

是歲，竄范祖禹於賀州。

附：《冷齋夜話》云：廬山郏亭湖廟甚靈，能分風送往來之舟。秦少游南遷，過廟下，登岸縱望久之。歸臥舟中，聞風聲，側枕視，微波月影縱橫，追繹昔常宿雲老惜竹軒，見西湖月色如此。遂夢美人，自言維摩詰散花天女也，以維摩詰像來求贊。少游愛其畫，默念曰：「非道子不能作此。」天女以詩戲少游曰：「不知水宿分風浦，何似秋眠惜竹軒。聞道詩詞妙天下，廬山對眼可無言。」少游夢中題其像曰：「竺儀華夢，瘴面囚首。口雖不言，十分似九。天覆大千，作獅子吼。不如摶取妙喜，如陶家手。」予過雷州天寧，與戒禪師夜話，問少游字畫。戒出此贊爲示，少游筆蹟也。

案：覺範去先生未久，其所紀必實。此贊作於夢中，比《好事近》一詞更奇，惜集中不載。

案：洪邁《夷堅志》載，是年先生過長沙，有遇義娼事。又考邁所著之《容齋四筆》云：「《夷堅己志》載潭州義娼事，謂秦少游南遷過潭，與之往來，後娼竟爲秦死。常州教授鍾將之得其說於李結次山爲作傳。予反覆思之，定無此事，當時失於審訂，然悔之不及矣。秦將赴杭倅時，有妾邊朝華。既而以妨其學道，割愛去之。未幾罹黨禍，豈復眷戀一娼女哉？予記國史所書，溫益知潭州，當紹聖中，逐臣在其巡內，若范忠宣、劉仲馮、韓川原伯、呂希純子進、呂陶元鈞，皆爲所侵。因鄒公南遷過潭，暮投宿村寺，益即遣州都監將數卒，夜出城逼使登舟，竟凌風截江去，幾於覆舟。以是觀之，豈肯容少游款昵累日？此不待辨而明《己志》之失著矣。」

紹聖四年丁丑，先生年四十九。

先生在郴州。作《法帖通解》，自序云：「太宗皇帝時，遣使購摹前代法書，集爲十卷，摹刻於板，藏之禁中。大臣初登二府，詔以一本賜之，世號官帖。自此法帖盛行，好事者又往往自爲別本，大抵皆官帖之苗裔也。頃爲正字，時見諸帖墨蹟有藏於秘府者，字皆華潤有肉，神氣動人，非如刻本之枯槁也。蓋雖官帖，亦有糟粕耳。又當時奉詔集帖之人，苟於書成，不復更加研考，頗有僞蹟濫厠其間。至於標題次序，乖錯逾甚。士大夫以字畫小技，莫有論次之者。投荒索居，無以解日，輒以其灼然可考者疏記之云。」

先生在郴州，作《阮郎歸》詞云：「湘天

風雨破寒初。深沈庭院虛。麗譙吹罷小單于。迢迢清夜徂。　鄉夢斷，旅魂孤。崢嶸歲又除。衡陽猶有雁傳書，郴陽和雁無。」

又作《踏莎行》詞云：「霧失樓臺，月迷津渡。桃源望斷無尋處。可堪孤館閉春寒，杜鵑聲裡斜陽暮。　驛寄梅花，魚傳尺素，砌成此恨無重數。郴江幸自繞郴山，爲誰流下瀟湘去。」

黃魯直跋此詞云：「絕似劉夢得楚蜀間詩。」坡公亦絕愛此詞尾兩句，自書于扇曰：「嗟乎，少游已矣，雖萬人何贖！」

是歲，范純仁謫永州，呂大防謫循州，卒於虔州，劉摯卒於新州，梁燾卒於化州，程頤編管涪州，范祖禹自賀州徙賓州，蘇軾自惠州徙瓊州。先生自郴州奉詔編管橫州，感而作《冬蚊》之詩。

案：大音先生鏞云：子瞻海外注《易傳》，荆公退居作《字說》。先生於流離播遷時，作《法帖通解》。古人不肯輕擲歲月，類如此。

元符元年戊寅，先生年五十。

先生自郴州赴橫州。

五十自壽，作《反初》古詩一首：「昔年淮海來，邂逅安期生。謂我有靈骨，法當游太清。區中緣未斷，方外道難成。一落世間網，五十換嘉平。夜參半不寢，披衣涕縱橫。誓當返初服，仍先謝諸彭。晞髮陽之阿，餔餟太和精。心將虛無合，身與元氣幷。陟降三境中，高眞相送迎。琅函紀前績，金蒲錫嘉名。耿光動寥廓，不借日月明。故棲黃埃裏，絕想空復情。」

既至橫州，荒落愈甚，寓浮槎館居焉。城

西有海棠橋，案若舫先生鈎儀云：《明一統志》載黃州府海棠橋題此詞，非是。橋南北皆有海棠，書生祝姓者居之。先生嘗醉宿其家，明日題其柱云：「喚起一聲人悄，衾冷夢寒窗曉。瘴雨過，海棠開，春色又添多少。社甕釀成微笑，半缺椰瓢共舀。覺傾倒，急投床，醉鄉廣大人間小。」此詞刻於州志，海棠橋至今有遺跡云。

作《寧浦書事》六言詩：「揮汗讀書不已，人皆怪我何求？我豈更求榮達，日長聊以銷憂。魚稻有如淮右，溪山宛似江南。自是遷臣多病，非關此地烟嵐。南土四時盡熱，愁人日夜俱長。安得此身作石，一齊忘了家鄉。洛邑太師奄謝，龍川僕射云亡。他日巋然獨在，不知誰似靈光。文彥博、呂大防皆卒於去歲，故此章及之。身與杖藜爲二，對月和影成三。骨肉未知消息，人生到此何堪。寒暑更拚三十，同歸滅盡無疑。縱復玉關生入，何殊死葬蠻夷。」

是歲，范祖禹自賓州再徙，卒於化州。

附：王濟著《日詢手鏡》云：橫州海棠橋，長百餘尺，皆以鐵力爲材，宋時所建者。其地建亭，亦名海棠亭。數年前，建業黃琮守州，改爲淮海書院。余嘗至訪遺蹟，有壞碑數通，漫滅不可讀。後一小碑仆於地，拂拭觀之，乃刻晁無咎像也。晁嘗不遠萬里來訪淮海，故存其刻云。

元符二年己卯，先生年五十一。

先生自橫州徙雷州。先是子由自筠州徙雷州，是時已改循州，故不相及。而子瞻尚在瓊州，瓊、雷隔海而實近。子瞻寄子由詩云：「莫嫌瓊雷隔雲海，聖恩尚

許遥相望。」故先生至是，復得與蘇公通問，不至寂寂如横州時矣。先生作《雷陽書事》三首，又作《海康書事》十首，其一章云：「白髮坐鈎黨，南遷海瀕州。灌園以糊口，身自雜蒼頭。籬落秋暑中，碧花蔓牽牛。誰知把鋤人，舊日東陵侯。」其三章云：「卜居近流水，小巢依嶔岑。終日數椽間，但聞鳥遺音。鑪香入幽夢，海月明孤斟。鵜鶘一枝足，所恨非故林。」其五章云：「粤女市無常，所至輒成區。一日三四遷，處處售蝦魚。青裙腳不襪，臭味猨與狙。孰云風土惡，白州生緑珠。」其七章云：「粲粲菴摩勒，作湯美無有。上客賦驪駒，玉奩開素手。那知蒼梧野，棄置同芻狗。荆山玉抵鵲，此事繇來久。」其卒章云：「合浦古珠池，一熟胎如山。試問池邊蜑，云今累年閒。豈無明月珍，轉徙溟渤閒。何關二千石，時至自當還。」

先生每有諷咏，輒自作書，因便寄瓊州。蘇公謂其少子過曰：「秦少游、張文潛才識學問爲當世第一，無能優劣。二人皆辱與余遊，同升而幷黜。有自雷州來者，遞至少游所惠書詩累幅。近居蠻夷，得此如在齊聞韶也。」公又跋先生書云：「少游近日草書，便有東晉風味，作詩增奇麗，乃知此人不可使閒，遂兼百技矣。技進而道不進則不可，少游乃技道兩進也。」

元符三年庚辰，先生年五十二。

先生在雷州。正月，哲宗崩，皇弟端王佶即位，向太后臨朝，韓忠彦相。

先生於是歲之春作挽詞曰：「嬰釁徙窮荒，茹哀與世辭。官來録我槖，吏來驗我屍。

藤束木皮棺，藁葬路傍陂。家鄉在萬里，妻子天一涯。孤魂不敢歸，惴惴猶在兹。昔忝柱下史，通籍黄金閨。奇禍一朝作，飄零至於斯。弱孤未堪事，返骨定何時。修途繚山海，豈免從闍維。荼毒復荼毒，彼蒼那得知。歲晚瘴江急，鳥獸鳴聲悲。空濛寒雨零，慘淡陰風吹。殯宮生蒼蘚，紙錢掛空枝。無人設薄奠，誰與飯黄緇。亦無挽歌者，空有挽歌詞。」自序云：「昔鮑昭、陶潛皆自作哀詞，其詞哀，讀余此章，乃知前作之未哀也。」

五月，下赦令遷臣多内徙。蘇公量移廉州，寓書來云：「頃得移廉之命，治裝十日可辦，但須得泉人許九船，即牢穩可恃。餘蜑船多不堪。而許見在外邑未還，須至少留待之，約此月二十五六間方可登舟。竝海岸行一日，至石排，相風色過渡，一日至遞角場。但相風難克日耳。有書託吳君，僱二十壯夫來遞角場相等。若得及見少游，即大幸也。」

至六月二十五日，蘇公與先生相會於海康，先生因出自作挽詞呈公，公撫其背曰：「某嘗憂逝，未盡此理，今復何言。某亦嘗自爲誌墓文，封付從者，不使過子知也。」遂相與嘯咏而别。初，先生謁公彭門詩，有云「更約後期游汗漫」，蓋讖於此云。

先生既别公，無何，被命復宣德郎放還，於是作《歸去來兮詞》一篇和陶元亮，其詞曰：「歸去來兮，眷眷懷歸今得歸。念我生之多艱，心知免而猶悲。天風飄兮余迎，海月炯兮予追。省已空之憂患，疑是夢而復非。及我家於中途，兒女欣而牵衣。望松楸而長慟，悲心極而更微。

升沉幾何，歲月如奔。嗟我宿昔，通籍壁門，賜金雖盡，給札尚存。愧此散木，繆爲犧尊。屬黨論之云興，雷霆發乎威顏。淮南謫於天庖，予小子其何安？歲七官而五譴，越鬼門之幽關。化猿鶴之有日，詎國光之復觀？忽大明之生東，釋纍囚而北還。釃天漢而一洗，覺宇宙之隨寬。歸去來兮，請逍遙於至游。內取足於一身，復從物兮何求？榮莫榮於不辱，樂莫樂於無憂。鄉人告予以有年，黍稷鬱乎盈疇。止有弊廬，泛有扁舟。濯余足兮寒泉，振予衣兮古丘。洞胸中之滯礙，渺雲散而風流。識此行之匪禍，乃造物之餘休。已矣哉，桔槔俯仰無幾時，舉觴自屬聊淹留。汝今不已將安之？封侯已絕念，仙事亦難期。依先塋而灑掃，從稚子而耘耔，修杜康之廢祠，

補《由庚》之亡詩。爲太平之幸老，幅巾待盡更奚疑。」

先生於是寓書廉州，且云傳言未果，公報云：「海外孤老，志節朽敗，何意復接平生欽友。伏閱妙迹，凜凜有生意，幸甚。前所聞果的否？若信然，得文字後，亦須得半月乃行。自此徑乘蜑船至徐聞出路，不知猶及一見否？示諭二范之賢，不惟喜公得壻小范，且以慶吾友夢得之有子爲不死也。言之淚落不已。兒子過蒙許與，恐不副所期，實能躬勞辱以佚厥考爾。令子想大成，曾寄所作來否？魯借一二亦佳。文潛、無咎得消耗否？魯直云，宣議監鄂酒。吳子野自五羊來，云溫公贈太尉、曾子宣右揆，的否未可知也。廉州苟得安居，取小子一房來，終焉可也。生如暫寓，亦何所擇。果行

衡冒，慎重。」

先生遂以七月啓行而歸，踰月至藤州，尚無恙。因醉卧光化亭，忽索水飲，家人以一盂注水進，先生笑視之而卒，實八月十二日也。

先是，先生嘗於夢中作《好事近》詞一闋云：「春路雨添花，花動一山春色。行到小溪深處，有黃鸝千百。飛雲當面化龍蛇，夭矯轉空碧。醉卧古藤陰下，了不知南北。」至是卒於藤州，人皆以爲詩讖。

方是時，蘇公復自廉州内徙永州。既就道，未至藤州，十日，聞訃驚悼，因與友人書曰：「某與兒子八月二十九日離廉，九月六日到鬱林，七日遂行。初約留書歐陽晦夫處。忽聞秦少游凶問，留書不可不言，欲言又恐不的，故不忍下筆。今行至白州，見容守之猶子陸齋郎，云：少游過容留多日，飲酒賦詩如平常；容守遣般家二卒送歸衡州；至藤，傷暑困卧，至八月十二日，啓手足于江亭上；徐守甚照管其喪，仍遣人報范承務，范自梧州赴其喪。此二卒申知陸守者，止於如此，其他莫知其詳也。然其死則的矣，哀哉！痛哉！何復可言！當今文人第一流，豈可復得？此人在，必大用於世；不用，必有所論著以曉後人。前此所著，已足不朽，然未盡也。哀哉！哀哉！其子甚奇俊，有父風。惟此一事，差慰吾輩意。某不過旬日到藤，可以知其詳，續奉報次。」既而公又與李端叔書曰：「某六十五矣，體力毛髮，正與年相稱，或得復與公相見，亦未可知。已前者皆夢，已後者獨非夢乎？置

之不足道也。所喜者，海南了得《易》、《書》、《論語傳》數十卷，似有益于骨朽後人耳目也。少游遂死于道路，哀哉！痛哉！世豈復有斯人乎？端叔亦老矣。迨云鬚髮已皓然，然顏極丹且渥，僕亦如此耳。各宜閟嗇，庶復相見也。」嗟乎！觀公二書，可以知公矣，可以知先生矣。

是歲，處度公湛自旅次匍匐來奔，扶櫬北還。

案大音先生鏞云：「《宋史》及家譜皆言先生年五十三卒，譜又以爲是建中靖國元年，而不載月日。及考蘇集，乃知爲八月十二日。既係八月，則其非建中靖國甚明矣。蓋蘇公實以改元七月二十八日卒於常州，使先生後公十五日死，則蘇公已前死矣，又安得悲傷道路，涕淚筆札，且取其詩詞墨蹟而讚歎之、箋注之也哉！再取蘇、黃諸別集，一一取證，則元符庚辰之八月爲先生觀化之期，了無可疑。鏞既與家弟鍈反覆校勘，遂斷然命筆，更定前譜。又以蘇、黃二先生之書次第附列，要以見古人文章道義之交，至生死患難，尤勤惓若此者，微獨傳信示子孫而已，亦使天下後世之君子得以覽觀焉。」

徽宗建中靖國元年辛巳

處度公湛奉先生靈櫬停殯於潭州。

三月二十一日，蘇公跋先生《好事近》詞云：「少游昔在虔州，嘗夢中作此詞。供奉官莫君沔居湖南，喜從遷客游，尤爲呂元鈞所稱。又能誦少游事甚詳，爲余道此詞，至流涕，乃錄本使藏之。」其

後魯直又跋云：「少游醉卧古藤下，誰與愁眉唱一杯。解作江南斷腸句，只今唯有賀方回。」

蘇公手錄先生挽詞，書其後云：「庚辰歲六月二十五日，余與少游相別於海康，意色自若，與平日不少異。但自作挽詞一篇，人或怪之。余以爲少游齊生死，了物我，戲出此語，無足怪者。已而北歸至藤州，以八月二十日卒於光化亭上。嗚呼！豈亦自知當然者耶？」

是歲，黃魯直辭免吏部郎，待命荆南，作《荆江亭即事》詩，其一云：「閉門覓句陳無己，對客揮毫秦少游。正字不知溫飽未，西風吹淚古藤州。」蓋仿杜詩存沒絶句，篇中一存一沒，時先生沒而無己存也。

七月二十八日，前端明殿學士蘇公卒于常州，時年六十六。張文潛時爲潁州，聞蘇公卒，爲舉哀行服，坐落職安置黃州。

十二月，陳無己師道卒。無己以正字入館，未幾以寒得疾。樓异世可時爲登封令，夜夢無己見別，行李遽甚。樓問是行何之，曰：「暫往杏園，東坡、少游諸人在彼已久。」樓起視事，而得參寥子報云：「無己逝矣！」無己操行高潔，與李方叔廌晚遊蘇門，次於四公，世稱六君子云。

崇寧元年壬午

詔立黨人碑於端禮門，先生與焉。

右正言鄒浩竄昭州。哲宗朝，浩諫立后，竄新州，召還，至是復竄。浩作《夢少游先生》詩曰：「淮海維揚第一流，三關齊透萬緣休。眞心豈復隨灰劫，遺骨猶然寄橘洲。專爲流通深歎賞，莫相鈍

置豁愁憂。覺來欲語無人聽，屋角熒熒空斗牛。」蓋是時先後竄粵西者，唯先生與鄒忠公二人而已。

是歲，處度公湛守制於潭州。

崇寧二年癸未

黃魯直再謫宜州，道經長沙，遇處度公湛暨范元實，贈詩五首：「昔在秦少游，許我同門友。掘獄無張雷，劍氣在牛斗。今來見令子，文似前哲有。何用相澆潑，清江淥如酒。」「范公太史僚，山立乃先達。發揮百代史，管以六經轄。投身轉嶺海，就木乃京洛。仲子見長沙，且用慰飢渴。」「秦郎水江漢，范郎器鼎鼐。逝者不可尋，猶喜二子在。相逢唾珠玉，貧病問薪菜。豫愁帆風船，目極別所愛。」「往時高交友，宰木已樅樅。今我二三子，事業在燈窗。秦范波瀾闊，笑陸海潘江。願茲秉經術，出仕榮家邦。」「少游五十策，其言明且清。筆墨深關鍵，開闔見日星。陳友評斯文，如鍾磬鼓笙。誰能續鳳鳴，洗耳聽兩甥。」

案：舊注云秦、范相謂甥，疑處度公亦范氏壻也。又案：元實，祖禹仲子。先生易簀時，范承務來視其喪，疑即元實之兄。意祖禹卒於化州，二范奔赴，亦遂流寓無常，故得相從於此耶？蘇公荅先生書，亦稱二范之賢。合此詩觀之，一時故人悽愴之懷，千載如見。

詔黨人子弟毋得至闕下，令州縣立黨人碑。詔毀范祖禹《唐鑑》，蘇軾、黃庭堅、秦觀文集。

案大音先生鏞云：「先生文集，其見於自序者止《閒居集》十卷、策論五

十篇，然此皆元祐以前作。據《宋史》，《淮海集》四十卷、詩餘一卷，今行世者卷帙雖不加少，疑非當日之全書。意當日所毀，必有不盡於是者。

崇寧三年甲申

魯直和先生《千秋歲》詞，題曰：「少游得謫，嘗夢中作詞云：『醉卧古藤陰下，了不知南北。』竟以元符庚辰，死于藤州光華亭上。崇寧甲申，庭堅竄宜州，道過衡陽。覽其遺墨，始追和其《千秋歲》詞。」「苑邊花外。記得同朝退。飛騎軋，鳴珂碎。齊歌雲遶扇，趙舞風回帶。嚴鼓斷，杯盤狼藉猶相對。灑泪誰能會。醉卧藤陰蓋。人已去，詞空在。兔園高會悄，虎觀英游改。重感慨，波濤萬頃珠沉海。」又魯直和先生《梅花》詩，題云：「花光仲仁出秦、蘇詩卷，思兩國士不可復見，開卷絶歎。因花光爲我作梅數枝，及畫烟外遠山，追少游韻，記卷末。」「夢蝶眞人貌黄槁，籬落逢花須醉倒。雅聞花光能畫梅，更乞一枝洗煩惱。扶持愛梅説道理，自許牛頭參已早。長眠橘洲風雨寒，今日梅開向誰好。何況東坡成古丘，不復龍蛇看揮掃。我向湖南更嶺南，繫船來近花光老。歎息斯人不可見，喜我未學霜前草。寫盡南枝與北枝，更作千峰倚晴昊。」舊注：橘洲在湘江中，因先生藁殯長沙，故有「長眠橘洲」之語。

是時魯直又有絶句詩，題云：「余去歲在長沙，數與處度、元實相從把酒。自過嶺來，不復有此樂。感歎之餘，戲成一絶。」詩不復錄。

崇寧四年乙酉

詔除黨人父兄子弟之禁。於是處度公奉先生喪歸葬於廣陵，道謁張文潛于黃州。文潛爲文以祭焉，其詞云：「維崇寧四年歲次乙酉閏月某日甲子，具位張耒謹以家饌清酒，遣男秬敬祭於亡友少游學士之靈。嗚呼少游，淮海之英。自其少時，文章有聲。脱略等輩，論交老成。衆譽歸之，誰敢改評。聿來祕書，亦既飛鳴。脱身亟去，事變隨生。嗚呼！位不過正字，年不登下壽。間關憂患，横得罵詬，竄身瘴海，隕仆荒陋。君孤奉喪，歸葬廣陵。拜我於黃，尚有典刑。會葬撫孤，我窮不能。具此菲薄，聊致鄙誠。隻雞斗酒，懷想平昔。嗟我少游，尚肯來食。尚饗！」

是歲九月三十日，魯直黃先生卒於宜州，年六十一。

崇寧五年丙戌

詔毁黨人碑。

大觀元年丁亥

張文潛跋先生投呂正獻公卷云：「予見少游投卷多矣。《黃樓賦》、《哀鎛鍾文》，卷卷有之，豈其得意之文與？少游平生爲文不多，而一一精好可傳。在嶺外亦時爲文，自爲輓詩一章，殊可悲也。此卷是投正獻公者，今藏居仁處。居仁好其文，出以示余，覽之令人愴恨。大觀丁亥中春，張耒書。」

大觀二年戊子

大觀三年己丑

大觀四年庚寅

是歲，晁公無咎卒於泗州，年五十八。

案：晁公卒後二年壬辰，參政子由蘇公、右史文潛張公竝卒，子由年七十

四，文潛年六十一。

政和元年辛卯至政和七年丁酉凡七年

處度公湛通判常州。遷葬先生於無錫惠山西三里之璨山。

宋張理《秦太虛墓》詩云：「九峰朝暮雲，搖落少游墳。野蔓碑全沒，晴菴磬亦聞。洞偏泉路細，松折鶴巢分。高視太湖近，雲濤鷗起群。」

又元柳貫《璨山》詩云：「明陽觀後慧山前，新營堂館貯風烟。藤陰不蔽淮海墓，茶井遙連桑苧泉。好景正須多領略，佳辰且復少流連。劉伶一鍤太早計，卻要冥靈受大年。」

又明朱昇《過秦淮海墓》詩云：「起塚錫山隅，藤州旅櫬歸。死生應不愧，用舍自多違。薛荔山靈泣，松林野鶴飛。墓門荒草合，樵牧遍斜暉。」

案：舊說止云政和間遷葬，不註何年，今不敢妄定。又崇寧四年已歸葬廣陵矣，今豈從廣陵遷葬於此耶？據《錫山志》，其墓有誥命碑記，歲久湮沒，今僅存「龍圖墓」三字碑以識其處云。

又案：先生《祭洞庭神文》云「母年七十，令湛謀侍南來」，其後未詳太夫人以何年即世，及到郴州與否。豈以先生遠竄寧浦，遂不復從耶？先生《歸去來兮詞》云「及我家於中途」，亦未審何地，豈處度公流寓長沙已久，故遂迎櫬藁殯于是耶？凡此類多不可考，姑闕之。要之，處度公間關數千里，歷十數年之久，卒能扶櫬以歸，卜壤善地，可謂不負蘇、黃兩先生之期許者矣。至若少章、少儀兩先生，隱者以何年仕，仕者以何年歸，皆莫

得而詳焉，惜哉。

〔崇〕〔重〕和元年戊戌

宣和元年己亥至宣和七年乙巳凡七年

欽宗靖康元年丙午

高宗建炎元年丁未

建炎二年戊申

建炎三年己酉

建炎四年庚戌

詔追贈先生直龍圖閣，與黃公庭堅、張公耒、晁公補之四人同命詞云：「勑故宣德郎秦觀等：自熙寧大臣用事變法，始以異同排斥士大夫。維我神祖念之不忘，元豐之末，稍稍收召。接於元祐，英俊盈朝，而爾四人以文采風流爲一時冠，學者欣慕之。及繼述之論起，黨籍之禁行，而爾四人每爲罪首，則學者以其言爲諱。自是以來，縉紳道喪，綱紀日隳，馴致宣和之亂，言之可爲痛心。肆朕纂承，既從昭洗，今爾四人復加褒贈，斯足以見朕志矣。嗚呼，西清之遊，書殿之選，惟爾曹爲稱。使生而得用，能盡其才，亦何止於是歟？舉以追命，聊伸賫志之恨，亦以少慰天下士大夫之心。英爽不忘，歆此休顯。」是歲，建亭墓下，刻誥辭及山谷送少章先生詩置於亭中。先生卒庚辰，至是庚戌，凡二十年，始蒙卹贈。

〔一〕晏溫：原無，據文淵閣四庫全書本《淮海後集》卷一補。

張文潛先生年譜

（近）邵祖壽 編

尹波 校點

民國十八年刊《柯山集》附

張耒（一〇五四—一一一四），字文潛，號柯山，人稱宛丘先生，楚州淮陰（今屬江蘇）人。幼穎悟，從蘇軾兄弟游。熙寧六年進士，歷臨淮主簿、壽安尉、咸平丞。哲宗繼位，入爲太學録，遷秘書省正字、著作郎、起居舍人。紹聖元年出知潤州，入黨籍，徙宣州。四年，謫監黄州酒税鬱務。元符二年徙復州。徽宗即位，起爲黄州通判，知兖州。建中靖國元年召爲太常少卿，旋出知潁、汝二州。崇寧元年，復坐黨籍落職，管勾亳州明道宫，再貶房州别駕，黄州安置。政和四年卒，年六十一。

張耒是北宋中晚期重要的文學家，爲蘇門四學士之一。其文風似蘇轍，擅長辭賦，尤以詩歌成就爲高。著有《明道雜志》、《宛丘詩餘》、《張右史文集》等。其文集在南宋即有多種刻本，今存四庫全書本《宛丘集》七十六卷，武英殿聚珍版本《柯山集》五十卷、拾遺十二卷等，一九九九年中華書局有李逸安等點校本《張耒集》。事蹟見《東都事略》卷一一六、《宋史》卷四四四本傳。

《直齋書録解題》卷一七著録《張文潛年譜》一卷，闕名編，已失傳。清丁壽徵復編《張右史年表》，亦未見傳本。此譜爲近人邵祖壽所編，前有自叙稱據本集詩文及同時人文集，復參《續通鑑長編》、《續資治通鑑》等書，「凡有年月可稽者，悉從而經緯之」，而惟世系不可考。

張文潛先生年譜自叙

杭大宗曰：「年譜之作，其當有宋之世耶，自一二鉅公長德大集流布，後人景仰其休風，即其所著，按其行事，年經而月緯之。吴仁傑之譜靖節、少陵，吕大防、洪興祖之譜昌黎，文安禮之譜柳州是矣。」又曰：「年譜即世家之體，較之遺事、行狀尤嚴，以其德業崇閎、文章彪炳，始克足以當此。未有以草亡木卒之人，而可施之以編年紀月之法者也。」張文潛先生爲蘇門四學士之一，其年譜一卷，載於陳振孫《書録解題》，不知爲何人所纂。顧以宋人譜宋人，其見聞較真，其排比較碻，非若吴仁傑、吕大防諸君之譜異代者也。惜乎其書久佚不傳。近人同邑丁子静前輩著有《張右史年表》，亦未見傳本。余閒居無俚，頗有志於先生年譜之役，因取證於本集詩文，復參以蘇、黄、秦、陳諸先生集及《續通鑑長編》、《續資治通鑑》諸書，凡有年月可稽者，悉從而經緯之，成《年譜》一卷。惟世系不可考，并先生之祖若父名亦淹没不著，有深憾焉。噫，以先生生平願義自守，而猶不免於人言，遭黨籍之累，雖未斥諸荒裔，然其浮沈仕宦，窮老而終，而其子復死於兵、死於盜，有伯道之悲，何其酷耶！天道儚儚，輟筆三歎。宣統辛亥季秋，山陽邵祖壽序。

張文潛先生年譜

淮安山陽邵祖壽叔武編

先生張氏名耒，字文潛，楚州淮陰人。

本集《吳大夫墓誌》、《大理寺丞王君之夫人李氏墓誌》、《冀州學記》，皆自署譙郡張耒。《四庫全書總目》引周紫芝《太倉稊米集》，有《書譙郡先生文集後》云云。晁氏《郡齋讀書志》別集類稱「張耒，譙郡人」，陳振孫《直齋書録解題》稱「譙國張耒」，《淮海集·書晉賢圖後》稱「譙郡張文潛」，《雞肋集·冰玉堂辭》稱「前起居舍人譙郡張文潛」，汪藻《柯山集書後》稱「文潛，譙郡人」。先生先世當係譙郡，亦猶退之韓氏之先世爲河内修武也。《舊唐書》謂韓爲昌黎人。今從《宋史》，斷先生爲淮陰人。

先生本仕宦之族。本集《上蔡侍郎書》：「家本淮南，仕者數世。」

祖父官於閩。《淮壖小記》引《明道雜志》，名不著。

父任三司檢法官，以親老求知吳江縣。《淮壖小記》引《明道雜志》，名不著。將之官，名公多作詩送行。吳正憲、王中甫兩詩載在《雜志》，不備録。父從趙周翰受《易》，嘗與客語：「周翰作詩極有風味，是温飛卿、韓致光之流，而世以樸儒目之，非也。」

范氏《淮壖小記》據本集《祭李深之文》「昔我先人，剛介峭峙。惟屯田君，則實同年」，斷爲先生之父亦進士第。按本集《福昌縣君杜氏墓誌》，先生之父應舉得官，游宦四方，與李公竦多相似。誌中但言李公仕宦登朝，而不言第進士，則李公非進士可知。先生之父當是明法諸

科出身，有「曾任三司檢法官」可證。同年不必專指進士科也。

母李氏，文安君。

按：本集《上元家飲值文安君誕辰》詩：「況值私庭慶，祝壽比蟠桃。」文安君當是先生之母。本集《呈宜君》詩：「江城風雨作朝昏，愁殺壚邊賣酒人。祇有醉時差可喜，不應醒坐過新春。」宜君或是先生之妻，然「呈」字可疑，姑存以備攷。

本集《祭李深之文》：「耒之兄弟，應舉姑蘇」，《離宿州後寄兄弟》詩、《對酒奉懷旡咎》有「我兄改秩令新昌」句，其名字均無可攷，惟「正叔老兄」字僅一見，「君復七兄」屢見於詩。據本集《同七兄及崧上人自壙莊還寺》詩，有「論詩得靈運」句，則七兄當是從兄。

四子：秬、秸、和、秠。

《老學庵筆記》：文潛三子：秬、秸、和，皆中進士第。秬、秸在陳死於兵。和爲陝西教官，歸葬二兄，復遇盜見殺。文潛遂無後，可哀也。

馬純《陶朱新錄》：「張彧字景安，文潛之子也。俊邁有家聲。一日赴調，得蔡州確山市易務。方欲出京，當宣和間，景龍門燈火極盛，見公道自潁昌來潛觀，遇之途。景安欲拜，而止之曰：『豈非小字僧哥者乎？』曰：『是也。』乃邀登酒樓，飲酣，贈以詩曰：『璧水衣冠明玉雪，市樓風月話江湖。莫學羣兒敗家法，入門無不曳長裾。』景安建炎中爲陝府教授。」

馬純字子約，單父人。建炎初，避地南渡，僑寄陶朱山下。《新錄》成於紹

興壬戌。按：府教授見於《入蜀記》，陝府教授與陝西教官當是一人，特「和」「或」異名耳。《新錄》在《筆記》之先，故遇盜見殺一事未之及。秠僅一見。本集又有《阿几》詩，不知阿几爲誰。《哭下殤》，亦不知殤者爲誰也。

姊適楊補之。

本集《送楊補之赴鄂州支使》：相逢顧我尙童兒，二十年來鬢有絲。涕淚兩家同患難，光陰一半屬分離。扁舟又作江湖別，千里常懸夢寐思。何日粗酬身世了，卜鄰耕釣老追隨。《送三姊之鄂州》：兄弟分飛各一方，老來分袂苦多傷。兩行別淚江湖遠，五月征車歧路長。休歎伯鸞甘寂寞，所欣楊惲好文章。北歸會有相逢地，只恐塵埃髮易蒼。

《楊克一甥纂其父奉議君遺文求書卷末而作》：楊君冢木已蕭蕭，筆墨遺文久寂寥。墮淚交親悲宿草，長飢奴僕守空瓢。平生好事誰能繼，後世高名骨已消。欲酌一杯澆墓隧，遺魂楚些倘能招。

妹適錢東美。

周益公《跋錢穆父與張文潛書》云：文潛妹歸穆父第二子東美，婚姻之故，情誼款密。其《賀入翰苑啓》，載文潛集中，所謂「內翰侍讀四丈」者。未幾，竄逐元祐臣僚，人以東坡兄弟、秦少游爲諱，而穆父憐問懇惻，且有「靈光巋然」之語，蓋自況也。最後勉文潛以「卯入申出」，仍以「閉詩文、不著急」爲諷，意愛深矣。

女婿陳景初。

本集有《送婿陳景初還錢塘》詩。

外祖李宗易。

《宋詩紀事》：李宗易字簡夫，宛丘人。歷官尚書屯田員外郎，知光化軍事，仕至太常少卿。有詩集。

《范文正集·舉李宗易向約堪任清要狀》：宗易，天禧三年進士第九人及第。

本集《外祖李公詩卷書後》稱：「公少日知己惟晏、范，故元獻及文正往來詩居多。」元獻《臨川集》、《紫微集》均未見。《范文正集》有《得李四宗易書》、七律《依韻酬光化李簡夫屯田》、七律《依韻酬李光化見寄》、七律《和李光化秋詠五絕》，文正與李交誼之厚可以概見。李終於太常少卿，故本集有《挽李少卿》詩。而其先以著作佐郎爲譙令，見於《詩卷書後》。范氏《淮壖小記》第

據《詩卷書後》之官秩，謂「先生外祖李少卿譙令」，似以少卿爲字而官以譙令終者，疏矣。

表兄李文饒。

見本集《田奉議墓誌》。

表弟李德載。

名公輔，字成甫，改字德載，本集有《改字序》。德載爲宣城令，本集有《送李赴宰宣城》詩。又官於冀州，見本集《冀州學記》。

甥楊道孚、楊介。

道孚字克一，亦字念三。少有才思，爲舅所知。年十五時在鄂渚作詩云：「洞庭無風時，上下皆明月。微波不敢興，甚靜蛟蜃穴。」元符初，滎陽公呂希哲謫居歷陽，道孚爲州法曹掾，嘗從公出遊，以職事遽歸，遺公詩云：「雨綠霜紅郭

外田，山濃水淡欲寒天。參軍抱病陪清賞，一檄呼歸亦可憐。」公甚稱之。見呂居仁《紫薇詩話》。

介字吉老。《輿地紀勝》作楊玠老，今從《宋史》。工醫。舉孝廉，不就。療宋徽宗脾疾。著《四時傷寒總病論》六卷，《存眞圖》一卷。賀鑄遊盱眙南山，有《贈吉老》詩。以上見《盱眙縣志》。

按：《宋史·方技傳》無楊介。《藝文志》醫類載有楊介存《四時傷寒總病論》，非楊介也。

王明清《揮麈餘話》云：楊吉老以醫名四方。有儒生李氏子，棄業願娶其女，以受其學，執子壻禮甚恭。吉老盡以精微告之。

本集《喜吉老甥見過》詩：「楊甥時過我，論詩朝達暮。」是吉老亦善詩也。

與黄師是寔爲友壻。

師是與山谷通譜，居宛丘。本集有《爲黄潁州作友于泉記》。潁州名好謙，字幾道，師是之父也。

樓鑰《攻媿集·跋黄氏所藏東坡山谷二張帖》云：「黄龍圖師是之二女，爲少公二子适、遜婦。」據此，蘇适、蘇遜是先生姨女之夫也。

宋仁宗至和元年甲午三月某日，先生生。

本集《涉淮後賦序》略云：「甲寅至臨淮，今秋又之東海，予生二十有二年。」

按：甲寅是熙寧七年，先生爲臨淮主簿，本集《杞菊賦》所謂初到官也。其明年以事之東海，是熙寧八年乙卯。由乙卯上溯，知先生生於至和元年甲午。

又按《宛丘集》五古題《潘郎以予生

日見過致酒與兩詩》，其一云：「東風沛甘雨，百物一時好。江南桃李盡，紅紫到百草。道旁負擔子，寒食歸祭禱。念我淮上丘，三年不躬掃。」據此，先生生日當在三月。《柯山》、《右史集》均載兩詩，但題曰《與潘仲達二首》而已。

《老學庵筆記》：「張文潛生而有文在其手曰耒，故以爲名，而字文潛。」

按：《歷代名人年譜》：「皇祐四年壬辰，張耒生。」誤。其致誤之由，蓋以先生集中《祭晁无咎文》有「公生癸巳，我長一歲」句，遂定先生爲壬辰年生，次於无咎之生之前，不知「長我」誤爲「我長」，范氏《淮壖小記》曾言之矣。如定先生爲壬辰年生，與《宋史》弱冠第進士不符。尤可詫者，譜內載元豐元年戊午，文潛二十五歲，謁南豐於山陽，而由壬辰至戊午則已二十七年矣，吳氏豈不自相矛盾乎？

至和二年乙未，二歲。

嘉祐元年丙申，三歲。

嘉祐二年丁酉，四歲。

嘉祐三年戊戌，五歲。

嘉祐四年己亥，六歲。

嘉祐五年庚子，七歲。

嘉祐六年辛丑，八歲。

嘉祐七年壬寅，九歲。

嘉祐八年癸卯，十歲。

英宗治平元年甲辰，十一歲。

治平二年乙巳，十二歲。

治平三年丙午，十三歲。

本集《投知己書》云：耒自丱角而讀書，十有三歲而好爲文。

《宋史》本傳：張耒幼穎異，十三歲能爲文。

治平四年丁未，十四歲。

是年見太學直講楊褒家藏唐高閑上人二帖石本，歐陽文忠書其末，先生心爲好之。本集《高閑蘇才翁帖跋》。

神宗熙寧元年戊申，十五歲。

是年遊陝。

本集《再和馬圖》句云：我年十五遊關西，當時唯揀惡馬騎。

熙寧二年己酉，十六歲。

熙寧三年庚戌，十七歲。

《宋史》本傳：耒十七時作《函關賦》，已傳人口。游學於陳，蘇轍愛之，因得從軾游。

熙寧四年辛亥，十八歲。

本集《與黄魯直書》：耒年十八九時，居陳。

遭母喪。

本集《投知己書》：「十有七歲而親病，又二年而親喪。」

按：「十有七歲」「七」字恐是字誤，不然先生在喪服中，次年秋焉得應舉？

熙寧五年壬子，十九歲。

六月癸亥，詔以四場試進士。

秋，應舉姑蘇，受知於運判唐通直。

按：淮陰屬淮南東路，姑蘇屬兩浙路，先生不當越路應舉。然考《參寥集·送蘇迨蘇過二承務以詩賦解兩浙路赴試春闈》詩、晁説之《蘇叔黨墓誌》，元祐五年，東坡知杭州，叔黨以詩賦解兩浙路。先生應舉姑蘇，當在其父爲吳江令時。宋代之制，蓋不拘於本路發解也。

熙寧六年癸丑，二十歲。

是年三月庚戌，親策進士，置經義局，命王安石提舉。辛亥，試明經諸科。壬戌，賜奏名進士、諸科余中以下及第出身，總五百九十六人，先生與焉。《文獻通考》作「余忠」，今從《宋史》。

本集《寄余五十五》句云：念昔登科各年少，子中第一名傳呼。春風朝遊踏廣陌，夜雨縱飲傾金壺。

《宋詩紀事補遺》引《咸淳毘陵志》：余中字行老，宜興人。熙寧五年，偕兄貫試禮部，中與選而貫黜，請自黜以存兄，有司雖不許，士論嘉之。次年，魁廷對。

先生是年集賢殿試罷，寓居京師。遊西岡錢昌武郎中之第，時同會者河東柳子文與錢氏三子。仲夏出京。

熙寧七年甲寅，二十一歲。

授臨淮主簿。

八月三日，舟行蔡河，有詩。將之臨淮，旅泊泗上，屬病作，迎候上官，不敢求告，比歸尤劇，憫歎爲詩。作《涉淮賦》。寄孫戶曹兄弟詩，有「三年流落寓於陳，一命青衫淮水濱」句。

熙寧八年乙卯，二十二歲。

作《涉淮後賦》。先生到官，次年秋，以事之東海，道漣水，漣水令盛僑按：盛僑爲令，《淮安府志》、《安東縣志》均失載。以蘇子瞻《後杞菊賦》見示，因作《杞菊賦》。

按：子瞻於七年十一月三日到密州任，次年與通守劉庭式循古城廢圃求杞菊食之，作《後杞菊賦》。

熙寧九年丙辰，二十三歲。

丁父艱。

本集《福昌書事言懷》詩自注：耒幼授臨淮簿，歲餘居喪。

按：本集《福昌縣君杜氏墓誌》略云：「先君前李公十年歿。元符二年，某謫官黄州，李公之子廷老以其母杜夫人之行來求銘墓，是時蓋後李公之卒又十餘年矣。」由元符二年上推甲子，先生之父歿於熙寧九年，益無可疑也。

《送李之儀赴定州序》略云：某爲兒童，從先人於山陽學宫，按：先人不必專稱父，稱祖亦可。孔安國曰：「我先人用藏其家書於屋壁。」是稱五世祖子襄爲先人也。始見端叔爲諸生。某雖未有知，意已相親。後幾二十年，端叔罷官四明，道楚，某又獲見。某時已孤，端叔弔我。

《上蔡侍郎書》略云：「弱冠得官，欲養其親，而受養者未飽，而泣血繼之。飄然羈孤，挈其妻孥，就食四方，莫知所歸。」據此，先生先遭母喪，後遭父喪。范氏《淮壖小記》謂先生父歿於熙寧四年者誤。

寓山陽。本集《智軫禪師塔記》。

與徐仲車結鄰。徐集《感秋和詩》。

又往海州。

本集《寄劉聲》詩原注：「在海州作。」句云：「未知菽水豐，已感霜露變。羈孤寄窮海，親友誰弔唁。」

作《超然臺賦》。

序云：「子瞻守密，作臺於囿，命諸公賦之。余在東海，子瞻令貢父來命。」按王宗稷《東坡年譜》：「熙寧九年，子瞻在密州任，寫《超然臺記》。」先生是時在海州，故云在東海也。

熙寧十年丁巳，二十四歲。

寄蘇子由詩。

查編《東坡年表》：「是年秋，子由至徐。留月餘，赴南都。」

按：子由生於寶元二年己卯赴南都，時年三十九。本集《寄子由》句云：「先生四十猶未遇，獨坐南都誰與語。」《再寄》云：「宛丘之別今五年，汴上留連纔一日。」五年之前，正游學陳州，受知於子由時也。本集《再和馬圖》句云：「爾來十年我南走，此馬嗟嗟入誰手。楚鄉水國地卑污，人盡乘船馬如狗。」先生十五遊陜，又十年而南走。「楚鄉水國」當指山陽而言。

元豐元年戊午，二十五歲。

是年入都。寄徐仲車詩。與同年進士余中相會於都。已而先生補官洛陽，遂與余君別，返山陽。

是年夏，曾南豐奉勅移知亳州，道山陽，先生謁之。南豐約先生溯汴而西，至永城，纜舟陸行至亳，爲旬日會也。南豐行後，先生病兩月，至永城猶未瘳，不能騎，遂失約。

按：本集《曾子固集書後》作元豐二年，誤。

是年秋，到壽安尉任。

按：尉卑於簿。先生之由簿而尉者，非左遷也。蓋壽安爲赤緊之區故耳。

子由《次王適韻送先生赴壽安尉》：「綠髮驚秋半欲黃，官居無處覓林塘。浮生已是塵勞侶，病眼猶便錦繡章。羞見故人梁苑廢，夢尋歸路蜀山長。憐君顧我情依舊，竹性蕭疏未受霜。」「魏紅深淺配姚黃，洛水家家自作塘。遊客賈生多

感慨，閑官白傅足篇章。山分少室雲煙老，宮廢連昌草木長。路出嵩高應少駐，孱顔新過一番霜。」

赴壽安尉，尉廨在福昌。泛汴，有詩。到任後朝應天寺。寺有五聖御容，官於洛者，至則首謁。

作《冬懷》詩五首。其一云「山陽賢者有徐子，親沒十年哀不已。精誠感天天爲悲，甘露常沾墳樹枝。徐子行年過五十，衣不被體常苦飢」云云。

按：仲車生於天聖六年戊辰，長先生二十六歲，是時年五十一，故曰「行年過五十」也。

元豐二年己未，二十六歲。

作《早春有感》詩。得子由次韻和詩：

「相逢十年驚我老，雙鬢蕭蕭似秋草。壺漿未洗兩腳泥，南轅已向淮陽道。我家初無負郭田，茅廬半破蜀江邊。生計長隨五斗米，飄搖不定風中烟。茹蔬飯糗不願餘，茫茫海內無安居。此身長似伏轅馬，何日還爲縱壑魚。憐君與我同一手，微官骯髒羞牛後。請看插版趨府門，何似曲肱眠甕牖。中流千金買一壺，櫝中美玉不須沽。洛陽榷酒味如水，百錢一角空滿盂。縣前女几翠欲滴，吏稀人少無晨集。到官惟有懶相宜，卧看南山春雨濕。」

按：和詩當在二年春間，時先生蒞任福昌尚未久也，故有「到官惟有懶相宜，卧看南山春雨濕」句。

四月二十二日，大雨雹，有詩。

《寄答參寥》詩句云：「蘇公守吳興，山水方有主。子兮從之遊，挂錫當可駐。」

按：子瞻是年知湖州。

得司馬君實答書：五月五日，陝人司馬光謹復書福昌少府秘校足下：光行能固不足以高於庸人，而又退處冗散，屬者車騎過洛，乃蒙不辱而訪臨之，其榮已多。今又承賜書，兼示以新文七篇。豈有人嘗以不肖欺聽聞耶？何足下所與之過也！始懼中愧，終於感藏以自慰。知幸！知幸！光以居世百事無一長，於文尤所不閑。然竊見屈平始爲騷，自賈誼以來，東方朔、嚴忌、王子淵、劉子政之徒踵而爲之，皆蹈襲模倣，若重景疊響，訖無挺特自立於其外者。獨柳子厚恥其然，乃變古體，造新意，依事以敘懷，假物以寓興，高颺橫騖，不可羈束，若《咸》、《韶》、《濩》、《武》之不同音，而爲閎美條鬯，其實鈞也。自是寂寥無聞，今於足下復見之，苟非英才間出，能如此乎？欽服慕重，非言可迨。然彼皆失時不得志者之所爲，今明聖在上，求賢如不及，足下齒髮方壯，才氣茂美，官雖未達，高遠有漸，異日方將冠進賢，佩水蒼，出入紫闥，訏謨黃閣，致人主於唐虞之隆，納烝民於三代之厚。如斯文者，以光愚陋，竊謂不可遽爲也。光頓首。

官舍歲暮，作《感懷書事》詩。

元豐三年庚申，二十七歲。

壽安夏旱，作《愬魃詞》。福昌之民有禱於西山者，取山泉祠之，不數日而雨。復作歌，以揚神庥。

是年冬，徐仲車寄詩：不知今之人，誰識張縣尉？勿問胸中事，但看面上氣。所謂人英者，正是斯人輩。前年南郭中，文酒日夜會。一從舍我去，忽忽再逾歲。

今茲歲且盡，爲子吟不睡。起坐卻就枕，伸頭出紙被。約是三四更，老老抱雙腳。此詩吟正酣，聲調不可卻。春風起淮東，須臾到嵩洛。往往入子家，但子眠不覺。子覺將奈何，聲盡情思多。上東門外路，洛水生春波。還我大松來，不用寄詩歌。

元豐四年辛酉，二十八歲。

作《遣憂賦》、《寄余五十五》詩。元年戊午春，先生與余晤於京師。詩有「一別三年餘」句，則《寄余》當在是年。

元豐五年壬戌，二十九歲。

作《任青傳》。

元豐三年，河南伊陽賊張晏聚黨抄掠，朝廷選任青爲伊陽巡檢。五年，盜劫伊陽之小水，任青追盜至福昌。先生見之，服其捕盜甚有方略，爲之傳。

是年秋，喪妻。

本集《悼亡》詩：「嵩陽道出建春門，同入西都四見春。誰謂回頭隔存歿，斷腸今作獨歸人。」

按：洛陽爲宋之西都。先生於元年秋到壽安尉任，至五年秋則四見春矣。昔時同入，今慨獨歸，與《悼逝》詩有「我迂趨世拙，十載困微官。男兒不終窮，會展凌風翰。相期脫崎嶇，一笑舒艱難。秋風催芳蕙，既去不可還。滴我眼中血，悲哉摧肺肝。兒稚立我前，求母夜不眠」句，當是一時作。又據本集《內生日》詩「黔婁環堵貧常醉，壽母高堂老亦康」句，此則孟光偕老景況，當是續娶之妻。

元豐六年癸亥，三十歲。

罷壽安尉，居洛。

《明道雜志》云：范丞相、司馬太師俱以

閒官居洛中，余時待次洛下。一日，春寒中謁之。先見溫公，時寒甚，天欲雪，溫公命至一小室中，坐談久之，爐不設火。語移時，主人設栗湯，一杯而退。復至留司御史臺見范公，纔見，主人便言天寒，遠來不易，趣命溫酒，大杯滿釂，三杯而去。此事可見二公之趣各異。

曾南豐卒，作祭文。

本集《書曾子固集後》：予罷壽安尉，居洛。聞公卒，爲文一篇，將祭公於河南，未果。此文失載。

是年自洛來陳州。

元豐七年甲子，三十一歲。

又往淮南。

是年到咸平丞任。

宋眞宗咸平五年，改通許鎮爲咸平縣。熙寧某年置丞。先是眞宗幸亳祠老子，道通、許，築宮以待幸。後爲縣，以宮爲縣令治所。而丞之所居，即當日樞密府也。本集《咸平丞廳酴醾記》。

赴官咸平，蔡河阻水，泊州宛丘皇華亭下，有詩。

贈營妓劉淑女詩，《侯鯖錄》謂初官通許時作。

寄詩孫端明求酒，有「青衫畿丞頑不羞，三十持版拜督郵」句。

按：《東都事略》，孫永字曼叔，以將作監召還朝，遷端明殿學士。

本集《赴亳州教官次韻和中書錢舍人及亳州守晁美叔見贈》有詩。

按：《宋史·錢勰傳》：「使高麗，還，除中書舍人。」出使在元豐七年。先生次穆父韻，稱錢舍人爲亳教官，當即在元豐七八年間。而與黃魯直書，時

爲丞於咸平已一年矣。子瞻報先生書稱縣丞，時將由丞入爲太學錄，中間似不當有赴亳州教官之事。范氏《淮壖小記》謂《宋史》失載此官，恐未爲篤論也。姑附此備攷。

元豐八年乙丑，三十二歲。

是年三月戊戌，神宗崩，作挽詞。《上蔡侍郎書》、《與黄魯直書》。

四月，曾子開自建昌赴京師，先生謁見於咸平。

六月，先生故人子假承務郎楊克勤自合肥赴京師，過咸平，爲言道出亳州太清宮下，太清人談方士自焚事，先生因記其異。

是年冬，得子瞻答書：頓首文潛縣丞張君足下：久别思仰，到京公私紛然，未暇奉書。忽辱手教，且審起居佳勝，至慰！至慰！惠示文編，三復感歎。甚矣，君之似子由也！子由之文實勝僕，而世俗不知，乃以爲不如。其爲人深不願人知之，其文如其爲人，故汪洋澹泊，有一唱三歎之聲，而其秀傑之氣，終不可沒。作《黄樓賦》，乃稍自振厲，若欲以警發憒憒者。而或者便謂僕代作，此尤可笑，是殆見吾善者機也。文字之衰，未有如今日者也，其源實出於王氏。王氏之文，未必不善也，而患在於好使人同己。自孔子不能使人同，顏淵之仁，子路之勇，不能以相移，而王氏欲以其學同天下！地之美者，同於生物，不同於所生，惟荒瘠斥鹵之地，彌望皆黄茅白葦，此則王氏之同也。近見章子厚，言先帝晚年甚患文字之陋，欲稍變取士法，特未暇耳。議者欲稍復詩賦，立

《春秋》學官，甚美。僕老矣，使後生猶得見古人之大全者，正賴黃魯直、秦少游、晁无咎、陳履常與君等數人耳。如聞君作太學博士，願益勉之：「德輶如毛，民鮮克舉之。我儀圖之。愛莫助之。」此外千萬善愛。偶飲卯酒醉，來人求書，不能復覼縷。

按：子瞻於是年十月二十日，以禮部員外郎召還朝，先生使人（賫）〔賷〕書呈子瞻，故答書云「來人求書，不及覼縷」。先生由咸平丞將入爲太學錄，故答書云「如聞君作太學博士，願益勉之」也。

哲宗元祐元年丙寅，三十三歲。

遇陳後山於京師。曾子固門人存者，唯後山一人，感舊慨歎，因成一律。寄黃九詩。

後山答書：先生原書，本集失載。師道啓：近者足下來京師，不鄙其愚，辱貺以友。卒卒一再見，懷不得吐。既別，欲一致問，因以自效。方事之不閒，竟後足下，大以爲恨。及讀足下書，乃僕所欲言者。君子之所存，夫人不遠，惟設之於僕爲不當耳。嗟乎！足下誠知我矣，亦既愛之矣。不識足下何從而得之，其得之於人耶？其有以自得之耶？得之於人耶，譽者可信，則毁者又可信矣。有以自得之耶，則僕言未效而迹未接，竊有疑焉。豈足下使人可疑，乃僕之不敏，不能不疑耳。古蓋有之，目逆而道存，而僕不足當也。以僕之愚有以知足下，而謂足下何從而得之，僕過矣。夫衆口鑠金，三人成虎，僕懼足下有時不自信而信人，不待人毁而自毁矣。僕以小人之懷爲君

子之心，則又過矣。然所以言者，雖君子不可不戒也。足下憫僕無以事親畜妻子，宜從下科以幸斗食，疑僕好惡與人異情。足下於僕至矣，僕何以得之？何以受之耶？僕家以仕爲業，舍仕則技窮矣。故僕之於仕，如瘖者之溺聲，氣不動而手足亂矣。世徒見其忍而不發，遂以爲好惡異人，此殆談者過情，聽者過信耳。雖然，僕病且老矣，目有黑子而昏華，瘯瘰俠於頸領，隱起而未潰，氣伏於胸腹之間，下上不時，痔形於下體者十年矣。志強而形憊，年未既而老及之，足下雖欲進之，而僕不能勉也。閏月甲子，詔以河內公爲相。按《通鑑》：元祐元年春閏二月，以司馬光爲尚書左僕射兼門下侍郎。是時自九月不雨，有司傳詔未竟而雨，貴賤賢不肖，下至房室女子，歡然相慶，天人之意如此。按：後山本集《秦少游字序》有「元豐之末，余客東都」句，據此，後山於元豐八年已至京師。觀書中自九月不雨，至閏月而雨云云，益可爲元豐之末在京師之證。其詩注《城南寓居》題編在元豐七八年內，謂送其妻子入蜀，客寄關中，殆未深考耳。僕方卧，聞之起立，尚可勉耶？足下視此時如何？僕獨得不勉耶？羊鼎之側，飢者吐舌，但未染指耳。足下欲與僕居，將坐僕而薰沐之耶？豈意其逃世而加束縛焉，抑愛之過厚而欲常常見之與？李聃家於瀨鄉，莊周老於蒙，田邑之間，復有昔時懷器而隱處者乎？願一覽焉。僕於書如貪者之嗜利，未嘗厭其欲也。譙祁氏多書，稱號外府太清老氏之藏室，願與足下盡心焉。春盆暄，惟爲道重慎。師道再拜。

玩「春盆暄」句，答書當在三月。

四月，供職太學。山谷《次韻答惠寄》：

「短褐不磷緇，文章近楚辭。未識想風采，別去令人思。斯文已戰勝，凱歌偃旆旍。任注：「文潛試中學官。」君行魚上冰，忽復燕哺兒。學省得佳士，催來費符移。任注：「文潛元祐初爲太學博士。」方觀追金玉，如許遽言歸。任注：「文潛元韻曰：『五日長安塵，故山夢中歸。』故此句廣其意。」南山有君子，握蘭懷令姿。任注：「此句當以屬二蘇，文潛蓋其門下士也。東坡元祐初爲禮部郎中，故山谷用此事。」但應潔齋俟，勿詠無生詩。」據任注，先生於夏初到太學，故詩有「忽復燕哺兒」及「學省得佳士」句。

四月，詔執政大臣各舉文學政事行誼之臣可充館閣之選者，范純仁以先生薦。

贈張公賁詩。

按：詩有「我方困齏鹽，酸寒官辟雝」句，當是爲太學錄時作。

後山贈詩：自注：少公之客也，聞文潛召試。張侯便然腹如鼓，飢雷收聲酒如雨。讀書不計有餘處，尚著我輩千百許。翻湖倒海不作難，將軍百戰富善賈。弟子不必不如師，欲知其人視其主。秋來待試丞相府，縠馬礪兵吾甚武。商周不敵聞其語，一戰而霸在此舉。百年富貴要自取，人將公卿退爾汝，德如墨君誰敢侮！

山谷贈《明月篇》：黄㽦《山谷年譜》置此篇於元年。天地具美兮生此明月，陸白虹兮貫朝日。工師告余曰，斯不可以爲珮，棄捐櫝中兮三歲不會。霜露下兮百草休，抱此耿耿兮與日星遊。山中人兮招招，耕而食兮無䘏。榛艾蓁蓁前吾牛兮，疷不可更扶。淺耕兮病歲，深耕兮石嬰耜。登山兮臨川，雖得意兮魚樂，小風兮吹

波，從其友兮尾。日下兮川逝，射雉兮喪余一矢。佳人兮潔齊，悵何所兮行媒。南山有葛兮葛有本，我羞餔兮以君之鉏來。

寄子瞻舍人詩。

按：是時子瞻作中書舍人，九月方遷翰林學士。

秋，贈旡咎詩，以「既見君子，云胡不喜」爲韻。山谷和韻：「龜以靈故焦，雉以文故翳。本心如日月，利欲食之既。後生玩華藻，照影終沒世。安得八紘罩，以道獵衆智。」「談經用燕說，束棄諸儒傳。濫觴雖有罪，末派瀰九縣。張侯眞理窟，堅壁勿與戰。難以口舌爭，水清石自見。」「野性友麋鹿，君非我同羣。文明近日月，我亦不如君。任注：言張侯文采可以人侍。十載長相望，逝川水沄沄。何言談絕倒，茗椀對爐薰。」「北寺鎖齋房，塵籥時一啟。晁張跫然來，連璧照書几。庭柏鬱葱葱，紅榴罅多子。時蒙吐佳句，幽處萬籟起。」「先皇元豐末，極厭士淺聞。只令舉秀孝，天未喪斯文。晁張班馬手，崔蔡不足云。當令橫筆陣，一戰靜楚氛。」張侯嘗炊玉，僦屋得空爐。任注：張文潛集有初到都下供職，寄黃九詩曰：「僦舍酒家樓，椎爐卷其旗。鼠壤敗晨炊，守翁噪羣兒。」但見索酒郎，不見酒家胡。任注：此句以戲文潛。雖肥如瓠壺，胸中殊不粗。何用知如此，文采似於菟。」「荊公六藝學，妙處端不朽。諸生用其短，頗復鑿戶牖。譬如學捧心，初不悟己醜。玉石恐俱焚，公爲區別否？」「吾友陳師道，抱獨門掃軌。晁張作薦書，射雉用一矢。吾聞舉逸民，故得天下喜。兩公

陣堂堂，此事可摩壘。」任注：兩公謂晁、張。按：汴京北寺，一名酺池寺，山谷嘗寓几研於此，先生與无咎時往遊焉，故和詩有「北寺鎖齋房」及「晁張跫然來」一句。任注據《實錄》「元祐二年四月乙巳，徐州布衣陳師道充徐州州學教授」，而山谷和詩稱師道爲逸民，蓋猶未得官也，且詩有「紅榴罅多子」之句，當是元年秋作。

九月一日〔一〕，司馬君實薨於東府。往哭之，見覆尸以布衾，上有銘焉，因書《布衾銘》後。作挽詞，代范樞密作《祭司馬文》。

十月，上考試館職策問。問云：「傳曰：秦失之強，周失之弱。昔周公治魯，親親而尊尊，至其後世，有寖微之憂。太公治齊，舉賢而上功，而其末流，亦有爭奪之禍。夫親親而尊尊，舉賢而上功，三代之所共也，而齊、魯行之，皆不免於衰亂，其故何哉？國家承平百年，六聖相授，爲治不同，同歸於仁。今朝廷欲師仁祖之忠厚，而患百官有司不舉其職，或至於媮；欲法神考之勵精，而患監司守令不識其意，流入於刻。夫使忠厚而不媮，勵精而不刻，亦必有道矣。昔漢文寬仁長者，至於朝廷之間恥言人過，而不聞其有怠廢不舉之病；宣帝綜核名實，至於文理之士咸精其能，而不聞其有督責過甚之失。何修何營可以及此？願深明所以然之故，而條其所當行之事，悉著於編，以備采擇。」

二十九日，召試學士院。拔畢仲游、黄庭堅、晁補之與先生並擢館職。王文誥曰：畢仲游等九人試學士院，擢

仲游爲第一，補集賢校理；黄庭堅爲校書郎，遷集賢校理、著作佐郎；張耒爲太學錄，范純仁薦，召試，遷秘書省正字；晁補之爲太學正，李清臣薦，召試，遷秘書省正字。仲游、庭堅薦主未詳。凡除館職，必登第，歷仕成資，再經保薦，召試入等始授，故黄、晁、張先入館，而秦觀不與焉。

十一月二十一日，子瞻書《黄泥坂詞》後曰：「余在黄州，大醉中作此詞，小兒輩隨去藁，醒後不復見也。前夜與黄魯直、張文潛、晁无咎夜坐，三客翻倒几案，搜索篋笥，偶得之。字半不可讀，以意尋究，乃得其全。文潛喜甚，手錄一本遺余，持元本去。明日得王晉卿書云：『吾日夕購子書不厭，近又以三縑博兩紙。子有近書，當稍以遺我，毋多費我絹也。』乃用澄心堂紙，李承晏墨，書此遺之。」《東坡題跋》。

和子瞻《武昌西山》詩。

東坡原詩序：考試館職，與鄧聖求會宿玉堂，偶話武昌西山舊事，因爲此詩。序云元祐元年十一月二十九日作。請聖求同賦，先生與孔武仲、子由、无咎、魯直次韻。

受詔校《資治通鑑》於秘書省。本集《冰玉堂記》。

《明道雜志》云：某初除秘書省正字，時與今劉端明奉世同謝。劉時除左史。余舊見相人術，貴天地相臨，謂頤額之勢相稱。余見劉有此相，歸謂同舍晁无咎曰：「劉左史不遲作兩府。」晁不以爲然。劉竟再歲簽書西府，无咎嘗怪余言之驗。

聞子由除校書郎，喜而爲詩。

按：子由是年自績溪令召入爲秘書省校書郎。與无咎同過後山，後山贈詩：「白社雙林去，高軒二妙來。排門衝鳥雀，揮壁帶塵埃。不憚除堂費，深愁載酒回。功名付公等，歸路在蓬萊。」《後山年譜》。

元祐二年丁卯，三十四歲。

會於王駙馬都尉詵之西園。

米元章《西園雅集圖記》：李伯時效唐小李將軍爲著色，泉石雲物，草木花竹，皆絶妙動人，而人物秀發，各肖其形，自有林下風味，無一點塵埃氣，不爲凡筆也。其烏帽黄道服，捉筆而書者，爲東坡先生。仙桃巾紫裘而坐觀者，爲王晉卿。幅巾青衣，據方机而凝竚者，爲丹陽蔡天啓。捉椅而視者，爲李端叔。後有女奴雲鬟翠飾侍立，自然富貴風韻，乃晉卿之家姬也。孤松盤鬱，上有凌霄纏絡，紅緑相間。下有大石案，陳設古器瑶琴，芭蕉圍繞。坐於石盤傍，道帽紫衣，右手倚石，左手執卷而觀書者，爲蘇子由。團巾繭衣，手秉蕉箑而熟觀者，爲黄魯直。幅巾野褐，據横卷畫《淵明歸去來》者，爲李伯時。披巾青服，撫肩而立者，爲晁无咎。跪而捉石觀畫者，爲張文潛。道巾素衣，按膝而俯視者，爲鄭靖老，後有童子執靈壽杖而立。二人坐於盤根古檜下，幅巾青衣，袖手側聽者，爲秦少游；琴尾冠紫道服，摘阮者，爲陳碧虚。唐巾深衣，昂首而題石者，爲米元章。幅巾袖手而仰觀者，爲王仲至。前有鬅頭頑童捧古硯而立，後有錦石橋，竹徑繚繞於清溪深處，翠陰茂密中，有袈裟坐蒲團而説《無生論》

者，爲圓通大師。傍有幅巾褐衣而諦聽者，爲劉巨濟。二人並坐於怪石之上，下有激湍潨流於大溪之中，水石潺湲，風竹相吞，爐烟方裊，草木自馨，人間清曠之樂，不過於此。嗟乎！洶涌於名利之域而不知退者，豈易得此耶？自東坡而下，凡十有六人，以文章議論，博學辯識，英辭妙墨，好古多聞，雄豪絕俗之資，高僧羽流之傑，卓然高致，名動四夷。後之攬者，不獨圖畫之可傳，亦足彷彿其人耳。

王文誥曰：此集在二三兩年之間，而劉涇將赴莫州倅，故置二年爲當。

王虛舟曰：《西園雅集圖記》乃米老生平興到之作。前有蘭亭，後有西園，兩會皆天運所開，千古無匹者也。顧蘭亭有定武，西園獨少佳刻，董宗伯《戲鴻帖》中，亦僅存形似，非妙品也。

按：戲鴻堂原係棗板，鉤摹極精，在來禽館刻本之上。本朝張文敏爲襄陽嫡派，其摹本亦具體而微，然合以觀之，米書如居百尺樓上，不止上下牀之別也。

樓鑰《跋王都尉湘鄉小景》：國家盛時，禁臠多得名賢，而晉卿風流尤勝。頃見《雅集圖》，坡、谷、張、秦一時鉅公偉人悉在焉。《淮海詞》所謂「憶昔西池會，鵷鷺同飛蓋」者，又有詩云「夢入平陽舊池館，隔花猊口吐清寒」，皆爲此也。

阮閱《詩話總龜》：秘館以上巳日會西池，王仲至有二詩，張文潛和之最工，云：「翠浪有聲黃帽動，春風無力綵旗垂。」秦少游云「簾幙千家錦繡垂」，仲至笑曰：「此語又待入《小石調》也。」

王明清《揮麈餘話》：元祐二年，東坡先生暇日會黃、張、秦、晁、陳、李六君子於私第，忽有旨令撰《賜奉安神宗御容禮儀使呂大防口宣茶藥詔》，東坡就牘書曰：「於赫神考，如日在天。」顧羣公曰：「能代下一轉語否？」各辭之。坡隨筆復書云：「雖光明無所不臨，而躔次必有所舍。」羣公大聳服。

本集《奉安神宗御容入景靈宮》有詩。與无咎和答秦觀五言，山谷亦次韻。黃䇗《年譜》。

山谷以團茶洮州綠石硯贈无咎、文潛，有詩：「晁子智囊可以括四海，張子筆端可以回萬牛。自我得二士，意氣傾九州。道山延閣委竹帛，清都太微望冕旒。延閣，漢武積書處也。貝宮胎寒弄明月，天網下罩一日收。此地要須無不有，紫皇訪問富春秋。晁无咎，贈君越侯所貢蒼玉璧，可烹玉塵試春色。澆君胸中《過秦論》，斟酌古今來活國。張文潛，贈君洮州綠石含風漪，能淬筆鋒利如錐。請書元祐開皇極，第入思齊訪落詩。」

黃䇗《年譜》引蜀本《詩集注》云：按《實錄》：元祐元年十一月，試太學，張耒、晁補之並爲秘書省正字。而詩有「道山延閣委竹帛」之句，蓋今歲所作。

遊王才元舍人園，有詩。舍人名棫，字才元。其子名直方，字立之，著有《詩話》。山谷同遊，次韻云：「移竹淇園下，買花洛水陽。風烟二十年，花竹可迷藏。九衢流車馬，相值各匆忙。豈有道邊宅，靜居如寶坊。幅巾延客酒，妙歌小紅裳。主人有班綴，衣拂御爐香。常恐鶗鴂鳴，百草爲不芳。故作龜曳尾，頗深漆園方。

初開蝸牛廬，中置師子牀。買田宛丘間，江漢起濫觴。今此百畝宮，冬溫夏清涼。身閑閱世故，宇靜發天光。安肯聲利場，牽黃臂老蒼。張侯筆端世，三秀麗齋房。作詩盛推賞，明珠計斛量，掃花坐晚吹，妙語益難忘。重遊樊素病，捧心不能妝。任注：曾端伯《詩選》載李商老云：王直方高貲，有園在城南。事諸名流，具杯盤、出聲伎以娛客。故山谷詩云「重來樊素病，捧心不能妝」，文潛云「執板歌一聲，坐客無留觴」，皆爲皓齒蛾眉而設。來日猶可追，聽我歌楚狂。」

《送張天覺使河東》詩。

按：黃𦶮《山谷年譜》引《實錄》：「元祐二年七月，開封府推官張商英提點河東路刑獄。」而詩有「手持明光節，六月登太行」句，則是六月，非七月也。

《謝錢穆父惠高麗扇》詩，元豐七年，穆父使高麗。松扇蓋奉使時所得。山谷戲和云：「猩毛束筆魚網紙，松柎織扇清相似。動搖懷袖風雨來，想見僧前落松子。張侯哦詩松韻寒，六月火雲蒸肉山。任注：文潛頗肥，故山谷詩有「雖肥如瓠壺」，陳後山有「詩人要瘦君則肥」之句。持贈小君聊一笑，不須射雉轂黃間。」任注：戲謂文潛之肥如賈大夫之陋。子瞻和云：「可憐堂上十八公，老死不入明光宮。萬牛不來難自獻，裁作團團手中扇。屈身蒙垢君一洗，挂名君家詩集裏。猶勝漢宮悲婕妤，網蟲不見乘鸞子。」查註《蘇詩編年》，此詩作於丁卯秋冬，時爲翰林學士。

《晝卧懷陳三》七律一首，時陳三卧疾。後山答詩：自注：文潛來詩云：「欲餉子桑歸問婦，食簞過午尚懸墻。」「我貧無一錐，所向皆四壁。瀛洲足風露，胡不減飢色。昔聞杜氏子，翦髻事尊客。君婦定不然，

三梳奉巾櫛。」《後山年譜》。

休沐不出，有詩。山谷次韻云：「風塵車馬逐，得失兩關心。惟有張仲蔚，門前蓬藋深。自公及歸沐，畢願詩書林。牆東作瘦馬，萬里氣駸駸。」任注：張方回家本有山谷自注云：「文潛喜畫馬。」「與世自少味，閉關非有心。戎葵一笑粲，露井百尺深。著書灑風雨，枯筆束如林。蘇公歎妙墨，逼人太駸駸。」

考校同文館，鄧慎思戲贈曹子方兼呈文潛七古一首：用晁无咎韻。「五年坎壈哀南方，江湘魏闕兩相忘。洞蘿巖桂搴孤芒，月潭風渚儔漁郎。單閼孟夏草木長，望都樓觀鬱蒼蒼。原注：慎思癸亥六月以家艱去國，丁卯四月還省。誰令焚芰辭楚狂，復來上君白玉堂。黃門戟曜羽林槍，未央引籍班氏羌。雲屯錦簇馬斯臧，大官日膳瓊爲糧。追隨威鳳鳴高岡，豈敢偃息復在牀。投鉛歸休下殿旁，衛士傳詔來如驤。館閶闔外西城隍，書槀迫遽不及裝。籲俊士集要言揚，得弓勿問何人亡。趙璧既人秦城償，穎脱喜見錐出囊。同人于野不擇鄉，峨峨羽翮整顔行。天閑玉勒皆驌驦，伯喈懷牘望金商。原注：天啓。魁梧奇偉値子房，原注：文潛。令數家術應帝王。原注：无咎。三英粲粲日爭光，我輒與之較雌黃。芳菲滿室蘭生香，坐堂月久秋氣涼。將軍思歸歌撫觴，原注：子方。倚梧目送雁南翔。想見葭菼水中央，洞庭河漢遙相望。香楓葉老赤染霜，感慨少日七步章。長安城西約鄭莊，原注：慎思與子方、无咎、文潛、天啓嘗有此約。牽率不往有底忙。人生可意皆吉祥，快馬劃過小苑牆。入門爛醉銀瓶漿，秦箏

趙瑟喜高張。」

作《華陽楊君墓誌》。

元祐三年戊辰，三十五歲。

是年春，子瞻領貢舉事，辟先生爲參詳官。又辟黄庭堅、鄭君乘、上官均、單錫、劉安世、李昭玘、廖正一、晁補之、舒煥、孫敏行、蔡肇、鄒浩、李公麟等爲參詳、編排、點檢試卷各官，同入試院。王明清《揮麈後錄》：張文潛作參詳官，以一卷攜呈東坡云：「此文甚佳。」蓋以東坡《醉白堂記》爲法。東坡一覽，喜曰：「誠哉是言！」擢置魁等。後拆封，乃劉燾也。黄魯直《太學題名記》漏載先生名。

作《楊中散夫人張氏墓誌》。

和黄山谷伯父《築亭馬鞍山》詩。

《山谷外集》：「伯父祖善，耆老好學。於所居紫陽溪後小馬鞍山爲放隱齋，遠寄詩句，意欲庭堅和之。幸師友同賦，率爾上呈詩題。」史容註引黄㽦《山谷年譜》載山谷伯父詩并序：「老伯行年七十有六，本集作「年七十五」，名序。」近築亭於馬鞍山，松聲泉溜，足以忘年。魯直九姪爲我乞詩朝中諸公，要驚山祇突兀出聽耳。」詩云：「直木皆先伐，輪囷卻歲寒。時需病者粟，倒著掛時冠。人樂觀魚尾，山齋跨馬鞍。朝中乞佳句，留與子孫看。」時山谷所求朝士和篇甚多，且云「師友同賦」，當是求東坡。明年，東坡已在杭矣。

按：子瞻於四年三月，以龍圖學士、朝奉郎出知杭州。

上孫端明書云「某生三十有五矣」，又云：「某今也爲令沈丘，得在使部。聞公之將有慶也，日夜喜躍，樂頌其事，而願有

獻焉。」又云：「來歲之春，公將有薦其屬爲京官，某者願沾其一乎？」

按：《東都事略·孫永傳》：「神宗朝，遷端明殿學士。哲宗即位，召拜工部尚書，尋除吏部尚書。明年，以資政殿學士兼侍讀，未拜而卒。」上書在元祐三年，而仍稱端明，其可疑者一。先生於元祐元年冬除正字，紹聖元年夏初出知潤州，居館八年，與《宋史》適合，焉有元祐三年出而爲令之事？而書云「爲令沈丘」，其可疑者二。已爲京官矣，而復云「公將有薦其屬爲京官，某願沾其一」，其可疑者三。此書或是代作，似非先生自上之書也。據本集《祭劉貢父文》，有「惟我與君，同年進士」之句。貢父與兄原父，同舉慶曆六年進士第，與先生登第遠不相及。後讀宋本《皇朝文鑑》，內有《代祭劉貢父文》，乃知《柯山》、《右史》、《宛丘》三集皆脫去「代」字。流傳於世，啓人之疑，而宋本之足貴，洵不誣矣。

元祐四年己巳，三十六歲。

二月日，謁常子允。

《容齋三筆》：王順伯藏昔賢墨帖至多，其一曰高子允諸公謁刺，凡十六人，時公美、徐振甫、余中、龔深父、元耆寧、秦少游、黃魯直、張文潛、晁旡咎、司馬公休、李成季、葉致遠、黃道夫、廖明略、彭器資、陳祥道，皆元祐四年朝士，唯器資爲中書舍人，餘皆館職。其刺字或書官職，或書郡里，或稱姓名，或只稱名，既手書之，又斥主人之字，且有「同舍」、「尊兄」之目，風流氣味，

宛然可端拜，非若後之士大夫，一付筆吏也。

按：「高」與「常」筆畫相近而誤，當從《游宦紀聞》作常子允。常亦黨籍之一，仕履詳後。

張世南《游宦紀聞》：士大夫謁見刺字，古制莫詳。世南家藏石本《元祐十六君子墨蹟》，其間有「觀敬賀子允學士尊兄。正旦高郵秦觀手狀」、「庭堅奉謝子允學士同舍。正月日江南黃庭堅手狀」、「耒謹候謝子允學士兄。二月日著作郎兼國史院檢討張耒狀」、「補之謹謁謝子允同舍尊兄。正月日昭德晁補之狀」、「汝礪參候子允校書同舍」，以次凡十六人，皆元祐四年朝士。時惟彭公爲中書舍人，餘皆館職也。刺字或書官職，或書郡里，或稱姓名，或只稱名，既手書之，又稱主人字，且有「同舍」、「尊兄」之目，風流氣味，將之以誠。今人觀之，宜泚顙矣。野處先生嘗跋此帖，謂子允不知爲誰，嘗攷之，常立字子允，當時亦在館中，當是謁常無疑，而野處偶未詳也。

按：《續通鑑長編》，元祐六年十一月，張耒以左奉議郎爲國史院檢討官，尋爲著作郎。與本集《舊局題屏》詩叙適合，先生爲著作郎在六年仲冬毫無可疑。兹刺字書著作郎等官職，其非四年謁常可知，《游宦紀聞》特未之深考耳，十六君子不必同在一年投刺也。然洪容齋亦指定元祐四年，姑置於此以備參攷。

與秦少游論定《晉賢圖》。

《淮海集·書晉賢圖後》：此畫舊名《晉賢圖》，有古衣冠十人，惟一人舉杯欲飲，

其餘隱几、策杖、傾聽、假寐、讀書、屬文，了無霑醉之態。龍眠李伯時見之曰：「此《醉客圖》也。」蓋以唐竇蒙畫評有《毛惠遠醉客圖》，故以名之焉。叔時善畫，人所取信。未幾，轉相摹寫，徧於都下，皆曰此眞《醉客圖》也，非叔時疇能辨之？獨譙郡張文潛與余以爲不然。此畫晉賢燕居之狀，非醉客也。叔時易其名，出奇以眩俗耳。余舊傳聞江南有一僧，以貲得度，未嘗誦經。有書生欲苦之，詣僧問曰：「上人亦嘗誦經否？」僧曰：「然。」生曰：「《金剛經》幾卷？」僧實不知，卒爲所困，即誣生曰：「君今日已醉，不復可語，請俟他日。」書生笑而去。至夜，僧從鄰房問知卷數。詰旦，生來，僧大聲曰：「君今日乃可語耳。豈不知《金剛經》一卷也。」生曰：「然則卷有幾分？」僧茫然，瞪目熟視曰：「君又醉耶？」聞者莫不絕倒。今圖中諸公，了無醉態，而横被沈湎之名，然後知昔所傳聞爲不謬矣。雖然，余懼叔時以余與文潛異論，亦將以醉見名，則余二人者將何以自解也。叔時好古博雅君子，其言宜不妄，豈評此畫時方在酩酊耶？圖中諸客洎予二人，孰醉孰不醉，當有能辨之者。注：元祐四年作。

作《大理寺丞王君之夫人李氏墓誌》、《歐陽伯和墓誌》。

元祐五年庚午，三十七歲。

是年先生卧病城南，李端叔嘗夜過視疾，爲覓醫藥。端叔與先生外家通譜，於先生舅行也。卧病月餘，呈子由詩。子由次韻云：「一卧憐君三十朝，呼醫

仍苦禁城遙。靈根自逐新陽發，病枿從經野火燒。吻燥未須尋麯蘖，囊空誰與典絺蕉？何時匹馬隨街鼓，睡起頻驚髀肉消。」「塵垢污人朝復朝，病中吟嘯夜方遙。長空雁過疑相答，虛幌蟲飛坐恐燒。稍覺新霜試松竹，未應寒雨敗梧蕉。從來百煉身如劍，火滅重磨未遽銷。」旡咎《次韻蘇中丞喜文潛病間》：攜笻過子約朝朝，況是門無百步遙。午臥檐曦茶可煮，夜談窗霰栗堪燒。范魚何用驚生釜，鄭鹿應知夢覆蕉。試作文殊問居士，從今一飯久如消。

按：子由於元祐五年爲御史中丞。

六月，除著作佐郎。作《司馬溫公祠堂記》。奉議郎王仲孺爲溫令，作司馬公祠堂，屬先生爲之記。司馬薨於元年九月，朝廷追崇之，進爵爲公，而國於溫云。

十二月，爲集賢校理。見《續通鑑長編》。《宋史》失載此官。

元祐六年辛未，三十八歲。

作《立春》五古一首。六月，罷著作佐郎，除秘書丞。十一月，除著作郎，兼國史院檢討官。復至舊局，題屏五絶一首。

元祐七年壬申，三十九歲。

《送秦少章赴臨安主簿序》。七年仲春十一日作，見宋本《皇朝文鑑》。

《淮海年譜》云：少章元祐六年登進士第，調臨安主簿。

是年九月，詔：「南郊宜依故事，設皇地祇。禮畢，別議方澤之儀。」十一月，祀天地於圜丘，中外加恩。

南郊與捧皇帝禋帛。進《大禮慶成賦》。《蘇長公外紀》：元祐壬申南郊，坡公爲鹵簿使。尋遷禮部尚書，遷端明侍讀學

士。有《讀朱暉傳題文潛語後》。王宗稷《東坡年譜》同。

按：《文潛語題後》蘇集失載，所謂文潛語，亦不可考。

元祐八年癸酉，四十歲。

三月，遭御史黃慶基彈劾，謂蘇軾自進用以來援引黨與，王鞏、林豫、張耒、晁補之皆軾力爲援引，秦觀亦軾之門人也，是以奔競之士趨走其門者如市。見《續通鑑長編》。

《祭蘇端明郡君文》。八月，東坡繼室王郡君卒。

九月，東坡帥定武，辟李端叔爲簽判。先生作序送端叔。諸館職餞於惠濟宮，坡舉白浮歐陽叔弼、陳伯脩二校理、常希古少尹，曰：「三君但飲此酒，酒醻當言所罰。」三君飲竟。東坡曰：「三君爲主司而失李方叔，茲可罰也。」三君者無以爲言，慚謝而已。張文潛舍人在坐，輒舉白浮東坡先生曰：「先生亦當飲此。」東坡曰：「何也？」文潛曰：「先生昔知舉而遺之，與三君之罰均也。」舉坐大笑。《蘇長公外紀》引《百川學海》。

按：東坡於九月二十七日出都赴定，館職餞行，已稱先生爲舍人。而《後山詩集》任淵注：「文潛元祐八年冬，自著作郎除起居舍人。」又周必大跋汪季路所藏《張文潛與彥素帖》：「朱希眞父諱勃，元祐、紹聖之交爲右司諫，時張文潛爲起居舍人，故云同省。」似先生除舍人職，在是年之冬，近是。

作《宣仁太皇太后挽詞》、《商屯田墓誌》。

贈旡咎詩，約同赴大尹龍圖四丈至日羔酒之集。呈龍圖四丈詩。

按：《東都事略》，錢穆父於元祐八

年，以龍圖閣直學士知開封府。」居館，每歲上元，晨趨大慶門迎駕。近午，駐輦，拜謝茶酒之賜。作《史官歲六節賜御醪》。與同館諸人唱和。元祐以來，分黨相攻，廢罷不一。先生居館職八年，顧義自守，粗免人言。先生與王鞏、黃庭堅、秦觀、晁補之、陳師道、畢仲游、李之儀、廖正一、李昭玘諸人爲蜀黨，邢恕、朱光庭、賈易、杜純諸人爲洛黨，劉摯、梁燾、王巖叟、劉安世諸人爲朔黨。

紹聖元年甲戌，四十一歲。

少游寄詩：「解手亭皋纔幾月，春風已復動林塘。稍遷右史公何忝，初閱除書國爲狂。日出想驚儒發冢，風行應罷女爭桑。東坡手種千株柳，聞說邦人比召棠。」

按：少游是年坐黨籍改館閣校勘，出爲杭州通判，此詩當作於春間。

三月，侍立集英殿，臨軒試舉人，有詩。左正言上官均彈劾呂大防，謂其以張耒、秦觀浮薄之徒撰次國史。《道山清話》。鄧聖求、蔡元長上章指黃、秦、晁、張所修《神宗實錄》，以爲謗史，乞行重修。蓋舊史多取司馬文正公《涑水紀聞》，如韓、富、歐陽諸公傳，及叙劉永年家世，載徐德占母事，王文公之詆永年，常山呂正獻之評曾南豐，邵安簡借書多不還，陳秀公母賤之類，所引甚多。至新史，於是《裕陵實錄》皆以朱筆抹之，且究問前日史官，悉行遷斥，盡取王荆公《日錄》無遺，以刪修焉，號朱墨本。陳瑩中上書曾文肅，謂尊私史而壓宗廟者也。其所從來，亦有本焉。覽

者熟究而考之，當知此言不誣。《玉照新志》。

先生患風痺五年，去年冬末又患瘡疹，不治恐成痼疾，欲圖外官，少就優便，專意藥物，遂請郡。

无咎《次韻病中作》：自注：時文潛方求補引。貧爐初著灰，燭酒寒不溫。鄰張病未來，獨負南窗暄。昨日往過之，歡喜能兩餐。酲醲渙然解，愧無枚乘言。祝君抱虛一，邪氣襲無門。今晨有起色，迎笑眉宇軒。扶掖兩男兒，總丱佳弟昆。遺誦寄我詩，妙可白玉刊。平生俱豪氣，見酒渴驥奔。賜休常苦稀，晨謁良不閑。約君向南邦，勿厭敲扑諠。公餘未忘飲，何必醻十分。時平但行樂，卧治安足論。琵琶五十面，雷雨出鵾絃。

後山《寄文潛舍人》詩：《後山年譜》：文潛元祐八年冬，除起居舍人，即右史也。紹聖元年四月，以直龍圖閣知潤州。此詩蓋春時作。今代張平子，雄深次子長。名高三俊上，官立右螭傍。車笠吾何恨，飛騰子莫量。時平身早達，未用夢凝香。自注曰：來書云補郡之樂，發于夢寐。

先是乞知潁、相、徐、潤州，不允，再乞乃允。於是以直龍圖閣出知潤州，閏四月二十九日致仕交割訖。五月到任，有《謝執政啓》。

本集《贈翟公巽》句：「我昔出守來丹陽，江流五月如探湯。」

時子瞻責知英州，道過揚。先生自潤州遣兵王告、顧成衛子瞻而行。游金山，留宿五日。

本集《贈呈孟求承議》詩，有「金山五日厭僧粥」句。

《潤州書事》五律一首。

是年秋，坐黨籍，解潤州任。

《贈吳孟求承議》詩所謂「揭來京口見花落，歸去西風未吹柳。山尋北固初知路，水飲中冷未盈缶」是也。

道淮陰，將入京，忽被命守宣，遂赴任。

據本集《宣州謝兩府啓》：「法當易地，恩使造庭。方奔命於半途，遽分符於使郡。」知先生將入京，中途聞命折回，赴宣任。

過吳興道中，有詩。

九月，子瞻游羅浮，與先生書云：「羅浮曾一游。每出勞人，不如閉戶之有味也。」

《對酒奉懷旡咎》，有「最憶南都晁別駕」句。

按：旡咎是年坐黨累，降通判應天府。

後山《寄張宣州》詩：《後山年譜》置此詩於元年。「與世情將盡，懷仁老未忘。故人今五馬，高處謾三長。詩豈江山助，名成沈鮑行。肯爲文俗事，打鴨起鴛鴦。」《後山年譜》：據《實錄》，紹聖元年八月，直龍圖閣張耒權知宣州。

十二月，重修《神宗實錄》成，逮問元祐史官。

紹聖二年乙亥，四十二歲。

作《符夫人墓誌》。

三月，遣兵王告至惠州，子瞻以桄榔杖爲寄，賸之以詩幷書。時初聞黃魯直遷黔南，范淳父遷九疑，並致慨焉。《宋史》：紹聖元年十二月甲午，范祖禹、黃庭堅坐史事，責授散官，永豐、黔州安置。詩云：「睡起風清酒在亡，身隨殘夢兩茫茫。江邊曳杖桄榔瘦，林下尋苗蓽撥香。獨步倘逢勾漏

令，遠來莫恨曲江張。遙知魯國眞男子，獨憶平生盛孝章。」《老學庵筆記》引蘇季真云：東坡寄張文潛《桄榔杖》詩，初本云「酒半消」，其下云：「江邊獨曳桄榔杖，林下閒尋蓽撥苗。」「盛孝章」又誤爲「孝標」。已而悟，故盡易之。雖其家所傳，然去今所行亡字韻殊遠，恐傳之誤也。」書云：「屏居荒服，眞無一物爲信，有桄榔方杖一枚，前此土人不知以爲杖也。勿誚微陋，收其遠意爾。荔支正出，林下恣食，亦一快也。旡咎竟坐修造，不肖累之也。」又云：「來兵王告者，極忠厚。方某流離道路時，告奉事無少懈，又不憚萬里再來，非獨走卒中無有也。願公以某之故，置一好科坐處。當時與同來者顧成，亦極小心可念。」子瞻與魯直第二書：「某啓：惠州遣人致所惠書，承中塗相見，尊候甚安，即日想已達黔中。不審起居何似，云大率似長沙，審爾亦不甚惡也。惠州久已安之矣，度黔亦無不可處之道。文潛在宣極安，少游謫居甚自得，淳甫亦然，皆可喜。獨元老淹忽爲之流涕，病劇久矣，想非由遠適也。幽絕書問難繼，惟倍萬保重！不宣。」先生以子瞻故坐徙，故子瞻惓惓焉。

《宣州雨中題壁》七絕一首。

紹聖三年丙子，四十三歲。

復遣使至惠州。子瞻報書云：「忽辱專人手教，伏讀感歎。且審爲郡多暇，至慰！至慰！某清淨獨居，一年有半爾，按：子瞻於元年十月到惠州，以一年有半計之，報書當在三年春末夏初。已有所覺，此理易曉，無疑也。然絕欲，天下之難事也，殆似斷肉，今使人一生食菜，必不肯，且斷肉百日，似易聽也，百日之後，復展百

日，以及期年，幾忘肉矣。但且立期展限，決有成也。已驗之，方思以奉傳，想識此意也。見寓監司行館，下臨二江，有樓，劉夢得《楚望賦》句是也。過甚有幹蠱之才，舉業亦少進，侍其父亦然，恐欲知之解憂爾。」

是年罷守宣城，入京，除管勾明道宮。作《智軫禪師塔記》、《出都之宛丘贈寄參寥》詩。

秋，寓居宛丘南門靈通禪刹之西堂。靈通院，石晋末所創，有千佛殿。職閒無事，終日杜門。人知先生之好飲也，或饋之酒。於外家李氏得見所蓄摹本韓幹畫甚多，內有一馬，與采石中元水府祠藏本正同，乃知太平守張唐公之所賞，決爲摹本無疑也。《明道雜志》。

按：張瓌字唐公，洎之孫也，進士。見《宋史》。

紹聖四年丁丑，四十四歲。

二月二十八日癸未，制：「呂大防責授舒州團練副使，循州安置；劉摯責授鼎州團練副使，新州安置；蘇轍責授化州別駕，雷州安置；梁燾責授雷州別駕，化州安置；范純仁責授武安軍節度副使，永州安置。劉奉世、韓維、王覿、韓川、孫升、呂陶、范純禮、趙君錫、馬默、顧臨、范純粹、孔武仲、王汾、王欽臣、張耒、呂希哲、呂希純、呂希績、姚勔、吳安詩、晁補之、賈易、程頤、錢勰、楊畏、朱光庭、孫覺、趙卨、李之純、杜純、李周等三十一人，或貶官奪恩，或居住安置，輕重有差。其郴州編管秦觀，移送橫州。」大防等責詞，皆葉濤所草也。

自呂大防以下，凡《宋史》有傳者，其事蹟不復詳。按：王汾字彥祖，鉅野人，禹偁曾孫。第進士甲科。治平三年，召試館職，歷官兵部侍郎，寶文閣待制致仕。姚勔字輝中，山陰人。嘉祐四年進士。歷官秘書丞、起居舍人，遷起居郎、權給事中、國子祭酒。紹聖中，貶水部員外，分司南京。見《宋詩紀事補遺》。吳安詩字傳正，建安人。父充，《宋史》有傳。安詩以蔭歷官禮部員外郎、右司諫、中書舍人。蘇轍罷知汝州，安詩以草制獲咎，降起居舍人。後責授濮州團練副使，連州安置。見《宋史翼》。

先生謫監黃州酒稅轡務。

閏二月六日，治行之黃州，與表弟宛丘李德載話別。由陳入蔡，道眞陽。眞陽宰錢君，起居舍人彥遠之孫也。起居前守眞陽，名其燕寢曰「素絲堂」，今猶存。錢君館先生於縣舍，屬作《素絲堂記》。

三月，到任。謝表云：「準告罷管勾明道宮，落職，添差監黃州酒稅轡務，已於今年三月到任管勾訖。」

與徐仲車書：耒拜上。季春極暄，恭惟仲車教授先生尊體起居萬福。耒向罷宣州，到京蒙除管勾明道宮，尋便居陳，僅半年餘，印頗優游。今年閏月初，忽捧告命謫監黃州酒稅，仍落職，遂出陸自陳入蔡，自蔡入光，遂至貶所。黃在大江上，風土食物卻相得。太守乃楊瓌寶，與之親舊，通守山陽人也，眞長者謫官之幸。耒卑體亦頑健，新婦以次各無恙。職事亦不絕冗，公私既無事事，中亦泰然。其他外物，應自有命，非人能與也。先生以謂如何？有以見教，乃卑誠所願

也。末由參省，伏乞順時保重。

上郡守楊瓌寶啓。

《宋史翼》：「楊瓌寶字器之，管城人，呂公著外甥也。父仲元，《宋史》有傳。瓌寶累官郡守，與張文潛相唱和。」

作《投知己書》。

王雯來謁，求爲其先人朝奉君時中作墓誌。

與潘奉議昌言游處，甚相得。

名綆，黄州人。大臨之父。元豐己未進士。曾監楚州都鹽倉。

元符元年戊寅，四十五歲。

正月八日，作《早寒》詩。見龐安常於蘄水山中，深衣幅巾，偉然其貌。安常精於醫，爲先生治風痺疾有間。

作《問雙棠賦》。

到黄已周歲，賦所謂「天星一周，穆然舊春」是也。丙子季冬，植兩海棠於宛丘靈通院。是年，寺僧書來，言花茂悅如故。

爲廬山太平觀道士溫信之作《新開朝天九幽拔罪懺贊》。

《明道雜志》云：自余罷守宣城，至今且二年，所過州府數十，而有佳酒者不過三四處。高郵酒最佳，幾似内法，問之，其匠故内庫匠也。其次陳州瓊液酒，陳輔郡之雄，自宜有佳匠。其次乃黄州酒，可亞瓊液而差薄，此謫官中一幸也。

陸游《入蜀記》：黄州酒味殊惡，蘇公醽湯蜜汁之戲不虛發。郡人何斯舉詩亦云：「終年飲惡酒，誰敢憎督郵。」而文潛乃亟稱黄州酒，以爲自京師之外無過者，豈文潛謫黄時適有佳匠乎？

《九月末大風一夕安置火爐有感》二首。

自註：「余以丑年春至黄，今見二冬

矣。」是年夏極熱。自註：「黃岡三伏，暑不可過。」

寄楊道孚詩。

道孚爲先生甥，呂氏之重甥也。元符初，榮陽公謫居歷陽，道孚爲州法曹掾。故先生寄詩有「士師我自出」及「昏燈夜問囚」句。

作《潘奉議墓誌》、《挽詞》、《吳天常墓誌》。

元符二年己卯，四十六歲。

作《景德寺西禪院慈氏殿記》、《別齊安稅務窗竹》詩。

窗竹，先生所手植。本集有《黃州酒務稅宿房北窗種竹題壁》詩。

《離黃州》詩：扁舟發孤城，揮手謝送者。山回地勢卷，天豁江面瀉。中流望赤壁，石腳插水下。昏昏烟霧嶺，歷歷漁樵舍。居夷實三載，鄰里通假借。別之豈無情，老淚爲一洒。篙工起鳴鼓，輕櫓健於馬。聊爲過江宿，寂寂樊山夜。

先生於紹聖四年三月莅黃，元符二年秋去黃，居黃近三載。此詩當作於是年秋。若崇寧元年到黃，五年去黃，則是五載矣。

是年秋，坐元祐黨籍，謫復州監酒。

按：《沔陽州志·沿革表》，元祐元年，復州屬荊湖北路，治竟陵。端平三年，復州治沔陽鎭，仍屬荊湖北路。

到復時，僦舍有小園，景物頗佳。景湖門外，灼灼紅蓮，猶照碧流也。

李文舉以事至郡，同遊西禪剎陸子泉，烹茶酌酒甚歡。與文舉登夢野亭。亭在子城西南角，一目而盡雲夢之野，最爲郡中之勝。

遊五華山、管氏梅橋。務中晚作，有詩。魏鶴山《題復州鴻軒》。爲劉道原之子羲仲作《冰玉堂記》。時羲仲主簿於德安。

按：《記》謂元符中謫官廬陵，當是竟陵之誤。

十二月二十日，作《感事》詩。

元符三年庚辰，四十七歲。

正月八日，坐局沽酒，有詩。魏鶴山《題復州鴻軒》。

九日，哲宗崩，作挽詞。

徽宗踐阼，起先生通判黄州。

周益公《跋張文潛右史遺李彦誠名忱，仲同之孫。登科元祐六年，爲洪州獄掾。十一帖》：右史以元符末貶監黄、虔二州酒税。

作《鴻軒記》。謂去秋至，今春去，有類於鴻云。鴻軒下薔薇，先生初至時，生意僅存，灌漑壅護，今春大盛，著花數百蕚，豐富妍麗，頃所未見也。移官將去，酌酒賞別，有詩。

李文舉自武昌渡江來話別。文周翰惠酒，以詩謝之。時周翰自漢陽移陝，與黄師是爲代。先生亦自復移倅黄州。

六月望日，黄州罷官。率兒秬與潘仲達同遊匡山，過樊口，李文叔棹小舸相送。文叔，易安之父。元祐館職。下巴河，巴河道中有詩。至靈巖寺，觀孫仲謀刑馬壇，吴攻壽春，刑馬祭江於此。與潘、李飲酒賦詩於寺中。次日，宿昭明太子廟，候風而發。過道士磯。本集詩：「已逢斌媚散花峽，不怕艱危道士磯。」蓋江行惟此處最湍險。泊富池，回望匡山諸峰，半在雲際。十八日，宿於潯陽太平觀。二十日，題詩神運殿壁，「神運殿」三字爲唐相裴休書。相傳殿本龍潭，深

不可測，一夕鬼神塞之，運良材爲殿。未知實否。

禮晉慧遠法師像。

七月，知兗州。將之官，盡出所假潘氏諸書，歸之於潘，獨留子瞻書一卷。蓋曩時子瞻謫黃，爲奉議公所書，備正書行草數體。先生假之於奉議之子邠老，以爲書法者，令兒秬納之篋中，而題其後。

發岐亭，宿故鎮，詩有「我別竟陵時，楚稻如碧絲。秋風發齊安，稻穗如植旂」句。

到任當在十月。據本集《將至都下》詩「九旬刺史歸空囊」，知先生在兗僅三月耳。

莅事之始，祭文宣王，有文。

臘八日，大雪，有詩。

後山《寄兗州張龍圖》詩：「去國遭前政，還家未白頭。百年當晚遇，一辱獨先收。齒脫空餘舌，顏衰早著秋。三爲郡文學，大勝鄧元侯。」「臏喜開三面，旋聞乞一州。力難隨鳥翼，行復立螭頭。今日麒麟閣，當年鸚鵡洲。寄書愁不達，書達得無愁。」任註：「行復立螭頭」句，言文潛將復爲舊官。

徽宗建中靖國元年辛巳，四十八歲。

徽宗聽政，召爲太常少卿。《蒙恩除奉常有感》一首。正月，欽聖憲肅向太后崩。神宗后。范忠宣卒，作挽詞。春，大雪，先生以禮官奉欽聖喪事入宿内東門，凡數十鋪，直廬官吏達旦不能寐。是年追尊太妃陳氏徽宗生母。爲欽慈皇后，陪葬永裕陵。作《欽慈皇后挽詩》。

夏，知潁州。與李德載相會，德載贈詩，因次韻，有「重入修門一見春」句。自註：「余召還奉常，滿一春而去。」

作《病暑賦》。

六月，子瞻殁於常州，訃至京師，王定國、李豸皆有疏文。先生時知潁，聞訃，出俸於薦福寺修供以致師尊之哀。自來名公下世，太學生必相率至佛宮薦悼，王荆公薨，太學錄朱朝偉作薦文，追悼於佛宮，先生援其例也。

是年初秋，山谷在荆南，有《病起荆江亭即事》詩十首。其一云：「張子耽酒語蹇吃，聞道潁州又陳州。任注：文潛素嗜酒，晚有末疾。建中靖國元年，除秘書少監，兼史職。以御史陳次升言其疾病，出知揚州。尋改陳州，又改潁州。形模彌勒一布袋，任注：文潛素肥，晚益甚。文字江河萬古流。」

按：太常少卿見《宋史》。秘書少監當是兼職，故《宋史》未載。范氏《淮壖小記》引鄒浩《道鄉集》，有《張耒直龍圖閣知揚州制》，謂《宋史》失載此官，實則揚州、陳州皆未到任即改知潁州，《宋史》非失載也。范氏《小記》誤。

題皇甫秘校書室詩。

冬，知汝州。道萬壽縣，縣令皇甫君館先生於新學舍，爲作《萬壽縣舍記》。

十二月，後山卒。

崇寧元年壬午，四十九歲。

正月望夜，赴臨汝，宿襄城古驛亭。襄城地爽塏，可以眺二室，韓退之所謂「潁水嵩山豁眼明」者。

到汝後，張至柔來訪。先是元豐七年，會至柔於宛丘，爾後絕不相聞，至今十八年矣。將歸於固始山中，先生作序送之。

四月，聞鶯，有詩。

五月乙亥，詔故追復太子太保司馬光、呂公著，太師文彥博，光祿大夫呂大防，

太中大夫劉摯，右中散大夫梁燾，朝奉郎王巖叟、蘇軾，各從裁減，追復一官，其元追復官告並繳納。王存王存、鄭雍、傅堯俞、趙瞻、趙卨、孫升、孔文仲、朱光庭、秦觀、張茂則、范純仁、韓維、蘇轍、范純粹、吴安詩、范純禮、陳次升、韓川、張耒、吕希哲、劉唐老、歐陽棐、孔平仲、畢仲游、徐常、黄庭堅、晁補之、劉跂、王鞏、劉當時、常安民、黄隱、張保源、汪衍、余爽、湯馘、鄭俠、常立、程頤、張巽等四十人行遣，輕重有差。唯孫固爲神考潛邸人，已復職名及贈官，免追奪。任伯雨、陳祐、張庭堅、商倚等，幷送吏部，令在外指射差遣。陳瓘、龔夬幷予祠。其司馬光等責詞，皆曾布所草也。自司馬光以下，凡《宋史》有傳者，其事蹟不復詳。按：劉唐老字壽臣，洛陽人。曾祖温叟，祖燁，《宋史》有傳。父忱，官修撰。唐老以吕大防舉召試館職，除秘閣校理，終於朝請郎。黄隱字光中，治平四年登進士第四人。元豐八年，權殿中侍御史，排王氏新説。元符初，責授水部員外郎。二年，責授平江軍司馬，南安軍安置。張保源字澄之，深州束鹿人。累官通直郎。坐妄議朝政，勒停五年，與監廟差遣。商倚，淄川人，官太學博士。紹聖四年，爲秘書省校書郎，通判保州。建中靖國元年，爲殿中侍御史。見《宋史翼》。劉跂字斯立。父摯，《宋史》有傳。王鞏之婿也。與弟蹈同登元豐三年進士，遭黨禍，爲李延年所誣，編管壽春。王鞏字定國，莘縣人。文正公旦孫，工部尚書素子。嘗倅揚州，坐與蘇軾遊，謫監筠州鹽税，罷還。官至宗正丞。見《宋詩紀事》。常立字子允，汝陰人。父秩，《宋史》有傳。立第進

士，歷官崇文院校書、秘書省正字、鄆州觀察支使，添差監永州酒稅。見《續通鑑長編》。汪衍，未詳里貫。官朝散郎、永康軍通判。後編管封州，永不收叙。湯馘，未詳里貫。官陳州別駕。後除名，送新州編管。張巽，開封人。父茂則，《宋史·宦者》有傳。巽宿衛宫省，後改授皇城副使，差鄧州都監。見《元祐黨人傳》。徐常、劉當時二人無考。

先生復坐黨籍落職，主管勾亳州明道宫。

七月，言者謂先生知潁州日，聞子瞻卒，飯僧縞素而哭。遂自管勾亳州明道宫責授房州別駕，黄州安置。《山谷内集》任淵注。

范氏《淮壖小記》據《徐節孝集》宛丘一帖駁《宋史》之誤，謂管勾明道宫當在罷宣州到京時，不當在崇寧知汝州後。按任淵註：「崇寧元年，管勾亳州明道宫。」與紹聖三年入京後管勾明道宫絶不相涉，特《宋史》脱「亳州」二字，又漏載紹聖三年之事，《淮壖小記》遂誤認兩事爲一事。《清河縣志》因亦謂史文有誤，其實非也。

山谷《武昌松風閣》詩，蓋九月之鄂途中所作，故有「張侯何時到眼前」之句，時先生猶未到黄也。黄與武昌隔江相望，故云。

到黄後謝表略云：準告責授房州別駕，黄州安置。臣已於九月初三日到黄州公參訖。

山谷次韻七古：武昌赤壁弔周郎，寒溪西山尋漫浪。忽聞天上故人來，呼船凌江不待餉。我瞻高明少吐氣，君亦歡喜失微恙。任注：文潛時有末疾，故云「微恙」。年來鬼祟覆三豪，詞林根柢頗搖蕩。任注：

三豪，當是東坡先生及范淳夫、秦少游，於時皆死矣。天生大材竟何用，只與千古拜圖像。張侯文章殊不病，歷險心膽元自壯。汀洲鴻雁未安集，風雪牖戶當塞向。有人出手辦茲事，政可隱几窮諸妄。任注：意謂徽廟躬攬之初，安民修政，自有廟堂諸人身任其責，吾曹但當學道山林爾。經行東坡眠食地，拂拭寶墨生楚愴。水清石見君所知，此是吾家秘密藏。任注：文潛到黃，山谷自鄂往見之，有「風雪牖户當塞向」句，蓋冬深所作。東坡謫黃時，放浪溪山間，凡所遊覽，見於賦詠，人皆刻之石。山谷作是詩時，文潛亦謫於此，故有「經行東坡眠食地」句。文潛聞東坡之喪，縞素而哭，拂拭實墨，得無生楚愴耶？此兩句非獨盡文潛之方寸，又見其師友戀慕，片言隻字不敢頃刻忘也。

山谷又和舟中所題：任注：舊本題云：「乘武昌小舟過黃岡木門間，觀張文潛次韻和李文舉詩。是日冒大風，刺舟對赤鼻磯渡江。雲橫疑有路，天遠欲無門。任注：謂文潛初在朝路，疑若自致青雲，然竟流落，望君門而不可入也。信矣江山美，懷哉讒逐魂。長波空泄記，佳句洗眵昏。誰奈離愁得，村醪或可尊。

時元祐、元符末，羣賢貶竄死徙略盡。蔡京猶未愜意，與其客強浚明、葉夢得共鍛煉之。九月己亥，御批付中書省：「應元祐責籍并元符末叙復過當之人，各具元籍定姓名進入。」于是蔡京籍文臣執政官文彦博文彦博、呂公著、司馬光、安燾、呂大防、劉摯、梁燾、王巖叟、范純仁、王珪、王存、傅堯俞、趙瞻、韓維、孫固、范百禄、胡宗愈、李清臣、蘇轍、劉奉世、范純禮、陸佃。等二十二人，待制以上官蘇軾蘇軾、范祖禹、王欽臣、姚勔、顧臨、趙君錫、馬默、孔武仲、王汾、孔文仲、朱光庭、吴安持、錢勰、李之純、孫覺、鮮于侁、趙彦若、趙卨、孫升、李周、劉安世、韓川、賈易、呂希純、曾肇、王覿、范純粹、楊畏、呂陶、王古、陳次升、豐稷、謝文瓘、鄒

浩、張舜民。等三十五人，餘官秦觀秦觀、湯馘、杜純、司馬康、宋保國、吳安詩、張耒、黄隱、歐陽棐、吕希哲、劉唐老、晁補之、黄庭堅、畢仲游、常安民、汪衍、孔平仲、王鞏、張保源、余爽、鄭俠、常立、程頤、余卞、唐義問、李格非、商倚、張庭堅、李祉、陳佑、任伯雨、陳郛、朱光裔、蘇嘉、陳瓘、龔夬、吕希績、歐陽中立、吳儔、吕仲甫、徐常、劉當時、馬琮、謝良佐、陳彦默、劉昱、魯君貺、韓跋。等四十八人，內臣張士良張士良、曾燾、趙約、譚扆、楊偁、陳恂、張琳、裴彦臣。等八人，武臣王獻可王獻可、張巽、李備、胡田。等四人，等其罪狀，謂之姦黨，請御書刻石於端禮門。

按：吳安持，父充，《宋史》有傳。安持，寶文閣待制，王荆公之婿。見《宋詩紀事》。趙彦若字元考，青州人。父師民，《宋史》有傳。元祐元年兵部侍郎，二年充實錄館修撰，六年翰林學士，知制誥。蘇嘉字景謨，福建人。父頌，《宋史》有傳。以蔭仕至太常寺博士，通判常州。陳郛字彦聖，建陽人。嘉祐二年進士。歷官欽州軍事推官，知崑山縣，司農太府丞，終於朝奉大夫、管勾洞霄宮。張士良，給事御藥院，後徙白州編管。裴彦臣，官內東頭供奉，後編管池州。見《宋史翼》。王古字敏仲，旦曾孫。第進士，官至寶文閣直學士，知成都，後責（投）〔授〕衡州別駕。見《宋（史）〔詩〕紀事補遺》。宋保國，安陸人。父祁，《宋史》有傳。元祐七年，官宣德郎。元符元年，追毀出身以來文字，除名。李祉，魏州人。父清臣，《宋史》有傳。祉坐其父議棄湟州事，送英州編管。朱光裔字公遠，河南人。

朝散郎、管勾仙都觀。歐陽中立，袁州人。初試部郎，後以司馬光門人坐廢。吳儔，福建人。祖育，《宋史》有傳。累官承議郎。曾肅，編管欽州。陳恂，編管瓊州。趙約、譚扆、楊偁、張琳等，皆令三省籍記姓名，不得與在京差遣。王獻可，累官知麟州，西作坊使。坐擅擊夏賊，追一官，勒停。李備，官至文思院副使。胡田，官至廣西經略使。見《元祐黨人傳》。呂仲甫、馬琮、謝良佐、陳彥默、劉昱、魯君貺、韓跋七人無考。

山谷次韻立春日三絕句：「眇然今日望歐梅，已發黃州首更回。試問淮南風月主，新年桃李爲誰開？」任注：山谷此詩在黃州作，蓋東坡舊謫之地。東坡舉進士，時歐陽文忠、梅聖俞愛其文，置之異等。後在黃州，嘗有帖云：「江山風月，本無常主，閒者便是主人。」此引用以屬文潛。「誰憐舊日青錢選，不立春風玉筍班。任注：文潛舊爲起居舍人。傳得黃州新句法，老夫端欲把降幡。」任注：黃州謂東坡。「江山也似隨春動，花柳眞成觸眼新。清濁盡須歸甕蟻，吉凶更莫問波臣。」

黃㽦《山谷年譜》：據蜀本《詩集注》云，按長曆，是歲十二月二十一日立春，明年春時山谷已歸鄂，故詩中有「已發黃州首更回」之句。

是年臘月下旬，作七絕二首。其一云：「風折蒹葭水結澌，燕鴻相語定歸期。淮南水闊山長處，少待燕山霰雪晞。」先生蓋有故鄉之思焉。

山谷再次前韻：「春工調物似鹽梅，一一根中生意回。風日安排催歲換，丹青次第與花開。」「久狎漁樵作往還，曉風宮

殿夢催班。鄰娃似與春爭道，酥滴花枝綵翦幡。」「酒有全功筆有神，可將心付白頭新。春盤一任人爭席，莫道前銜是近臣。」

崇寧二年癸未，五十歲。

《元夕謫居齊安有感示秬秸》詩。《贈張嘉甫南征》。《聞紅鶴有感》，句云：「憶我去年臨汝城。」

四月乙亥，詔蘇洵、蘇軾、蘇轍、黃庭堅、張耒、晁補之、秦觀、馬涓文集，范祖禹《唐鑑》，范鎮《東齋記事》，劉攽《詩話》，僧文瑩《湘山野錄》等印板，悉行焚毀。

九月辛丑，臣僚上言：「近出使府界，陳州士人有以端禮門石刻元祐姦黨姓名問臣者，其姓名雖嘗行下，至於御筆刻石，則未盡知。近在畿甸且如此，況四遠乎！乞特降睿旨，以御書刊石端禮門姓名下外路州軍，於監司長吏廳立石刊記，以示萬姓。」從之。

先生謫黃，寓郡東乾明寺，《黃州府志》：乾明寺在黃岡縣東南定惠院內，今廢。而制不得逾歲，是年冬遂移居，因遣秬、秸料理新居，作詩示之：「孟冬寒氣至，北風羣木衰。微霖墮簷瓦，老客卧先知。二年蕭寺客，巾履忽復移。誰令簡書畏，易此鷦鷯枝。冥冥造化中，毫釐陰有司。念此雖細事，亦非人所爲。東窗頗明爽，洒掃吾遨嬉。濁酒爲余辦，勿使歎空卮。」

《移居柯家山何氏第》詩：「吾居最易足，容膝便有餘。平生一畝宮，游宦乖所圖。謫官求便安，僦舍柯山隅。灑掃勤汝力，眞成野人居。棲鴻媚夜渚，待旦志在塗。棲遲聊復爾，本不計憂娛。

惟此東窗下，可以陳圖書。三酉便陶然，何者爲吾廬。」

《黃州府志》引《東坡志林》：「由定惠院步出城東，入何氏、韓氏竹園，遂置酒竹陰下，興盡乃徑歸。」按何氏在城東，移居何氏第當即此。

先生居柯山西，潘邠老居東，時相過從。

《黃州府志》：柯山在黃岡縣東，定惠院南。宋潘大臨居此，稱柯山人。蘇軾詞「蔚柯丘之葱蒨」即此。

崇寧三年甲申，五十一歲。

六月戊午，詔重定元祐、元符黨人及上書邪等者，合爲一籍，自司馬光以下通三百九人，刻石朝堂。先生名列「餘官」第四。

《梁谿漫志》曰：元祐黨籍，初僅七十八人，皆一時忠賢，可指而數者也。其後、凡得罪於章、蔡者，駸駸附益入籍。至崇寧間，京悉舉不附己者籍爲元祐姦黨，至三百九人之多。于是邪正混淆，其非正人而入元祐黨者，蓋十之六七。建炎、紹興間，例加褒贈，推恩其後，而議者謂其間多姦邪，而今日子孫又從而僥倖恩典矣。

按：元、二年黨籍已有百數十人之多，其中無考者九人，即有可考者，亦不盡卓卓可傳，而況蔓衍附益至三百九人之多乎！誠如費補之所云「非正人而入黨籍者，蓋十之六七也」。

七月，作《吳德仁大夫墓誌》。

崇寧四年乙酉，五十二歲。

跋范坦所藏《高閑蘇才翁帖》。

蘇舜元字才翁，舜欽字子美，兄弟也，舜欽名籍甚，才翁人少稱之。然才翁書

字淸勁老健，實過子美；詩有佳句，子美亦不逮也。見《明道雜志》。

先生官秘書近十年，凡秘府所藏與一時士大夫家所有晉、唐以來名書妙墨，皆獲見之，而高閑書絕未嘗見。是年七月，始見范伯履所藏千文，追想昔年楊褒石本，眞出一手。

祭秦少游文。

按《淮海年譜》：元符三年八月，少游卒於雷州。建中靖國元年，停殯於潭州。崇寧四年，歸葬廣陵。其孤處度，拜先生於黃州，爲作祭文。

九月己亥，大赦天下。詔：「元祐姦黨，久責遐裔，用示至仁，稍從內徙。應嶺南移荆湖，荆湖移江淮，江淮移近地，唯不得至四輔（幾）〔畿〕甸。」除上書已經量移及近鄉人外，其被詔量移者，自鄒浩以下，共五十七人，先生與焉。

黃山谷卒。

崇寧五年丙戌，五十三歲。

正月乙巳，以彗星之變，避殿減膳，詔毀元祐黨人碑。又詔：「應元祐及元符末係籍人等，遷謫累年，已定懲戒，可復仕籍，許其自新。朝堂石刻，已令除毀，如外處有姦黨石刻，亦令除毀。今後更不許以前事彈糾，常令御史臺覺察，違者劾奏。」庚戌，三省同奉旨敘復元祐黨籍諸人。

先生於是年十一月去黃之潁州，過盱眙，少留。杜子師出示子瞻《字說》，于是蘇公之亡五年矣，相與太息出涕而讀之。赴淮陰。太寧寺僧崇岳，聞先生自黃歸，欣然空所居而相延。詩有「風波歷盡見故鄉，親友相逢驚白髮」句。

大觀元年丁亥，五十四歲。

本集《潘邠老文集序》：崇寧中，罪謫黃州，與邠老爲鄰。後蒙恩去黃，居淮陰，聞邠老客死蘄春，太息出涕。

按：先生於五年十一月去黃，是年當在淮陰。

跋呂居仁所藏《秦少游投卷》。

《紫微詩話》：予舊藏秦少游上正獻公呂公著。投卷，張丈文潛題其後，略云：「此卷是投正獻公者，今藏居仁處。居仁好其文，出以示予，覽之令人愴恨。時大觀改元二月也。」

大觀二年戊子，五十五歲。

三月戊寅，門下中書後省左右司言：「檢會今年正月一日赦書：『元祐黨人，懷姦睥睨，報怨不已，公肆詆誣，罪在宗廟者，朕不敢貸。其或情輕法重，例被放棄；或非身自犯，因人得罪；或志非詆謗，言有近似；或本緣辦理，語涉譏訕；或止因職事，偶涉更改。凡此之類，不據元貶責罪犯，審量其情分輕重等第，取情理輕者，與落罪籍，甄叙差遣。』今將元編類冊內依詳赦文，看詳到[二]。」詔並出籍，先生與焉。

《紫薇詩話》：張丈文潛大觀中歸陳州，至南京，答予書云：「到宋冒雨，時見數花淒寒，重裘附火端坐，不類季春氣候也。」

到陳後，任、王二君惠牡丹兩槃，皆絕品也。作詩呈常希古，有「初來淮陽春已晚，下里數楹聊寢飯。此邦花時人若狂，我初稅駕遊獨嬾。任王二君眞解事，來致兩槃紅紫爛」句。又句云：「東鄰夫子亦嗜酒」，蓋先生與希古結鄰也。

趙德麟《侯鯖錄》：余崇寧中坐章疏入籍爲元祐黨人，後四年，牽復過陳，張文潛、常希古皆在陳居，相見慰勞之云云。

按：德麟於崇寧三年坐入黨籍，後四年當爲大觀二年。先生至陳，其爲大觀二年之暮春無疑。

七月十五日，希古生日，先生以詩爲壽，有「蒼顏白髮老祠官，邂逅淮陽一笑歡」句。

大觀三年己丑，五十六歲。

七月丁未，詔謫籍人除元祐姦黨及得罪宗廟外，餘並錄用。

作《宗禪師語錄序》。

是年孟冬，宗禪師之門人義和，以其師語錄若干卷求序，先生應之。

大觀四年庚寅，五十七歲。

三月癸亥，詔罪廢人稍加甄叙，能安分守者，不俟滿歲，各與叙進，以責來效。

監南嶽廟，主管崇福宮，當在是年。

《永州府志·金石略》引《湖南通志》云：「張文潛《浯溪詩》，當是監南嶽廟時遊題，蓋在宣和時。」

按：先生足跡未至衡、永，《浯溪詩》係見拓本而作，非親造碑下也。「誰持此碑入我室，使我一見昏眸開」，此二句可證。且《金石略》中，但標題「宋張耒《浯溪詩》」六字，注云：「詩未見。」蓋當時未刊於石，以其非遊題之作也。至謂南嶽在衡、永，廟亦當在衡、永，則又不然。《東都事略·陳瓘傳》：「移郴州，監中嶽廟。」《陳師錫傳》：「遇赦，監涇州南嶽廟。」南嶽廟且可建於涇州，先生之監南嶽廟，當即在陳州境內。《宋詩紀事》削去監南嶽廟字，祇云主管崇福

宮。樊榭蓋亦謂崇福宮在陳州云。《永州府志》謂先生遊題浯溪在宣和時，其謬誤更不足辨。

晁无咎卒，祭之以文。

政和元年辛卯，五十八歲。

是年夏初，自孝悌坊移居冠蓋孫氏第，有詩。句云：「中有騰騰者，淮陽四年客。」

作《潘邠老文集序》。邠老之子既免喪，拜先生於陳州，哀其（元）〔先〕人文集若干卷求序。

政和二年壬辰，五十九歲。

蘇子由卒。兩蘇公以文倡天下，從之遊者，先生與黃、秦、晁三君，號四學士，而先生年最少。至是相繼以歿，先生巋然獨存，士人就學者皆趨重焉，往往分日載酒肴飲食之。

政和三年癸巳，六十歲。

贈翟公巽詩。

紹聖元年，知潤州。與公巽相識，先生時年四十一，故贈詩有「二十年間多少事，身如疲馬起復僵」句。茲公巽守陳，先生窮栖於此。《宋史》云：「家貧，郡守翟汝文欲爲買田，固謝不取。」其操守可知矣。

《初冬偶成》，有「六年淮陽客，歲歲風景同。吁嗟吾老矣，撫事思無窮」句。

《送翟公巽赴中書舍人》詩。

《宋史·翟汝文傳》：字公巽，潤州丹陽人。進士。除中書舍人。言者謂汝文從蘇軾、黃庭堅遊，不可當贊書之任，出知唐州，以謝章自辨。未幾，起知陳州。召拜中書舍人。

《通鑑》：政和三年七月己亥，詔於所置禮制局，討論古今沿革。中書舍人翟汝

文奏乞編集新禮，改正《三禮圖》以示後世，卒不果行。

政和四年甲午，六十一歲。

先生歿於陳州，《東都事略》：「卒年六十。」今從《宋史》。歸葬於淮陰。

《舊淮安府志》：「張右史墓，在清河舊治。」注：「宋張耒。」乾隆《山陽縣志》引舊府志云：「張右史墓，去治北七里。嘉定六年，常平使者施宿建祠於其所。」據此，右史墓在山陽。未知孰是。

建炎初，贈集英殿修撰。

王明清《揮麈前錄》：建炎末，贈黃魯直、秦少游及晁无咎、張文潛俱爲直龍圖閣。文潛生前，紹聖初自起居舍人出帶此職，蓋甚久，亦有司一時稽考之失也。其（持）〔特〕贈詞曰：敕故朝奉郎黃庭堅等：自熙寧大臣用事變法，始以異同排斥士大夫。維我神祖，念之不忘，元豐之末，稍稍收召。接於元祐，英俊盈朝，而爾四人以文采風流爲一時冠，學者欣慕之。及繼述之論起，黨籍之禁行，而爾四人每爲罪首，則學者以其言爲諱。自是以來，搢紳道喪，綱紀日隳，馴致宣和之亂，言之可爲痛心。肆朕纂承，既從昭洗，今爾四人復加褒贈，斯足以見朕志矣。嗚呼！西清之遊，書殿之選，惟爾曹爲稱。使生而得用，能盡其才，亦何止於是歟？舉以追命，聊伸賫志之恨，亦以少慰天下士大夫之心。英爽不亡，歆此休顯。黃䓨《山谷年譜》。

〔一〕九月：原作「元月」，據《宋史·哲宗紀》改。

〔二〕據《續資治通鑑後編》卷九七，「看詳到」下當脱「孫固等四十五人」七字。

米海岳年譜

（清）翁方綱 編
刁忠民 校點

清咸豐五年刻《粤海叢書》本

米芾（一〇五一—一一〇七），初名黻，字元章，自號無礙居士，又號海岳外史、家居道士、鹿門居士、襄陽漫士，世稱米南宫、米襄陽、米顛，祖籍太原（今屬山西），後徙襄陽（今屬湖北），晚年移居潤州（今江蘇鎮江）。以恩補官，歷校書郎、浛光尉，知雍丘縣、漣水軍、無爲軍。徽宗朝爲書畫學博士，擢禮部員外郎。以言事罷知淮陽軍。大觀元年卒，年五十七。

米芾工詩文，書畫精妙，爲北宋四大書法家之一。著有《山林集》一百卷，久佚。南宋岳珂輯有《寶晋英光集》八卷，其孫米憲復輯《寶晋山林集拾遺》八卷，又有《書史》、《畫史》及《寶章待訪録》等。事蹟見蔡肇《故南宫舍人米公墓誌》（《寶晉山林集拾遺》附録）、《宋史》卷四四四本傳。明祝允明編有《米顛小史》八卷、范明泰編有《米襄陽外紀》十二卷。

清翁方綱編《米海岳年譜》一卷，有舊抄本、嘉慶二十三年刊本、叢書集成本等，今據咸豐五年刊《粤海叢書》本點校。是譜詳於米芾書法作品繫年，又考米芾改名之由與卒年及其子友仁事蹟，可資參考。而於米芾歷官事蹟、詩文著述繫年等多缺略。翁方綱爲清代金石名家，是譜之作，亦可視爲米芾法書年譜。

米黻，字元章，後改寫芾，襄陽人。方信孺記云：「世居太原，後徙襄陽。」定居潤州，是以一作吳人。其先在宋初有勳臣信黻，五世祖也。父佐，字光輔，官武衛將軍，贈中散大夫、會稽公。母閻氏，贈丹陽縣太君。黻以母侍宣仁后藩邸恩補祕書省校書郎、以下皆據方信孺記。浛光尉。□□入淮南幕，改宣德郎，知雍邱縣□監中嶽廟，授漣水軍使、發運司句當公事。□河撥發□，入爲奉常博士，知常州，不赴。管句洞霄宮，知無爲軍，復召爲書畫院博士，擢禮部員外郎，知淮陽軍，其大略如此。諸家所記，惟方信孺爲稍詳，然已不能悉按年分記矣，其有年月可攷者著於左。

宋仁宗皇祐三年辛卯歲辛丑月生。

四年壬辰

五年癸巳

至和元年甲午

二年乙未

嘉祐元年丙申，六歲。

日讀律詩百首，一再過目輒背誦。

二年丁酉

自叙云：「余初學顏書，七八歲作字至大，一幅寫簡不成。」按此語亦見於《羣玉堂米帖》。

三年戊戌

四年己亥

五年庚子

《手帖》云：「余年十歲寫碑刻，學周越、蘇子美札，自作一家。人謂有李邕筆法，聞而惡之。」

六年辛丑，十一歲。

七年壬寅

八年癸卯

英宗治平元年甲辰

二年乙巳

三年丙午

四年丁未

神宗熙甯元年戊申

二年己酉

三年庚戌

四年辛亥，廿一歲。

五年壬子

六年癸丑

七年甲寅

五月晦，與潘景純同遊桂林伏波巖，有手題字。

按：桂林伏波巖即龍隱巖也，厓上米題云：「米黻、潘景純同遊。熙甯七年五月晦。」此厓間有米老畫像，子友仁書贊，下有方信孺記，云：「予來桂林，得僧紹言詩序及伏波巖與潘景純同遊□□□□尉□□秩滿，寓居西山資慶寺，頗與紹言遊，故有此作，其它游蹟則闕如也。」序中云「書於桂林易堂」，今亦失所在，豈尉舊治耶？公作《畫史》自此始。然蔡天啓志公墓，書洽光，不及臨桂，豈所謂□□者，臨桂在其中耶？抑先臨桂後洽光，天啓所書偶略之耶？按方信孺字孚若，號詩境，（甫）〔莆〕興化軍人。此記於米平生出處略具其槩，然熙甯八年十月，米題浯溪石云：「米黻南官五年求便養，得長沙掾」，至元豐二年三月尚在長沙，則熙甯八年以後五六年皆官長沙掾也。其云「南官五年」，由熙甯八年以前計之，則自熙甯四年辛

亥以後皆官於南也。而方孚若此記不言其爲長沙掾，則所謂南官五年者猶未能詳核耳。

八年乙卯

浯溪石題云：「米黼南官五年，求便養，得長沙掾，熙甯八年十月望經浯溪。」

九年丙辰

十年丁巳

元豐元年戊午

二年己未

《送吳丈賓州使君詩》云：「元豐己未，官長沙。」

三年庚申

《題長沙麓山寺碑》云：「元豐庚申元日，同廣惠道人來，襄陽米黼。」

按：此米題在李北海書岳麓寺碑之側，今砌入壁內，知者罕矣。

曾敏行《獨醒雜志》：「米元章自言年三十爲長沙掾，盡焚燬所作詩文。」

四年辛酉，三十一歲。

《題廬山東林碑》云：「十月十六日，楚國米黻。」

按：東林寺此碑久亡，今是金貞元間重刻，在東林寺門內東面，米題、蔣之奇題，皆正書。

五年壬戌

過山陽，過金陵。

六年癸亥

《蕭閒堂記》云：「僕元豐六年赴希道金陵從事之辟，會公謫不赴，始識荆公于鍾山。」

七年甲子

按：溫革叔皮跋米帖云：「米元章元豐中謁東坡於黃岡，承其餘論，始專

學晉人，其書大進。」攷坡公自元豐三年二月到黃州，至七年四月以前皆在黃也。

八年乙丑

哲宗元祐元年丙寅

藥洲米黻元章題：「時仲公翊積中同遊，元祐丙寅季春初八日題。」

八月九日，撰《寶章待訪錄》。

二年丁卯

過甬上。六月，南都舟中。

三年戊辰

《蘭亭題》云：「元祐戊辰二月，獲於才翁之子洎，字及之。米黻記。」

九月，遊吳興，有《顏魯公碑陰記》。

《跋殷令名帖》云：「元祐戊辰，集賢林舍人招爲苕霅之遊。九月，道吳門。五日，艤舟垂虹亭。」

按：米老《蜀素詩卷》有《吳江垂虹亭》詩、《入境寄集賢林舍人》詩、《重九會郡樓》詩，有「謝守風流古所傳」之句，又有和林公峴山之作。是時，林蓋爲湖州守也。《蜀素卷》即是年所書。

按：《淳化閣帖題跋》云：「行年四十，元祐三年維揚倦遊閣題。」然元祐三年元章年三十八，所言行年四十者撮指之語耳。

四年己巳

維揚後齋爲亳州蔣使君寫。

五年庚午

六年辛未，四十一歲。

上元後一日，同周立之、劉瑞邁、章縱矩遊浮玉。

《題焦山瘞鶴銘後》云：「仲宣法芝，米

芾元祐辛未孟夏觀山樵書。」
按：《王子敬帖跋》云：「崇甯元年五月十五日，易跋手裝，時以芾字行適一紀。」據此云「一紀」，自崇甯元年計之，是其名寫「芾」在元祐六年辛未也。又按：張米庵《眞蹟日錄》載：「米手柬三帖皆寫『黻』，張跋云右米公三帖，公傳世眞墨早年作『黻』，至立歲外始改『芾』，此爲元祐初書無疑。」米庵此跋所考尙未詳者，米於元祐六年辛未始書爲「芾」，是時年四十一矣，何云「立歲」乎？且即以米庵所云元祐初年猶書爲「黼」，則元祐元年丙寅米公已年三十六矣，豈得謂立歲外改芾哉？此條恐致貽誤，故辨之。
米海岳書畫，凡有元祐六年辛未以前書作「芾」者，皆贋蹟也。黻在前，芾在後，悉可據此定之。宋時著錄米蹟莫如相臺岳倦翁所收米公手柬，至六十四幅，而於「黻」、「芾」前後中間錯互不辨，則尙未之詳考耳。
又按：米書「芾」字，中間先作一橫，然後自上以直畫貫下。此「芾」字下從市，分勿切。市即芾字，與朝市之市先上點而後橫畫者迥別，凡米蹟此字誤作一點一橫，艹頭下加市井之市者，皆僞作也。
又按：米公名先寫「黻」後寫「芾」，蓋以二字皆分勿切，故其印篆作亞，所謂兩已相背也。朱竹垞《詠辛卯米芾四字印詩》云：「十稃彙開見八八，兩已相背無偭邪。」十稃八八，米也；兩已相背，亞也。然而核諸六書實不

如此。《春秋·桓二年》、《左傳》「火龍黼黻」，此是章服之「黻」。米字元章，則黻即此字。此傳又云「袞冕黻珽」，則此是蔽膝，黻、韍、紱皆與芾通，則芾乃蔽膝之黻，非章服之黻，兩已相背，則與章服之黻，非一字也。是則當日改寫「芾」時，未之深考耳。

七年壬申

九月，蘇子瞻自揚州召還。元章方知雍邱，具飯餉之。既至，則對設長案，各以精筆、佳墨紙三百列其上，而置饌其旁。子瞻見之，大笑，就坐，每酒一行，即伸紙共作字，以二小史磨墨，幾不能供。薄暮，酒行既終，紙亦盡，乃更相易攜去，自以爲平日書莫及也。

八年癸酉

子友仁書跋云：「元祐之末，先臣芾權潤州州學教授。紹聖間，任樞密院事林希以待制爲潤守，極好古云云。」

紹聖元年甲戌

正月五日，作《明道觀壁記》，稱元祐甲戌。

《周益公題跋》云：「元祐九年未改紹聖時，元章知雍邱縣，上呂汲公書。」

暮春，與周仁熟試賜茶。

十月東歸，道過露筋祠，刻石爲贊。

二年乙亥

《八月十八日觀潮於浙江亭》詩，自注「時年四十五」。

三年丙子

四年丁丑

《漣水軍唐王侍御廟記》云：「紹聖丁丑，丹陽米芾竊席是邦。夏旱，四月晦，齋戒請雨，翌日雨降。」

元符元年戊寅

《跋晉帖》云：「元符之元，漣漪瑞墨堂題《淨名齋記》，嘉瑞堂書。」

二年己卯

三年庚辰

《十紙説》：「越陶竹萬杵在油拳上，緊薄可愛。予年五十，始作此紙。」

徽宗建中靖國元年辛巳，五十一歲。

溫叔皮《跋米帖》云：「《京口耆舊》云：建中靖國改元，坡歸自嶺外，與客遊金山，有請坡題名者，坡云：『有元章在。』米云：『某嘗北面端明，某不敢。』坡撫其背云：『今則青出于藍矣。』元章徐曰：『端明眞知我者也。』自爾益自負矣。」

是年七月廿八日，東坡卒，元章有輓詩。

是年，購得褚臨《蘭亭》，詳見下條。

二月十日，得謝安《八月五日帖》，跋云：「余年辛卯，今太歲辛巳，大小運丙申丙辰，于辛卯月辛丑日丙申時獲之，此非天耶？米芾記。」注：「余生辛丑月。」

《山谷詩集注》：「米元章爲發運司屬官，在江淮間。詩中有『滄江書畫船』之句，即在是年。」

崇甯元年壬午

六月九日，大江濟川亭，艤寶晉齋艎，對紫金、浮玉羣山，迎快風銷暑，重裝褚臨《蘭亭》。即元祐戊辰獲于才翁之子洎者。

《跋王文惠本蘭亭》云：「褚臨《蘭亭》，丞相王文惠公故物，辛巳歲購於公孫瓛，壬午八月廿六日寶晉齋舫手裝。」

是年，書《陳君墓誌銘》，繫銜云：「奉議郎、充江淮荆浙等路制置發運司管句文字、武騎尉、賜緋魚袋米芾書。」

二年癸未

《跋晉唐帖》云：「癸未，玉堂竹齋，太常博士米芾記。」

《跋王略帖》云：「癸未歲，太常玉堂手裝。」

《與人手柬》云：「能書第二兒二十歲化去，剞吾心肝，至今皓首之由也。癸未去國至今，二兒二女，老年何堪」云云。

按：此帖不著歲月，所云「能書第二兒化去」，蓋友知也。

《蕪湖縣學記》：「無爲守米芾書。」

按碑云「崇甯元年仲秋，詔議修學。越十月，知蕪湖縣林修所建，適如詔旨」云云。此記撰書在二年也，或以此記在崇甯元年，誤也。

三年甲申

六月，制詔：「今四方承平，百揆時叙，小大之政畢舉，獨書畫之學未有高世絕人之風，殆勸勵之不至也。其議投試簡拔之法，著爲律令。」

是時元章名能書，適官太常，遂除書畫兩學博士，奉詔作《黃庭》小楷，旋加褒美。

四年乙酉

《無爲軍仰高臺記》。

元章在無爲州，書「墨池」二字、「寶藏」二字勒石，字皆徑二尺許。

五年丙戌

盱眙第一山題云：「張大亨、米芾丙戌歲。」

《獲硯帖》云：「僕今日獲天下大奇硯石佳，發墨眼大如錢。今歲有此奇獲，眞丙辛天地合也。」友仁跋云：「此晚年字。」岳珂跋云：「寶晉生以辛卯，術家

以天地合言，則丙戌歲在大觀之元。如寶晉因得右軍《王略帖》作《太師行》，固嘗以兩辛合論得帖之月日矣。硯山易居在何年，不復可攷，而此《獲硯帖》，子友仁指爲暮年字。攷其歲月，蓋仙去前一歲也。」

方綱按：崇甯五年丙戌七月改元大觀，故岳倦翁跋以爲大觀之元者，蓋謂初改大觀之時，非謂大觀元年也，正即謂崇甯五年爾。

大觀元年丁亥

五月丙戌朔，作《章吉老墓表》。

曹之格刻《寶晉齋帖》，米書《章吉老墓表》，大觀元年丙午朔丙戌日立石，有年無月，誤也。是年五月丙戌朔，丙午是月非朔耳。

□月，卒於淮陽軍廨。

方信孺記云：「癢生於首，謝事，不許。卒於官。」

《志林》云：「米元章晚年學禪有得。知淮陽軍，未卒，先一月作親朋別書，焚其所好書畫奇物，造香柟木棺，飲食坐卧書判其中。前七日不茹葷，更衣沐浴，焚香清坐而已。及期，遍請郡寮，舉拂示衆曰：「衆香國中來，衆香國中去。」擲拂合掌而逝。

按：大觀元年丁亥，米公卒，時年五十七。《宋史》本傳云：「出知淮陽軍，卒年四十九」，其誤明矣。又厲鶚《宋詩紀事》云「大觀二年罷知淮陽軍」，亦誤也。又宋程俱《北山小集·題米元章墓文》，謂米公卒於大觀四年庚寅，此亦不及張丑《清河書畫舫》言之爲詳。張丑云「米公卒於大觀元

年丁亥」，又引蔡肇所撰《米公墓誌》，謂葬于三年六月，此與方信孺記云「大觀三年葬于丹徒□山下」正合也。且黄長睿《東觀餘論序》云「元章今已物故」，此序作於大觀二年戊子六月，則米卒於大觀元年爲定說矣。

米芾《寶晉英光集》，今存者僅八卷，岳珂序其集，稱《山林集》舊有百卷。陳振孫《書録解題》云「《寶晉集》十四卷」。米所著述《書史》、《畫史》、《寶章待訪録》、《海岳題跋》，其餘詩跋或見於《英光堂帖》、《羣玉堂帖》及後人所編輯耳。

米公自言與二子友仁、友知同校刻泗州南山杜氏所藏《蘭亭》，不著歲月，今此帖無攷。

岳倦翁云「米嘗刻《寶眞齋》于無爲州」，按此帖今佚。

《江南通志》：「米芾知山陽」。辨：據《宋史》本傳，擢禮部員外郎，出知淮陽軍，未嘗知山陽也。當芾之時，山陽尙爲縣，未升軍。考芾前此歷官，嘗知雍邱縣，無知山陽縣事，蓋「山陽」是「淮陽」之訛。

明禾郡范明泰編《米襄陽外紀》內云：「皇祐二年正月十七日，詔米芾以《黄庭》小楷作小字千文。」按米公生於皇祐三年，此條誤也。

又如《戲鴻堂帖》卷內《快雪時晴帖》後米跋云：「紹聖丁酉，海岳樓題。」按紹聖無丁酉，此亦誤。又《海岳題跋》內有：「紹興乙卯」一條，按此是米元暉跋誤入。

米公二子，友仁原名尹仁，友知原名尹知，其手柬云「廿歲能書之子」者，蓋友知

也。自癸未以前計二十餘年，未知友知生於某年。而米帖家書付寅孫，即寅哥，是友仁小名，又小字虎兒，故山谷詩：「虎兒筆力能扛鼎，教字元暉繼阿章。」蓋生於寅歲，故以寅爲小名。由此考之，友仁當生於熙甯七年甲寅也。

《鐵圍山叢談》：「崇甯後，尙方所藏米元章諸書率以千計，余以宣和癸卯得見其目。」

紹興中，嘗以米書刻石，名《紹興米帖》。南渡後，相臺岳珂以所藏米書鐫石，曰《英光堂帖》。

米自號鬻熊後人、火正後人，蓋以米即芊也。又有楚國米黻印，又自號溪堂，又曰鹿門居士、襄陽漫仕、淮陽外史。

子友仁，字元暉，又號懶拙老人。宣和末，掌書學。紹興十一年召爲兵部侍郎，以數文閣待制提舉神祐觀，奉朝請，年八十二。

元章曾孫巨秀，見於方信孺記。

九曜石在學使署中，其一在藩署東齋，上有「藥洲」二字，旁書「米黻元章題」。又有「時仲公詡積中同遊，元祐丙寅季春初八日題」十八字。余備藩粵東，作亭覆之。因翁覃溪閣學曩督學時，與歐陽方伯有還石之約，即請閣學爲余記。閣學欣然撰訖，並纂《海岳年譜》見寄，始知海岳書此字時年三十有六。閣學年逾大耋，而神明不衰，考核精審，足見前輩好學，其不可企及如此。余既刻碑記，並刊是譜，未幾，閣學道山之信且至。噫！石之移置不知歲月若干，遲之久而遇閣學；閣學還石之約又歷若干年，遲之久而余方爲之作亭，而閣學又爲之記。天下事動而無動，若有數存乎其間，而是譜梓成，閣學已不復覩。然石得斯記以傳，與海岳後先輝映矣。附識顛末於此，爲藝林增一重翰墨緣云。嘉慶戊寅首夏上澣，後學武陵趙慎畛謹跋。

譚瑩玉生覆校

右《米海岳年譜》一卷，國朝翁方綱撰。案先生督學粵東時，撰《粵東金石略》，攷訂綦詳，而藩署九曜石藥洲米黻元章題字，斯譜亦定爲元祐元年，據石刻也，而阮《通志》謂其誤連時仲等連名讀之。攷《宋史》海岳本傳，以宣仁后藩邸舊恩補浛光尉。熙甯八年，浯溪刻石云：「米黻南官五年，求便養，得長沙掾。」方信孺《米公畫像記》云：「浛光尉□□入淮南幕。」温革跋米帖云：「元章元豐中謁東坡於黄岡。」《蕭閑堂記》云：「僕元豐六年識荆公於鍾山。」《殷令名帖跋》云：「戊辰集賢林舍人招爲苕霅之游。」《淳化帖跋》云：「元祐三年，維揚倦游閣題。」據此，則熙甯八年以前元章蹤跡在廣南，所謂南官五年也。八年以後，元祐三年以前，則在長沙江淮間，安有元祐元年復游廣州題藥洲之理哉？竊謂此題刻當在尉浛光時，蓋廣州爲都督府，元章或以事至，因游此耳，然不能定爲何年，故附於熙甯之末云。而學使署九曜石舊傳有海岳詩，然不可攷。先生嘗賦詩云：「不知米家詩句刻何處，想在老榕巨根内。」又云：「未知老榕脚下字，後來誰則代我摹。」迨道光六年十二月，今大冢宰翁邃菴師時督學粵東，浚九曜池，因截榕根數尺，濯而出之，得五絶一首。其文曰：「《九□石》：碧海出蜃閣，青空起夏雲。瑰奇□怪石，錯落動星文。米黻熙甯六年七月。」六行三十一字，爲從來金石家所未著録，則藥洲題字同爲熙甯無疑。使先生早得是

刻，則《金石略》與斯譜當並詳之矣。然譜内熙甯七年一條已明言，其云南官五年，由熙甯八年以前計之，則自熙甯四年辛亥以後皆官於南矣。咸豐乙卯芒種後二日，南海伍崇曜謹跋。

賀鑄年譜

王夢隱 編
王震生 增訂

據河南師大學報一九八二年五期增訂

賀鑄（一〇五二—一一二五），字方回，自號慶湖遺老、鑑湖遺老，衛州共城（今河南輝縣）人，孝惠皇后族孫。娶宗室女，隸籍武選，歷監軍器庫門、臨城酒税。元豐初，官滏陽都作院。五年，領徐州寶豐監。元祐七年，以李清臣、蘇軾薦監鄂州寶泉監，奏换文職爲承事郎。建中靖國元年，通判泗州，移太平州，管勾亳州明道宫。大觀三年，以承議郎致仕，退居蘇州，復起管勾杭州洞霄宫。宣和初再致仕。七年，卒於常州，年七十四。

賀鑄詩、詞、文皆善，尤以詞著名，張耒稱其「盛麗如遊金、張之堂，而妖冶如攬嬙、施之袪，幽潔如屈、宋，悲壯如蘇、李」（《賀方回樂府序》），多深婉清麗之作。著述今存《慶湖遺老集》九卷、《拾遺》二卷，有《四庫全書》本、清道光三年劉氏味經書屋抄本。另有《東山詞》，有宋刊殘本、《彊村叢書》本。事蹟見程俱《宋故朝奉郎賀公墓誌銘》（《慶湖遺老詩集》附録）、《宋史》卷四四三本傳。

賀鑄年譜，有夏承燾編《賀方回年譜》，流傳最廣，最初發表於《詞學季刊》第一卷第二期（一九三三年八月），後收入《唐宋詞人年譜》（上海古籍出版社一九七九年）。本譜爲王夢隱編，考述譜主世系、仕歷、交游、詩詞創作等，兼記同時詞人生卒。因《慶湖遺老集》每詩均自注時地、交游籍履等，不難考索，故夏譜多引賀鑄作品，本譜側重考證仕歷、詞作，可相互參看。

賀鑄（一〇五二—一一二五），字方回，號慶湖遺老，宋衛州共城（今河南輝縣）人。宋太祖孝惠皇后族孫。狀貌奇丑，色青黑而有英氣，俗謂之賀鬼頭。葉夢得爲作傳（見《建康集》），略云：「長七尺，眉目聳拔，面鐵色。喜劇談天下事，可否不少假借，雖貴要權傾一時，少不中意，極口詆之無遺詞，故人以爲近俠。……竟以尚氣使酒，不得美官，悒悒不得志。」程俱《宋故朝奉郎賀公墓誌銘》亦謂「方回豪爽精悍，書無所不讀，哆口竦眉目，面鐵色，與人語不少降色詞，喜面刺人過，遇貴勢不肯爲從諛。」然博聞多志，喜校書，丹黄不去手。詩文皆高，尤工長短句。所爲《東山寓聲樂府》，膾炙人口。張耒云：「賀鑄東山樂府，妙絶一世。盛麗如遊金、張之堂，妖冶如攬嬙、施之袪，幽索如屈、宋，悲壯如蘇、李。」足見其風格之富麗多姿。葉夢得云：「方回長於度曲，深婉麗密，如比組繡，掇拾人所遺棄，少加檃括，皆爲新奇。嘗言吾筆端驅使李商隱、溫庭筠，當奔命不暇。」張炎《詞源》亦稱其與吳夢窗詞皆善於練字面者。陳廷焯《白雨齋詞話》謂：「方回詞極沈郁，而筆勢卻又飛舞，變化無端，不可方物。」又曰：「方回胸中眼中，另有一種傷心說不出處，全得力於楚騷，而運以變化，允推神品。」蓋確論也。

鑄自謂吳公子慶忌之後。慶忌避公子光亂，奔衛，妻子散走越，越人哀之，予之湖澤之田，表其族慶氏。避漢安帝父名，改賀氏。見錢大昕《十駕齋養新錄》。唐賀知章，鑄十五代族祖也。其後北徙，

止於開封。族祖姑母配宋太祖，謚孝惠皇后，家世以才武稱。曾祖繼能，左侍禁。祖惟慶，東頭供奉官，閤門祗候，贈左千牛衛將軍。父安世，内殿崇班，閤門祗候，贈右監門衛大將軍。母秦氏，贈令人。

鑄娶宗室女，歷授右班殿直，監軍器庫門，臨城酒稅，磁州都作院，徐州寶豐監，和州管界巡檢，鄂州寶泉監，通判泗州、太平州，以承議郎致仕，晚年退居吳下，築室横塘，自號慶湖遺老。卒於常州，年七十四歲（詳見《墓誌銘》）。

鑄有《慶湖遺老詩集》行世。《宋史》本傳及《東都事略》皆作《慶湖遺老集》二十卷，墓誌作《鑑湖遺老前後集》二十卷。《宋史·藝文志》云：有集二十九卷。惜鑄寓居毗陵時，中經擾攘，所著文編，皆已喪失。今所存者僅《慶湖遺老詩集前集》。且其詩集南宋時即不盛行，而樂章則膾炙人口。其樂章集名，張耒序作《東山詞》，葉夢得傳稱《東山樂府》、《直齋書錄解題》則作《東山寓聲樂府》三卷。解題云：「以舊譜填新詞而別名以易之，故曰寓聲。」案寓聲云者，摘詞中二字或三字別創調名，今武進陶氏影刻宋本《東山詞》上卷尚存其迹。例如最著名之「梅子黄時雨」一闋，本《青玉案》舊調，今本標題《横塘路》，以首句《凌波不過横塘路》命名也。他如《滿庭芳》作《瀟湘雨》、《定風波》作《卷簾空》、《木蘭花》作《呈纖手》、《一落索》作《窗下繡》皆是。此外《薄幸》、《兀令》、《玉京秋》、《蕙清風》、《定情曲》、《擁鼻吟》、《石州引》、《望湘

人》、《梅香慢》、《菱花怨》、《馬家春慢》等。他家所無，殆皆自度。後此張輯之《東澤綺語集》即仿此例爲之。原書下卷並缺，上卷亦有漫滅處。汲古閣毛氏得之最遲，故未列入《六十名家詞》中，其本後歸常熟瞿氏，今《彊村叢書》本即此本也。同時侯氏亦園得一本，篇數編次皆與瞿本同，刊入《十名家詞》中，惟調多改用原名，非復原本之舊矣。道光間錢塘王惠庵得知不足齋手鈔校本二種，其一與侯本同，其二已失其原次，分爲二卷，同侯本者僅八首。惠庵合三本編之，共得二百四十五首。四印齋王氏刻《東山詞》續補據之。此外，鮑渌飲鈔校二卷本，唐栖勞氏錄有副册，近人吳伯宛復於勞鈔外別輯補遺一卷，彊村並據以附刻瞿本後。兩本中復見之詞甚多，不復校芟，蓋存眞也。賀詞《寓聲樂府》下卷，世恐無傳本，則彊村所刻三本，終當爲賀詞集中之首選矣。

宋仁宗皇祐四年壬辰，鑄生。

《慶湖遺老詩集》自序云：「鑄生於皇祐壬辰」，其至友程俱爲撰墓誌銘，亦云：「年七十四，以宣和七年二月甲寅，卒於常州之僧舍。」據此推溯，亦生於斯年。陳振孫《直齋書錄解題》同此。吳榮光《歷代名人年譜》稱生於嘉祐八年，遲此十一年，誤矣。按鑄元豐三年（公元一〇八〇年）《對酒》詩有「自笑十年仕」一語，如鑄生於嘉祐八年，則元豐三年始八歲；八歲出仕，當非事實。考據古人生卒年事迹，當以其本人記載爲確實，次則親朋之語，故鑄生年爲仁宗皇祐四年壬辰無疑。至其生地，《慶湖遺老詩

集》元豐甲子《田園樂》詩稱「昔我未去國，幽栖淇上村」，同卷《食芡實》作「引領鄘衛西，百泉乃吾鄉」。按百泉在今河南省輝縣，淇上村雖不詳，然生於輝縣之百泉附近當屬可信也。

是年，張先六十三歲，晏殊六十二歲，歐陽修四十六歲，王安石三十二歲，蘇軾十七歲，黄庭堅八歲，秦觀四歲，晏幾道三歲，米芾兩歲，張耒亦生於是年。

至和二年乙未，四歲。

晏殊卒，六十五歲。

嘉祐元年丙申，五歲。

周邦彥生。

嘉祐三年戊戌，七歲。

從先子受五七言聲律，日以章句自課（見《慶湖遺老詩集》自序）。

喪父當在此後數年間。方回《詩集》三《人生七十稀》詩中有句云：「嗟我夙多負，失怙在童年。」

宋神宗熙寧四年辛亥，二十歲。

娶妻趙氏（宗室濟良恪公之女），當在是年前後。方回詩《人生七十稀》云：「詩禮思有聞，飄搖辭祖貫。慈親念衰緒，猝猝營婚宦。名姓繫西班，星霜亟徂換。」婚後伉儷情篤。「三扇屏山匝象床，背燈偷解素羅裳，粉肌和汗自生香。」（《減字浣溪沙》）「絳紗燈影背，玉枕釵聲碎。不待宿醒消，馬嘶催早朝。」（《菩薩蠻》）「被掩芙蓉熏麝煎，簾影沈沈只有雙飛雁。心事向人猶靦腆，強來窗下尋針綫。」（《蝶戀花》）或係閨中寫實。

初出仕，官右班殿直。程俱謂：「以娶宗氏女，官右班殿直。然實貧迫於養，非其好也。」元豐三年《對酒》詩云：「自

笑十年仕。」同年《食芡實作》云：「十年去國仕，遇得才微芒。」據此計之，出仕適在是年。又監軍器庫門，監太原工作，俱在今年以後。

程俱謂：「在筦庫，常手自會計，其於窒罅漏，逆奸欺無遺察。治戎器，堅利爲諸路第一。」（見《墓誌銘》）

方回爲武弁，甚豪邁。少時俠氣蓋一座，馳馬走狗，飲酒如長鯨。然遇空無有時，俯首北窗下，作牛毛小楷，雌黄不去手，反如寒苦一書生（見程俱《慶湖遺老詩集序》）。

熙寧五年壬子，二十一歲。

歐陽修卒，六十六歲。

熙寧八年乙卯，二十四歲。

攝臨城令，當在是年。此事《宋史》本傳、《墓誌銘》均不著年月，《詩集》六有《上巳懷金明池遊賞》詩注云：「熙寧乙卯臨城賦」。可知方回攝臨城，非是年初，就在去年。臨城即趙郡，見《環宇通志》四《眞定府趙州》。

初至任三日，決滯獄三百，邑人無不駭嘆（見《墓誌銘》）。

熙寧九年丙辰，二十五歲。

仍攝臨城。五月有《雨餘晚望》一首。六月《贈張士元》一首。十月贈寒士張士元，深憫其貧。

熙寧十年丁巳，二十六歲。

葉夢得生。

念離群詞，作於臨城任內。詞中有云：「離群，客宦漳濱。」

歲末，罷官臨城。《慶湖遺老詩集·贈僧孚》注：「熙寧末，予罷官趙郡（即臨城），日與僑人寶了然遊。」又《詩集·寄周文

淸》注：「丁巳八月趙郡賦。」足見秋閒尙在趙郡。

元豐元年戊午，二十七歲。

遷滏陽（今河北磁縣），改官督作院（見詩序及《墓誌銘》）。

六月，爲《自訟》詩，有「迹寄升沉路，言投福禍機」之嘆。

九月，獨遊古鄴（今河北臨漳境），有《晚歸馬上成》一首。

程俱生。張先卒，八十九歲。

元豐二年己未，二十八歲。

仍官滏陽。

春，滏陽大旱，四月得雨。方回采老農言爲《喜雨》詩。

七月有《秋風登城樓》，八月有《老槐》，九月賦《過晁椽端智》，詩云：「咄嗟宦遊子，貧病略相同。斗俸折腰得，醉錢常不供。」十月、十一月各有詩，皆滏陽作。

元豐三年庚申，二十九歲。

三月，作《視見白髮示內》詩。

五月，作《局中歸》，有「晚涼退食無餘事，坐與兒曹挽紙鳶。」知攜眷在官。

在滏陽，兩遊邯鄲，六月《食茨實作》注云：「庚申六月，邯鄲郡從事錢景芬席上作。」

六月病暑，賦《問內》詩，情詞甚篤。

七月，題詩華陰公主碑陰。

八月，題詩蘭陵王碑陰。

九月，作《邯鄲樓晚望》詩。

元豐四年辛酉，三十歲。

二月，罷官滏陽。過元城、成安（見詩序）。

四月，遷寓冠氏縣。病肺，《冠氏寺居書

懷》云：「更堪愁肺經春病。」（見詩序）

七月，遊邯鄲，旋返冠氏。

八月，邯鄲令杜仲觀以詩相招，適大河北徙，莫知其津，不果往（見《詩集》二《寄杜邯鄲》注）。

十月，由冠氏縣赴京，從卑官，職位不詳。《詩集》一《訪周沅郭忱》注：「仲冬，自魏赴闕」。詩云：「前日去薄宦，驅車望城闕」。《除夜歎》云：「日俸才百錢，鹽齏猶不供。」足證其官職卑下，薪俸微薄。

元豐五年壬戌，三十一歲。

正月，在京師。《詩集》九《病告中答王錡見招》注：「壬戌正月京師作。」

七月，赴徐州，攜家同往。《詩集》三《元豐甲子夜行鄒縣道中遇雨作》云：「安能叱吾馭，親闈寄西楚。」

八月抵徐州（即彭城），出監寶豐監錢官。同月有《登黃樓作詩懷眉山蘇軾》，時軾謫居黃岡。詩中有「傷心澤畔客，惟悴楚蘭秋」等語（以上皆見《詩集》卷二注）。

九月重九後一日，登燕子樓，與僚友分韻賦詩。

元豐六年癸亥，三十二歲。

仍在徐州。

正月，《詩集》五有《送李易初還汶陽》。

二月，《詩集》五有《春晝》。皆在徐州作。

五月，赴衛（即汲郡）。經永城，六月還徐。《詩集》九有《楊柳枝詞》，五月汲郡作。《自衛還徐憩永城王氏園》，六月作。

六月，登快哉亭。

十月，作詩懷蘇軾。《詩集》六《題彭城南臺寺蘇眉山詩刻後》注云：「癸亥十月，徐之走卒還自京師，誤傳蘇黄州被召；南臺寺舊題公數詩，先摹刻諸石，因賦此書其左。」

十二月，登飛鴻亭。《詩集》二有《飛鴻亭》詩。

李清照生。

元豐七年甲子，三十三歲。

在徐州。

二月，有《春懷》（《詩集》卷六）。

三月，登快哉亭。《詩集》六有《登快哉亭有屬》詩。

七月，有《擬溫飛卿》（《詩集》卷五）。按葉夢得《賀鑄傳》稱方回曾言「吾筆端趨使李商隱、溫飛卿，當奔命不暇。」雖係誇張之辭，但亦足證方回平日對溫、李作品之重視。

八月，有《田園樂》（《詩集》卷二）。

九月，遊白雲莊。彭城張謀父居泗州之東山。耕田百數畝，中擇爽塏，列樹松竹。結廬其間，榜曰白雲莊。

十二月，部兵到狄丘。《詩集》有《部兵之狄丘道中懷寄彭城社友》，十二月作。

元豐八年乙丑，三十四歲。

仍在徐州。

三月，與張謀父遊南臺（《詩集》二《三月二十日遊南臺》）。

六月抱疾，寓東禪佛寺。《詩集》六《感興六首》序云：「乙丑六月，寓居彭城東禪佛寺。」

八月，病後登快哉亭。又八月被外計檄召，由徐之鄆。往返千二百里，經荒山廣澤，皆畏途；而期會甚嚴，夜不遑息。賦

《行路難》詩。

九月有《召寇元弼》，十月有《題淵明軒》，皆在徐州作。

與楊時爲僚友。《詩集》一《寄墨代書贈楊時》注：「楊字中立，彭城僚友也。」

宋哲宗元祐元年丙寅，三十五歲。

正月，罷官，解寶豐錢官，離徐州。鑄自元豐五年八月到徐，至今年正月離徐，前後閲五寒暑矣。《詩集補遺·送時適歸彭城》云：「壯年客宦樂徐州，五見黄花戲馬周。」又《詩集》六《丙寅正月將發彭城作》云：「四年冷笑老東徐，滿眼溪山不負渠。得米竟須償酒債，有田便擬卜吾廬。」

二月次永城，潤二月抵汴京。《詩集·京居春日遣懷》詩有云：「五陵劍俠知誰健，三徑車工不我召。」

四月有《遊夷門資福寺園》（《詩集》卷九）。十一月有《汴下晚歸》（《詩集》卷九）。知斯年皆在汴京。

四月，王安石卒，壽六十六歲。哲宗輟朝，贈太傅。

元祐二年丁卯，三十六歲。

正月，在京師領將作屬（見《詩集》）。

二月出京，治事陳留（即雍丘）。旋即返京。

三月，請罷大匠屬爲淮南行，不果。

五月，有《登興國寺樓》（《詩集》卷九）。

九月，有《京居病中送陳傳道之官下邳》（《詩集》卷三），皆在京作。

十一月，抱病出京，官和州管界巡檢。

按：鑄官和州管界巡檢，係武職，極有政績。程俱稱：「爲巡檢，日夜行部，歲裁一再過家，盜不得發。」（見《墓誌

銘》）

元祐三年戊辰，三十七歲。

二月，發陳留，舟行次靈壁。

《東陽嘆·調寄清商怨》《傷春曲·調寄滿江紅》二詞，或作於此行東陽旅次。《東陽嘆》下半闋云：「東陽銷瘦帶展，望日下、舊遊天遠。泪灑春風，春風誰復管！」《傷春曲》有云：「誰念東陽銷瘦骨，更堪白紵衣衫薄！向小窗、題滿杏花箋，傷春作。」（按：東陽在今安徽天長縣境，蓋方回赴金陵取道於此。）

三月抵金陵，遊古迹名勝，成詩甚多。《詩集》有《遊雨花臺》、《寓泊金陵尋王荊公陳迹》、《同王克愼宿清涼寺》等，皆戊辰三月在金陵時作。詞集《掩蕭齋》云：「落日逢迎朱雀街，共乘青舫渡秦淮，笑拈飛架買金釵。」《金鳳鉤》云：「石城樓觀青霞舉，想艇子寄誰容與。斷雲荆渚，限潮溢浦，不見莫愁歸路。」此二詞所記時地，或係此一年在金陵時所作。

《詩集》一《三鳥詠》注：「戊辰三月，之官歷陽石磧戍，日從事田野間。始聞提壺、竹鷄、子規三鳥，其聲殊感人，因賦之，以寄京東朋好。」

約月終抵歷陽爲石磧戍官任（按歷陽宋時郡治，轄和州。元廢郡改縣，明并廢縣。今爲和縣治）。

《天門山》、《采石磯》兩詩，蓋作於此次歷陽道中。

四月七日遊法惠寺，十日遊泉石平痌湯泉，皆題詩。

七月十五日遊寶泉山慧日寺，十六日遊黃葉嶺，皆題詩（見《詩集》卷三《宿法

惠寺》、《題香社寺》、《平疴湯泉》)。

九月遊烏江湯泉，遇僧法芝(見《寄僧》詩序)。

十月，遊腰疼山浮圖(見題詩)，晦日遊歷陽姥磯(見《懷京都遊好》詩序)

十一月遊烏江石跂嘴(見詩序)。

自七歲至此年，得詩五六千篇，《詩集》自序云：「始五齡，蒙先子專授五七言律，日以章句自課，迄元祐戊辰，中間蓋半甲子，凡著之稿者，何啻五六千篇。」

元祐四年己巳，三十八歲。

仍官歷陽。

三月登烏江寶泉寺南山(見詩序)。

四月登柏子崗(見詩序)。

五月賦《歷陽十景》詩。遊莊嚴詩園(見《詩集》)。

六月賦《三山》詩(山在金陵西南約五十餘里，崛起大江之中)。

八月賦《望夫石》詩(石在當塗北山上)。按：此詩爲鑄名篇，《苕溪漁隱叢話》稱其以此詩得名。詩云：「亭亭思夫石，下閲幾人代？蕩子長不歸，山椒久相待。微雲蔭髮彩，初月輝蛾黛。秋雨叠苔衣，春風舞羅帶。宛然姑射子，矯首塵冥外。陳迹遂忘窮，嘉期從莫再。脱如魯秋氏，妄語桑中愛。玉質委淵沙，悠悠復安在？」

九月重陽，遊石磧戍，有《懷京都舊遊》詩云：「昔年九日登臨處，把酒梁王舊吹臺。今年九日登臨處，江上黄華殊未開。一川落日隨潮下，萬里西風送雁來。節物可驚人更老，宦情歸計兩悠哉。」(見《詩集》卷七)

十月，有《東華馬上懷寄清涼和公》(見詩

序）。

十二月，遊六合定山寺（見題詩）。

元祐五年庚午，三十九歲。

遷家歷陽。

正月，泛江兩至赤埭（見詩）。

六月，遊烏江廣聖寺。

七月，遊烏江湯泉。

八月辭官，解歷陽任（見《詩集》及《墓誌銘》）。有《罷官有期懷寄歷陽朋好》詩（《詩集》卷四）。

十二月六日，自歷陽當利口放舟至沙夾，數日至金陵。望日自秦淮亭信馬出石城門投宿清涼寺。

元祐六年辛未，四十歲。

正月，擬離金陵。《詩集》卷七有《題金陵天慶觀鐘阜軒》、《再酬僧訥兼簡清涼和上人》、《阻風白鷺洲招訥上人》等詩，皆正月擬離金陵時作。

二月，舟次廣陵，偕友遊金山，召米芾元章不至。《詩集補遺》有約十客同集金山，米芾元章約而不至，坐中分題以「元章未至」分韻作詩，拈鬮韻應口便作，滯思即罰巨觥，余得「章」字一首。又《詩集》卷四《金山化成閣望焦山作》注亦云「金山夜集，招米芾元章不至作」，皆有類似記載。按：賀鑄、米芾交友甚密。《宋史·文苑傳》稱：「江淮間有米芾元章，以魁岸奇譎知名，而方回以氣俠雄爽適相後先。二人每相遇，瞋目抵掌，論辨鋒起，終日各不能屈。談者爭傳爲口實。」其《金山夜集招米芾元章不至》詩亦云：「狂歌間險語，捧腹屢烘堂。惜無杯中物，可以迫楚狂。」至二人何時相識，葉《傳》不詳，而接述

於監太原工作之後。謹按癸酉（元祐八年）《謝米雍丘見過》詩序云：「米名芾」。同年《面別米雍丘二首》詩序云：「米博辨有口才，著《山林集》數十卷，爲人知者特水淫書學而已。清狂多忤。」詩序中詳傳其姓名事迹，足徵相識未久，且其交遊可考者始此，揣之事實，賀、米相交當在此二年間。

小遊揚州。《詩集》有《揚州叙遊二月作》。詩云：「杜紫微靈應相笑，青樓薄倖不知名。」與詞集《鷓鴣天》、《鴛鴦語》、《問歌頻》皆寫春景，按之詞意，或亦此時作品。例如《鷓鴣天》云：「春水漫，夕陽間。烏樯幾轉綠楊灣，紅塵十里揚州路，更上迷樓一借山。」時間地點，皆相吻合。

過高郵，舟泊泗州（皆見《詩集》）。

五月，在京師。《和錢德循古意》詩序云：「辛未五月京師賦。」

六月，有《題崇勝寺無心庵》，七月有《和錢適德循寓懷》，八月有《題天清寺安上人北軒》，九月、十月皆有在京所作詩，不贅述。

嫁女在斯年。按《詩集》有《亡女勝璋哀辭》，紹聖元年甲戌作，注云：「適汶陽郗氏子彥修，三年而死。」

元祐七年壬申，四十一歲。

居汴京春明門東大道邊（見《詩集》一）。

學士李清臣、范百祿、蘇軾薦於朝，改承事郎，請監北岳廟。

《墓誌銘》云：「元祐七年，學士清臣、百祿、軾薦於朝，改承事郎，請監北嶽廟。」注明此事爲元祐七年，當甚可信。又《東都事略》稱方回改文階作「元祐

中」；《宋史》亦稱：「元祐中李清臣執政，奏換通直郎。」《中吳紀聞》載此事較詳，文云：「初，方回爲武弁，李邦直爲執政（邦直，清臣字），力薦之。其略謂：『切見西頭供奉賀某，老於爲學，泛觀古今詞章，辨道議論，迥出流輩。欲望改換合入文資，以示聖代育材進善之意。』上可其奏，因入文階，積官至正郎，終於常侍。」亦稱賀鑄易文階在李清臣執政之時，考諸史實，似有訛誤。《詩集》五《易官後呈舊交》注云：「辛未六年京師賦。」詩中所稱賀鑄易官則較《墓誌》早一年，夏譜根據《墓誌》稱李、范、蘇爲學士，考諸《東坡年譜》，蘇軾於辛未年四月自杭州還朝，除翰林承旨，八月出知潁州，因而斷定賀易官當依《詩集》，定爲元祐六年八月以前爲近是。

八月，抱病甚久。《詩集》五《久病寄二三親友》詩云：「早昧攝生理，百勞戕至眞。藥靈翻體病，詩癖竟窮人。終有黃壚恨，長違白髮親。一囊安所得，四壁未應貧。燈下陳編泪，風前墓草春。儻忘鷄酒設，腹痛勿多嗔。」細味詩意，知其久病中憂懼之深。

元祐八年癸酉，四十二歲。

正月在京師，春夏間厭雨，居望春門東牛行街，卧病杜門，把書自適（見《詩集》卷四《夏夜雨晴遣懷》）注。

二月，遇李之儀。賀鑄與李之儀交誼可考者始此。

八月，米芾來京相會（見《詩集·謝米雍邱元章見過》注：「八月京師賦。」）按：米芾斯年仍知雍邱（即陳留），離京甚

近。

十月，載病欲東歸山陰未果，改之海陵（今泰縣）訪親（《詩集》卷七《載病東歸山陰別京師舊交》）。同月過雍邱，訪米芾（《詩集》卷五《留別米雍邱二首》注）。

十一月，過泗州、盱眙。冬至，舟次淮陰（見《詩集》）。

十二月，舟泊寶應高郵，過廣陵而抵海陵（皆見《詩集》）。

宋哲宗紹聖元年甲戌，四十三歲。

寓居海陵。

正月，《題海陵寓舍詩二首》：「池上千條柳，依依解占春。自憐衰颯鬢，不與物爭新。」「池上雪初消，春鴉已占巢。自憐流寓迹，無地可誅茅。」

三月，喪女。女適汶陽郗彥修，三年而死。鑄哭以詩有云：「托非其人死失所，父孱母嚚猶棄汝。吞辛嚼楚申何許，萎蕤殞英春不主，嗚呼萬古爲冤土！」

四月，有《追和亡友杜仲觀古黃生曲三首》。

五月，有《聞蘇眉山謫守英州》。按四月蘇軾貶官英州，五月聞訊，即賦此詩。

是月，與郡守周開祖遊開元寺栖雲庵，並題詩其上。

九月晦，過京口（即鎮江），有詩寄米芾雍邱。《詩集》五《題甘露寺淨名齋兼寄米元章》注：「米舊嘗居此齋，甲戌九月晦京口賦。」

紹聖二年乙亥，四十四歲。

由海陵赴京師，經淮陰。

二月過盱眙，泊龜山。三月過永城（皆見《詩集》及《詩集補遺》）。《詩集拾遺·酬

別道士許自然》、《題任氏傳德集》注：

三月永城作。

八月寓京師，食貧。賦《京居感興五首》，詩云：「擾擾塵籠下，容身亦是賢。……謾賦芳草篇，長安居不易。」有長安不易居之感。

九月，仍寓京師，將爲江夏之行。官江夏寶泉監。

十二月，卧病盱眙淮上舟中。《詩集》五《歲暮舟居卧病懷寄金陵和上人》注：「乙亥十二月盱眙淮上賦。」

紹聖三年丙子，四十五歲。

二月，過泗州（即臨淮）。《詩集》有《寓泊臨淮有懷杜修撰》。

三月，舟次長蘆。四月，舟次金陵，又舟抵當塗（見詩序）。

五月，舟過九江，抵漢陽，更至沔陽。訪遺老，悉郎官湖爲李白所名。白流夜郎，過此，故人觴於江城之南湖，請名此湖，白因名之郎官湖，方回因爲詩憑吊之。

六月，復寓漢陽。七月仍寓漢陽，卧病。手校《陶靖節詩集》，並題以詩。《詩集》四《題陶靖節詩集後》注云：「丙子七月，寓居漢陽，手校陶集，因題其後。」詩云：「淵明不樂仕，解組歸柴桑。朔風北窗下，坦腹傲羲皇。儲粟即屢空，乞食何遑遑。有身即大患，斯語聞伯陽。頗我亦多忤（頗字疑當作顧），丘樊思退藏。慚無辟粒術，圭勺耗官倉。」

按：鑄喜校讎書籍。《文苑傳》稱其「家藏書萬卷，手自校讎，無一字誤。」程俱稱其「校書至萬卷，無一字一畫訛闕。老且病，猶榾榾不置。」

八月，抵江夏寶泉官舍。《題寶泉官舍壁詩

序》云：「寶泉監在夏郡城東三里黃鵠山之陰，丙子八月到官後賦。」詩云：「偶著強名仕，非才且鑄金。不妨稱外監，況復住山陰。」

九月，登黃鶴樓、鸚鵡州諸勝地，各紀以詩。

十月，作詩寄別秦觀。《詩集補遺·寄別秦觀少游》注：「秦南遷桂陽，再過沔上，隔江不及見，因寄是詩。余三爲錢官。丙子十月江夏賦。」

十一月在江夏，編所作詩，前集凡九卷，名曰《慶湖遺老詩集》。自序云：「前此率三數年一閲故藁，爲妄作也，即投諸煬竈，灰滅後已者屢矣。年髮過壯，志氣日衰落，吟諷雖夙所嗜，亦頗厭調聲儷句之煩。計後日所賦益寡，而未必工於前。念前日之爨燼爲妄棄也，始裒拾其餘而繕寫之。後八年，僅得成集。……隨篇叙其歲月與所賦之地者，異時開卷，回想陳迹，喟然而嘆，莞爾而笑，猶足以起予狂也。儻夢幻身未遽壞滅，嗣有所賦，斷自己卯歲，別爲後集云。丙子十月庚戌十一月二十四日，江夏寶泉監阿堵齋序。」

按：《慶湖遺老詩集》下至戊寅年（元符元年，即公元一〇九八年）所爲詩均續刊入，是謂前集。後集及文集共二十卷。經宋南渡兵燹後，已不復睹。今所傳者惟此九卷，及其子廩所輯《後集拾遺》一卷而已。按：賀鑄詩歌前人評價亦高，《王直方詩話》謂方回學詩於前輩，得八句云：「平淡不涉於流俗；奇古不鄰於怪癖；題詠不窘於物議；叙事不病於聲律；比興

深者通物理，用事工者如己出，格見於成篇，渾然不可鐫，氣出於言外，浩然不可屈。」斯言也，不啻方回自評其詩矣。

紹聖四年丁丑，四十六歲。

仍在江夏官寶泉監（見所為贈人詩）。交潘大臨，互相贈答，並作詩懷蘇軾、黄庭堅。

「潘字邠老，隨親官漢陽。辟公舍之東軒，著書名左史，賦詩見寄，因答之。」（見《詩集》四《題潘大臨東軒》注）

又《老學庵筆記》載邠老贈方回詩云：「詩束牛腰藏舊稿，書訛馬尾辨新讎。」知潘、賀交誼已久，潘素悉賀校讎之功，非自晚年居吴下始也。

張耒斯時亦官黄州，與賀鑄同時並交潘大臨。耒為鑄《東山詞》作序，盛贊其詞「妙絶一世」，不知當作於何年。

《詩集補遺》：「潘邠老出詩十數首，皆有懷蘇儋州者，因賦二首，丁丑四月江夏作。」同卷有《僧自峽中來，持州守黄黔製茶，兼能道其動静，與潘邠老賦二首，丁丑五月江夏作》。

八月，有《中秋懷寄潘邠老》，九月有《江夏八詠》，十月有《玉鉤環歌》（皆見《詩集》）。

葉夢得進士及第（《宋史》卷四四五本傳）。

元符元年戊寅，四十七歲。

在江夏。

三月，詩集刻成。鑄題詩卷後云：「詩豈窮人窮者工，斯言聞諸六一翁。端慙少作老更拙，不廢汝詩吾固窮。」

四月，有《和潘邠老漢上屬目》。五月有《登黄鶴樓懷古》。六月有《題黄岡東坡

潘氏亦顏齋》詩。

《墓誌銘》謂：「監鄂州寶泉監，丁母憂；服除，以宣議郎通判泗州。」喪母當在今年。

按：鑄通判泗州及倅太平州，管亳州明道宮，均在此後。《文苑傳》謂通判泗州、倅太平州均在元祐中。然考之殊有不合，蓋《文苑傳》誤也。

元符三年庚辰，四十九歲。

與米元章訪蔡京於儀眞。求書，獨長揖卷而急趨以去，於是激怒元章，坐此二人告絕者數歲，始和好如初（見蔡絛《鐵圍山叢談》卷四）。

《寶晉英光集·別賀方回弟》亦云：「客星熠熠滑稽雄，愛著青衫自作窮。澤國三年笑不死，又拖長袖揖王公。」賀、米相會可考者此爲第三次。

秦觀卒，五十二歲（據《歷代名人生卒年表》）。

宋徽宗建中靖國元年辛巳，五十歲。

辭太府、光祿寺主簿，以宣議郎通判泗州。

《墓誌》云：「元符、靖國間，除太府、光祿寺主簿，辭不就，卒請補外。」又云：「丁母憂，服除，以宣議郎通判泗州。」以此互證，丁母憂在元符初，官泗州當在此年也。

識程俱於湖上，目爲直友。程俱《慶湖遺老集序》云：「建中辛巳，始識其孫於湖上，蓋鑑湖遺老也。」

七月，蘇軾卒，壽六十六歲。

崇寧元年壬午，五十一歲。

與郭祥正、李之儀交遊於當塗。周紫芝《竹城詩話》云：「賀方回作《青玉案》詞，有『梅子黃時雨』之句，人皆服其

工，士大夫謂之『賀梅子』。郭功父有示耿天騭一詩，王荆公嘗爲之書其尾云：『廟前古木藏訓狐，豪氣英風亦何有。』賀鑄晚倅姑熟，與郭功父遊正歡。方回寡髮，功父指其髻曰：『此眞賀梅子也。』方回乃捋其鬚曰：『君可謂郭訓狐。』」又《能改齋漫錄》及《山谷年譜》均載是年郭寓當塗，則方、郭之交，當在斯年。

據李之儀《姑溪詞》考證，之儀是年亦在當塗，常用賀方回韻，自號姑溪居士云。

崇寧二年癸未，五十二歲

《山谷年譜》稱此年黃山谷自鄂州有詩寄方回，詩云：「少游醉卧古藤下，誰與愁眉唱一杯。解道江南斷腸句，只今惟有賀方回。」又葉《傳》云：「建中靖國間，黃庭堅自黔中還，得其『江南梅子』之句，以爲似謝玄暉。」此所謂建中靖國者，如庭堅放還之年也。

按：賀鑄《青玉案》詞傳誦一時，和者甚多。詞云：「凌波不過横塘路，但目送芳塵去。錦瑟華年誰與度？月橋花院，瑣窗朱戶，只有春知處。飛雲冉冉蘅皋暮，彩筆新題斷腸句。試問閑愁都幾許？一川烟草，滿城風絮，梅子黃時雨。」按此詞全篇皆情，只「一川烟草」以下三句寫景，且寫景仍在言情，融景入情，尤耐人尋味。山谷所謂「解道江南斷腸句」，實深會此意。賀鑄因此一詞，在當時有「賀梅子」之稱。《鶴林玉露》云「以三者比愁之多，最爲新奇。興中有比，意味更長。」

崇寧四年乙酉，五十四歲。

通判太平州，或在斯年。

《墓誌》叙通判太平州在通判泗州後，無明確年月。以《詩集》考之，當在斯年。

冬遇李之儀，傳與《小重山》二闋。

李之儀《姑溪題跋》云：「長短句《小重山》，是譜不傳久矣，張先子野始從梨園樂工花日新度之，然卒無其詞。異時秦少游謂其書中有琴韻，將爲余寫其欲言者，竟亦不逮。崇寧四年冬，予遇故人賀鑄方回，遂傳兩闋，宛轉紬繹，能到人所不到處，從而和者凡五六篇。」足證張耒《東山詞》序稱賀鑄「大抵倚聲而爲之詞，皆可歌也」可信。

大觀元年丁亥，五十六歲。

黄庭堅卒，六十一歲。

米芾卒，五十七歲（據翁方綱《米海岳年譜》及《歷代名人生卒年表》）。

大觀二年戊子，五十七歲。

客蘇州（見葉廷琯《吹網録》虎邱賀方回題名條）。

其《鷓鴣天·重過閶門萬事非》當作於是年。

詞云：重過閶門萬事非，同來何事不同歸。梧桐半死清霜後，頭白鴛鴦失伴飛。原上草，露初晞，舊棲新壟兩依依，空床卧聽南窗雨，誰復挑燈夜補衣。

按：此詞係悼念亡妻趙氏之作，方回曾與其妻同來蘇州，其妻卒於蘇州。此次舊地重遊，睹物思人，倍感惆悵。於抒寫眼前景物之中，寄托其無限深厚之哀思。較賀鑄略早之蘇軾，也曾寫有《江城子》（十年生死兩茫茫）夢憶其亡妻王弗之詞。兩詞同係悼亡，

感情皆眞摯動人。但蘇詞富有浪漫主義色彩，賀詞則多用現實主義手法。異曲同工，在悼亡詞中均屬絶唱。

大觀三年己丑，五十八歲。

以承議郎致仕，卜居於姑蘇（蘇州）毗陵（常州）（見《墓誌》及《詩集補遺》）。

墓誌：「以承議郎致仕，時年五十八。」

《詩集補遺》：鑄年五十八，因病廢得旨休致，一絶寄呈姑蘇毗陵諸友云：「求田問舍向吴津，欲著衰殘老病身。未拜君恩賜剡曲，歸來且醉鑑湖春。」其友鄒柄和作云：「鑑湖先生酷志嗜書，未老挂冠告歸，滿朝榮慕，眞漢之二疏也。以詩卜居於姑蘇毗陵兩郡，親知和者皆一時名公。」

《中吴紀聞》卷三云：「本山陰人，徙姑蘇之醋坊橋……有小築在盤門之南十餘里，地名横塘。方回往來其間，常作《靑玉案》詞云：『凌波不過横塘路，但目送芳塵去……。』」考此詞崇寧初已爲黄庭堅所賞，則居吴中必非自此年始也。陸友《硯北雜志》及《蘇州府志》均謂賀鑄故居在吴中升平橋，所居有企鴻軒，《中吴紀聞》作「醋坊橋」誤矣。原文甚長，節此以並志之。

葉《傳》稱鑄「食宫祠祿，退居吴下，浮沉俗間，稍務遠引世故，無復軒輊如平日，……以是杜門，將遂老。家貧甚，貸子錢自給，有負者，輒折卷與之，秋毫不以丐人」。

詞集《吴門柳》、《畫堂空》、《伴登臨》、《宴齊雲》、《苗而秀》、《東吴樂》諸闋，皆姑蘇詞。其《東吴樂》云：「勝游地，信東吴絶景饒佳麗；平湖底，見層嵐，

涼月下，聞清吹。……回首碧雲千里，歸鴻後芳音誰寄？念懷縣青鬢今無幾，枉分將鏡裏華年，付與樓前流水。」亦所謂盛麗者歟？

政和元年辛卯，六十歲。

群臣復起鑄以故官管句杭州洞霄宮。

《墓誌》：以承議郎致仕，時年五十八。居二年，從臣起之，以故官管句杭州洞霄宮。

政和二年壬辰，六十一歲。

張耒卒，六十一歲（見《歷代名人生卒年表》）。

政和三年癸巳，六十二歲。

居蘇州，與程俱、葉夢得時相往來。

刻《慶湖遺老詩集》後集，付與程俱曰：「子好直，美無溢言，爲吾詳而序之。」（見《詩集》程序）

《慶湖遺老詩集》，胡澄刊于宋，李之鼎以華再雲、朱述之兩鈔本互校刻于清，李本比四庫本多《拾遺》一卷、《補遺》一卷，楊時、寇翼、胡澄題跋及程俱《墓誌》，較完備。《四庫全書總目提要·慶湖遺老集九卷》云：「其詩自元（祐）〔符〕己卯以前凡九卷，自制序文，是爲前集；己卯以後爲後集，合前後集二十卷，同時程俱爲之序。」

程俱《北山小集》十五賀方回詩序云：「《鑑湖遺老詩》凡四百七十二篇，其五字八句詩，鍛煉出入古今，爲集中第一，其餘大抵名家作也。」

《墓誌銘》：「政和間，余居吳，方回病，要余曰：『死以銘誘公矣。』」

又按程俱《北山小集·秋夜寫懷呈常所往來諸公八首》，其二屬賀方回云：「外監

嗟已遠，吾猶識其孫。森然見孤韻，辯作懸河翻。低頭向螢窗，有類鶴在樊。讎書五千卷，字字窮根源。頗攜未見書，過我樵無烟。」足見二人過從甚密，相知之深。

葉夢得《石林居士建康集·北山小集序》云：「政和間，余自翰苑罷，領宮祠居吳下，致道（程俱字）亦以上書論政治事，與時異籍，不得調，寓家於吳，始相遇。」葉夢得爲賀鑄作傳，與賀、程交遊，當在斯年前後。

政和四年甲午，六十三歲。

仍居蘇州，冬，楊時作《慶湖遺老集序》。

序云：政和秋八月，予還自京師，過平江，謁方回，披腹道舊，相視惘然如昨夢耳。方回之詩，予見之舊矣，復出《鑑湖集》示予，其辭義清遠，不見雕繪之迹，渾然天成，殆非前日詩也。……

是年冬十有二月庚申，延平楊時書。

重和元年戊戌，六十七歲。

遷承議郎，賜五品服，以后族恩遷朝奉郎（見《墓誌》）。

宣和元年己亥，六十八歲。

再致仕（見《墓誌》）。

《瀛奎律髓》亦云：「再以薦起家，再致仕。」

宣和二年庚子，六十九歲。

在楚州，斯年於葉夢得處得盧鴻《草堂圖》。

葉夢得《避暑錄話》記此事云：「此畫宣和庚子余在楚州，爲賀方回取去不歸。當時予方自許昌得請洞霄云云。」

宣和七年乙巳，七十四歲。

二月甲寅，卒於常州之僧舍。

《墓誌》：「年七十四，以宣和七年二月甲寅卒於常州之僧舍。」先是病甚，要程俱，告曰：「死以銘諉公矣。」至是病篤，復理前約。且曰：「平生果於退，懼危辱耳，今知免矣。」

曾敏行《獨醒雜志》云：「秦少游、賀方回相繼以歌詞知名，少游有詞云：『醉卧古藤陰下，了不知南北。』其後遷謫，卒於藤州光華亭上。方回亦有詞云：『當年曾到王陵浦，鼓角悲風，千歲遼東，回首人間萬事空。』後卒於北門，門外有王陵浦，人皆以爲詞讖云。」按：「去年今日王陵舍，鼓角悲風，千歲遼東」等四句乃李黄門邦直詞，卒於北門，亦李事，非賀也。此事見於《塵史》神授條，賀鑄《謁金門》詞序亦證明之。曾敏行爲《獨醒雜志》時未見賀鑄《謁金門》詞序，乃以此詞屬賀鑄，誤矣。

九月甲申，葬於宜興縣清泉鄉東篠嶺之原。夫人趙氏，前葬此地，至是葬公同穴（見《墓誌》）。《研北雜志》亦謂：「方回葬宜興之篠嶺，其子孫尚有存者。」

鑄有二子，曰房，曰廩。於文，房從「方」，廩從「回」，蓋寓父字於二子名也。房官承節郎，監保州酒稅。廩官將仕郎。有女二，皆嫁士族，孫男女五人。

賀鑄雖以樂府知名，而詩文亦高，《墓誌》稱鑄「它文數十百篇」。周煇《清波雜志》云：「賀方回、柳耆卿爲文甚多，皆不傳於世，獨以樂章膾炙人口。」陸游《老學庵筆記》亦謂方回「詩文皆高，不獨工長短句」。惜其文集散佚，《全宋文》亦僅存其《慶湖遺老詩集序》、《宋謝莊

詩帖跋》、《蘭亭帖跋》、《校呂氏春秋記》數篇而已。所傳世者僅詩集《慶湖遺老詩》與樂章《樂山詞》耳。

據葉《傳》及《墓誌》，均謂鑄家藏萬卷，手自校讎，無一字脫誤，足見其藏書之富，校勘之勤。張邦基《墨莊漫錄》云：「吳中曾旼彦和、賀鑄方回二家書，其子獻之朝廷，各命以官，皆經彦和、方回手自讎校，非如田沈家貪多務得，舛謬訛錯也。」錢大昕《十駕齋養新錄·繫年要錄》云：「紹興二年正月甲子，詔平江府守臣市賀鑄家所鬻書，以實三館。二月戊午，將仕郎賀廩獻書五千卷，詔吏部添差廩監平江府糧料院，仍官其家一人。廩，鑄子也。斯亦宋代書林掌故，特附志於此。」

賀鑄生平交游見於集中者，爲張耒、米芾、程俱、葉夢得、潘大臨、蘇軾、黄庭堅等，皆一時英傑，其與賀鑄交游之時地及名人之籍履多有記注，無待考證，對了解賀鑄之生平行事、文章德行，仍有所裨益云。

農曆壬午年九月，王震生整理于汴

後山詩註目録年譜

（宋）任淵 編

吴洪澤 校點

四部叢刊初編本《後山詩注》卷首

陳師道（一〇五三—一一〇一），字履常，一字無己，號後山居士，彭城（今江蘇徐州）人。從曾鞏學，厭王氏新經，不復仕進。元祐二年，蘇軾等薦爲徐州教授，除太學博士，復罷爲徐州教授，改潁州教授，以進非科第罷歸。紹聖初，坐蘇軾黨謫監海陵酒稅。元符三年，召爲秘書省正字。建中靖國元年卒，年四十九。

師道安貧樂道，以文學著名，尤以詩歌創作成就爲高，被後人列爲江西詩派「三宗」之一。其詩標榜杜甫，風骨磊落，簡潔峻峭。又受黄庭堅影響，往往以學識爲詩，字鍛句琢，韻高格嚴。其文師法曾鞏，以「簡重典雅，法度謹嚴」見稱（魏衍《彭城陳先生集記》）。著有《後山集》二十卷，由門人魏衍編纂成集；南宋紹興間復有增補，爲《後山集》十四卷、《外集》六卷、《談叢》六卷、《理究》一卷、《詩話》一卷、《長短句》二卷，共三十卷，均有傳本。宋任淵有《後山詩注》十二卷，清冒廣生又作《補箋》十二卷，增入《逸詩箋》二卷。事跡見《東都事略》卷一一六、《宋史》卷四四四本傳。

任淵箋注陳詩時，嘗編年譜，置於詩注目録中，創爲詩文目録式年譜，繫事雖不全面，而於仕履、詩篇繫年等，則條目清晰。今據四部叢刊初編本《後山詩注》點校，又録近人陳兆鼎所編《陳後山年譜》於後，以便參考。

此外，近人冒廣生《後山詩注補箋》附有所編《後山年譜》（一九三六年商務印書館排印本），今人鄭騫編有《陳後山年譜》（《幼獅學誌》十六卷十二期，臺北，一九八〇年），可參考。

後山詩註目録 年譜附

讀後山詩，大似參曹洞禪，不犯正位，切忌死語，非冥搜旁引，莫窺其用意深處，此《詩註》所以作也。

近時刊本，參錯繆誤。政和中，王雲子飛得後山門人魏衍親授本，編次有序，歲月可考。今悉據依，略加緒正。詩止六卷，益以註，卷各釐爲上下。作之有謂而存之可傳，無怪夫詩之少也。衍字昌世，作《後山集記》，頗能道其出處，今置之篇首，後有學者，得以覽觀焉。天社任淵。

第一卷

元豐六年癸亥

妾薄命二首

後山自注曰「爲曾南豐作」。後山學于南豐曾鞏子固，南豐卒于元豐六年，此篇必是時所作。今以壓卷，亦推本其淵源所自。

元豐七年甲子　八年乙丑。

送外舅郭大夫槩西川提刑

按《實録》，元豐七年五月，朝請郎郭槩提點成都府路刑獄。此詩未必是時所作，姑以除官歲月爲次。後多倣此。

送內

別三子

右二篇，後山妻子從郭槩入蜀時作。

寄外舅郭大夫

城南寓居二首

詩有「韋杜城南村」之句，韋曲杜曲屬長安，當是後山送其妻子入蜀後，遂客寄關中。或云熙寧間作。

憶少子

元祐元年丙寅

是歲，後山在京師。

絶句

詩有「陳州門及蘇禮部」之句，陳州門在汴京，時後山旅寓於此。其春，東坡爲禮部郎中。

寄外舅郭大夫

詩有「神母仁如堯」之句，哲宗即位，宣仁太后垂簾之明年也。

贈二蘇公

南豐先生挽詞二首

暑雨

送江楚州

送江端禮季共

晁無咎張文潛見過

次韻答邢居實二首

元祐二年丁卯

春夏，後山在京師。按《實録》，元祐二年四月乙巳，徐州布衣陳師道充徐州州學教授，以東坡、傅堯俞、孫覺之薦也。其年赴官。

丞相溫公挽詞三首

司馬溫文正公以元祐二年正月葬，此詩蓋是時所作。

次韻答學者四首

次韻秦觀聽雞聞雁二首　嘲秦觀

和豫章公黄梅二首

黄魯直家于洪州分寧之雙井，洪〔屬〕豫章郡。此篇編次不倫，姑從其舊。

答張文潛

文潛時爲館職。

第二卷

九日寄秦觀

巨野

右二篇，當是得徐州教授還鄉道中所作。

示三子

將至徐州作。此詩原在《晁張見過》詩後，今遷于此。

元祐三年戊辰

是歲，後山在徐州。

嗚呼行

秋懷示黄預

送張支使

送杜侍御純陝西轉運

按《實録》，元祐二年九月，知徐州杜純權陝西轉運使。此詩九月所作。

送楊侍御兼寄顏黄二公二首長道、魯直。

送外舅郭大夫夔路提刑

按《實録》，元祐三年五月，知濮州郭槩提點夔州路刑獄。此詩蓋此後所作。

雪後黄樓寄負山居士

張仲連。此詩原在《秋懷》前，今遷于此。

元祐四年己巳

是歲，後山在徐州。

謝人寄酒

詩有「厭見春泥」之句。

從蘇公登後樓

元祐四年三月，東坡自翰苑出知杭州。五月，後山自徐州謁公于南都。此詩蓋當時所作，詩有「五月池無水」之句。

從蘇公知杭州

東坡出知杭州，道由南京。後山時爲徐州教授，告徐守孫覺願往見，而覺不之許，乃託疾謁告，來南京送別。同舟東下，至宿而歸。事見東坡《答陳傳道書》及劉安世彈章。

送秦覯三首

覯字少章，少游之弟也。從東坡學于杭州。黄魯直亦有此詩。

和江秀才獻花三首
次韻李節推九日登南山
別負山居士張仲連
送趙教授

元祐五年庚午

是歲，後山移潁州教授，其冬往赴。

次韻春懷
黃梅五首
田家
巨野二首

當時移潁州教授時，經途所作。

別叔父錄曹
出清口
泛淮
猴馬并引

引云「楚州紫極宮」，蓋經途所作。

徐氏閒軒

徐氏謂徐大止，東坡亦有《閒軒》詩。

寄豫章公三首

元祐六年辛未

是歲，後山在潁州。

贈秦覯兼簡蘇迨二首

蘇迨字仲豫，東坡仲子。按《實録》，元祐六年八月，東坡自翰林承旨知潁州。于時仲豫侍行。是歲十月，東坡《祈雨迎張龍公文》云「請教授陳師道」、「遣男迨」云云。

次韻秦少游春江秋野圖
幼嶺
絶句
贈歐陽叔弼

第三卷

觀兖文忠公家六一堂圖書
送蘇迨
送黃生兼寄二謝二首

次韻蘇公西湖徙魚三首
次韻蘇公西湖觀月聽琴
次韻蘇公涉潁
再次韻蘇公示兩歐陽
次韻蘇公勸酒與詩
次韻蘇公督兩歐陽詩
次韻蘇公題歐陽叔弼息齋
次韻蘇公竹間亭絶句

以東坡集攷之，歲晚所作。原在涉潁詩後，今遷于此。

寄參寥

元祐七年壬申

是歲，後山在潁州。

北渚
東禪
八月十日二首
迎新將至漕城莫歸遇雨

按《實録》，元祐七年正月辛亥，東坡自潁除知揚州。二月辛酉，少府監晏知止除知潁州。六月甲子，以禮部侍郎韓川換知止。此言新將，當是韓川。《漢書·嚴延年傳》注曰：「新將，新爲郡將也。」

即事
齋居
中秋夜東剎贈仁公
十五夜月
胡士彦挽詞二首

第四卷

送趙承議令時。

令時字德麟，爲潁州簽判，受代。

寄李學士格非

格非字文叔。

雪
晚出

寄晁載之兄弟

寄答王直方

直方字立之，自號歸叟，有園亭在汴京城南，嘗從蘇、黄諸公遊。

元祐八年癸酉

是歲，後山在潁州。

寄侍讀蘇尚書

按《實録》，元祐七年八月，蘇公以兵部尚書兼翰林侍讀學士。十一月，又除端明殿學士兼侍讀，守禮部尚書。此詩似八年所作，蓋有「六月西湖」之句。

寄亳州林待制希

希字子中。

卧疾絶句

南軒絶句

獨坐

寄送定州蘇尚書

按《實録》，元祐八年九月，禮部蘇公以侍讀學士知定州。

寄答李方叔廌

案：廌，本詩注作「豸」，二字固通用，然方叔之名原作廌，當以此注爲是。

智寶院後樓懷胡元茂

前有胡士彦挽詞，即元茂也。

紹聖元年甲戌

是歲春初，後山當罷潁學，而離潁等詩反在卷終，又有未離潁時所作。魏本如此，不欲深加改正，亦疑以傳疑之義。

元日

放懷

絶句

送伯兄赴吏部改官

寄張文潛舍人

後湖晚坐

春興

次韻回山人贈沈東老二首

前篇屬回山人，回即吕洞賓，事見東坡詩集。

送李孝忠二首

當是其兄傳道之子。

以柱杖供仁山主二首

項城道中寄劉令使作溪橋

項城屬陳州。

碓磨寨

亦在陳州境内。

寄張宣州耒

按《實録》，紹聖元年八月，直龍圖閣張耒權知宣州。

送倫化主

西湖

別月華嚴

送吳先生謁惠州蘇副使

按《實録》，紹聖元年，蘇公貶寧海軍節度副使，惠州安置。

別圓澄禪師

別觀音山主

離潁

湖上

舟中二首

規禪停雲齋

第五卷

紹聖二年乙亥

是歲三月後山丁母夫人憂。後山作其母行狀云：「夫人從其不肖子就食河北，舟及鄆之東阿而卒，實紹聖二年二月二十九日。」按《實録》，紹聖二年三月，河北東路提刑郭槩知澶州。當是槩未罷使事時，後山奉母就食，遂遭變故。已而槩知曹州，七月，後山

歸徐，葬其父母，遂寄食于曹。有《披雲樓記》，在曹時爲槩作。

答晁以道

病起

詩有須杖起及灾疾之語，當是居憂後所作。

九月九日魏衍見過

時在徐州。

別黄徐州

自徐寄食于曹所作。

次韻答晁無斁

無斁時爲曹州教官。

次韻無斁偶作二首

古墨行并序

次韻晁無斁除日述懷

紹聖三年丙子

是歲，後山寓曹州。有《佛指記》，蓋三年八月所作。

次韻無斁雪後二首

詩有寄食之語，魏衍注云：「時先生寄婦翁郭槩大夫使宅。」

贈魏衍三首

當是自曹暫還徐所作。

贈寇國寶三首

次韻春懷

河上

題柱二首

蠅虎

陶朱公廟

《史記》曰：「范蠡變名姓適齊，爲鴟夷子皮，之陶爲朱公。」陶即定陶，今曹州濟陰縣乃其地也。

次韻晁無斁夏雨

寄無斁

次韻別張芸叟

宿深明閣二首
時往雍丘展龐丞相墓。閣在陳留佛寺。
東山謁外大父墓
後山蓋龐丞相籍之外孫。司馬温公作丞相墓誌云「葬雍丘東山」。
次韻晁無斁冬夜見寄
寒夜有懷晁無斁
除夜
第六卷
紹聖四年丁丑
是歲，後山寓曹州。既而歸徐。
〔寄鄧州杜侍郎紘〕
寄提刑李學士
按《實録》，紹聖三年十月，提點永興軍路刑獄李昭玘權提點京東西路刑獄。此詩蓋四年所作。昭玘字成季，濟北人。
寄杜擇之

次韻晁無斁春懷
寄晁無斁
別寶講主
以後山《佛指記》攷之，重寶蓋曹州上生院主僧。
還里
自曹歸徐所作。
答魏衍黄預勉予作詩
老柏三首有序
魏衍見過
次韻螢火
次韻夏日江村
次韻觀月
次韻夏日
夏日有懷
送杜擇之
楊夫人挽詞

桓山

宋司馬桓魋所葬也。《寰宇記》曰：桓魋墓在徐州彭城縣北。檀公曰：「昔者夫子居于宋，見桓司馬自爲石椁，三年而不成。」

答顔生

送劉主簿羲仲

觸目

晚望

送高推官

和黄預感秋

和顔生同遊南山

僧慧僧和同往南山

粕

謝端硯

捕狼

元符元年戊寅

是歲，後山在徐州。

和魏衍元夜同登黄樓

和元夜

和魏衍同遊阻風

和魏衍同登快哉亭

登快哉亭

招黄魏二生

第七卷

春夜

和三日

登燕子樓

和魏衍三日二首

答魏衍惠朱櫻

答魏衍聞鶯

和黄生春盡遊南山

案全集，「和黄生」作「和黄充實」。

揀花

和黄充實榴花

和黃預久雨

和黃預病起

何郎中出示黃公草書四首魯直

魯直嘗有《李伯時畫刀籋工跋尾》曰：「龍眠李伯時爲廬江何琬子温作。子温有遠韻，其賞味古今人詩，得其致意處，故伯時肯以妙墨予之。元祐五年九月己巳，黃某題。」草書，蓋亦同時所作也。

和黃預感懷

陳留市隱

魯直亦有此詩，叙其事頗詳。後山詩蓋元祐間所作，舊本小異，而又編次不倫，豈後山因何子温出示魯直草書，遂改定舊句，附見于此耶？

寄泰州曾侍郎肇

答顔生見寄

和黃預七夕

贈鄭戶部

九日不出魏衍見過

送魏衍移沛

後山作衍母劉縣君墓銘曰：「元符元年秋，從其子衍依沛之石氏。」

送河間令

原注云曾子固甥。案全集作「送河間呂令」。

次韻何子温祈晴二首

寄潭州張芸叟二首舜民

送曹秀才

送王元均貶衡州兼寄元龍二首

王安國字平甫，二子：旊字元均，斿字元龍。按舊録，元符元年九月，省詳訴理所言，宣德郎王斿于元祐中進狀稱先臣冤抑，罪名未除，不幸不得出于兹時。詔斿監江寧府糧料院，旋罷京東運判，差監衡州酒税。

第八卷

杜侍郎挽詞三首

按《實録》，元符元年八月，知應天府杜紘卒。紘字君章，嘗再爲刑部侍郎。

黄預挽詞四首

秋懷四首

送法寶禪師

贈趙奉議

元符二年己卯

是歲，後山在徐州。

元日雪二首

時東坡謫海外三年矣，故前篇末句有炎海之語。

次韻黄生

答黄生

雪後

送張蘄縣

送何子温移亳州三首

送詹司業

西郊二首

寄亳州何郎中二首

寄答泰州曾侍郎

送提刑李學士移使東路

按《實録》，元符二年二月，提點京東西路刑獄李昭玘徙京東東路。

和鄭戶部寶集文室二首

隱者郊居

覽勝亭

何太沖挽詞二首

送大兄兼寄趙團練

寄襄州程大夫

送檢法趙奉議

送建州鄭戶部

送張秀才

第九卷

晁無咎畫山水扇
奉陪趙大夫游桓山
寄曹州晁大夫
送馮翊宋令
嗟哉行
夜句三首
送孝忠落解南歸
案：原目作「送李孝忠」，今據本詩注，孝忠蓋後山兄子，删去「李」字。
寄單州張朝請
謝憲臺趙史惠米
和趙大夫鹿鳴宴集
和朱智叔鹿鳴席上
酬智叔見贈
再酬
敬酬智叔三賜之辱兼戲楊理曹二首
酬智叔見戲二首
送智叔令咸平
九月九日夜雨留智叔
九月九日與智叔鵰堂宴集夜歸
城南夜歸寄趙大夫
席上勸客酒
戲寇君二首
絶句四首
騎驢二首
壽安縣君挽詞二首
寄曹州晁大夫
晁端仁，字堯民。
寄題披雲樓
樓在曹州。
絶句
寄黄充
寄張大夫
懷遠

答田生
早起
和黃充小雪

第十卷

寄張學士舜民
謝趙使君
雪中寄魏衍
送澶州錄曹宋參軍
和范教授同遊桓山。

元符三年庚辰

是歲，後山在徐州。正月，徽宗即位。七月，除棣州教授。其冬往赴，未至間，十一月除祕書省正字。

早春
徐僊書三首
寄酬咸平朱宣德智叔
咸平讀書堂
絕句二首
春懷示鄰里
歸雁二首
和寇十一晚登白門
謝寇十一惠端硯
再和寇十一二首
與寇趙約丁塘看花寇以疾不赴有詩用其韻
和寇十一同遊城南阻雨還登寺山
三月二十日榴花盛開戲作絕句
和寇十一登樓
答寇十一雨後惠朱櫻
雙櫻絕句
謝趙生惠芍藥三絕句
寄鄰絕句
寄寇十一
和酬魏衍
觸目絕句

寄沛縣姜承議
寄兗州張龍圖文潛二首
晚立
寒夜
雁二絶句
山口
晚泊
夜雨
宿合清口
宿泊口
野望
宿柴城
顔市阻風二首
晚坐
寒夜
絶句
禮武臺坐化僧
晚興
宿齊河
別劉郎
趙巖
鷄籠鎮
除官

按舊録，十一月除祕書省正字。

題王平甫帖

第十二卷

建中靖國元年辛巳

是歲，後山在館中。十二月二十九日卒，見于魏衍所作《集記》。

和李文叔退朝
和謝公定雨行逢賣花
酬王立之二首
送謝朝請赴蘇幕
和謝公定觀祕閣文與可枯木

和饒節詠周昉畫李白眞
謝王立之送花
和參寥明發覓鄰家花二首
和張奉議贈舅氏龐大夫
和舅氏公退言懷
欽聖憲肅皇后挽詞二首
　神宗后向氏，建中靖國元年五月，葬永裕陵。
欽慈皇后挽詞二首
　欽慈皇后陳氏，徽考之母，建中靖國元年五月，陪葬永裕陵。
大行皇太后挽詞二首代人
　欽聖太后。
追尊皇太后挽詞二首代人
　欽慈太后。
王察院挽詞二首
　監察御史王〔向〕〔回〕也。元符二年十月與游酢、馬涓竝命，未幾而卒。
贈吳氏兄弟三首
和吳子副智海齋集
舅氏新齋
上晁主客
　晁端仁堯民也。建中靖國元年二月，爲主客員外郎。
和鮮于大受崇先觀餞別曾元忠
　大受名綽。
答王立之
又和過田承君
贈石先生
送晁無咎出守蒲中
　建中靖國元年九月，吏部郎中晁補之知河中府。補之字無咎。
題明發高軒過圖
　王立之詩話云：宗室士暕字明發，後山作此

詩，數月間遂卒。

送歐陽叔弼知蔡州棐

送晁堯民守徐端仁

送王定國通判河南鞏

陳後山年譜

（近）陳兆鼎 編

江蘇省立國學圖書館年刊第十年刊

陳師道（一〇五三—一一〇一），字履常，一字無己，號後山居士，彭城（今江蘇徐州）人，其生平事蹟見前譜簡介。

陳師道年譜，現存有四種：一即宋任淵所編《後山詩注目録年譜》，按年繫詩，間注譜主事蹟，較簡略；一即本譜，爲近人陳兆鼎所編，據史傳、文集及同時人年譜、文集等，考述譜主生平事蹟，較爲詳細，今據一九三七年出版的《江蘇省立國學圖書館年刊》第十年刊整理；一爲近人冒廣生《後山詩注補箋》（一九三六年商務印書館排印）卷首所附《後山詩箋年表》；一爲今人鄭騫所編《陳後山年譜》（原載《幼獅學誌》十六卷十二期，一九八〇年十二月），一九八四年臺北聯經出版事業公司予以出版，此譜考陳師道生於皇祐四年（一〇五二），引據資料較詳備，可資參考。

後山姓陳氏，名師道，字履常，一字無己，別號後山居士，徐州彭城縣王鄉任化里人。

高祖承敏，妣李氏。據本集《先君》及《先夫人行狀》。

曾祖宗旦，贈工部尚書。妣董氏，仙游縣君。同上。

祖洎，三司鹽鐵副使，贈工部侍郎。妣張氏，仙源縣君。同上。

父琪，字寶之，國子博士，通判絳州。母龐氏，鄆城武人，潁國公籍女，安康郡君。同上。

兄師黯，光州光山縣令；師仲，河中司錄參軍。同上。

姊淑，嫁從母之子左司員外郎張舜民；妹媛，嫁章珙。同上。

宋仁宗皇祐五年癸巳，後山生，一歲。

按：魏衍《彭城陳先生集記》：後山卒於建中靖國元年十一月，年四十九。《宋史》本傳亦云：卒年四十九。上推至皇祐五年，爲後山生年。晁補之《雞肋集·太學博士正錄薦布衣陳師道狀》云「伏見徐州布衣陳師道年三十五」，考後山元祐二年始仕爲徐州教授，未幾除太學博士，自皇祐五年至元祐二年適三十五歲。而《後山集·御書記》云：「臣生於皇祐四年。」一館藏明弘治本《後山集》有朱竹垞藏印，何義門朱筆手校，又其他刊本所載皆同其自述之語，宜屬可信，然與《集記》、《宋史》、薦狀均相差一年。衍爲後山門人，曾狀其行，語見《集記》，薦狀出補之手，補之與後山友好，似均不致有誤，疑原集「五」誤刊作

「四」，相沿未及校正耳。

至和元年甲午，二歲。

二年乙未

嘉祐元年丙申，四歲。

二年丁酉

三年戊戌

四年己亥

五年庚子

六年辛丑

七年壬寅

八年癸卯，十一歲。

從父官冀州。

《後山談叢》：嘉祐末，先人爲冀州度支使知州事。

三月二十九日，仁宗崩，與同僚聚哭。

《後山談叢》：仁宗崩，天下喪之如親，余時爲兒童，與同僚聚哭，不自知其哀也。

四月一日，英宗立。

英宗治平元年甲辰，十二歲。

二年乙巳，十三歲。

從父官汧陽。

本集《先君事狀》：治平二年，遷大理寺丞，知隴州汧陽縣。

三年丙午

四年丁未

正月，英宗崩，神宗立。

神宗熙寧元年戊申，十六歲。

從父官金州。

本集《先君事狀》：神宗即位，加太子中舍，以殿中丞通判金州。

好學苦志，識度志氣已如成人，行其所知，慕古作者，不爲進取計也。

《宋史》本傳：少而好學苦志。

本集《送邢居實序》：吾始得生，年十五六識度志氣已如成人。

魏衍《集記》：幼好學，行其所知，慕古作者，不爲進取計也。

始以文謁南豐，曾鞏一見奇之，許其以文著，時人未之知也，留受業。《宋史》本傳。

魏衍《集記》：年十六，謁曾南豐先生，曾公鞏大器之，遂受業于門。

本集《送邢居實序》：吾年如生時，見子曾子於江漢之間，獻其說十餘萬言，高自譽道，子曾子不以爲狂，而報書曰「持之以厚」，吾之不失其身，子曾子之賜也。

《宋元學案》：陳無己好學苦志，以文謁曾子固，子固爲點去百十字，文約而義意加備，無己大服。

本集《答晁深之書》：始僕以文見曾南豐，辱賜以教曰：「愛子以誠，不知言之盡也。」僕行方內才得此耳。

按：楊希閔《曾文定公年譜》云：「閔案：魏衍《彭城先生集記》謂無己年十六謁南豐。考無己皇祐五年生，十六爲熙寧元年，南豐是時官京師，恐無由謁見。至七年，南豐知襄州，無己年二十二，謁見於江漢之間，情事較合，魏《記》恐誤。」蓋以後山《送邢序》有「見於江漢之間」一語，以時以地考之，其說誠然。然南豐熙寧六年即由齊州徙知襄州，非自七年始。考《送邢序》云「元祐元年春，生從其親出於漢東，世之知生者莫吾先，於其別，請以言贈」，晁說之《嵩山集·邢惇夫居實字墓

表》云：逮年十四五，讀書已甚博。其年十六七，文章各擅體制；年十八九，則論議凜然自成一家。年甫二十而病不起，國中之士識與不識無不嗟惜。其卒在元祐二年二月八日。假定元祐元年邢年十九，證以後山「吾年如生時」語，竊曾應在熙寧四年，是年南豐通判越州，明年知齊州，曾集有《齊州謝到任表》云：「伏奉勅命就差知齊州軍州事，已於今月十六日到任。」是改知齊州之命當在熙寧四年末，由越至齊曾否道出江漢，無從考證，今仍從《宋史》及魏衍《集記》，繫於熙寧元年。

二年己酉

三年庚戌

四年辛亥

五年壬子

六年癸丑

七年甲寅，二十二歲。

在金州。

本集《忘歸亭記》：熙寧七年，尚書水部郎中開封劉君刺守金州，政平歲豐，士民康樂，迺作亭於北城之上，以望牛山而臨漢水，以樂府僚屬、四方之游士，名之曰「忘歸之亭」，又使其客彭城陳師道記其意。

八年乙卯

九年丙辰，二十四歲。

四月戊申，父卒於雍丘。

本集《先君事狀》：以國子博士通判絳州，待次於雍丘。熙寧九年四月戊申卒，年六十。

十年丁巳，二十五歲。

在徐州。

熙寧中，王氏經學盛行，後山心非其說，遂絶意進取。據《宋史》本傳以繫於此。

蘇軾知徐州，始受知於蘇公，識交秦觀。

本集《秦少游字序》：熙寧、元豐之間，眉蘇公之徐，余以民事太守，間見如客。揚秦子過焉，豐醴而備樂，如師弟子。其時余病卧里中，聞其行道雍容，逆者旋目，論說偉辯，坐者屬耳，世以此奇之，而亦以此疑之，惟公以爲傑士。

元豐元年戊午，二十六歲。

春，兄師仲謀葬父，以貧不果。

蘇轍《欒城集·答徐州陳師仲書》：轍白陳君足下，去年轍從家兄遊徐州，君兄弟始以客來見，一揖而退，漠然不知君之胸中也。既而問之君之鄉人，君力學行義，不妄交遊，既已中心異之。及來南京，又辱以所爲文爲贈，讀之，翛然以淸，追慕古人而無意於世俗，心雖異之，然亦憂君之以是困於今世也。今年春，君西遊，謀所以葬先子於朋友，既而東歸，貧不克舉，舉書來告曰將改卜七月，且問所以爲葬。嗟夫！轍固知君之至於此也。以若所爲求今之人，則其困也固宜。雖然，子而固子之守，盡子之有，斂手足形還葬，此則曾子之所以葬其親也，而何病焉。《詩》云「凡民有喪，匍匐救之」，有欲救之心而力不贍，愧實在我，而子何病。今既七月矣，惟自勉以禮。不宣。轍白。

徐州水患平，州守蘇軾即城之東門建黃樓。八月癸丑，樓成。九月庚辰，大合樂以落之，使蘇轍、秦觀賦之，後山作銘。

本集《黃樓銘序》：熙寧十年，河決澶

州，南傾淮、泗，彭城當其衝，夾以連山，扼以呂梁，流泄不時，盈溢千里，平地水深丈餘。下顧城中，井出脈發，東薄兩隅，西入通洫，南壞水垣，土惡不支，百有餘日而後已。……明年元豐正月甲子，制誥諭意。臣某惟念祇承謨訓，人神同力，敢自爲功，以迫大戾！而明揚褒〔大〕，無以報稱，乃作黃樓於東門，具刻明詔以承天休而明德意，使其客陳師道以爲之銘。

王宗稷《蘇文忠公年譜》：迺即徐州城之東門爲大樓，堊以黃土，名曰黃樓，以土勝水故也。子由作《黃樓賦》，先生跋云：元豐元年八月癸丑，樓成。九月庚辰，大合樂以落之。

秦觀《淮海集·黃樓賦引》：太守蘇公守城之明年，既治河決之變，民以更生，又因修繕其城，作黃樓於東門上……使其客高郵秦觀賦之。

鄒浩《道鄉集·送郭照赴徐州司理序》：頃在廣陵，秦觀少游爲僕言陳師道履常者高士也，其文妙絕當世，而行義稱焉，嘗銘黃樓，曾子固謂如秦石。

二年己未，二十七歲。

娶夫人郭氏，朝請郎郭槩女。

按：元豐七年，郭槩提點成都府刑獄，後山送妻子從槩入蜀，有《送內》詩云：「與子爲夫婦，五年三別離。」以時推之，當在二三年間婚娶。

三年庚申

四年辛酉，二十九歲。

始遊京師。

本集《顏長道詩序》：彭城顏夫子居既踰年矣，元豐四年邑子陳師道西遊京師，

遂見夫子於北門，請於左右，得其應用之詩若干篇。

按：《宋史》本傳：「初遊京師，踰年未嘗一至貴人之門。」考後山是年旋即遊吳，至明年始北歸，安得「踰年」？《宋史》蓋誤以元祐初爲後山入京之始。

季父卒於下邳。

本集《季父通直郎陳君墓銘》：先大父有五子，君其季也，諱某，字粹父。皇祐元年，大父爲三司鹽鐵副使，行視河而卒。仁宗懷之，官其一子，七品京秩，復詔有司毋以爲例。君由是爲將作監簿，遷太常奉禮郎，大理評事，衛尉、大理兩丞，太子中舍，改通直郎，監杭、楚、沂三州酒稅。元豐四年年四十矣，卒於下邳。娶莊氏，永和縣君。

游吳，過秀州，見林希。希，字子中，福州人，《宋史》有傳。

本集《思白堂記》：元豐四年，余游吳，過秀州，見林侯，侯家於蘇而宦學於杭，……嘗以集賢校理通判秀州。

七月五日，作《王平甫文集序》。

略云：年過四十始名，薦書羣下士，歷年未幾，復解章紱歸田里，其窮甚矣。……方平甫之時，其志抑而不伸，其才積而不發，其號位勢力不足動人，而人聞其聲，家有其書，旁行於一時而下達於千家，雖其怨敵不敢議也。……南豐先生既叙其文以詔學者。先生之（後）〔沒〕，彭城陳師道因而伸之，以通於世。……因先生之言以致其志，又以自勵云爾。

上林秀州書。

七月十日，彭城陳師道謹奉書學士閣下。宗周之制，士見於大夫卿公，介以厚其別，詞以正其名，贄以效其情，儀以致其敬，四者備矣謂禮成。士之相見如女之從人，有願見之心而無自行之義，必有紹介爲之前焉，所以別嫌而愼微也，故曰：介以厚其別。名以舉事，詞以導名，名者，先王所以定名分也。名正則詞不悖，分定則民不犯，故曰：詞以正其名。言不足以盡意，名不可以過情，又爲之贄以成其終，故授受焉。介以通名，詞以將命，勤亦至矣，然因人而後達也。禮莫重於自盡，故祭主於盥，婚主於迎，賓主於贄，故曰：贄以效其情。誠發於心而喻於身，達於容色，故又有儀焉。詞以三請，贄以三獻，三揖而升，三拜而出，禮煩則泰，簡則野，三者禮之中也，故曰：儀以致其敬。是以貴不陵賤，下不援上，謹其分守，順於時命，志不屈而身不辱，以成其善。當是之世，豈特士之自賢，蓋亦有禮爲之節也。夫周之制禮，其所爲防至矣。及其晚世，禮存而俗變，猶自市而失身，况於禮之亡乎。自周之禮亡，士之免者寡矣。世無君子明禮以正之，既相循以爲常，而史官又載其事，故其弊習而不自知也。師道鄙人也，有聞於南豐先生，不敢不勉也。先生謂師道曰：「子見林秀州乎？」曰：「未也。」先生曰：「行矣。」師道承命以來，謹因先生而請焉。詩文二卷，敬以自效，不敢以爲能也。

《宋史》本傳：後山高介有節，安貧樂道，於諸經尤邃《詩》、《禮》。

明南陽王鴻儒《後山先生集序》：先生天

資方毅，識見過人，加以好學不倦，故其形之於言，典重峻潔，法度森然，如天球綴輅陳列廣廷，大劍高冠班侍左右，其孰敢狎而玩之。雖大儒先生如晦菴者，亦咨重不置，至取其《與林秀州書》列之《儀禮經傳通解》之中，以補禮文之闕，是可見矣。

曾鞏典史事，薦後山爲其屬，朝廷以白衣難之。《宋史》本傳。

《宋史·神宗本紀》：元豐四年七月己酉，詔曾鞏充史館修撰，專典史事。

魏衍《集記》：元豐四年，神宗皇帝命曾典史事，且謂修史最難，申勑切至。曾薦爲其屬，朝廷以白衣難之，方復請，會以憂去，遂寢。

孫覿文集《跋後山集後》：秦會之嘗跋後山居士集云：「曾南豐辟陳無己、邢和叔爲《英宗皇帝實錄》檢討，初呈稿，無己便蒙許可，至邢方遭橫筆，又微聲稱亂道。」余按：曾子固著《亡兄行述》：南豐嘗爲《英宗實錄》檢討官，不踰月而罷，通判越州。今《類稿》中有《鑑湖序》，則熙寧二年也。其後守齊、襄、洪、福、明、亳六州，凡十三年。還朝爲中書舍人，纔數月丁母憂，未除而卒，是元豐四年也。按謝克家《敘後山居士集》，元祐，蘇東坡率諸侍從薦無己由布衣爲徐州教授，則無己之仕在南豐之沒已七八年。南豐爲檢討官不踰月，安能辟二公？自熙寧至元祐二十餘年，陳無己始入仕，南豐墓木拱矣，會之抵牾如此。

朱晦菴《南豐年譜後序》：公爲史官，薦邢恕、陳無己以爲英錄檢討，而二子者

受學焉。綜其實不然，蓋熙寧初詔開實錄院論次英宗皇帝時事，以公與檢討，一月免，豈公於是時而能有以薦士哉？

劉克莊《後村詩話》：秦會之嘗記曾南豐辟陳後山爲史屬，且塗改後山史稿，世謂元無此事，乃秦謬誤，殆以人廢言也。

按：魏衍爲《後山集記》，明言元豐四年神宗命曾典史事，薦後山爲屬，朝廷以白衣難之。衍乃後山高弟，《集記》作於政和五年，秦說有據，非誤。

陸游《老學庵筆記》：秦會之跋後山集，謂曾南豐修《英宗實錄》，辟陳無己爲屬，孫仲益書數百字詆之。以爲無此事，南豐雖嘗預修《英宗實錄》，未久即去，且南豐自爲吏屬，烏有辟官之理。又無己元祐中方自布衣命官，故仲益之辨，人多是之。然以予考其實，則二公俱失也。南豐元豐中還朝，被命獨修五朝史實，許辟其屬，遂請秀州崇德縣令邢恕爲之，用選人已非故事，特從其請。而南豐又援經義局辟布衣徐禧例乞無己檢討，廟堂尤難之。會南豐上《太祖紀叙論》，不合上意，修五朝史之議寖緩，未幾南豐以憂去，遂已。會之但誤以五朝史爲《英宗實錄》耳，至其言辟無己事，則實有之，不可謂無也。

按：南豐之薦後山，後村、放翁已辨明實有其事，蓋雖薦而朝廷以白衣難之，命尚未下，至秦氏謂南豐塗改後山史稿，不知何所據而云。然考後山《思白堂記》，是時方客游吳越，焉得至史館擬稿。秦氏之說，不足辨也。

秋八月，就舍錢塘。有《錢塘寓居宿錢塘尉廨》、《十七日觀潮》、《十八日觀潮》、

《月下觀潮》諸詩。

本集《思白堂記》：其秋八月，就舍錢塘，問思白之堂而往觀焉。

五年壬戌，三十歲。

自錢塘北歸。

本集《思白堂記》：明年而余北歸。

過揚州，見秦觀於逆旅，旋別去。

本集《秦少游字序》：從吳歸，見子廣陵逆旅之家，夜半語未卒，別去。

過丹徒，遇姊婿張舜民謫監郴州酒稅，道出潤州，與游甘露寺、延慶寺。

《孫莘老年譜》：元豐五年，張芸叟舜民來遇。引《蘇詩施注》云：張舜民，字芸叟，元豐辛酉爲環慶帥屬，明年謫監郴州酒稅。

張舜民《畫墁集·郴行錄》：甲子，同陳舅游甘露寺，俯大江，踞崇崗，金山、焦山皆在指掌。是日，同陳舅遊延慶寺。延慶寺即劉裕故宅，有丹井壽丘在焉，形勢盤固，眞異境也。乙丑晚離潤州。

按：《後山詩話》：「余登多景樓，南望丹徒，有大白鳥飛近青林而得句云：『白鳥過林分外明。』」又《談叢》：「余於丹徒高氏見《楊行密節度淮南補將校牒》，紙光潔如玉，膚如卵膜，今士大夫所有澄心堂紙不過也。」蓋皆是年事。

撰《光祿曾公神道碑》。

略云：公諱易占，字不疑，建昌南豐人。……公子舍人謂曾鞏謂其門人陳師道：「公之葬，既以銘載於墓中，今幸蒙恩追榮三品，復立碑於墓道以顯揚其芳烈，明示來今，是以命汝爲之銘。」師道幸以服役，雖愚不敏，其何敢辭。

曾鞏方復薦後山，會以憂去，遂寢。據魏衍《集記》。

按：是年，曾公仍官史館修撰，九月丁母憂。復薦事當在丁憂前。

六年癸亥，三十一歲。

在徐州，年過三十，不肯應舉，囊無副裘，金無遺粒，甘之泰然。據張耒《與後山書》，見下元祐元年。

四月，曾鞏卒，賦《妾薄命》二首，自注爲曾南豐作。

詩云：「主家十二樓，一身當三千。古來妾薄命，事主不盡年。起舞爲主壽，相送南陽阡。忍看主衣裳，爲人作春妍。有聲當徹天，有淚當徹泉。死者恐無知，妾身長自憐。」「葉落風不起，山花空自紅。捐世不待老，惠妾無其終。一死尚可忍，百歲何當窮。天地豈不寬，妾身自不容。死者如有知，殺身以相從。向來歌舞地，夜雨鳴寒蛩。」

任淵《後山詩注》：後山學於南豐曾子固，南豐卒於元豐六年，此篇必是時所作。

《詩林廣記》：謝疊山云：「元豐間，曾鞏修史，薦後山有道德、有史才，乞自布衣召入史館，命未下而曾去。後山感其知己，不願出他人門下，故作《妾薄命》。」

《容齋三筆》：張籍在他鎮幕府，鄆帥李師古又有書幣辟之，籍卻而不納，作《節婦吟》一章寄之曰：「君知妾有夫，贈妾雙明珠。感君纏綿意，繫在紅羅襦。妾家高樓連苑起，良人執戟明光裏。知君用心如日月，事夫誓擬同生死。還君明珠雙淚垂，何不相逢未嫁時。」陳無己

爲潁州教授，東坡領郡，而陳賦《妾薄命》篇，言爲曾南豐作，其首章云……全用籍意。……薄命擬況，蓋不忍師死，而遂倍之，忠厚之至也。

按：洪容齋以此詩爲作於官潁州教授時，則在元祐五年矣。今依任注，繫於是年。

八月十日，作《思白堂記》，爲林希作，略見前引。

七年甲子，三十二歲。

子端生。

按：是年後山《送郭槩》詩有「兒生未知父」，《別三子》詩有「小兒襁褓間，抱負有母慈」，《憶少子》詩有「端也早豐下」及「呱呱棄不子」之語。

五月，外舅郭槩提點成都府路刑獄，後山送妻子從郭入蜀。

任淵《詩注》：按《實錄》，元豐七年五月，朝請郎郭槩提點成都府路刑獄。又云：後山以貧故，妻子常寄食外家。

有《送外舅郭大夫槩西川提刑》詩：丈人東南來，復作西南去。連年萬里別，更覺貧賤苦。王事有期程，親年當喜懼。畏與妻子別，已復迫曛暮。何者最可憐，兒生未知父。盜賊非人情，蠻夷正狼顧。功名何用多，莫作分外慮。萬里早歸來，九折慎馳騖。嫁女不離家，生男已當戶。曲逆老不侯，知人公豈誤。

《送內》詩：麀麌顧其子，燕雀各有隨。與子爲夫婦，五年三別離。兒女豈不懷，母老妹已笄。父子各從母，可喜亦可悲。關河萬里道，子去何當歸。三歲不可道，白首以爲期。百畝未爲多，數口可無饑。

吞聲不敢盡，欲怨當歸誰。《別三子》詩：夫婦死同穴，父子貧賤離。天下寧有此，昔聞今見之。母前三子後，熟視不得追。嗟呼胡不仁，使我至於斯。有女初束髮，已知生離悲。枕我不肯起，畏我從此辭。大兒學語言，拜揖未勝衣。喚爺我欲去，此語那可思。小兒襁褓間，抱負有母慈。汝哭猶在耳，我懷那得知。

按此詩，後山是時有一女二子。攷後山《與黃魯直書》云：「紹元夏末，以例罷官。」又云：「罷官六年內，無一錢之入，艱難困苦無所不有，溝壑之憂，近在朝夕，甚可笑也。自幸者大兒名豐年十六，解作史論；小兒名登八歲，能賦絕句，時有好語。」所云罷官六年，自紹聖元年至元符二年，以時推算，豐當生於元豐七年，登生於元祐六年。惟元豐七年所生子名端，疑即豐之小名。又詩中之大兒初學語言，假定爲兩三歲，則當生於元豐五六年。後山有《與黃預書》云：「往歲失一七歲男子，扣天拊地欲有所訴，殆不可以至理奪也。」蓋即此詩所云之大兒，其歿當在元祐三四年間。

作《曾南豐先生挽詞》二首：「早棄人間世，眞從地下遊。丘原無起日，江漢有東流。身世從違裏，功言取次休。不應須禮樂，始作後程仇。」「精爽回長夜，衣冠出廣庭。勳庸留琬琰，形像賦丹青。道喪餘篇翰，人亡更典刑。侯芭才一足，白首《太玄經》。」

任淵《詩注》：王介甫贈南豐詩曰：「曾子文章世無有，水之江漢星之斗。」故此引用。

許彦周《詩話》：無己作《曾子固挽詞》云：「丘園無起日，江漢有東流。」近世詩人莫及也。

按：任淵列此詩於元祐元年。攷南豐卒於元豐六年，葬於元豐七年六月，詩當作於是時，不應葬後二年始爲挽詞也。

客關中，寓居城南，有《城南寓居》詩。

任淵注：詩有「韋杜城南村」之句，韋曲杜曲屬長安，當是後山送妻子入蜀後，遂客關中。

《憶少子》詩：端也早豐下，歲晚未可量。我老不自食，安得如我長。呱呱棄不子，退省未始忘。吾母亦念我，與爾寧相望。

八年乙丑，三十三歲。

客東都，秦觀自東來晤。

本集《秦少游字序》：元豐之末，余客東都，秦子從東來，別數歲矣。

三月戊戌，神宗崩，哲宗立。

客南都。

《後山談叢》：元豐末，余客南都。

黃庭堅贈詩。

《山谷外集·贈陳師道》詩：陳侯學詩如學道，又似秋蟲噫寒草。日晏腸鳴不俛眉，得意古人便忘老。君不見，向來河伯負兩河，觀海乃知身一蠡。旅床爭席方歸去，秋水黏天不自多。春風吹園動花鳥，霜月入戶寒皎皎。十度欲言九度休，萬人叢中一人曉。貧無置錐人所憐，窮到無錐不屬天。呻吟成聲可管絃，能與不能安足言。

按：黃罃《山谷年譜》云：罃淳熙初客富川，與王景文質論詩，景文云：「嘗聞榮茂世云得之前輩，言山谷與後

山相遇於潁昌，因及杜詩《暮歸》詩中『客子入門月皎皎，誰家擣練風淒淒』之句，故此詩有云『霜月入戶寒皎皎』及『萬人叢中一人曉』。後山詩學豫章始遇在何年，無可考，即潁昌之遇山谷，年譜亦未能攷其屬於何年。

哲宗元祐元年丙寅，三十四歲。

與兄奉母至京師，寓居陳州門，有《絕句》詩。

任淵《詩注》：詩有「陳州門」及「蘇禮部」之句，陳州〔門〕在汴京〔二〕，時後山旅寓於此。又云：時東坡新自登州召爲禮部郎中，復入帝城，此爲後山所喜也。

張耒《宛丘集·與陳三書》：履常雖奉太夫人於京師，而聞尊兄在側，無乏養之憂。

作《送邢居實序》。已見前引。

任淵注《後山次韻答邢惇夫》：按《實錄》，元祐元年正月，起居舍人邢恕權發遣隨州。惇夫，恕之子也，侍親以行。

二月一日，作《秦少游字序》。已見前引。

閏二月己丑，作《御書記》。

略云：仁宗皇帝御書，兩紙四字，其文曰：「善法行政」，其璽文曰「帝篆」。皇祐、嘉祐之間，以賜其臣江休復。……其孫端禮以示臣師道，使記載皇帝所以照臨江氏，假寵子孫，明示來今。

八月丙戌，作《二亭記》。

略云：作亭之明年，關氏之良彥瞻來京師，以告其僚友游舊，於是士大夫之能詩者皆爲賦之，而屬余爲之記。

是年，蘇軾兄弟、黃庭堅、晁無咎、張耒、秦觀、江端禮皆在京師，時相過從，以

詩酬答。

《東坡志林》：元祐元年，予爲中書舍人，復遷翰林學士知制誥。

《蘇文忠公年譜》馮應榴案：《長編》元年九月，蘇轍爲起居郎。十一月，爲中書舍人。

黄嵤《山谷年譜》：是歲，在祕書省兼史局。正月，除著作佐郎。

任淵《山谷詩注》：按《實錄》，元祐元年十二月，試太學錄，張耒試太學正，晁補之並爲祕書省正字。

按：山谷《奉和文潛贈无咎》詩有《陳師道篇》：「吾友陳師道，抱獨門掃軌。晁、張作薦書，射雉用一矢。吾聞舉逸民，故得天下喜。兩公陣堂堂，此士可摩壘。」又《和邢惇夫秋懷》詩亦有《陳師道篇》：「吾友陳師道，抱瑟不吹竽。文章似揚馬，欬唾落明珠。固窮有膽氣，風壑嘯於菟。秋來入詩律，陶寫不枝梧。」

與黄叔達謁法雲禪師於城南。

王立之《詩話》：雙井黄叔達，字知命，自江南來京師，與彭城陳履常俱謁法雲禪師於城南，夜歸，過龍眠李伯時。時知命着白衫，騎驢道中，搖頭而歌，履常負杖挾囊於後，一市皆驚，以爲異人。伯時素善畫，因寫以爲圖。

是年所作詩：《贈二蘇公》、《送江楚州》、《送江端禮》、《晁無咎張文潛見過》、《次韻答邢居實》二首。

任淵注《晁無咎張文潛見過》詩：詩有「白社雙林去，高軒二妙來」之句，後山學佛，故以大士自況。

二年丁卯，三十五歲。

在京師。

作《丞相溫公挽詞》三首。

任淵注：司馬溫文正公以元祐二年正月葬，此詩蓋是時所作。

《冷齋夜話》：余問山谷：「今之詩人誰爲冠？」曰：「無出陳無己。」「其佳句可得聞乎？」曰：「吾見其作《溫公挽詞》一聯云『政方隨日化，身已要人扶』，便知其才不可敵也。」

初游京師，踰年未嘗一至貴人之門。傅堯俞欲識之，先以問秦觀，觀曰：「是人非持刺字俛顏何候乎公卿之門者，殆難致也。」堯俞曰：「非所望也，吾將懼其不吾見也，子能介於陳君乎？」知其貧，懷金欲爲餽。比至，聽其論議，益敬畏不敢出。《宋史》本傳。

《鄒道鄉集·送郭照赴徐州司理序》：履常，眞賢者也，惟其所養能致傅公屣履到門，且懷其金而歸。

《宋史·傅堯俞傳》：哲宗立，自知明州召爲祕書少監，兼侍講，擢給事中、吏部侍郎、御史中丞。

章惇在樞府，將薦於朝，亦屬觀延至。及爲相，又致意焉，終不往。《宋史》本傳。

有《與少游書》：師道啓。辱書，喻以章公降屈年德，以禮見招。不佞何以得此，豈侯常欺之耶？公卿不下士，尚矣。乃特見於今，而親於其身，幸孰大焉。愚雖不足以齒士，猶當從侯之後，順下風以成公之名。然先王之制，士不傳贄爲臣則不見於王公。夫相見所以成禮，而其弊必至於自鬻。故先王謹其始以爲之防，而爲士者世守焉。某於公，前有貴賤之嫌，後無平生之舊，公雖可見，禮

可去乎？且公之見招豈能守以區區之禮乎？若昧冒法義，聞命走門，則失其所以見招，公又何取焉？雖然，有一於此，幸公之他日成功謝事，幅巾東歸，某當御款段，乘下澤，候公於上東門外，尚未晚也。拳拳之懷，願因侯以聞焉。

答張文潛書。

略云：足下憫僕無以事親畜妻子，宜從下科以幸斗食，疑僕好惡與人異情。足下於僕至矣，僕何以得之，何以受之耶！僕家以仕爲業，舍仕則技窮矣，故僕之於仕，如痞者之溺，聲氣不動，而手足亂矣。世徒見其忍而不發，遂以爲好惡異人，此殆談者過情，聽者過信耳。雖然，僕病且老矣，目有黑子而昏華，瘰俠於頸領隱起而未潰，氣伏於胸腹之間下上不時，痔形於下體者，十年矣。志強而形憊，年未既而老及之，足下雖欲進之，而僕不能勉也。

張耒《宛丘集·與陳三書》：履常足下：始獲聞履常於友人王子立書中，其後頗見履常詩句文章卓偉過人，上配作者，私自疑念，以謂士之所負如此，非久不聞於世者，何其得知名之晚也。及後見子立，始能一一道履常事，乃知賢公卿已有爲履常地者。……始王子立爲僕說履常不肯應舉，年過三十，爲布衣，囊無副裘，金無遺粒。履常甘之泰然，如食大烹，被華衮，無一毫悔心。履常能以此勝彼，亦必有所謂矣。不然，履常豈眞好樂貧賤，與人異情也哉。在京師時，已略與履常面論，此時頗欲履常稍出應有司之求，似蒙不鄙而受之。夫凡欲履常仕者，豈謂使履常以彼易此也，

顧事勢與前日所以不欲者，似少異耳。使無失所守，而不廢得祿以養親，是宜履常平日之所欲，不然是耽守貧賤，與人異情，是於道何所當哉？……春益暄，千萬自愛。

《答張文潛》詩自注：來詩云「欲餉子桑歸問婦，一瓢過午尚懸牆」。

《張右史集·晝卧懷陳三時陳三卧疾》：睡如飲蜜入蜂房，懶似遊絲百尺長。陋巷誰過居士疾，春風正作國人狂。吟詩得瘦由無性，辟穀身輕合有方。欲餉子桑歸問婦，一瓢過午尚懸牆。

秦觀來，過書院觀黃庭堅詩。

山谷《次韻秦觀過無己書院觀鄙句之作》：陳侯大雅姿，四壁不治第。碌碌盆盎中，見此古罍洗。薄飯不能羹，牆陰老春薺。下略。

黃㽦《山谷年譜》：按蜀本《詩集注》云：無己來京師，寓居陳州門，見於所作《秋懷》詩。書院當在此地，而此詩有「牆陰老春薺」之句。

蘇軾、傅堯俞、孫覺薦後山文行於朝。《宋史》本傳。四月乙丑，授亳州司戶參軍，《宋史·哲宗本紀》。充徐州州學教授。

《續通鑑長編》：己巳，按：「己巳」當作「乙巳」。徐州布衣陳師道爲亳州司戶參軍，充徐州州學教授。先是蘇軾、傅堯俞、孫覺等言師道文詞高古，度越流輩，安貧守道，若將終身，苟非其人，義不往見。過壯未仕，實爲遺才。欲望聖慈特賜錄用，以獎士類。

《蘇東坡集·薦布衣陳師道狀》：元祐二年四月十九日，翰林學士、朝奉郎、知制誥蘇軾同傅堯俞、孫覺狀奏。右臣等伏

見徐州布衣陳師道文詞高古，度越流輩，安貧守道，若將終身，苟非其人，義不往見。過壯未仕，實爲遺才。欲望聖慈特賜録用，以奬士類。兼臣軾、臣堯俞皆曾以十科薦師道，伏乞檢會前奏，一處施行。謹録奏聞，伏候敕旨。

《東坡集·與李方叔書》：陳履常居都下，逾年未嘗一至貴人之門。章子厚欲一見，終不可得。中丞傅欽之、孫莘老薦之，某亦掛名其間。會朝廷多知履常者，故得一官。某孤立言輕，未嘗獨薦人也。

作《謝徐州教授啓》。

略云：四月二十八日，蒙恩授亳州司戶參軍，充徐州教授者，誤膺公舉，所譽至情。……若師道少則不敏，老而無聞，竊懷匹夫不奪之心，庶幾君子難進之節。……再念師道羈孤百出，度越千生，方寄食於游從，期轉死於溝壑。母子不保，更懷喜懼之心；夫婦相望，限以河山之阻。惟茲五斗之祿，足爲十口之生，追還妻孥，收合魂魄。扶老攜幼，稍比於人；飽食煖衣，少緩其死。

又用梁燾薦爲太學博士。《宋史》本傳。

晁補之《雞肋集·太學博士正録薦布衣陳師道狀》略云：伏見徐州布衣陳師道，年三十五，孝弟忠信，聞於鄉閭。學知聖人之意，文有作者之風。懷其所能，深恥自售，恬淡寡欲，不干有司。隨親京師，身給勞事，蛙生其釜，慍不見色。方朝廷振起滯才，風勸多士，謂如師道一介，亦當褒采不遺。伏睹太學録五員係差學生，見今有闕，師道雖不在學籍，而經行詞藝宜充此選。某等職預攷察，不敢蔽而不陳。伏乞選差師道充太學録，

儻不任職，某等同其罪罰。謹具申國子監，乞牒申禮部施行。

三子歸自外家，有《示三子》詩：去遠即相望，歸近不可忍。兒女已在眼，眉目略不省。嘉極不得語，淚盡方一哂。了知不是夢，忽忽心未穩。

秋，赴徐州教授任。有《過巨野》詩、《九日寄秦觀》詩。

任淵《詩注》：右二篇當是得徐州教授還鄉道中所作。

是年所作詩：《次韻答學者四首》、自注云：黄州何郎兄弟。《次韻秦觀聽雞聞雁》、《嘲秦觀》、《和豫章公黄梅二首》。

三年戊辰，三十六歲。

爲徐州教授。

五月，外舅郭槩提點夔州路刑獄，作詩送之。

九月，有《送杜侍御陝西轉運》詩。

任淵注：按《實錄》，元祐二年九月，知徐州杜純權陝西轉運〔使〕。此詩九月所作。

《雪後黄樓寄負山居士》詩。

任淵注：居士名張仲連，東坡有《訪張山人》詩。

《送楊侍禁兼寄顔黄二公二首》。

任淵注：二公謂顔長道、黄魯直。

四年己巳，三十七歲。

爲徐州教授。

四月，蘇軾以龍圖閣學士出知杭州，後山於五月託疾謁告，自徐至宋相别，同舟東下，信宿而歸。

《蘇東坡集·與陳傳道書》：衰朽何取，而傳道昆弟過聽，相厚如此。數日前履常謁告，自徐來宋相别，王八子安偕來，

方同舟東下，信宿而歸。

黃𥂕《山谷年譜》：按蜀本《集注》云：按《實錄》，東坡出知杭州在四年，而行以五月，陳無己至南京見東坡。《從登後樓》詩「五月池無水」，又《送行》詩云「一雨五月涼」。

《從蘇公登後樓》詩：倏作三年別，才堪一解顔。樓孤帶清洛，林缺見巴山。五月池無水，千年鶴自還。白鷗沒浩蕩，愛惜鬢毛斑。

《送蘇公知杭州》詩：平生羊荆州，追送不作遠。豈不畏簡書，放麑誠不忍。一代不數人，百年能幾見。昔爲馬口銜，今爲禁門鍵。一雨五月涼，中宵大江滿。風帆目力短，江空年歲晚。

任淵注：東坡出知杭州，道由南京，後山時爲徐州教授，詣徐守孫覺願往見，而覺不之許，乃託疾謁告，來南京送別。

《孫莘老年譜》：案，《蘇詩施注》：元祐初，公與傅堯俞欽之、孫莘老覺薦其文行，起家爲徐州教授，公守杭，履常以知己之義求郡檄送行，守不聽，以疾謁告，別於南京。

馮應榴《蘇詩合注》：案，施注所云守不聽，指孫莘老也，時守徐州。今案《東坡年譜》，公由翰林學士出守杭州在元祐四年，先生安得有守徐事，任注似誤。

按：後山《徐州學記》：元祐四年，中書舍人番陽彭公出守，使其從事告於廟而新之，則是年徐守爲彭公也。

爲劉安世糾彈及言者論列，罷太學博士。

任淵《詩注》：後山既送東坡，爲劉安世所彈，乞正其罪。嘗除太學博士，又爲言者以此事論列，遂罷。

劉安世彈章：士於知己，不無私恩，既效於官，則有法令。師道擅去官次，陵蔑郡將，徇情亂法，莫此爲甚。

是年所作詩：《送秦覯二首》、《和江秀才獻花三首》、《次韻李節推九日登南山》、《別負山居士》、《送趙教授》。

五年庚午，三十八歲。

爲徐州教授。

作《徐州學記》。

略云：徐故無學，天禧幾年，丞相濮陽李公迪來守，改廟爲學，置師弟子，請名與田以教養之，徐人始興於學，而仕者衆矣。……熙寧幾年，始置官師，廣弟子員。元祐四年，中書舍人彭公出守，使其從事告於廟而新之，又加其舊，明年學成，公率其屬文武之士祭以告焉。

以言者謂在官嘗越境出南京見軾，改教授潁州。《宋史》本傳。

《謝再授潁州教授啓》。

略云：方去留之未定，顧聲聞之不遑，逮此踰時，復伸故意。昨緣知舊出守東南，念一代之數人，而百年之幾見，間以重江之阻，莫期再歲之逢。使一有於先顛，爲兩塗之後悔。又謂中山之相，仁於放麑；亂世之雄，疑於食子。惟其信之既篤，所以行之不疑，豈意妄傳，遂煩公議。方衆言之成市，雖百虎而可疑。賴日月之並明，而仁人之在上，深知曲折，公賜保全，憐其母子之窮，還以斗升之祿，原恩有自，攬涕無從。

秋，赴潁州教授任。有《巨野出清口泛淮》詩。

任注：當是移潁州教授，經途所作。

按：任淵《後山年譜》謂是歲移潁州

教授，其冬往赴。今攷《巨野》詩有「紅落芙蕖晚，青深蒲稗秋」之句，是秋末往赴也。

作《祭歐陽文忠公文》。略云：潁故有學，而置師弟子員，講試如法，蓋自公始。……師道承命爲吏，有列於學校。授事之初，敬修故事。

是年所作詩：《次韻春懷》、《黃梅五首》、《田家》、《別叔父錄曹》、《猴馬》、《徐氏閑軒》、徐氏謂徐大正[二]，東坡亦有《（潁）〔閒〕軒》詩。《寄豫章公三首》。

六年辛未，三十九歲。

爲潁州教授。

是年，子登生。攷見前元豐七年。

九月，與蘇軾遊西湖，按：此係潁之西湖。涉潁。有《次韻蘇公西湖觀月聽琴》、《次韻公涉潁》詩。

《東坡紀年錄》：是月指八月。除龍圖閣學士，知潁州。

《東坡年表》：九月到任，時趙景貺爲潁倅，陳履常爲學官。

觀兗（國）文忠公家六一堂圖書，作詩：生世何用早，我已後此翁。頗識門下士，任注：南豐、東坡皆六一門下士。略已聞其風。中年見二子，任注謂棐與辯，棐字叔弼，辯字季默，時家潁州。已復歲一終。呼我過其廬，所得非所蒙。先朝羣玉殿，冠佩環羣公。神文煥王度，喜色見天容。御榻誰復登，帝書元自工。黃絹兩大字，一覽涕無從。似欲託其子，天意人與同。歷數况有歸，敢有貪天功。集古一千句，明明並羣雄。譙爲第一手，未有百世公。廟器刻科斗，寶樽播華蟲。緬懷弁服士，酬獻鳴瑽瑢。插架一萬軸，遺子以固窮。

素琴久絕絃，棋酒頗闕供。向來一瓣香，敬爲曾南豐。世雖嫡孫行，名在惡子中。斯人日已遠，千歲幸一逢。吾老不可待，草露濕寒蛩。

《宋史》本傳：官潁，時蘇軾知州事，待之絕席，欲參諸門弟子間，而師道賦詩「向來一瓣香，敬爲曾南豐」之語，其自守如是。

任淵《詩注》：後山以東坡薦得官，作此詩時，東坡政爲郡守，終無少貶阿附之意，可謂特立之士矣。

十月旱，受蘇軾命，與蘇迨迎張龍公。

《東坡紀年錄》：十月二十五日，以旱請教授陳師道并男迨迎張龍公。《東坡集》有《張龍公祠記》。

冬，久雪人飢，以疾作不出，有詩，自注「是日賜柴米」。

趙德麟《侯鯖錄》：元祐六年冬，汝陰久雪人飢。一日天未明，東坡先生簡召議事，曰：「某一夕不寐，念潁人之飢，欲出百餘千造炊餅救之，老妻謂某曰：『子昨過陳，見傅欽之，言簽判在陳賑濟有功，何不問其賑濟之法。』某遂相招，令時面議，曰：『已備之矣，今細民之困不過食與火耳，義倉之積穀數千石，便可支散，以救下民。作院有炭數萬秤，酒務有柴數十萬秤，依元價賣之，可濟中民。』先生曰：「吾事濟矣。」遂草《放積欠賑濟奏》。陳履常有詩，先生次韻，有「可憐擾擾雪中人」之句，爲是故也。

《贈魯直》詩：相適不用早，論交宜晚歲。平生易諸公，欺人眞可畏。見之三伏中，凜凜有寒意。名下今有人，胸中本無事。

神物護詩書，星斗見光氣，惜無千人力，負此萬乘器。生前一尊酒，撥棄獨何易。我亦奉齋戒，妻子以爲累。君如雙井茶，衆口願共嘗。顧我如麥飯，猶足塡飢腸。陳詩傳筆意，願立弟子行。何以報嘉惠，江湖永相望。

是年所作詩：《贈秦觀兼簡蘇迨二首》、《次韻秦少遊春江秋野圖》、《贈歐陽叔弼》、《送蘇迨》、《送黃生兼寄二謝二首》、《次韻蘇公西湖徙魚三首》、《再次〔韻〕蘇公示兩歐陽》、《次韻蘇公勸酒與詩》、詩有「五十三不同」句，任注：東坡守潁，時趙德麟作簽判，後山爲學官，其兄傳道來過，而歐陽叔弼、季默家居於潁，東坡《送傳道》詩所謂「五君從我遊」是也。兩歐陽以新免母喪，不肯作詩，後山持律不飲酒，故云「三不同」。《次韻蘇公督兩歐陽詩》、《次韻蘇公題歐陽叔弼息齋》、《次韻蘇公竹間亭絕句》、自注：是夕，公畫枯木。《龍潭》、東坡有和詩。《寄參寥》。吳中詩僧道潛，自號參寥子。

七年壬申，四十歲。

爲潁州教授。

上元，與蘇軾雪中觀燈。

《東坡紀年錄》：《上元和履常雪中觀燈》詩。

作《李夫人墓銘》。

略云：夫人連昌人，李姓，溧水尉贈特進之子，大理丞知康州黃庶之妻，集賢校理佐著作庭堅之母也。……封安康郡君，元祐六年七十二，卒於東都。……明年，合於康州之臺平，實雙井。梁縣尉庭堅兄時爲梁縣尉。與其羣弟使來言曰：「先實知子，子其銘以壽吾先。」師道學於校理，貧不自食，又客焉，知其私爲

詳，不辭而銘。

二月二十五日，作《仁宗御書後序》。兄師黯監壽州酒稅，姊婿張舜民爲左司員外郎。見本集《先君事狀》。

五月，葬父於袁城縣白鶴鄉呂柵村，作《先君事狀》。

六月十五日，作《彭城移獄記》。略云：彭城獄故近市，汶陽梁叔忱時爲縣令。廢縣圃而徙之，爲南北之室。……余爲徐學官，過之，見其興作，而屬余爲之記，會徙潁不果。明年獄成，使來告而記之。

六月，迎新將至漕城，暮歸遇雨，作詩。任淵注：按《實錄》，元祐七年正月辛亥，東坡自潁除知揚州。二月辛酉，少府監晏知止除知潁州。六月甲子，以禮部侍郎韓川換知止。

八月三日，作《思亭記》。十四日，作《彭城縣令石記》。

作《賀兵部蘇尚書啓》。

是年，魏衍來學。

魏衍《集記》：衍從先生學者七年，所得爲多。

按：衍家彭城，於元符元年秋移沛，見後山《送魏衍移沛》詩及衍母《劉縣君墓銘》。自元符元年上推至是年爲七年，繫於此。

是年所作詩：《中秋夜東刹贈仁公》、《胡士彥挽詞二首》、《送趙承議》令時爲潁州簽判，受代。《寄李學士》、格非，字文叔。《寄晁載之兄弟》任注：曾慥《詩道》云：晁沖之字叔用，少受知於陳無己。、《寄答王直方》。直方字立之，自號歸叟，有園亭在汴京城南，嘗從蘇、黃諸公遊。

八年癸酉，四十一歲。

爲潁州教授。

《寄侍讀蘇尚書》詩。

任淵注：《實録》，元祐七年八月，蘇公以兵部尚書兼翰林侍讀學士。十一月，又除端明殿學士兼侍讀，守禮部尚書。此詩是今年所作，蓋有「六月（丙）〔西〕湖」之句。

《寄送定州蘇尚書》詩。

任淵注：元祐八年九月，蘇公知定州，於時宣仁聖烈太后上昇，時事漸變，故此詩意勸公省事高退。

是年所作詩：《寄亳州林待制》、林希。《卧疾絶句》、《南軒絶句》、《獨坐》、有「暮年貪佛替論文」句。《寄答李方叔》、名豸，《宋史》有傳。《智室院後樓懷胡元茂》。

紹聖元年甲戌，四十二歲。

爲潁州教授。

《送伯兄赴吏部改官》詩：先子初增秩，年侵鬢已皤。念兄今繼善，此别喜如何。親老家仍困，門衰仕未多。猶須教兒子，早要中文科。

時紹述之議興，蘇軾謫惠州，後山坐餘黨，以例罷官。

《東坡年表》：是年正月改元，紹述之議，吕大防、范純仁相繼罷去，以章惇爲尚書僕射，安燾爲門下侍郎。

《宋史·哲宗本紀》：是年四月壬子，蘇軾坐前掌制命語涉譏訕落職，知英州。六月甲戌，來（子）〔之〕邵等疏蘇軾詆斥先朝，詔謫惠州。

本集《與魯直書》：紹元夏末，以例罷官。

《與曾樞密書》：向緣餘黨，例罷故官。

《送吳先生謁惠州蘇副使》詩：任注：吳先生當是吳遠游，蘇公嘗有書與之。聞名欣識面，異好有同功。我亦慙吾子，人誰恕此公。百年雙白鬢，萬里一秋風。爲說任安在，依然一禿翁。任注：末句後山自謂不負蘇公之門，時亦坐黨事廢錮，故云禿翁。

得監海陵酒。

本集《與黃魯直書》：紹元夏末，以例罷官，遂赴部，得監海陵酒。

與晁載之、唐問之訪呂希哲於城東華嚴寺。

宋呂本中《紫微詩話》：紹聖初，滎陽公罷經筵，出舍城東華嚴寺，無已與晁伯禹載之、唐季實問之皆來訪公。每日晨興，公未起，三人者皆揖於門外。及寢，公就枕，三人者皆揖於門外，如親弟子云。

按：《宋史·呂希哲傳》：紹聖黨論起，御史劉拯論其進不由科第，以祕閣校理知懷州。後山《與魯直書》：「紹元夏末，以例罷官，遂赴部，得監海陵酒。」訪呂公當在是時。

作《比邱理公塔銘》。

是年所作詩：《元日》、《放懷》、《絕句》、《寄張文潛舍人》、《後湖晚坐》、《春興》、《次韻回山人贈沈東老二首》、《送孝忠二首》、《以柱杖供仁山主二首》、《項城道中寄劉令使修溪橋》、《碓磨寨》、《寄張宣州》紹聖元年八月，張耒知宣州。《送倫化主》、《西湖》、《別月華嚴》、《別圓澄禪師》、《別觀音山主》、《離潁》、《湖上》、《舟中二首》、《規禪停雲齋》。

二年乙亥，四十三歲。

春，客東都。

本集《持善序》：紹聖二年之春，客東

都。

調彭澤令，不赴。《宋史》本傳。

魏衍《集記》：紹聖初，又以餘黨罷，換江州彭澤令，未行。

兄師黯爲光州光山令，師仲河中司錄參軍。本集《先夫人行狀》。

撰《魏嘉州墓銘》。

二月二十七日，撰《張居士墓表》。

三月，奉母就食河北，舟次東阿，遂丁母憂，寄寓僧舍。

本集《先夫人行狀》：夫人從其不肖子就食河北，舟及鄆之東阿，年七十七而卒，紹聖二年三月十九日。

任淵《後山年譜》：按《實錄》，紹聖二年三月，河北東路提刑郭槩知潭州。當是槩未罷使事時，後山奉母就食，遂遭變故。

魏衍《集記》：丁母憂，寓僧舍，人不堪其貧。暨外除，猶不言仕者凡四年。

按：張耒《宛丘集》有《寄陳履常》詩云：「近聞彭澤會，旅館寄招提。杜老不厭賦，韋郎猶愧妻。得州慙牧養，懷友負招攜。祇覺新詩好，高吟獨醉泥。」

歸徐州。

七月甲子，奉兩親之柩葬於彭城白鶴鄉龍山之陰先大父之兆次。本集《先夫人行狀》。

按：《行狀》云：「先君之喪，高郵秦觀爲銘焉，而不克葬。」其《先君事狀》稱「元祐七年五月，葬於白鶴鄉呂柵村」者，蓋厝而未葬也。

外舅郭槩知曹州，遂往寄食于曹。

任淵《後山年譜》：已而槩知曹州。七月，後山歸徐，葬其父母，遂寄食於曹。

《寄泰州曾侍郎》詩：八年門第故違離，千里河山費夢思。淮海風濤眞有道，麒麟圖畫豈無時。今朝有客傳何尹，是處逢人說項斯。三徑未成心已具，世間惟有白鷗知。

任淵注下有曾子開和：「故人南北歎乖離，忽把淸詩慰所思。松茂雪霜無改色，鷄鳴風雨不愆時。著書子已通科斗，竊食吾方逐鷺斯。便欲去爲林下友，懶隨年少樂新知。」下注云：無己書言作《尚書傳》，故云。

按：《龜山集·曾文昭公行述》，守滁，歲滿知泰州，在紹聖二年。任淵編寄曾詩于元符元年，似誤。又按《宋史·藝文志》無後山《尚書傳》，惟魏衍《集記》稱後山有《解洪範相表》，豈即此書歟？今不傳。

是年所作詩：《答晁以道》、《病起》、《九月九日魏衍見過》、任注：時在徐州。《別黃徐州》、任注：自徐寄食于曹所作。《次韻答晁無斁》、無斁時爲曹州教官。《次韻無斁偶作二首》、《古墨行》、《次韻晁無斁除日述懷》。

三年丙子，四十四歲。

寓曹州。

按：是年《次韻無斁雪後》詩有「寄食虛長算」語。魏衍注云：「時先生寄婦翁郭槩大夫曹州使宅，晁時爲教官。」

題永安驛廊東柱。

序云：永安驛廊東柱有女子題五字云：「無人解妾心，日夜長如醉。妾不是瓊奴，意與瓊奴類。」讀而哀之，作二絕句：「桃李摧殘風雨春，天孫河鼓隔天

津。主恩不與姸華盡，何限人間失意人。」「從昔嬋娟多命薄，如今歌舞更能詩。孰知文雅河陽令，不刪瓊奴柱下題。」

《詩林廣記》：後山少貧不得志，東坡薦爲徐州教授，以送東坡論罷。後徽宗召爲正字，未幾而卒。此詩亦以寫其不得志之意也。

《青瑣高議》：瓊奴姓王氏，郎中幼女，失身於趙奉常家，爲主母凌辱。道出淮上，書其事於驛壁，見者哀之，王平甫爲作歌云。

八月十日，作《佛指記》。

八月二十五日，作《汳水新渠記》。

冬，赴雍丘，展外大父龐丞相墓，有《宿深明閣》詩任注：深明閣在陳留佛寺。及《東山謁外大父》詩。

按：《宿深明閣》詩有「人與歲時遷」句，任注：「此句屬魯直。紹聖初，言者以《神宗實錄》多失實，召魯直至陳留問狀，因寓佛寺，題其所居爲深明閣，自此遂謫黔中。」又黄㽦《山谷年譜》：「先生有《與公蘊知縣書》云『被旨至陳留，略已六十日』，又有《書壽禪師垂戒碑》、《贈朱時發》，乃十二月丙申陳留淨土院深明閣書。」

是年所作詩：《次韻無斁雪後二首》、《贈魏衍三首》、任注：當是自曹暫還徐所作。《贈寇國寶三首》、《次韻春懷》、《河上》、《蠅虎》、《陶朱公廟》、《次韻晁無斁夏雨》、《寄無斁》、《次韻別張芸叟》、《次韻晁無斁冬夜見寄》、《寒夜有懷晁無斁》、《除夜》。

四年丁丑，四十五歲。

寓曹州。

春過巨野，作《劉道原畫像贊》。

二月五日，作《是是亭記》爲劉羲仲作。

略云：劉子佐巨野架室以居，名曰「是是之亭」，言其父道原面數人短長，不避權貴，羣居聚語，是是非非，公無所隱，聞者至心掉手失，掩耳疾走，而略不以爲意。卒窮以死，天下歸重焉。今劉子博覽偉辯，刻身苦思，既嗣其世，向善讎惡，亦不減其父，而能沈潛摧折，以成其材，故士君子皆樂告以善也。

歸徐州，有《還里》詩。

夏，晁補之過徐來見。秋，撰《仁壽太君盧氏墓銘》。

略云：初，司業以喪過潤，晁子補之使問銘於陳氏。是夏晁子過徐，致意師道，對曰：「吾嘗其屬其私，是宜銘之。」是秋，司業以狀來，師道讀之，曰：「此吾之所聞也。」

十一月五日，作《披雲樓記》樓在曹州，郭槩廣而新之。

作《送劉主簿》詩：羲仲。平生師友豫章公，矻矻談君口不空。半面相看吾已了，連城增價子何窮。三千奏牘諸儒上，四百菴寮一歲中。二父風流皆可繼，謗禪排道不須同。

任淵注：羲仲，蓋道原之子，凝之之孫，二父皆排訾釋老，故復勸此兩事不必同先世也。

是年所作詩：《寄提刑李學士》、李昭玘。《寄杜擇之》、《次韻晁無斁春懷》、《寄晁無斁》、《別寶講主》、《答魏衍黃預勉予作詩》、按：任注《和黃預感秋》詩云：黃預從學于後山。《老柏三首》、《魏衍見過》、

《次韻螢火》、《次韻夏日江村》、《次韻觀月》、《次韻夏日》、《夏日有懷》、《送杜擇之》、《楊夫人挽詞》晁無咎之母。《桓山》、《答顏生》、《觸目》、《晚望》、《送高推官》、《和黃預感秋》、《和顏生同遊南山》、《僧慧僧和同往南山》、《柏》、《謝端硯》、《捕狼》。

元符元年戊寅，四十六歲。

在徐州。

九月甲寅，作《白鶴觀記》。觀在徐州。

九月己酉，作《觀音院修滿淨佛殿記》。

九月辛亥，撰《宋魏府君墓表》。

《送河間令》詩：自注：子固甥。今日中年令，當年太守孫。獨能憐此老，肯避席爲門。寒日風濤壯，邊城簿領繁。平生子曾子，白首得重論。

《送參寥序》略云：元符之冬，去魯還吳，道徐而來見。余與之別二十年，復見於此。愛其詩，讀不捨手，屬其談，挽不聽去。夜相語，及唐詩僧。

是年所作詩：《和魏衍元夜同登黃樓》、《和元夜》、《和魏衍同遊阻風》、《和魏衍同登快哉亭》、《登快哉亭》、《招黃魏二生》、《春夜》、《和三日》、《登燕子樓》、《和魏衍三日二首》、《答魏衍惠朱櫻》、《答魏衍聞鶯》、《和黃生春盡遊南山》、《揀花》、《和黃充實榴花》、《和黃預久雨》、《和黃預病起》、《何郎中出示黃公草書四首》、《和黃預感懷》、《答顏生見寄》、《和黃預七夕》、《贈鄭戶部》、《九日不出魏衍見過》、《送魏衍移沛》、《次韻何子溫祈晴二首》、《寄潭州張芸叟二首》、《送曹秀才》、《送王元均貶衡州兼寄元龍二首》、《杜侍郎挽詞三首》、《黃

預挽詞四首》、《秋懷四首》、《送法寶禪師》、《贈趙奉議》。

二年己卯，四十七歲。

在徐州。

與黃魯直書：師道再啓。紹元夏末，以例罷官，遂赴部，得監海陵酒。明年之春，復遭家禍，居貧口衆，轉舍往來，而卒歸鄉里，逮今三歲矣。而法當居外射闕，亦既申部而請矣。不辦一到京師，又不敢數數申部，今亦再歲矣，不蒙注擬。罷官六年內，無一錢之入，艱難困苦，無所不有，溝壑之憂，近在朝夕，甚可笑也。自私自幸者，大兒年十六，解作史論，小兒八歲，能賦絕句，時有好語，聊爲絕倒。不知天欲窮之耶，欲達之耶？邇來絕不爲詩文，然不廢書，時作小詞以自娛，用以卒歲，毋以爲念也。無咎向過此，服闋赴貶所，相從數日，頗見言色，他皆不通問矣。師道有詩文數篇在王立之處，託渠轉致，必能上達也。……師道素有脾疾，近復暴得風眩，時時間作，亦有併作時，極以爲苦，若不饑死寒死，亦當疾死。然人生要須死，寧校短長，但恨與釋氏未有厚緣，少假數年，積修香火，亦不恨矣。王立之遣人來相賙，云欲遣信，且索書甚急，作此殊不盡懷。語所不及，亦可自了，何必多耶。……令郎計康勝，爲學想有可觀。人還，可以數首見寄否？豐、登兩稚，不敢草草上狀，向慕之意，甚於乃翁。正夫有幼子明誠，頗好文義，每遇蘇、黃文詩，雖半簡數字必錄藏，以此失好於父，幾如小邪矣，迺知歆、向無足怪者。

《謝憲臺趙史惠米》詩：平生忍欲今忍貧，閉口逢人不少陳。俸薄身清趙都史，也能作意向詩人。

《詩林廣記》：謝疊山云：後山能忍貧，達官名賢哀其貧，袖白金餽之，見其辭色無窮態，議論愈介潔，竟不敢出。……此憲臺一都史惠米則受，以詩送之，蓋取俸薄身清，能尊敬賢人也。

八月癸酉，作《寇參軍集序》。

略云：大父鹽鐵府君、外大父潁公，與文忠蔡公好。太常少卿寇君，蔡之出也，游二大父之間，而輩先君。而君卒，二氏之子弟居同邑，學同文，情同好也。其季曰元弼，元弼既歿，家無留藏，其子某索于里中，得詩若干首，文若干首，而第次之以請於余。余勤其成而尚其志，爲之序而藏之兩家，使後之人知吾與若世好之如此也。

九月，作《持善序》。

是年所作詩：《元日雪二首》、《次韻黃生》、《答黃生》、《雪後》、《送張蘄縣》、《送何子温移亳州三首》、《送詹司業》、《西郊二首》、《寄亳州何郎中二首》、《寄答泰州曾侍郎》、《送提刑李學士移使東路》、《和鄭戶部寶集文室二首》、《隱者郊居》、《覽勝亭》、《何太沖挽詞二首》〔三〕、《送大兄兼寄趙團練》、《寄襄州程大夫》、《送檢法趙奉議》、《送建州鄭戶部》、《送張秀才》、《晁無咎畫山水扇》、《奉陪趙大夫游桓山》、《寄曹州晁大夫》、《送馮翊宋令》、《嗟哉行》、《夜句三首》、《送李孝忠落解南歸》、《寄單州張朝請》、《和趙大夫鹿鳴宴集》、《和朱智叔鹿鳴席上》、《酬智叔見贈》、《再

酬》、《敬酬智叔三賜之辱兼戲楊理曹二首》、《酬智叔見戲二首》、《送智叔令咸平》、《九月九日夜雨留智叔》、《九月九日與智叔鵰堂宴集夜歸》、《城南夜歸寄趙大夫》、《席上勸客酒》、《戲寇君二首》、《絶句四首》、《騎驢二首》、《壽安縣君挽詞二首》、《寄曹州晁大夫》、晁端仁字堯民。《寄題披雲樓》、《絶句》、《寄黄充》、《寄張大夫》、《懷遠》、《答田生》、《早起》、《和黄充小雪》、《寄張學士舜民》、《謝趙使君》、《雪中寄魏衍》、《送澶州録曹宋參軍》〔四〕、《和范教授同遊桓山》。

元符三年庚辰，四十八歲。

在徐州。

正月己卯，哲宗崩，徽宗立。

三月，撰《昌樂縣君劉氏墓銘》。魏衍之母。

七月，除棣州州學教授，有《蒙恩復除棣學》詩：老作諸侯客，貧爲一飽謀。折腰眞耐辱，捧檄敢輕投。早作千年調，中懷萬斛愁。莫年隨手盡，心事許溟鷗。

案，《宋史·本紀》：「元符三年四月辛亥，大赦天下，詔范純仁等復官宫觀，蘇軾等徙内郡居住。五月己丑，詔追復文彦博、王珪、司馬光、吕公著、吕大防、劉摯等三十三人。」《宋史·曾肇傳》：「日食四月朔，當降詔求言，公具述帝旨。詔下，投匭者如織。章惇惡之，欲因事去公，帝不聽，元祐臣僚被譴者咸以赦恩甄叙，請併録死者，作訓詞哀厚惻怛，讀者爲之感愴。」後山之得復除棣學，以此。

與曾樞密書。按：是年曾布知樞院事。略云：向緣餘黨，例罷故官，一廢七年，

日有投荒之懼，十生九死，卒完塡壑之軀。既逃影而匿形，故使人之忘己。比再蒙於除吏，自比於常人，稍紓平生之懷，復修左右之問。永惟陳迹，未賜削除，引領師門，莫知遠邇。

九月，賀翰林曾學士書。

案，書有「秋陽尙熾之語」，知作于是月。

《曾肇年譜》：近人周明泰著。是年九月，轉除集賢院修撰，爲中書舍人兼翰林學士。

冬赴棣學，經湖陵、合淸口、泊口、柴城、顔市、齊河、雞籠鎮，均有詩。未至，十一月除祕書省正字。作《謝正字啓》。略云：恭惟祖宗之遠猷，創爲館閣之清選，由二府之公舉，開數路以博收，不爲常員，務在多得。給太官之上膳，假四部之異書，加以其年，孰不爲用。凡百年名世之士，莫不由是以興，而一代致平之功，其原蓋出於此。名雖文學之選，實爲將相之儲。……豈期暮齒，名玷薦賢之中。粗蒙一命之微，已致七年之廢。方睿聖之有作，而公道之大行，乃於斯時，復與此選。頭童齒豁，敢辭乳媼之譏；聞淺見輕，但畏金根之謬。

作《除官》詩：扶老趨嚴召，徐行及聖時。端能幾字正，敢恨十年遲。肯着金根謬，寧辭乳媼譏。向來憂畏斷，不盡鹿門期。

晁説之《嵩山集》：無己初除正字，以詩寄之：「平生阮步兵，口不道臧否。每笑謝著作，自是雌黄口。閉門秋草多，金風搖白晝。忽傳黄紙書，校藝羣公後。執雁有楚越，佩劍無左右。難畫渾沌眉，遽識齊宿瘤。彭城陳夫子，笑我顔何厚。

爲語陳夫子，人生無不有。」

《書舊詞後》略云：余它文未能及人，獨於詞自謂不減秦七、黄九。而爲卿掾三年，去而復還又三年矣，而卿士無欲余之詞者，獨杜氏子勤懇不已，且云：「所得詩詞滿篋，家多蓄紙，筆墨有暇則學書，使不如言，其志亦可喜也，乃寫以遺之。

是年所作詩：《早春》、《徐僊書三首》、《寄酬咸平朱宣德智叔》、《咸平讀書堂》、《絶句二首》、《春懷示鄰里》、《歸雁二首》、《和寇十一晚登白門》、《謝寇十一惠端硯》、《再和寇十一二首》、《與寇趙約丁塘看花寇以疾不赴有詩用其韻》、《和寇十一同遊南城阻雨還登寺山》、《三月二十日榴花盛開戲作絶句》、《和寇十一雨後登樓》、《答寇十一雨後惠朱櫻》、《雙櫻絶句》、《謝趙生惠芍藥三絶句》、《寄鄰絶句》、《寄寇十一》、《和酬魏衍》、《觸目絶句》、《送姚先生歸宜山三絶》、《上趙使君》、《送鄭祠部》、《和寇十一同登寺山》、《謝孫奉職惠胡德墨》、《登寺山》、《答寄魏衍》、《拱翠堂》、《贈田從先》、《別鄉舊》、《和李使君九日登戲馬臺》、《與魏衍寇國寶田從先二姪分韻得坐字》、《和黄生出游三絶句》、《盤馬山》、《爛石村》、《別叔父崑山丞》、《從寇生求茶庫紙絶句》、《黄樓絶句》、《酬顔生惠茶庫紙》、《黄樓》、《答黄生》、《寒夜》、《贈周秀才二首》、《五子相送至湖陵》、《湖陵與劉生別》、《寄滕縣李奉議》、《住雁》、《寓目》、《野望》、《寄單州吕侍講希哲》、《寄沛縣姜承議》、《寄兖州張龍圖文潛二首》、《晚立》、《寒

（食）〔夜〕》、《雁二絶句》、《山口》、《晚泊》、《夜雨》、《野望》、《宿柴城》、《顔市阻風二首》、《晚坐》、《寒夜》、《絶句》、《禮武臺坐化僧》、《晚興》、《别劉郎》、《趙巖》、《鷄籠鎭》、《除官》、《題王平甫帖》。

徽宗建中靖國元年辛巳，四十九歲。

在館中。

五月，作《仲父陳君墓表》。

略云：建中靖國元年五月某日，叔父前崑山丞珣葬於彭城呂柵之大塋。君娶解氏，光禄卿程之女，亦不終，故其葬不祔。

作《季父通直郎陳君墓表》。

九月十八日，作《面壁庵記》。

王觀復、洪駒父來謁。

任淵《山谷詩内集注》：王蕃，字觀復，沂公之裔，官閬中。時多以書從山谷問學，至是自京師來會山谷於荆州。洪芻，字駒父，山谷之甥也。陳無己元符三年冬爲祕書省正字，山谷《和王觀復洪駒父謁陳無己》詩：「陳君今古焉不學，清渭無心映涇濁。漢官舊儀重九鼎，集賢學士見一角。謂無己。王侯文采似於菟，洪甥人間汗血駒。相將問道城南隅，無屋正借官船居。有書萬卷繞四壁，樵蘇不爨讀至夕。主人自是文章伯，鄰里頗怪有此客。食貧各仕天一方，佳人可思不可忘。河從天來砥柱立，愛莫助之涕淋浪。」

按：任淵《山谷年譜》：「是年，召以爲吏部員外郎，病癰初愈，辭免恩命，乞知太平州，留荆南待命。」山谷《病起荆江亭即事十首》，其一云：「閉門

覓句陳無己，對客揮毫秦少游。正字不知溫飽味，西風吹淚古滕州。」任注：「閉門覓句」，「對客揮毫」，乃二君實錄也。無己坐黨廢錮，既而自棣學除祕書省正字。少游自雷州貶所北歸，至藤，卒於光化亭上。

冬十一月，預郊祀行禮。寒甚，衣無綿，妻就假於僚壻趙挺之家。問所從得，卻不肯服，遂得寒疾不起。《宋史》本傳。

《宋史·徽宗本紀》：建中靖國元年庚辰，祀天地于圜丘。

《詩林廣記》：謝叠山云：建中靖國辛巳，仕于朝，郊祀爲執事者。其內子聞郊壇高寒，非挾纊不可，借姊夫趙挺之綿裘衣之。臨行，後山問此裘所從來，妻以實對，後山脫而擲之地。其夜寒凍，得疾不起。

按：《宋史·趙挺之傳》：「排擊元祐諸人不遺力。」蘇東坡亦嘗云：「挺之，聚歛小人，學行無取。」故後山深惡之。

是年所作詩：《和李文叔退朝》、《和謝公定雨行逢賣花》、《酬王立之二首》、《送謝朝請赴蘇幕》、《和謝公定觀祕閣文與可枯木》、《和饒節詠周昉畫李白眞》、《謝王立之送花》、《和參寥明發見鄰家花二首》、《和張奉議贈舅氏龐大夫》、《和舅氏公退言懷》、《欽聖憲肅皇后挽詞二首》、《欽慈皇后挽詞二首》、《大行皇太后挽詞二首》、《追尊皇太后挽詞二首》、《王察院挽詞二首》、《贈吳氏兄弟三首》、《和吳子副智海齋集》、《舅氏新齋》、《上晁主客》、《和鮮于大受崇先觀餞別曾元忠》、《答王立之》、《又和過田承君》、

《贈石先生》、《送晁無咎出守蒲中》、《題明發高軒過圖》、《送歐陽叔弼知蔡州》、《送晁堯民守徐》、《送王定國通判河南》。

十二月二十九日，卒于京師，任淵《後山年譜》。年四十九。友人鄒浩買棺以殮，朝廷特賜絹二百匹。嘗與往來者共賻之，然後得歸。魏衍《集記》。王立之割田十頃以賙其孤。晁説之《嵩山集·王立之墓誌銘》。

劉克莊《後村詩話》：後山生不肯着趙挺之丞相背心，其死也，友人鄒道鄉買棺以殮，二事尤偉。魏衍作《集記》，不敢書前事，豈趙公方貴盛，有所避就乎？

既歿，其子豐、登以全藁授門人魏衍。魏衍《集記》。

魏衍《集記》：衍從先生學者七年，所得爲多，今又受其所遺甲、乙、丙藁，皆先生親筆合而校之，得古律詩四百六十五篇、文一百四十篇，詩曰五七，雜以古律，文曰千百，不分類。衍今離詩爲六卷，類文爲十四卷，次皆從舊，合二十卷，目錄一卷，又手書之。其闕方求而補諸，又有《解洪範相表》、《闡微彰善》、《詩話》、《叢談》，各自爲集云。政和五年十月六日謹記。

宋元城王雲題魏衍《集記》：建中靖國辛巳之冬，雲別涪翁於荆州，翁曰：「陳無己，天下士也。其讀書如禹之治水，知天下之脈絡有開有塞，至于九川滌源，四海會同者也。其論事求首救尾，如常山之蛇。其作文深知古人之關鍵，其作詩深得老杜之句法，今之詩人不能當也。子有意學問，不可不往掃斯人之門。」雲再拜受教。明年春至京，賢士大夫出涕相弔曰：「無己亡矣。」雲驚嘆失聲，痛

恨無窮。洎來彭城，求先生詩文，且四年，僅見一二，最後得昌世，魏衍字。凡六百五篇，琮璜珩瑀，貫列大備。雲曰：「幸矣！至寶不歿，乃今有獲。」因記涪翁之語，錄以示昌世。昌世，先生之高弟，操行文章，雅有先生之風，雖隱約布韋，而所立絕人，不苟循合，故能蒐拾遺文，成一家之言。

《四庫全書總目提要》：《後山集》二十四卷，副都御史黃登賢家藏本。徐度《卻掃編》稱「師道吟詩至苦，竄易至多，有不如意則棄稿。世所傳多僞，惟魏衍本爲善」是也。此本爲明馬暾所傳，而松江趙鴻烈所重刊，凡詩七百六十五篇，編八卷，文一百七十一篇，編九卷，《談叢》編四卷，《詩話》、《理究長短句》各一卷，又非衍之舊本。方回《瀛奎律髓》稱謝克所傳有《後山外集》，或後合併重編歟？

又《後山詩注》十二卷，浙江巡撫採進本。任淵注原本六卷，此本作十二卷，則淵作註時每卷釐爲二也。淵生南北宋間，去元祐諸人不遠，佚文遺蹟往往而存，即同時所與周旋者，亦一一能知始末，故所注排比年月、鉤稽事實，多能得作者本意。

晁說之《嵩山集》：亡友陳無己有《立春》詩云「朱門誰送青絲菜，下里難酬白雪歌」，按：此詩今集中不見。頗爲都下詩人所稱。今日立春，誦之而作：「地下修文幾歲郎，尙憐有子已爭行。青絲盤到特揮淚，紅錦詩餘合斷腸。安得見予今議論，果誰識子古文章。從茲花發知多少，試訪彭門舊講堂。」

晁沖之《過陳無己墓》詩：見《具茨集》。以我懷公意，知公待我情。五年三過客，九歲一門生。近訪遺文錄，重經故里行。寄書無鄭尹，誰爲葬彭城。

《又過陳無己墓》詩：鎖門脱落封將盡，題壁汚漫字不分。我亦嘗參諸弟子，往來徒步拜公墳。

〔一〕門：原脱，據《後山詩注·目録》改。以下〔〕中所補字，出處同此。

〔二〕大正：原作「大止」，據《後山詩注·目録》、《蘇軾詩集》卷二四《徐大正閑軒》詩改。

〔三〕太沖：原作「大中」，據《後山詩注·目録》改。

〔四〕宋參軍：原脱「宋」字，據右引補。

後山文師南豐，詩學豫章。劉克莊謂：「皆極天下之本色。」《宋史》稱其高介有節，安貧樂道。山谷稱其固窮有膽氣，其峻潔狷行，介然弗苟，可以風世而立民族之氣節。魏衍嘗裒次其遺著而作《集記》，頗能道其出處，然如傅堯俞懷金不敢餽，侍南郊却趙挺之之衣二事，尤爲偉絶，衍竟不載。天社任淵編注後山詩，前附年譜，斷自元豐六年，記事簡略，實一編年詩目爾。因讀其書，參攷他籍，鉤稽其行事，以補任譜之所未及。疵謬牴牾，自知不能免焉。民國二十六年七月，識于南京龍蟠里國學圖書館。

游定夫先生年譜

（清）游智開 編

吴洪澤 校點

清同治六年重刊《游定夫先生集》卷首

游酢（一〇五三—一一二三），字定夫，建州建陽（今屬福建）人。元豐六年進士，調蕭山尉。元祐間召爲太學録，除博士，知河清縣，教授潁昌府，復爲太學博士。出爲齊州、泉州簽判。徽宗即位，召爲監察御史，出知和州，歷知漢陽軍、舒州、濠州。罷歸，寓居歷陽。宣和五年卒，年七十一，後謚文肅。

游酢早年師事程顥、程頤，與楊時友善。以文行知名，程頤稱其「德器粹然，問學日進，政事亦絶人遠甚」（危素《游先生文集目録後記》），爲「程門四先生」之一，學者稱廌山先生，又稱廣平先生。所著有《中庸義》一卷、《易説》一卷、《詩二南義》一卷、《論語》《孟子雜解》各一卷、文集十卷。文集久佚，後人輯有《游廌山先生集》四卷，有《四庫全書》本、清同治刊本。事蹟見楊時《御史游公墓誌銘》（《龜山集》卷三三）、《宋史》卷四二八本傳。

是譜爲清游智開所編，簡記仕履、親屬生卒及著述，蓋據墓誌、家譜掇拾而成，頗爲簡略。初附於乾隆間刊本《游廌山先生集》，又附四庫全書本《游廌山集》、同治間刊《游文肅公集》，兹據同治六年和州官舍重刊本《游定夫先生集》所附年譜校點。

宋仁宗皇祐五年癸巳
二月二十五日午時，公生於建寧府隋立建安郡，末改泉州。唐建州，宋初隸江南，又隸兩浙，尋以隸福建，陞建寧軍節度，後陞今名。建陽之長平。
至和元年甲午，公二歲。改元首年俱書。
嘉祐元年丙申，公四歲。
五年庚子，公八歲。
善屬文，人稱神童。
英宗治平元年甲辰，公十二歲。
潛心《孝經》。
神宗熙寧元年戊申，公十六歲。
與兄質夫從族父執中於家塾。
三年庚戌，公十八歲。
同葉敦禮、施景明從江處中於集公山。
五年壬子，公二十歲。
預鄉薦。伊川先生見之京師，謂其資可與適道。
八月，明道先生令扶溝，召職學事。
六年癸丑，公二十一歲。
禮部試下第，補太學生歸。
八年乙卯，公二十三歲。
預太學薦。
元豐元年戊午，公二十六歲。
四年辛酉，公二十九歲。
與楊中立、謝顯道以師禮見明道先生於潁昌，錄有明道先生語。
五年壬戌，公三十歲。
登黃裳榜進士。
六年癸亥，公三十一歲。
調越州蕭山尉。
七年甲子，公三十二歲。
三月，長子撝生。
赴蕭山任。
八年乙丑，公三十三歲。

官蕭山。用侍臣薦，召爲太學錄。

六月晦，聞明道先生訃，設位哭於寢門，作行狀。

七月，次子擬生。

哲宗元祐元年丙寅，公三十四歲。

官太學錄，改宣德郎，除博士。

二年丁卯，公三十五歲。

官博士，以食貧待次，奉親不便，就擬知河清縣。

三年戊辰，公三十六歲。

官河清。

四月，三子拂生。

四年己巳，公三十七歲。

官河清。是時忠宣范公判河南，待以國士，有疑議，與之參訂。移守潁昌，辟公自隨，爲府學教授。

五年庚午，公三十八歲。

任教授。

五月，四子損生。

六年辛未，公三十九歲。

任教授。

七年壬申，公四十歲。

任教授。

范公未幾還朝，復秉鈞軸，即除公太學博士。

七月，五子掞生。

八年癸酉，公四十一歲。

官博士。偕友中立離河淸，以師禮見伊川先生於洛。錄有伊川先生語。

紹聖元年甲戌，公四十二歲。

官博士。

六月，六子捄生。

二年乙亥，公四十三歲。

官博士。范公罷政，公亦請外，除簽書齊州判官廳公事。

十二月，女生及笄，適中立三子遹。

三年丙子，公四十四歲。

官齊州。十月，丁父憂，解官居制。

四年丁丑，公四十五歲。

在制。葬太中升叔於寶應寺山。

元符元年戊寅，公四十六歲。

在制。築草堂於廌山之麓。著《論》《孟》雜解、《中庸義》。

二年己卯，公四十七歲。

正月服闋，再調泉州簽判，築水雲寮於武夷之五曲，爲講論之所。著《易說》、《詩二南義》。

三年庚辰，公四十八歲。

赴泉州任。十一月，上皇即位[一]，召還爲監察御史。

徽宗建中靖國元年辛巳，公四十九歲。

官御史。論士風。

正月，七子握生。

崇寧元年壬午，公五十歲。

官御史。出知和州。

二年癸未，公五十一歲。

官和州。

三年甲申，公五十二歲。

官和州，歲餘，管勾南京鴻慶宮。

四年乙酉，公五十三歲。

任鴻慶宮。居太平州。

五年丙戌，公五十四歲。

仍居太平。

大觀元年丁亥，公五十五歲。

仍居太平。

二年戊子，公五十六歲。

仍居太平。

三年己丑，公五十七歲。

仍居太平。

四年庚寅，公五十八歲。

仍居太平。

政和元年辛卯，公五十九歲。

仍居太平，兩乞再任，知漢陽軍。

二年壬辰，公六十歲。

官漢陽。

三年癸巳，公六十一歲。

官漢陽。

四年甲午，公六十二歲。

官漢陽。以親老再乞宮祠，除提點成都府長生觀。

五年乙未，公六十三歲。

仍提點長生觀。

七月，丁太碩人憂，解官居制。

六年丙申，公六十四歲。

在制。

七年丁酉，公六十五歲。

十月服闋，除知舒州。

重和元年戊戌，公六十六歲。

官舒州。

宣和元年己亥，公六十七歲。

官舒州，移知濠州。

二年庚子，公六十八歲。

官濠州。不數月，會從官謫守衡罷歸，寓歷陽，因家焉。

五年癸卯，公七十一歲。

五月乙亥，二十三日。以疾終於正寢。

十二月丙午，用公治命與夫人呂氏合葬於和州戰國屬楚，秦歷陽縣，晉歷陽郡，後齊和州，隋、唐或歷陽郡或和州，宋因之。含山縣車轅嶺之原，遂改名察院嶺。文靖楊公誌其墓。

〔一〕此處叙事有誤，宋徽宗是年正月登基，十一月蓋爲游定夫受命監察御史之時。

龜山先生文靖楊公年譜

（宋）黄去疾 編

刁忠民 校點

明正德十二年沈暉刊本《龜山先生集》卷首

楊時（一〇五三—一一三五），字中立，世稱龜山先生，南劍州將樂（今屬福建）人。熙寧九年進士，初調官不赴，師事二程近十年。年四十後仕爲徐州司法參軍，歷任州縣，宣和中，召爲秘書郎，遷著作郎，除邇英殿説書。靖康元年，拜右諫議大夫兼侍講，力排和議，斥王安石爲奸邪，旋提舉嵩山崇福宫。高宗即位，除工部侍郎兼侍讀，以龍圖閣直學士致仕，著書講學，東南學者尊爲「程氏正宗」。紹興五年卒，年八十三，謚文靖。

楊時爲閩中理學之祖，立朝敢言，不避權勢，《四庫全書總目》卷一五六稱其奏疏「皆于時勢安危，言之鑿鑿，亦尚非空談性命，不達世變之論」。著有《三經義辨》、《論語解》、《經説》、《語録》、《二程粹言》等，現存《語録》、《二程粹言》及《龜山集》（明弘治十五年刊十五卷本，正德十二年刊三十五卷本，明萬曆十九年、清順治八年刊四十二卷本）。事蹟見胡安國《楊文靖公墓誌銘》、《宋史》卷四二八本傳。

楊時年譜，有宋黄去疾、清毛念恃、沈涵、張夏、楊繩組、黄璋及無名氏等所編數種。其中張夏編《楊文靖年譜》較爲詳備，《四庫全書總目》傳記類存目謂其「以楊時年譜舊本詳略失宜，乃參稽史册、語録、文集，訂爲上下二卷」，然不免「曲爲文飾」及「門户之見」。本譜爲黄去疾編，前有咸淳六年（一二七〇）自序，稱是在舊本之上「訂正其紀年，增補其書文」，又附以祭文、謚議等。蓋初本單行，後刊入文集，遂移去原譜附録。黄去疾，邵武（今屬福建）人。咸淳四年知將樂縣。景炎二年，知汀州（《文山紀年録》）。

龜山年譜序

龜山先生之書，其文集、《經說》、《論語解》、《語録》已刊於延平郡齋，《中庸義》已刊於臨汀，獨年譜閩中尚缺。去疾試令先生闕里，亦既建精廬，聚簡册，與學子誦習其門。念此書不可無傳，訪故家得寫本，因訂正其紀年，增補其書文，又聚梁溪李丞相諸公祭文、謚議，及水心、東澗所作舊宅記而附入之，於是年譜遂爲全書。而先生之嘉言善行，開卷可得其大概矣。然則此書之有功於世教，豈但以紀歲月、誌出處、備本末而已哉！咸淳庚午清明節，昭武黄去疾謹書。

公諱時，字中立，世居南劍將樂縣北之龜山。公先字行可，以犯友人父諱，游子通爲改字曰中立，練子安爲作字説。御史游公先字子通。

仁宗皇祐五年癸巳

公於是歲十月二十五日生。

至和元年甲午

二年乙未

嘉祐元年丙申

二年丁酉

三年戊戌

四年己亥

五年庚子，公年八歲。

能賦詩，人皆稱之。

六年辛丑，公年九歲。

能作賦。

七年壬寅

八年癸卯

英宗治平元年甲辰

二年乙巳

三年丙午

四年丁未，公年十五。

游邵武學，有聲。

神宗熙寧元年戊申

二年己酉

三年庚戌

四年辛亥

五年壬子，公年二十。

預鄉薦。

六年癸丑，公年二十一。

赴禮部試下第，補太學生，歸鄉讀書於含雲寺。

七年甲寅，公年二十二。

讀書於含雲寺。有《禮記解義》。作《此日

不再得示同學》。

八年乙卯，公年二十三。

預太學薦。

九年丙辰，公年二十四。

徐鐸榜登進士第。

十年丁巳，公年二十五。

授汀州司戶參軍。是年著《列子解》。

元豐元年戊午，公年二十六。

尋醫，不赴汀戶任。

二年乙未，公年二十七。

居鄉。

三年庚申，公年二十八。

秋，赴調。有《別西齋諸友》詩及《雜家作》三詩。

四年辛酉，公年二十九。

授徐州司法。自京師如潁昌，見明道先生，以書乞留門下受業。時明道先生以道鳴熙豐之際，出其門皆西北之士，最後公與御史建安游公定夫往從學焉，於言無所不說。公嘆曰：「從吾先生游者，雖愚必明，雖柔必強，是知天下事惟理義爾。」他日以告伊川，伊川曰：「自信如此，誰能御之？」自公受學於先生，先生甚喜，每言曰：「楊君最會得容易。」及辭歸，送之出門，謂坐客曰：「吾道南矣。」公初見明道先生時，謝顯道亦在，謝爲人誠實，但聰悟不及公，故明道嘗言：「楊君聰明。」其後元符間，伊川先生自涪陵歸，見學者凋落，多從佛學，獨公與謝不變，因嘆曰：「學者皆流於夷狄矣！惟有楊、謝二君長進。」

五年壬戌，公年三十。

居鄉。有《歲暮書事》詩，有《寄明道先生問春秋書》。

六年癸亥，公年三十一。

赴徐州司法任，四月初到官。

有《與程二十三書》，程乃明道先生子，汝陽簿。又有《與明道先生論春秋書》、《與林志寧書》。

八月，校所著《莊子解》。

七年甲子，公年三十二。

在徐州。

八年乙丑，公年三十三。

在徐州。六月晦，聞明道先生之訃，設位慟哭于寢門，有哀辭幷序。

七月，丁繼母憂。

哲宗元祐元年丙寅，公年三十四。

在制。有《與吳國華書》，論王氏之學。

按《程氏遺書》所載，嘗言：「楊某於新學極精，今日一有所問，能盡知其短而持之。介父之學大抵支離，伯淳嘗與楊某讀了數篇，其後盡能推類以通之。」又按《胡氏傳家錄》曰：「楊先生卻是聰明過人，伊川纔舉起新說有害道處，楊節節推出來。伊川曰：『楊某煞聰明。』問伊川何以取之，先生曰：『畢竟是聰明，方識這道理。』」

二年丁卯，公年三十五。

十月，從吉。

三年戊辰，公年三十六。

赴調，授虔州司法。秋七月，還自京師。作《求仁齋記》。有《席上別蔡安禮》詩。

四年己巳，公年三十七。

任虔州司法。公燭理精深，曉習律令，有疑獄衆所不決者，皆立斷。與郡將議事，守正不屈。

是年有作《鄒堯叟哀辭》，有《送虔守楚大夫》詩，有《謝太守啓》，有《感懷寄鄉

友》詩。
五年庚午，公年三十八。
在虔州。有《代太守賀蘇左丞啓》、《代賀正表》、《賀坤成節表》、《代運使賀收河湟表》、《代太守薦楊行先表》。
十月戊戌，丁正議憂。
六年辛未，公年三十九。
在制。作《正議行述》。
七年壬申，公年四十。
在制。夏四月，作《楊道眞君洞記》。
八年癸酉，公年四十一。
正月一日，公從吉赴調。四月至京師，用舉者遷瀛州防禦推官。二十七日，授知潭州瀏陽縣。
五月十六日出京，往西洛見伊川先生，當晚宿白沙。十七日宿滎陽驛，十八日宿孝義，十九日晚到洛。見先生，借長壽寺拜表院安下，留先生之側者凡十日。是時御史游公知河清縣，公自洛往見之。伊川先生謂公曰：「游君德器粹然，問學日進，政事亦絕人遠甚。」二十九日，往河清謁游公，當晚到縣，由洛至縣四十里也。
六月五日，同游公離河清，至洛見先生，復寓拜表院，五日而後去。公頃年初與游御史見伊川，伊川瞑目而坐，二人侍立。既覺，顧謂曰：「賢輩尙在此乎，今既晚，且休矣。」出門，門外之雪深一尺，非信道之篤能如是乎？
紹聖元年甲戌，公年四十二。
二月二日離家，赴瀏陽任。
有《與順昌令俞仲寬書》、《寄仲寬子彥修論學書》。上毛憲書，論三代以來風聲氣習，興衰治亂，與夫士之遭時遇變，出

處語默。又有《寄毛憲書》、《寄翁好德書》。

四月十二日改元，章申公拜相。游公定夫守太學博士，公貽書與之曰：「京師非食貧之地，公聚口頗衆，度其勢能久居否？趨舍之方，宜審處也。」又有《歸雁》、《感事》二詩寄定夫。游得書，即乞出爲齊州簽判。

按《語錄》所載，定夫一日來訪公，公曰：「適從何來？」定夫曰：「某在春風和氣中坐三月而來。」公問其所之，乃自明道處來也。試涵泳春風和氣之言，則仁義禮智之人，其發達於聲容色理者，如在目中矣。

是年有《過豐城》詩、《宜春溪上》、《春波亭上》、《宜春道上》三詩。

二年乙亥，公年四十三。

在瀏陽。有《上程漕書》、《上提舉議差役雇錢書》、《寄湘鄉令張世賢》詩、《縣齋書事》詩、《假山》詩。蔡安禮以宏詞見勉，公寄詩有曰「吏部文章世所珍，空慚無補費精神」之句。《和潭倅張朝請行縣書事》詩，《又用前韻和早梅花》詩，《檢田》詩，又有《龍圖謝公孝思堂記》。

三年丙子，公年四十四。

在瀏陽。於縣圃作飛鷁亭，又即縣宇西北墉之隅創閣，名曰歸鴻，蓋取昔人所謂「目送歸鴻」之義也。

五月己亥，爲《圖記》。又有《瀏陽五詠》并《荷花》詩、《縣齋書事寄湘令張世賢》詩、《偶成》詩。

有《答伊川先生論西銘書》：「前書所論，竊謂過之者，特疑其辭有未達耳。今得先生開諭丁寧，傳之學者，自當釋然無

惑也。」

寄伊川所著《史論》，先生復書曰：「所寄《史論》十篇，其意甚正，纔一觀便爲人借去，俟更仔細看。」

四年丁丑，公年四十五。

在瀏陽。在任過滿，值穀價踊貴，以書於州牧乞米三千碩賑濟，民賴全活甚多。

張公舜民帥潭，雅敬重公，每見必設拜席與均禮。胡師文爲湖南漕，與張公異趣不協，惡公與張善，欲擠陷之，百端卒無所得，乃對移常寧令。未行間，偶歲大旱，方賑濟，乃劾以不催積欠。公已替罷，坐此衝替，且拘留令催足，僅一年乃得解。張公奏雪，改作差替。或以書唁公，答曰：「部使者以財賦爲急，縣令以字民爲官，各行其職爾，無足憾者。」

有《寄長沙簿孫昭遠》詩云：「陽城衰晚拙催科，闔寢空慚罪已多。祭竈請鄰君自適，載醪祛惑我誰過。漪漪庭有蘭堪佩，寂寂門無雀可羅。歸去行尋溪上侶，爲投纓紱換漁蓑。」

元符元年戊寅，公年四十六。

歸自瀏陽。是歲六月一日改元。

七月，著《周易解義》。有《蔡奉議墓誌銘》。

八月，公如京師。

九月十六日，宿武夷山前。是日午到山前，買舟遊山，徧覽異景，至雞窠巖而還。有《遊武夷》詩。

十月十五日，自錢塘附詹司業船至京師。十六日，謁司業。字安世。有《謝詹司業送酒》詩，《戲贈詹安世》詩。

二年己卯，公年四十七。

七月十三日，授無爲軍判官。九日至南京，十一日至永城，見張芸叟。二十二日至楚州，謁徐仲車先生。先生諱積，爲學志古，養母甚力。有二子，一名潞兒，因潞公爲娶，故以潞名之，示不忘也。十月三日，至蘇州，謁李思和。初八日至杭州，謁府公豐相之。十八日至桐廬，登桐君山。十一月十七日，到家。

是年有《出京》詩，《汴上》詩，《陳留書事》、《泗上》三詩，《過金山》、《湘君祠》、《過錢塘江迎潮》、《梭山候潮》、《晚泊圌頭江上》、《登桐君山》、《過七里灘》、《嚴陵釣臺》、《夜雨》、《吉溪早起》、《漢坂舟行》詩。

公自長沙還，植蘭竹、貓頭竹於東西軒，調官京師，逾年而歸，蘭竹皆衰悴，感而成詩，共十七詩。

三年庚辰，公年四十八。

居鄉。

徽宗建中靖國元年辛巳，公年四十九。

漕檄差權建州建陽縣丞。

是年，張公舜民入長諫垣，薦公爲教官，除荆南府府學教授。已而張帥定武，復辟公爲定州教官。舉詞有云：「非惟使定武學者有所矜式，而臣衰老，欲親賢德，有所規誨。」張公繼出辟書，不行。

冬，公還自建陽。

三月，沙陽陳公淵投書問學。淵乃忠肅瑩中之姪，公喜其識性明敏，遂妻以女。

與鄒志完書，勸進諫。

崇寧元年壬午，公年五十。

九月，公赴荆州教官。

十月三十日，入鄱陽湖，有《打魚》詩、《南康値雨》、《江上夜行》、《過漢江》

詩。

十二月二十三日，到荆南府，二十六日交割。交代胡安國，字康侯，建安人，紹興中爲給事中，謚文定。

十二月，有《過石首謁縣官回作》詩一首。

閏六月，作《居士余君墓表》、《伯母俞氏墓誌銘》。

二年癸未，公年五十一。

在荆州。

有《書序》、《孟子序》、《向和卿覽余詩見贈次韻奉酬》、《江陵令張景常藏書》、《荆州書懷》、《直舍閒書》諸詩，《答胡安定問學》二書。

三年甲申，公年五十二。

在荆州。有《送胡康侯使湖南》詩、《渚宫觀梅寄康侯》詩、《送向和卿》詩、《荆州作》詩、《直舍大風書事》詩、《天寧節》詩。又有《府學策問》、《答胡文定問學書》、《答陳瑩中示華嚴大旨書》，又和了齋自警六詩。忠肅得答書及詩，深喜所言中其病，乃復書稱以先生。

四年乙酉，公年五十三。

在荆州。

七月，如武昌考試。九月，還自武昌。十一月，磨勘轉宣德郎。

五年丙戌，公年五十四。

二月二十一日，離荆州，如京師。三月十四日，至京師，四月九日召見。

五月七日，敕差充夏補對讀官，十一日出院。

六月十一日，授餘杭縣知縣，十七日出都城。

八月二日，至襄州。三日登峴首，値雨，詩四首。初十日到荆州。

十月二十七日離荆州，初八日到岳州，十五日上金雞驛安泊，有《岳陽書事》等詩。

是年，有《送陳幾叟南歸》詩。

大觀元年丁亥，公年五十五。

三月十九日，到餘杭縣。公爲政簡易，不爲煩苛，遠近悦服。

時蔡京當國，有母墳在餘杭，用日者之言，欲濬湖瀦水，爲形勢便利，託言欲以便民，約用工數十百萬，下縣相度。公詢問父老，人人以爲不便，即條上其事，以爲於公私有害無補。京計沮，乃謂人曰：「事幾成矣，乃爲楊令一紙文書壞了。」然以公議不可掩，不敢加害。

八月，有《跋康節先生詩》。十二月，有《田曹吳公文集序》并《陳居士傳》、《張氏墓誌銘》、《鄒堯叟墓誌銘》。

二年戊子，公年五十六。

在餘杭。正月，差出越州考試。二月二十五日離越州，二十六日到縣。

九月二十八日，準勅遷南京敦宗院宗子博士。十月一日交割縣事，十二月十四日赴宗博任。

是年三月，以八寶恩轉奉議郎。作《吳子正墓誌銘》。

三年己丑，公年五十七。

正月十二日，公江行。三月二十七日到南京，二十九日交割。

四月六日，講《書》。

六月十三日，夫人余氏卒於廨舍。先是公亦大病，有《病中作》詩，答陳忠肅公稱先生二書。又有答論邵康節《先天圖》、《易》學等書。

四年庚寅，公年五十八。

在南都。三月十九日，朝旨罷敦宗院。

四月五日，如京師，六月至京。

十二月一日，授越州蕭山知縣。

是年三月，磨勘轉承議郎。有《陳君墓誌銘》。

政和元年辛卯，公年五十九。

正月二十三日，公出京師。

二月二日，到南都，見劉器之。四日器之見訪，八日赴器之飯，九日別器之。

三月四日到常州，寓居龜窠巷。六日早謁鄒侍郎，諱至完，時已病。公至卧內見之，猶問時事如何。

九月三日，李杌投書問學，有書答之。又有《答呂居仁問學書》。

是年正月，有《題蕭欲仁大學篇後》。

十二月，作《踵息菴記》、《張謙中復古編序》、《祭鄒侍郎文》并輓詩，《李大夫墓誌銘》，李即彌大尚書之父也。著《李從政墓誌》。

二年壬辰，公年六十。

四月，赴蕭山知縣。縣有湘湖，久湮塞，公勸民濬治，溉田數千頃。先是連年苦旱，是歲大熟，邑民感德，爲公立祠，至今有楊長官廟猶存。

七月，有《跋司馬溫公與明道先生議張橫渠謚帖》。

羅從彥自延平來學，自公得伊洛之學，歸倡東南，從游之士肩摩袂屬。晚得羅仲素，遂語以心傳之秘，於是公之正學益顯於世矣。

三年癸巳，公年六十一。

在蕭山。是年冬補滿前任，替。

四年甲午，公年六十二。

四月，磨勘轉朝奉郎。

六月，差提點均州明道觀。

秋八月，自京師還餘杭。

十一月，由餘杭徙居毗陵，過吴江，有《跋賀方回鑑湖集》。

是年公在餘杭，著《中庸解義》。十二月，在毗陵，作《中庸序》、《校正伊川易傳後序》。

五年乙未，公年六十三。

任明道觀。自毗陵單騎還鄉，十一月復還毗陵。

八月，作《白雲菴記》、《含雲寺眞師遺像記》。十二月，作《居士許君墓誌》。

六年丙申，公年六十四。

任明道觀，寓毗陵。

二月，作《孫先生春秋傳序》，《答呂居仁問學書》。

十一月，作《龜山資聖院記》。公作記有云：「甚矣夫，吾衰久矣！周流四方，欲營菟裘，而無易於吾之故丘者，豈特昔人樂居之哉？行當庇身先人之廬而歸老焉。幅巾杖屨，徜徉龜山之陰，與田夫野老相從於此，枕石漱流，竊自比於舞雩之下，將有日矣。」讀此記，則公之志誠欲歸老於此山。自紹興乙卯公沒，至咸淳四年戊辰，凡一百三十四年，邑令黄去疾謂公之鄉不可無士子講學之所，始即資聖院左拓地而創書院。役始於十一月，至次年仲春告成。

七年丁酉，公年六十五。

任明道觀，寓毗陵。

二月，除提點成都府國寧觀。作《跋女戒》。

重和元年戊戌，公年六十六。

任國寧觀，寓毗陵。作《養浩堂記》。

六月，磨勘轉朝散郎。是歲十月改元。

宣和元年己亥，公年六十七。

任國寧觀，寓毗陵。作《陳子通母楊氏墓誌銘》、《跋韓忠獻帖》。

二月改元。

二年庚子，公年六十八。

寓毗陵。作《承事郎梁君墓誌銘》。是年奉祠滿任。

三年辛丑，公年六十九。

寓毗陵。作《孫龍圖墓誌銘》。

四年壬寅，公年七十。

寓毗陵。作《李修撰墓誌》、《令人吳氏墓誌》，丞相李公二親也。又作《張進之墓誌銘》。

是年公如婺州，權教授，繼權通判。跋了翁《與韋深道詩》。

先是公以奉祠滿任，再除宮觀，繼以例罷。貧不能赴調，而食指之衆，未免仰祠，知識中有欲爲求一監當差遣者。是年四月，除監常州市易務，而公初不知也。命下，公自以嘗著論言市易之非，豈可躬自爲之，欲退闕而未能。

五年癸卯，公年七十一。

在婺州。二月，作《婺州修城記》、《吳中奉墓誌》。

《祭游定夫文》有云：「念昔從師，同于三人，今皆淪亡，眇余獨存。」又云：「嗟吾先生，微言未泯，而學者所記，多失其眞。賴公相與參訂，去其訛謬，以傳後學。書往來復，而訃已及門。」公自婺州還毗陵。

四月，磨勘轉朝請郎，退市易闕不赴。

是歲給事中路允迪、中書舍人傅墨卿使高麗，國主問龜山先生今在何處？二人對

「見召赴闕」。使回即奏聞，有旨召赴都堂審察，公以疾辭。有《與傅國華書》，又有《與許少尹殿院書》。

六年甲辰，公年七十二。

寓毗陵。三韓使人將至，傅公慮前言之不信也，遂力薦於朝。

冬十二月，御筆以秘書郎召，仍令上殿。十二月，至京師。

是年作《游定夫墓誌銘》、《祭陳了翁文》。

七年乙巳，公年七十三。

任秘書省郎。二月，遷著作郎。

公知世事必有變，三月，有《與執政論事劄子》，其略曰：「今士大夫不敢盡言天下之事，不過爲謀身之計耳。不知謀國乃所以謀身，天下不寧，而能保其身者，未之有也。某輒條具十數事，以裨國論。」徽宗首肯之曰：「卿所陳皆堯舜之道，正孟子所謂我非堯舜之道不敢陳於王前者也。宜在經筵，朝夕輔朕。」即除邇英殿說書。

十二月十二日，聞金人之寇，有《與執政劄子》二，一乞於要害處嚴爲守備，二乞以收人心爲先。

是年作《陸少卿墓誌銘》、《錢忠定墓誌》、《謝邇英殿說書表》。

欽宗靖康元年丙午，公年七十四。

任著作郎，兼侍經筵。

正月二十一日，奏乞上殿敷奏。當日得旨，令十二日上殿，以蓄使對展。二十三日進劄子，乞立統帥，肅軍政，謹斥堠，明法令，責宰執不忠臣，罷奄寺，防城謹令七事。疏上，欽宗大喜。

二月八日，除右諫議大夫，兼侍講。公具辭免，不允。

三月十三日進劄子，乞擇宰相。時虜騎初退，主和議者欲賂以三鎭。十八日，公上殿極論不可專主和議，急宜命將出師，幷乞召用种師中、劉光世，問以方略可否。欽宗乃詔出師襲虜，而議者多持兩端。公再上疏乞出師，不可專守和議，又乞誅姚古。時太學諸生伏闕上書，乞留李綱、种師道，軍民從之者數萬人。朝廷慮其鼓亂，欲防禁之。公奏言：「士人特激於忠憤之氣，初無鼓亂之心。若得老成有德望，爲人所欽服者爲長貳，即自定矣。欽宗曰：「無逾於卿者。」有旨兼國子祭酒。遂上書論王安石著爲邪說以塗學者耳目，敗壞其心術，乞追奪王爵，毁去配享之像。於是安石遂降從祀之列。諫官馮澥力主王氏，上書詆公。會學官中有紛爭者，有旨學官幷罷，公亦罷祭酒。又乞追還元祐諸公舊職。

五月十二日，公上章乞罷諫省，十四日再上章，降詔不允。十六日又上章，不允。二十四日又上章，不允。

六月四日，具奏乞致仕。九日除給事中，具奏辭免，降詔不允。十一日上章乞致仕，不允。二十八日再上章乞致仕。

七月四日，除徽猷閣直學士，提舉西京嵩山崇福宮。五日公具辭免，降詔不允。十七日再具辭免，復不允。二十六日又具辭免。欽宗察公懇辭出於至誠，御批：「楊某學行醇固，諫諍有聲。請閒除職，累月懇辭。宜從其志，以勸廉退。可改除徽猷閣待制，提舉崇福宮。」

公將行，再上書乞選將練兵，爲戰守之備。遂還毗陵寓舍。

是年有《謝除諫議大夫兼侍講表》、《舉呂

好問自代狀》，《謝賜詔辭免給事中乞致仕不允表》、《謝待制表》。作《曹子華墓誌》、《向大中墓誌銘》、《跋江民表書簡》、《祭劉器之文》。

三月，覃恩轉朝奉大夫。

高宗建炎元年丁未，公年七十五。

以次對提舉崇福宮，寓毗陵。

五月一日，高宗皇帝登寶位，大赦，改元。

七月十五日，準省劄，令公乘騎赴行在。

公以疾具奏辭免，被旨不允。

十二（日）〔月〕，至行在揚州，二十六日除工部侍郎。是時張忠獻公浚爲殿中侍御史，高宗皇帝問曰：「今日除楊某爲工部侍郎，士論如何？」張公對曰：「楊某厚德老成，學問該博，被遇兩朝。今日之除，甚慰士論。」高宗曰：「朕以其年德之高，不欲任以繁劇，起部優閒，故以處之，當令在經筵。」張公退，以告中書舍人張守以諭公，內相汪公藻時當草制，故制語中有曰：「非貳卿崇獎，無以慰士夫之心；非起部優閒，無以寬耆艾之責。」蓋紀當日聖語也。

是年有《賀太上皇帝登寶位表》。

二年戊申，公年七十六。

在起部。二月，用覃恩轉朝散大夫。陛對，論自古聖賢之君，未有不以典學爲務，以君德在是故也。高宗深然之。除兼侍講。公乞修《建炎會計錄》，乞恤勤王之兵，乞寬假言者。

二月十五日，上章乞出，賜詔不允。三月二日，再具奏。四月六日，復申前請，不允。四月十五〔日〕，再入奏。十九日得旨除龍圖閣直學士，提舉杭州洞霄宮。

公具辭免，不允。

公還自維揚，復寓毗陵。

是年有《謝工部侍郎賜對表》，又《謝賜詔乞出不允表》、《謝侍講表》、《謝龍圖閣直學士賜對衣金袋表》。又作《章端叔墓誌》、《朝議張公墓誌》。有《舉工部員外郎曾統自代狀》。

冬十一月，公自毗陵還南劍之將樂。

三年己酉，公年七十七。

還龜山之故居。作《樞密曹公墓誌》、《祭陳立道文》。

四年庚戌，公年七十八。

居鄉。

上章告老，十一月準告轉朝請大夫，依前龍圖閣直學士致仕。有《謝轉官致仕表》。

是年八月，作《沙縣諫議陳公祠堂記》，有《與李泰發書》。

紹興元年辛亥，公年七十九。

居鄉。

二月，《跋了翁書溫公解禪偈》、《跋文富二公作》、《跋道鄉先生帖》、《贈程舍人迎侍入閩》詩。

二年壬子，公年八十。

居鄉，胡文定與宰相薦公書，其略曰：「龍圖閣直學士致仕楊公某，造養清遠，燭理甚明，混迹同塵，知之者鮮。行年八十，志氣未衰，精力少年殆不能及。上方嚮意儒學，日新聖德，所禮此老，置之經席，朝夕咨訪，裨補必多。至如裁決危疑，經理世務，若燭照數計而龜卜，又可助相府之忠謀也。」

有《答張子韶謝登第書》、《答胡給事問政事先後緩急書》。作《忠毅向公墓誌銘》、《跋諸公與徐仲車先生書簡》、《送嚴尉》

詩。

三年癸丑，公年八十一。

居鄉。《三經義辨》、《日錄辨》、《字説辨》成。胡文定借公所著書及質正《春秋傳》義，有復文定《春秋》正朔書二，復文定囑編集《二程先生語録》書。有《與李丞相書》。作《周尚書墓誌銘》、《樞密鄭公墓誌銘》、《曾文昭公行述》、《答曾〔元〕忠舍人謝文昭公行述書》。作《南劍州陳諫議祠堂記》。

四年甲寅，公年八十二。

居鄉。胡文定自衡陽寄到《伊川語録》寫本二册，公答書。有《答蕭子莊求作浦城文宣王殿記書》、《跋了翁責沈》、《侍郎鄒公奏議集序》、《跋溫公與劉侍御帖》、《跋鄒公送子詩》、《祭程子通文》。

五年乙卯，公年八十三。

居鄉。二月，作《浦城縣學重修文宣王殿記》、《答蕭子莊書》。

四月二十四日，以疾終於正寢。公於三月得腳氣疾，繼而喘嗽，然亦未嘗伏枕。至四月中，疾勢雖稍增，而起居飲食如常。二十三日，與刪定李公談論如平日。二十四日，晨興盥洗，諸子侍側，公語言不覺有異。粥罷再就枕，視之則公已逝矣。享年八十有三。

十月二十二日，葬於本邑南山之原。

起居郎朱侍講具公行實奏聞，有旨特贈四官，賜銀絹各二百疋兩，仍令本州抄録所著《三經義辨》繳申尚書省。六月，準誥贈左太中大夫。

清真居士年譜

〔近〕陳思 編
吴洪澤 校點

遼海叢書本

周邦彦（一〇五六—一一二一），字美成，自號清真居士，錢塘（今浙江杭州）人。少時疏雋而博學，元豐二年入京爲太學生。七年，獻《汴都賦》，升太學正。五年不遷，留連于歌臺娼樓，多作歌妓之詞。元祐間教授廬州，知溧水縣。紹聖間入爲國子監主簿，元符元年除秘書省正字，遷校書郎，考功員外郎。政和初爲衛尉卿，出知河中府，徙隆德府，改知明州，召爲秘書監，進徽猷閣待制，提舉大晟府，審音定調，考究詞樂。宣和元年，出知真定府，旋改順昌府。次年，徙知處州，未到任，即奉詔提舉南京鴻慶宫。宣和三年卒，年六十六。贈宣奉大夫。

周邦彦是宋代著名文學家，詩、文、詞均有成就，尤以詞知名，自成一家，影響深遠。所著《清真先生文集》二十四卷，多有散佚。今人整理本有蔣哲倫《周邦彦集》（江西人民出版社一九八三年）、羅忼烈《周邦彦清真集箋》（三聯書店香港分店一九八五年）等。

周邦彦年譜，有近人王國維所編《清真居士年表》（《王國維遺書》第二集《清真先生遺事》附）、龍沐勛《清真先生年譜》（《清真詞研究》内，一九二九年排印本），羅忼烈《清真年表》（《清真集箋》附）、張曦《清真先生年譜》（《片玉詞校箋》附，臺北文津出版社一九七二年）、馬成生趙治中《周邦彦年譜》（《麗水師專學報》一九九一年第二、三期）。

本譜爲近人陳思所編，於周邦彦詞事多有考證，並附鄭文焯校記。惜其推定周邦彦生卒有誤，特以其作年較早且繫事稍詳，兹予收録。羅忼烈、馬成生等譜已正其誤，且作品繫年多有不同，可參看。

清真居士年譜

遼陽陳思慈首撰

仁宗嘉祐三年戊戌，居士生〔一〕。

周邦彥字美成，錢塘人。疏儁少檢，不爲鄉里推重，而博涉百家之書。《宋史·文苑傳》。

按：「疏儁少檢」三句，《東都事略》作「性落魄不羈，涉獵書史」。

邠從子。能文章，妙解音律。名其堂曰顧曲，製樂府長短句，詞韻清蔚，盛行於世。又工書，眞行皆善。晚居明州，自號清眞居士。《杭州府志》，據《宋史·文苑傳》、《咸淳臨安志》、《書史會要》。

《咸淳臨安志·古今人表》：周邠，錢塘。周邦彥，邠之姪，因守四明，其後家焉。周邦式，錢塘。

周邠字開祖，嘉祐進士，仕至朝請大夫、輕車都尉。蘇軾倅杭，多與酬唱。邦式字南伯，元豐進士，嘗爲尙書度支郎中，出提點淮西刑獄，徙兩浙，又徙江東。京師營土木，命輸殿材，奏言非地所産。《重修杭州府志》俱有傳。

嘉祐四年己亥，二歲。

嘉祐五年庚子，三歲。

嘉祐六年辛丑，四歲。

嘉祐七年壬寅，五歲。

嘉祐八年癸卯，六歲。

宋英宗治平元年甲辰，七歲。

治平二年乙巳，八歲。

治平三年丙午，九歲。

治平四年丁未，十歲。

神宗熙寧元年戊申，十一歲。

熙寧二年己酉，十二歲。

熙寧三年庚戌，十三歲。

熙寧四年辛亥，十四歲。

熙寧五年壬子，十五歲。

熙寧六年癸丑，十六歲。

熙寧七年甲寅，十七歲。

熙寧八年乙卯，十八歲。

熙寧九年丙辰，十九歲。

遊荆州。據《清真集》。

《鎖窗寒·寒食》：「故人剪燭西窗語。似楚江暝宿，風燈零亂，少年羈旅。」按此數句語意，居士西遊荆州，當正值寒食，故居京師，逢寒食，追憶及之。

熙寧十年丁巳，二十歲。

遊長安。秋暮還荆州。據《清真集》。

《虞美人》：「宜城酒，泛浮春絮，細作更闌語。」《太平寰宇記》：「襄州襄陽郡宜城縣宜城，故城漢縣，在今縣南，其地出美酒。」

《玉樓春》：「大隄花豔驚郎目，秀色穠華看不足。」又：「臨分何以祝深情，只有別愁三萬斛。」宋襄陽樂歌曰：「朝發襄陽城，暮至大隄宿。大隄諸女兒，花豔驚郎目。」

按：宜城、襄陽爲自荆州至長安川途所經，此二闋皆紀程之作。

《西河》：「長安道，瀟洒西風時起。」鄭文焯校云：「此詞諸本並無題，準以前作，當是『長安懷古』。」

按：《齊天樂》「渭水西風，長安亂葉，空憶詩情宛轉」，即謂此詞。

《風流子》：「楓林凋晚葉，關河迥、楚客慘將歸。」此詞爲去長安惜別之作，來自荆州，故曰「楚客」，其時秋已深矣。

元豐元年戊午，二十一歲。

夏，自荆州東歸。據《清真集》。

《少年遊·荆州作》：「舊賞園林，喜無風

雨。」荆江留滯，又兩度經春園林，故曰「舊賞」。

《齊天樂》：「端午風物，依然荆楚。」又：「卧聽江頭，畫船喧疊鼓。」《太平寰宇記》：「荆州五月五日競渡戲船，楚風最尚，廢業耗民，莫甚於此。」

按：此詞當爲本年之作，抑或在前年。如爲去年端午，以《虞美人》、《玉樓春》證之，則是時已在長安道上矣。

《南浦》：「淺帶一帆風，向晚來、扁舟穩下南浦。迢遞阻瀟湘，衡皋迥。」又：「菡萏裏風，偷送清香，時微微度。」又：「吾家舊有簪纓，甚頓作天涯，經歲羈旅。」又：「恨無鳳翼身，只待而今，飛將歸去。」據「菡萏裏風」句，知歸杭在六月中。「舊有簪纓」，謂季父邠也。居士遊荆州，先後三年，所以《齊天樂》云「荆江留滯最久」。

元豐二年己未，二十二歲。

遊京師。《宋史》。

《西平樂》：「元豐初，予以布衣西上，過天長道中。後四十餘年辛丑正月二十六日，避賊復遊故地，感嘆歲月，偶成此詞。」按：宣和三年辛丑上距元豐己未正四十三年，故曰「四十餘年」。

《續資治通鑑》：「元豐二年八月丙申朔，甲寅，詔增太學生，舍爲八十齋，齋三十人，外舍生二千人，内舍生三百人，上舍生百人。月一私試，歲一公試，補内舍生。間歲一舍試，補上舍生。」《考異》：「《長編》作丁巳日，今從《宋史》作甲寅。」

按：八月丙申詔增太學生額，居士自杭赴京，將入太學也。道出金陵，時

已秋晚，故賦《齊天樂》，起云：「綠蕪凋盡臺城路，殊鄉又逢秋晚。」時將入太學，故又云：「尚有練囊，露螢清夜照書卷。」上年自荆州歸杭，故又云：「荆江留滯最久，故人相望處，離思何限。渭水西風，長安亂葉，空憶詩情宛轉。」《西河·金陵懷古》一闋，當亦此時所作。

元豐三年庚申，二十三歲。

元豐四年辛酉，二十四歲。

元豐五年壬戌，二十五歲。

元豐六年癸亥，二十六歲。

元豐七年甲子，二十七歲。

獻《汴都賦》萬餘言，神宗異之，命侍臣讀於邇英閣，召赴政事堂。自太學諸生一命爲正。

《直齋書録解題》：元豐七年進《汴都賦》，自諸生命爲太學正。《汴都賦》已載《文鑑》。世傳賦初奏御，詔李清臣讀之，多古文奇字，清臣誦之如素所習熟者，乃以偏傍取之爾。樓鑰《音釋》，附之卷末。

《續資治通鑑》：元豐七年三月壬戌，詔以太學外舍生錢塘周邦彦爲試太學正。邦彦獻《汴都賦》，文采可取，故擢之。

《文獻通考》：元豐二年，頒學令，太學置八十齋，齋各五楹，容三十人。外舍生二千人，内舍生三百人，上舍生百人。月一私試，歲一公試，補内舍生。間歲一舍試，補上舍生。彌封謄録如貢舉法，而上舍試則學官不預考校。公試外舍生入第一、第二等，參以所書行藝，與籍者升内舍。内舍試入優平二等，參以行藝，升上舍。上舍分三等，俱優爲上，

一優一平爲中，俱平若一優一否爲下。上等命以官，中等免禮部試，下等免解。學正增爲五人，學錄增爲十人，學錄參以學生爲之。歲賜緡錢至二萬五千，又益郡縣田租屋課息錢之類，以爲學費。

按：本年居士年二十七，故樓攻媿《清眞集叙》云：「未及三十，作《汴都賦》。」

元豐八年乙丑，二十八歲。

哲宗元祐元年丙寅，二十九歲。

元祐二年丁卯，三十歲。

元祐三年戊辰，三十一歲。

元祐四年己巳，三十二歲。

居五歲不遷，益進力於辭章，出教授廬州。《宋史》。

《續修廬州府志·職官表》：廬州府學宋教授：周邦彦，錢塘人，有傳。傳錄《宋史》。

按：自元豐二年遊京師，至本年已十年矣。故《鎖陽臺·懷錢塘》云：「淒涼懷故國，朝鐘暮鼓，十載紅塵。」又《玉樓春》又云：「滿頭聊作片時狂，頓減十年塵土貌。」此二詞皆本年春作。教授廬州之命，當在夏間。未赴任前，先歸杭州，故《驀山溪》有「十載卻歸來，倦追尋、酒旗戲鼓」之句，起云「樓前疏柳，柳外無窮路」，柳曰「疏柳」，則到杭時，秋意已深。

元祐五年庚午，三十三歲。

《宴清都》：「地僻無鐘鼓。殘燈滅，夜長人倦。」又云：「淮山夜月，金城暮草。」又云「更久長、不見文君，歸時認否。」《太平寰宇記》：「廬州合肥縣界樓故城，一名金牛城，在縣西北。」《乾隆

府廳州縣考》：「廬州府，宋曰廬州，屬淮南西路。小峴山在縣東，大峴在小峴東。六朝時，趨建康，此爲要道。故城在今縣北，名金斗城。」按：地屬淮南西路，故山曰「淮山」。「金城」即金斗之省也。離京已久，故云「久長不見文君」，此詞當作於本年或次年冬。若《倒犯》詠月，則追憶廬州舊時月也。

元祐六年辛未，三十四歲。

元祐七年壬申，三十五歲。

元祐八年癸酉，三十六歲。

知溧水縣。《宋史》。

強煥《清眞詞叙》：「溧水爲負山之邑，官賦浩穰，民訟紛沓，似不可以弦歌爲政。而待制周公，元祐癸酉春中爲邑長於斯，其政（敔）〔荀〕簡，民到於今稱之。」又曰：「余慕周公之才名，有年於兹，不謂於八十餘載之後，踵公舊蹤，既喜而且愧。故自到任以來，訪其政事，於所治後圃，得其遺政。有亭曰姑射，有堂曰蕭閒，皆取神仙中事，揭而名之，可以想像其襟抱之不凡。而又睹新綠之地、隔浦之蓮，依然在目。」

《江寧府志》有傳，叙任溧水事績甚詳，俟抄補。

紹聖元年甲戌，三十七歲。

治縣署後圃，亭曰姑射，堂曰蕭閒，山曰無想，鄉曰長壽，新綠之地，隔圃之蓮。據强煥《清真詞叙》。

《揮塵錄》：美成爲溧水令，主簿之姬，有色而慧，每出侑酒，美成爲《風流子》以寄意云：「新綠小池塘。風簾動、碎影舞斜陽。羨金屋去來，舊時巢燕，土花繚繞，前度莓牆。繡閣鳳幃深幾許，

聽得理絲簧。欲說又休，慮乖芳性，未歌先咽，愁近清觴。遙知新妝了，開朱戶，應自待月西廂。最苦夢魂，今宵不到伊行。問甚時說與，佳音密耗，寄將秦鏡，偷換韓香。天便教人，霎時廝見何妨。」新綠、待月皆主簿廳軒名。

按：新綠之地，爲縣後圃，見於強叙。設果爲主簿軒名，或即其舊址，當日作詞寄意如此，溧水人士必傳爲談助。強氏作叙，與浦蓮並舉，雖不爲舊令尹諱，獨不畏溧人笑乎？

《隔浦蓮近拍》，中山縣圃姑射亭避暑作。《太平寰宇記》：「昇州溧水縣中山，又名獨山，在縣東南十里，不與羣山連接。古老相傳，中山有白兔，世稱爲筆最精。山前有水源，號爲獨水。」按《輿地志》：「宣州溧水縣有獨山，下有獨水，流演不息。」即此山也。

《滿庭芳》，夏日溧水無想山作。

按「人靜烏鳶自樂，小橋外，新綠濺濺」句，「新綠」之名，當即緣此。

《江寧府志》：無想山在溧水縣南十五里，其山巔有泉下注成瀑布。

《鶴衝天》，溧水長壽鄉作。又一首。

按：此四詞皆後圃成後所作。

紹聖二年乙亥，三十八歲。

《玉燭新早梅》。溪源即出廬山三派，入秦淮之水。

《紅林檎近·詠雪》。

《紅林檎近·雪晴》。《太平寰宇記》：「溧水縣廬山，在縣東二十里，有水源三派，并入秦淮，合大江。」「蘸船山，一名感泉山，在縣南十二里。山有青絲洞，泉脈泓澄，四時不絕。」「丹陽湖，在縣西

南。」「石臼湖，在縣西南三十里，西連丹陽湖，岸廣一百六十餘里。軍山、塔子、馬頭、雀壘四山，並在湖中。」

《江寧府志》：「秦淮水有二源，其西源出溧水東廬山，西北流過溧水城，東北爲刹橋，與明臙脂河合。臙脂河首引高淳石臼湖水，西入溧水界，又東至洪藍埠入山，又東北流過天生橋出山，受溧水城西南山溪，又北流過沙河橋，東出通城壕，西北入秦淮水。」「澳洞山在溧水西南二十五里。」

按：丹陽、石臼二湖，皆在縣。秦淮西源及臙脂河水環經縣城，故《詠雪》云「蕭索水雲鄉」，《雪晴》云「水鄉增暮寒，對南山橫素」。南山即釃船山。

紹聖三年丙子，三十九歲。

還爲國子主簿。哲宗召對，使誦前賦，除祕書省正字。《宋史》。

《東都事略》：紹聖中，除祕書省正字。

按：《瑞龍吟》云：「章臺路，還見褪粉梅梢，試花桃樹。」又云：「前度劉郎重到，訪鄰尋里，同時歌舞，惟有舊家秋娘，聲價如故。」按：本年還京，上距元祐己巳出任廬州教授，已歷八年，所訪鄰尋里，惟有秋娘如故。

紹聖四年丁丑，四十歲。

元符元年戊寅，四十一歲。

元符二年己卯，四十二歲。

元符三年庚辰，四十三歲。

徽宗建中靖國元年辛巳，四十四歲。

歷校書郎、考功員外郎，衛尉、宗正少卿。《宋史》。

《東都事略》：徽宗即位，爲校書郎，遷考功員外郎、宗正少卿。

按：《攻媿集·清眞先生文集序》云：「哲宗始置之文館，徽宗又列之郎曹。」據此序文，則爲校書郎當在元符末，建中靖國元年遷考功員外郎，爲衛尉少卿則又當在崇寧三四年間，崇寧末爲宗正少卿。

崇寧元年壬午，四十五歲。

崇寧二年癸未，四十六歲。

崇寧三年甲申，四十七歲。

崇寧四年乙酉，四十八歲。

討論古音，審定古調，增演慢、曲、引、近爲三犯、四犯之曲。《清真集》，參《宋史》、《詞源》。《詞源》：崇寧立大晟府，命周美成諸人討論古音，審定古調，淪落之後，少得存者。由此八十四調之聲稍傳。而美成諸人又復增演慢、曲、引、近，或移宮換羽爲三犯、四犯之曲，按月律爲之，其曲遂繁。《宋史·樂志》：崇寧四年九月朔，以鼎樂成，帝御大慶殿受賀。是日，初用新樂，賜新樂之名曰《大晟》，置大晟府司樂一員，典樂二員，並爲長貳，大樂令一員，協律郎四員，又有制樂官。《唐宋諸賢絶妙詞選》：万俟雅言精於音律，自號詞隱。崇寧中，充大晟府製撰，依月律製詞，故多應制所作。有《大聲集》三卷，周美成爲序，山谷亦稱之爲一代詞人。晁次膺宣和間充大晟府協律郎，與万俟雅言齊名，按月律進詞。

崇寧五年丙戌，四十九歲。

大觀元年丁亥，五十歲。

宗正少卿兼議禮局檢討。《宋史》。《宋史·本紀》：大觀元年正月庚子，置議禮局。

《續資治通鑑》：大觀元年正月庚子御筆：「議禮局依舊於尚書省置局，仍差兩制二員詳議，屬官五員檢討。應緣禮制，可具本末，議定取旨。」

大觀二年戊子，五十一歲。

歸自京師，過吳，飲於太守蔡巒子高坐中，見營妓岳楚雲之妹，作《點絳唇》以寄之。據《碧鷄漫志》。

大觀三年己丑，五十二歲。

《夷堅支志》：周美成在姑蘇，與營妓岳楚雲相戀，後從京師過吳，則岳已從人矣。因飲於太守蔡巒席上，見其妹，乃賦《點絳唇》詞寄之云：「遼鶴歸來，故人多少傷心事。短書不寄。魚浪空千里。　憑仗桃根，說與相思意。愁無際，舊時衣袂，猶有東風淚。」楚雲得詞，感泣累日。

《蘇州府志·職官·歷代郡守》：蔡巒，大觀二年十一月，以顯謨閣待制任。三年七月，提舉嵩山崇福宮。《吳門補乘》云：「峦」亦作「巒」，字子高。周美成在姑蘇，曾飲於衙齋，見王灼《碧鷄漫志》。今按，「戀」或峦字之誤。

按：蔡子高於上年十一月知蘇州，居士過吳，當在本年春間。《繞佛閣·旅況》一首，似此行過吳所作。結云「浪颭春燈，舟下如箭」，足徵前曾過此。又云：「歎故友難逢，羈思空亂，兩眉愁向誰行。」眉，故友。誰行，蓋謂岳楚雲也。《驀山溪》起云：「湖平春水，藻荇縈船尾。」結云：「因箇甚、烟霧底，偏愛蓴羹美。」則抵杭時，已暮春初矣。《感皇恩》一詞，亦此行作。「露柳好風標」，謂楚雲之妹。

「洞房見說，雲深無路」，謂聞楚雲從人。「憑仗青鸞道情素」，謂以《點絳唇》轉寄《蘇幕遮》，據隴雲、殘雲、巫山、劉郎等字，亦當爲此時所作。

按：集中記行之作，今依時地審定，頗足印證遊蹤，分錄於後，以備博考。

《西平樂》爲宣和三年避賊復過天長之作，自叙已明。《訴衷情·隄前》一首，據「重尋舊日岐路，茸帽北遊裝」句，亦屬此行。

《玉樓春》「大隄花豔」，《虞美人》「廉纖小雨」，爲熙寧十年自荆州遊長安，道經宜城襄陽之作。

《風流子》「楓林凋晚」，爲熙寧十年秋自長安回荆州之作。

《南浦》「淺帶一帆」，爲元豐元年夏自荆回杭之作。

《齊天樂》「綠蕪凋盡」，爲元豐二年秋自杭赴京過金陵作。說均見前。

《渡江雲》「晴雲低楚」，爲政和六年自明州還京之作。

《蘭陵王·柳》、《尉遲杯·離懷》，皆宣和二年丐祠出京惜别之作，說俱詳後。

《夜遊宫》「客雲車塵」，據「念歸計」句，知將出京惜别。

《慶宫春》「山圍寒野」、《蝶戀花·早行》、《長相思·曉行》、《虞美人》「疏籬曲徑」、《華胥引》「川原澄映」，以上六首，皆冬間南行途中之作。此行當在大觀二年冬，所以三年春初過蘇州，蔡太守座上遇岳楚雲之妹，據「繞佛閣，浪颭春燈」句，足證是時節近上元。

《虞美人》「燈前欲去」，以「待得薔薇花

謝，便歸來」句，與《丁香結》「誰念留滯故國，舊事勞方寸」句，《氐州第一》「也知人、懸望久，薔薇花謝、歸來一笑」句對勘，足證此行春去秋回。

《鎖陽臺》「花撲鞭鞘」、《大酺·春雨》、《浣溪紗》「貪向津亭」、《早梅芳引》「花竹深」。《綺寮怨》「上馬人扶」、過片云：「去去倦尋路程。江陵舊事，何曾再問楊瓊。」白居易有《問楊瓊》詩。按：楊瓊善歌，居士遊荊州時，所歡必楊其姓而能歌，故借用之。《驀山溪》「江天雪意」一詞，江即荊江，所謂「減字偸聲穩」者，當即此姝。

《浣溪紗》「不爲蕭娘」，與《夜遊宮》「爲蕭娘，書一紙」對照。

《點絳唇》「征騎初停」，「柳汀蓮浦，看盡江南路」句，與《南鄉子》「行盡江南萬里程」句相照映。

《丁香結》「蒼蘚沿階」、《夜遊宮》「秋暮晚景」、《南鄉子》「戶外井桐」三首，皆秋間杭州之作。

《解蹀躞》「候館丹楓」、《蕙蘭芳引》「寒瑩晚空」、《浪淘沙慢》「萬葉戰秋」、《氐州第一》「波落寒汀」、《南鄉子》「寒夜夢初」，以上皆仲春出京、冬月還京之作。

按：居士自紹聖三年由知溧水還爲國子主簿，至宣和五年奉祠南歸，計二十八年。據《東都事略》、《宋史·文苑傳》、《攻媿集》、《碧鷄漫志》、《夷堅支志》證知，二次出守，三次假歸，此行春去冬歸。《夷堅支志》所謂在姑蘇與營妓岳楚雲相戀，當在南歸過蘇時也。是年蓋遷衛尉少卿，官閒無事，所以請假暫歸。《蝶戀花》「魚尾霞生」

一闋，結云「此會未闌須記取，桃花幾度紅成雨」，與《點絳唇》「憑仗桃根，説與相思意。愁無際，舊時衣袂，猶有東風淚」關連密緻，此詞當即贈楚雲也。《柳梢青》，據「更説甚巫山楚雲」一句，亦似別後寄意。

大觀四年庚寅，五十三歲。

政和元年辛卯，五十四歲。

以（知）〔直〕龍圖閣知河中府，徽宗欲使畢禮書，留之。

《續資治通鑑》：政和元年三月癸亥朔，御製《書政和新修五禮序》，議禮局請刻石於太常寺，許之。

政和二年壬辰，五十五歲。

又遷衛尉卿，出知隆德府。《東都事略》。

《宋史·文苑傳》：踰年，乃知隆德府。

《乾隆府廳州縣考》：潞安府，宋太平興國初改昭德軍節度，建中靖國元年改隆德軍，崇寧三年升爲隆德府。

文溯閣本《政和五禮新儀》卷首知樞密院事鄭居中等劄子，政和三年四月呈，朝後衛宣教郎、議禮局檢討官臣郭熙，朝奉郎、權樞密院編修官、充議禮局檢討官臣丁彬，朝散郎、祕書省校書郎、充議禮局檢討官、編修六典檢閲文字臣王俁，奉議郎、祕書省校書郎、充議禮局檢討官、編修六典檢閲文字臣莫儔，朝奉郎、尚書吏部員外郎、充議禮局檢討官臣李邦彦，奉議郎、守符寶郎、充議禮局檢討官、編修國朝會要所檢閲文字、賜緋魚袋臣葉著，朝散郎、試秘書少監、國史編修官、充議禮局檢討官、編修六典臣蘇恆，朝議大夫、試尚書兵部侍郎、同修國史、充議禮局詳議官、河南縣開

國公、食邑五百戶臣宇文粹中，朝散大夫、試尚書禮部侍郎、同修國史、充議禮局詳議官、陳留縣開國公、食邑三百戶臣張漴，朝議大夫、試尚書吏部侍郎兼詳定司敕令所、充議禮局詳議官、東明縣開國公、食邑五百戶臣劉煥，翰林學士承旨、大中大夫、知制誥兼侍讀、監修國史、充議禮局詳議官、虢略縣開國伯、食邑九百戶臣強淵明，中奉大夫、試刑部尚書兼侍講、充議禮局詳議官、河南縣開國子、食邑六百戶臣慕容彥逢，通議大夫、試刑部尚書兼侍講、充議禮局詳定官、南陽縣開國伯、食邑九百戶臣白時中，特進、知樞密院事、滎陽郡開國公、食邑四千七百戶臣鄭居中。

按：居士於大觀元年兼議禮局檢討官，以（知）〔直〕龍圖閣知河中府，命留畢禮書，而政和三年四月進呈《政和五禮新儀劄子》未列銜名，蓋已出守隆德故也。由此證知命知河中府在政和元年，出守隆德在政和二年，所以《宋史》曰「踰年，乃知隆德府」。《東都事略》「又遷衛尉卿」，足補《宋史》之闕。

政和三年癸巳，五十六歲。

《宋史·本紀》：夏四月庚戌，班《五禮新儀》。

政和四年甲午，五十七歲。

徙明州。《宋史》。《東都事略》同。

《乾隆府廳州縣考》：寧波府，宋曰明州奉化郡。

《乾道四明圖經》：太守周邦彥，直龍圖，政和五年。

《寶慶四明志》：郡守周邦彥，直龍圖閣，

政和五年。毛友，顯謨閣待制，政和六年。

《浪淘沙慢》：曉陰重，霜凋岸草，霧隱城堞。南陌脂車待發。東門帳飲乍闋。

按：《東京夢華錄》：「東都外城，東城一邊，其門有四：東南曰東水門，乃汴河下流水門也；次則曰新宋門，次曰新曹門，又次曰東北水門，乃五丈河之水門也。西城一邊，其門有四：從南曰新鄭門，次曰西水門，汴河上水門也；次曰萬勝門，又次曰固子門；又次曰西北水門，乃金水河水門也。北城一邊，其門有四：從東曰陳橋門，乃大遼人使驛路；次曰封丘門，北郊御路；次曰新酸棗門，次曰衛州門。」詞曰「東門帳飲」，東門即新宋門。詞爲赴明州任時所作，故南陌脂車，東門帳飲，如赴隆德則當出封丘門或衛州門也。詞曰「霜凋岸草」，又曰「空餘滿地梨花雪」，則赴任出都，正值孟冬，拜徙明州之命，當在秋間。《四明圖經》政和五年，書任事也。

政和五年乙未，五十八歲。

《解語花·上元》。

《武林舊事》：「元夕至五夜，則京尹乘小提轎，諸舞出隊，次第簇擁，前後連亘十餘里，錦繡塡委，簫鼓振作，耳目不暇及。」詞曰「簫鼓喧，人影參差」，又曰「清漏移，飛蓋歸來，從舞休歌罷」，足證《舊事》所記「五夜，京尹乘小提轎，舞隊簇擁」，仍沿浙東西之舊俗也。

政和六年丙申，五十九歲。

召爲祕書監。《東都事略》。

《宋史》作入拜祕書監。

《渡江雲》「晴嵐低楚甸」。《一統志·鄞

縣》：「鄞江在鄞縣東北二里，即甬江也。奉化江自南來，慈谿江自西來，俱至縣東三港口合流而入鎮海縣界，爲大浹江，東入海。」此詞爲召爲祕監，明州解組時作，故曰「清江東注，畫舸西流」。家住杭州，爲歸途所經，故又曰「問何時，委曲到山家」。據「暖迴雁翼」及「今宵正對初弦月」句，則去明州爲二月上旬。

政和七年丁酉，六十歲。

重和元年戊戌，六十一歲。

《一寸金·新定作》。宋周鍔《寶積寺記》：「四明與天台並高，東接滄溟，西連禹穴，穹窿盤礡，凡數百里。」《四明圖經》：「抱負滄海，枕山臂江。」《廣輿記》：「寧波府翠崖山，在府城。」起云「州夾蒼崖」，當即翠崖。鄞江在城東北二里，四明在西南，天童、太白在城東，故曰「下枕江山」。入拜祕監，今已年餘，故曰「經年何事，京華信漂泊」。傷時勢日非，將歸老於四明，故結曰「迴頭謝、冶葉倡條，更入漁釣樂」。

鄭文焯校曰：《鳧鷖》作「作」，《詞譜》作「泳」，不叶。考夢窗鈎溪二詞，此句並叶。夢窗又一首，前後俱叶。清眞則惟前叶，蓋詞例當以上闋定體耳。

按：陳允平《日湖漁唱·一寸金·次周美成韻》作韻作水，滿蘋風作後，亦不叶。

鄭校又曰：汲古題作「新定詞」，今從花庵訂正。案：新定爲宋縣名，屬寧州建寧郡。按李兆洛《歷代地理志韻編今釋》，新定晉縣，寧州建寧郡，南宋縣，寧州建寧郡，南齊縣。寧州建平郡，今闕。按：當在雲南境，唐縣，羈縻，劍

南道淯州，今四川叙州府長寧縣南。

按：居士遊蹤宦跡，不但未曾到此，即「海霞接，日夜潮正落」等句景象，亦非滇蜀所有。鄭氏以宋縣釋之，誤甚。新定作者，新製定之譜也。姜白石《揚州慢序》所謂因自度此曲，即其例也。《宋史》：「邦彦好音樂，能自度曲，製樂府長短句，詞韻清蔚。」《詞源》云：「美成諸人，又復增慢、曲、引、近，或移宮換羽，爲三犯四犯之曲。」今考集中，如《隔浦蓮近拍》、《早梅芳近》、《荔枝香近》、《玲瓏四犯》、《拜星月慢》、《倒犯》、《蕙蘭芳引》、《紅林檎近》、《浪淘沙慢》、《浣溪紗慢》、《花犯》、《粉蝶兒慢》、《長相思慢》諸調，皆爲新定之作無疑。万俟雅言有《戀芳春慢》、《寒食前近》、《安平樂慢》都門池苑應制。宣和初，雅樂新成，八音告備，因作《徵招》、《角招》，有曲名《黃河清慢》。晁次膺應制作詞譜，或自製，或大晟府製，要皆爲新定之作。

《留客住》，傷朋黨，思乞歸也。

《宋史·本紀》：二月庚子，遣武義大夫馬政由海道使女眞，約夾攻遼。九月癸巳，禁羣臣朋黨。

《續資治通鑑》：重和元年春正月甲申朔，御大慶殿，受定命寶，百僚稱賀。庚戌，以翰林學士承旨王黼爲尙書左丞。黼，祥符人，美風姿，有口辨才，疏雋而寡學術，然多智善佞。初因何執中薦擢校書郎，遷左司諫。張商英在相位，寖失帝意。帝遣使以玉環賜蔡京於杭，黼覘

知之，因數條奏京所行政事，幷擊商英。及京復相，德其助己，歲中三遷爲御史中丞。黼欲去執中，使京專國，遂疏執中三十罪，已而改翰林學士。會京與鄭居中不合，黼復納交居中，京由是怨之，徙爲戶部尚書，將陷以罪。黼以智獲免，還爲學士承旨，至是遂入政府。七月癸未，詔蔡京、鄭居中、余深、童貫並兼充神霄玉清萬壽使，鄧洵武、薛昂、白時中、王黼、蔡攸並兼充副使。八月甲寅，以童貫爲太保。九月辛丑，鄭居中罷。

《宋史·劉拯傳》論曰：善乎歐陽修之論朋黨也，其言曰：「君子以同道爲眞朋，小人以同利爲僞朋。同道則同心，相益而共濟。小人見利則爭先，利盡則交疏而相賊害矣。」蘇軾續修說，謂：「君子不得志則奉身而退，樂道不仕；小人不得志則僥倖復用，唯怨之報。此所以不勝也。」秦觀亦言：「君子小人，不免有黨(二)，人主不辯邪正，必至兩廢。或言兩存，則小人卒得志，君子終受害。」其說明甚，徽宗弗之察也。唯蔽於紹述之說，崇姦貶正，黨論滋起，於是紹聖指元祐爲黨(三)，崇寧指元符爲黨(四)，而鄭居中、張商英、蔡京、王黼諸人互指爲黨，不復能辯。始以黨敗人，終以黨敗國，衣冠塗炭垂三十年，其禍汰於東都白馬，蓋至是而三子之言效焉。

詞云：「乍見花紅柳綠，處處林茂。又睹霜前籬畔，菊散餘香。」謂貶蔡京爲太子少保，張商英爲尚書右僕射兼中書侍郎。張商英罷，蔡京復爲太子太師，進魯國公。何執中致仕，鄭居中爲少保、太宰兼門下侍郎。今王黼入政府，鄭居

中文罷，以黨敗人，相催無定。結云「待擬沈醉扶上馬，怎生向、主人未肯教去。」謂無黨無偏，惟以文章受三朝恩遇，縱情歌酒，何忍獨醒。九月禁朋黨，故曰「看看又還秋暮」。

《黃鸝繞碧樹》：「甚驅馳利祿，奔競塵土。縱有魏珠照乘，未買得流年住。」謂始以黨敗人，終以黨敗國也。「對寒梅照雪」，自況也。「猶賴是、上苑風光漸好，芳容將煦」，亦前首主人未肯教去意也。「盛飲流霞，醉偎瓊樹」，與《一寸金》「迴頭謝、冶葉倡條」句、《尉遲杯》「冶葉倡條俱相識，仍慣見珠歌翠舞」句匯參，所謂瓊樹及冶葉倡條，非三閭大夫之美人香草而何？集中令慢固兒女情多，然楚雨含情，意別有託，亦復不少。如《浣溪紗》之「不爲蕭娘舊約寒，何因容易別長安」，《夜遊宮》之「有誰知爲蕭娘書一紙」，其中所指，斷非所歡。惜文集久佚，無術探索，然誦中秋寄李伯紀詞，其志潔行芳已可見矣。

宣和元年己亥，六十二歲。

《水調歌頭·中秋寄李伯紀大觀文》。

《宋史·李綱傳》：字伯紀，登政和二年進士。宣和元年，京師大水，綱上疏言陰氣太盛，當以盜賊外患爲憂。朝廷惡其言，謫監南劍州沙縣稅務。七年，爲太常少卿。靖康元年，爲尚書右丞，命爲親征行營使，充京城四壁防禦使，除知樞密院事。太原圍未解，以綱爲河東北宣撫使，尋除觀文殿學士知揚州。未幾落職，責授保靜軍節度副使，建昌軍安置。金兵再至，除資政殿大學士，領開封府事。

《續資治通鑑》：五月丙午朔，京師茶肆傭晨興，見大犬蹲榻，榜近視之，乃龍也。軍器作坊兵士取食之。逾五日，大雨如注，歷七日而止。京城外水高十餘丈。帝懼甚，命戶部侍郎唐恪決水下流入五丈河。

按：「大觀文」三字，後增。

宣和二年庚子，六十三歲。

進徽猷閣待制。《宋史》。《東都事略》「進」作「擢」。

《五禮通考》馬氏端臨曰：學士、待制二官，始於唐，皆以處清望儒臣，俾備顧問。其初既無專職，亦無定員。宋因其制，而以之爲儲才之地，故職名尤多。

歸錢唐。方臘盜起，倉皇出奔，趨西湖之墳菴。據《揮麈録》。

《續資治通鑑》：宣和二年，睦州青溪民方臘，世居縣之堨村，託左道以惑衆。縣境梓桐、幫源諸洞，在皆山谷幽險處，民物繁夥，有漆楮杉材之饒，富商巨賈多往來。臘有漆園，造作局屢酷取之，臘怨而未敢發。時吳中困于朱勔花石之擾，比屋致怨。臘因民之不忍，陰聚貧乏游手之徒，以朱勔爲名，遂作亂。十一月戊戌朔，方臘自號聖公，建元永樂，以其月爲正月。置官吏、將帥，以巾飾爲別，自紅巾而上，凡六等。無弓矢、介冑，唯以鬼神詭秘事相扇訹。焚室廬，掠金帛子女，誘脅良民爲兵。不旬日，聚衆至數萬，陷青溪縣。十二月戊辰，陷睦州，殺官兵千人，于是壽昌、分水、桐廬、遂安等縣皆爲賊據。甲申，陷休寧縣，知縣事麴嗣復爲賊所執。脅之使降，嗣復罵賊不絕口，曰：「何不速殺我！」賊曰：「我休寧人也，公宰邑，

有善政，前後官無及公者，我忍殺公乎！」委之而去。朝廷因命嗣復知睦州，進官二等。尋爲賊所傷，自力渡江，將乞杖于宣撫司，未及行而卒。丙戌，陷歙州，東南將郭師中戰死，士曹掾栗先守獄，詬賊遇害。於是婺源、績溪、祁門、黟縣官吏皆逃去。尋又陷富陽、新城，遂逼杭州。凡賊所至，得官，必斷臠支體，探其肺腸，或熬以膏油，叢鏑亂射，備盡毒楚，以償積怨。警奏至京師，時方聚兵以圖北伐，王黼匿不以聞，于是附者益衆，東南大震。淮南發運使陳遘上言：「賊衆彊，官軍弱，乞調〔京〕畿兵及鼎、澧槍牌手兼程以來，不致滋蔓。」帝得疏，大驚，乃罷北伐之議。丁亥，以譚稹爲兩浙制置使，童貫爲江淮荆浙宣撫使，率禁旅及秦晉蕃漢兵十五萬討之。是月，方臘陷杭州，知州趙霆遁；廉訪使趙約詬賊，死之。三年正月，帝初以東南之事付童貫，且曰：「如有急，即以御筆行之。」貫至吳，見民困花石之擾，衆言賊不亟平，坐此耳。貫即命其僚董耘作手詔罪己，罷蘇杭造作局及御前綱運并木石采色等物，而帝亦黜朱勔父子弟姪之在職者，吳民大悅。是月，方臘陷婺州，又陷衢州，守臣彭汝方死之。二月甲戌，降詔招撫方臘。方臘陷旌德縣及處州。步軍都虞候王稟復杭州。淮南盜宋江以三十六人横行河朔，轉掠十郡，官軍莫敢攖其鋒。知亳州侯蒙上書，言江才必過人，不若赦之，使討方臘以自贖。帝命蒙知東平府，未赴而卒，又命張叔夜知海州。江將至，叔夜使間者覘所向，江徑趨海

濱，劫巨舟十餘，載鹵獲。叔夜募死士得千人，設伏近城，而出輕兵距海，誘之戰。先匿壯卒海旁，伺兵合，舉火焚其舟。賊聞之，皆無鬭志，伏兵乘之，擒其副賊，江乃降。三月，方臘再犯杭州，步軍都虞候王稟等戰於城外，斬首五百級。官軍與賊戰于桐廬，敗之，遂復睦州。四月，童貫、譚稹前鋒至清河堰，水陸幷進。方臘焚官舍、府庫、民居，遁還青溪幫源洞。貫等合兵擊之，臘衆尚二十萬，與官軍力戰而敗，深據巖屋，諸將莫知所入。王淵裨將韓世忠，潛行谿谷，問野婦得徑，即挺身仗戈直前搗其穴，格殺數十人。庚寅，擒方臘以出。世忠，延安人也。忠州防禦使辛興宗，領兵截洞口，掠爲己功。諸將幷取臘妻子及僞相方肥等五十二人于洞石穴中，殺賊七萬餘人，其黨皆潰。臘之亂，凡破六州五十二縣，戕平民二百萬。所掠婦女，自賊洞逃出，裸而縊于林中者，相望百餘里。

《揮麈錄》：《瑞鶴仙》「悄郊原帶郭」一首，謂是美成晚歸錢唐鄉里，夢中所得後兆。方臘盜起，倉皇出奔，趨西湖之墳菴，遇故人之妾，小飲旗亭，歸卧菴閣，恍如詞中情境。繼得提舉洞霄宮，悉乎前作，美成因自記之。

按：《咸淳臨安志》：「周都尉邠墓、周待制邦彥墓，並在南蕩山，子孫今居定山之北鄉，湖山便覽。定山在縣治西南四十里，一名獅子山。」《太平寰宇記》云：「定山突出浙江數百丈，徐村嶺與礌馬嶺、牛坊嶺俱在定山北鄉。嶺下有徐村酒庫。」《志》曰周氏

子孫今居定山北鄉，其上有先代邱壠，可知當日避賊趨西湖墳菴，必即定山徐村無疑。嶺下有酒庫，所以與故人之妾小飲。

《玉照新志》：美成以待制提舉南京鴻慶宮，自杭徙居睦州，夢中作《瑞鶴仙》一闋。既覺，猶能全記，了不詳其所謂也。未幾，遇方臘之亂，欲還杭州舊居，而道路兵戈已滿，僅得脫免。入錢塘門，見杭人倉皇奔避，如蜂屯蟻沸，視落日在鼓角樓檐間，即詞中所謂「斜陽映山落，斂餘紅，猶戀孤城闌角」者，應矣。舊居既不可往，是日無處得食，忽稠人中有呼「待制何往」者，乃鄉人之侍兒，素所識也。且曰：「日昃必未食，能舍車過酒家乎？」美成從之。驚遽間，連引數杯，腹枵頓解。則詞中所謂「凌波步弱，過短亭、何用素約。有流鶯勸我，重解繡鞍，緩引春酌」之句，應矣。飲罷，覺微醉，耳目惶惑，不敢少留，乃徑出城北。江漲橋斷，諸寺士女已盈滿，不能駐足。獨一小寺經閣偶無人，遂宿其上。即詞中所謂「不記歸時早暮，上馬誰扶，醒眠朱閣」者，應矣。已聞兩浙盡爲賊據，因自計方領南京鴻慶宮，有齋廳可居，乃挈家往焉。則詞中所謂「念西園，已是花深無地，東風何事又惡。任流光過了，歸來洞天自樂」之句，又應矣。美成生平好作樂府，末年夢中得句，而字字皆應，豈偶然哉！

按：提舉洞霄宮，見《東都事略》，《志》曰提舉鴻慶宮，誤。奉祠係宣和五年正月，《志》曰「方領」，尤誤。晚居四明，見《臨安志》及《杭

州府志》，《志》曰「徙居睦州」，誤。十二月戊辰，方臘陷睦州，繼陷杭州，烟塵遍野，安能挈眷自睦回杭？《志》曰「脱免」，又曰「自計方領南京鴻慶宫，有齋廳可居，乃挈家往」，更誤。推尋致誤之原，蓋詞爲本年所作，又遭方臘之亂，次年《西平樂》一詞，好事遂以晚年之仕履行蹤，穿鑿附會，資爲談助。然以《揮麈録》所載一條對證，彼云「既得提舉洞霄宫」，與《東都事略》合；「趨避於西湖墳菴」，與《臨安志》亦合，固屬信而足徵。而此條所記，如以待制歸杭及自杭徙居，以《一寸金》、《尉遲杯》二詞互相印證，所傳亦必有所據，非同挈家往南京，望文生義，求圓其説。又按：《揮麈録》、《玉照新志》皆南宋慶元中王明清所撰，一事分載二書，傳信傳疑，亦自有體例。《四庫提要》謂《揮麈録》劄記，《玉照新志》多談神怪及瑣事，所論極允。

《瑞鶴仙》「悄郊原帶郭」。

宣和三年辛丑，六十四歲。

正月二十六日，避賊過天長道中。《清真集》。

《西平樂》結云：「多謝故人[五]，親馳鄭驛，時倒融尊，勸此淹留，共過芳時，翻令倦客思家。」三月，方臘再犯杭州；王稟與賊戰於城外。此時浙西人民離亂之苦，何可思議！感故人情重，僅云「翻令思家」，足爲眷屬於上年移居明州鄞縣之證。

宣和四年壬寅，六十五歲。

提舉大晟府。《宋史》。《東都事略》同。

《宋史·本紀》：三月丙子，遼人立燕王淳

爲帝。金人來約夾攻，命童貫爲河北河東路宣撫使，屯兵于邊以應之，且招諭幽燕。五月乙亥，以蔡攸爲河北河東宣撫副使。

《宋史·樂志》：政和末，明堂成，議欲爲布政調燮事，乃召武臣前知憲州任宗堯授朝奉大夫，爲大晟府典樂。蔡攸方提舉大晟府，不喜他人預樂，有士人田爲者善琵琶，無行，攸乃奏爲大晟府典樂。

　提舉大晟府，繼蔡攸任也。

送傳國華奉使三韓。《清真集》。

《宋史·本紀》：九月己巳，高麗國王王俁薨，遣路允迪弔祭。

《外國傳·高麗》：宣和四年，俁卒。初，高麗俗兄終弟及，至是諸弟爭立，其相李資深立俁子楷，來告哀。詔給事中路允迪、中書舍人傅墨卿奠慰。

《宋史·蔡翛傳》：其客傅墨卿、孫傅等復語之曰：「天下事必敗，蔡氏必破，當亟爲計。」翛心然之。

　按：傅國華名墨卿，山陰人。

知眞定，改順昌府。《東都事略》。

《乾隆府廳州縣志》：潁州府，宋初曰潁州汝陰郡，元豐二年升順昌軍節度，政和六年改順昌府。

　按：五月提舉大晟府，九月送傳國華知眞定，改順昌府之命，當在本年冬。未赴，次年奉祠，所以《事略》書曰「未幾」，與《宋史》傳同。又按：《宋史》無知眞定。

《鬢雲鬆令·送傳國華使三韓》。

宣和五年癸卯，六十六歲。

提舉洞霄宮。《東都事略》。

《揮塵錄》曰：「繼得提舉洞霄宮。」《宋

史》未書。

居明州。

《咸淳臨安志》：因守四明，其後家焉。

《杭州府志》：晚居明州。

《蘭陵王·柳》，奉祠南歸，惜別之作也。

三年，自杭回京，今又奉祠南歸。「年去歲來」四字，雖詠柳濫詞，用來妙絕。詞爲惜別，故云「酒趁哀絃，燈照離席」。時在仲春，故云「梨花榆火，人在天北」，人謂君也。不但辭意高潔，聲情激越，其戀闕情深，亦可見矣。所以紹興初西樓南瓦名此闋爲《渭城三疊》。

《尉遲杯·離恨》。

「隋隄」，記地也。「行人離恨歸去」，記事也。「因思舊客」，惜往也。「鴛侶」，朝官也。宣和庚子，眷屬已移寓明州。辛丑獨來，今又獨去，故云「如今向漁村水驛，夜如歲，焚香獨自語」。

按：此二闋皆奉祠南歸所作。《耆舊續聞》以《蘭陵王》爲師師餞送惜別之詞，蓋因此闋紹興初都下盛行，牽連附會，與《玉照新志》記《瑞鶴仙》詞可同發一笑。

徙處州。《宋史》。

《處州府志·職官》：處州府知府，宋宣和黃烈，浦城人，宣和間守郡。時清溪盜發，麗青松遂皆沒於賊，而龍獨完。烈奉詔即龍治事，奮勇區董，賊將洪載以城降。與通守會稽石端申謀築城，民賴以固。有《重修郡城記》。黃葆光，字元暉，徽州人。宣和中，本州當方臘殘亂後，民力凋弊，招集流散，撫摩不倦。更創學校，士民愛戴，家畫其像而祝之。卒之日，闔城哀慟，六邑之人斂錢五十

萬賻之，其子卻不受。邦人立祠於學。周邦彥，字美成，錢塘人。張髯，字柔直，福州人，多善政。

《浙江通志》：宋知處州軍楊嘉言、黃烈，浦城人。李孟傳，字文授，上虞人。周邦彥。黃葆光，字元暉，徽州人。張髯，字柔直，福州人。已上徽宗時任。

《宋史·黃葆光傳》：改知處州，當方臘殘亂之後，盡心牧養，民列上狀，加直祕閣再任。卒年五十八，州人祠之。

按：處州之命，當在處民上狀黃葆光再任之時。命下，或病不能興，或已逝世，故《東都事略》闕而不書。《處州府志》列於黃葆光後，《浙江通志》列於黃葆光前，據史酌書，所以先後互異。

卒年六十六，贈宣奉大夫。《宋史》。

《東都事略》無贈宣奉大夫。

《攻媿集·清眞先生文集序》：未及三十，作《汴都賦》。天子命近臣讀於邇英閣，由諸生擢爲學官。未幾，神宗上賓，哲宗始寘之文館，徽宗又列之郎曹。公之歿，距今八十餘載。公嘗守四明，而諸孫又寓居於此。嘗訪其家集而讀之，參以他本，間見手稿，又得京本文選，與公之曾孫鑄裒爲二十四卷。

《直齋書錄解題》：《清眞先生文集》二十四卷，嘉泰中四明樓鑰(姑)〔始〕爲之序，太守陳杞刊之。《清眞雜著》三卷，邦彥嘗爲溧水令，故邑有詞集。其後有好事者，取其在邑所作文記詩歌併刻之。

按：嘉泰三年癸亥，上距本年八十一年。

墓在南蕩山。《咸淳臨安志》。

強煥《清眞詞序》：余欲廣邑人愛之之意，故裒公之詞，旁搜遠紹，僅得百八十有二章，釐爲上下卷，迺輟俸餘，鳩工鋟木，以壽其傳。

《直齋書錄解題》：曹杓字季中，號一壺居士。曾註《清眞詞》二卷。

《詞源》：近代楊守齋精於琴，故深知音律，有《圈法周美成詞》。

劉肅《片玉集序》：漳江陳少章家世以學問文章爲廬陵望族，涵泳經籍之暇，閲其詞，病舊註之簡略，遂詳而疏之，俾歌之者究其事，達其意，則美成之美益彰，猶獲崑山之片珍，琢其質而彰其文，豈不快夫人之心目也。因命之曰《片玉集》云。

《古今詞話》：周邦彦以進《汴都賦》得官，徽廟時提舉大晟樂府。每製一詞，名流輒爲賡和。東楚方千里、樂安楊澤民全和之，或合爲《三英集》行世。

按：方千里，三衢人。其《西河》一首起曰：「都會地，東南王氣，須記龍盤鳳舞，到錢塘，瑞烟回起。」楊澤民，樂安人。其《風流子》詠錢塘，起曰：「佳麗古錢塘，帝居麗、金屋對昭陽。」結曰：「惟恨小臣資淺，朝覲猶妨。」《蕙蘭芳引》題曰：「贛州推廳，新創池亭畫橋，時宴其中，令小春舞。小春乃吾家小伎也。」《六么令》題曰：「壬寅四月，扶病外邑催租，寄內。」《歷代詩餘》詞人姓氏列二人於方岳秋崖、楊纘守齋之後，黃昇叔（賜）〔暘〕、吳文英夢窗之前。壬寅當即理宗淳祐二年。又按秦恩復本陳允平《日湖漁唱補遺》一卷，詞

二十二首，內二十首和清眞韻。《續補遺》一卷，詞七十六首，內七十五首和清眞，惟《宴桃源》作《如夢令》，《木蘭花令》作《玉樓春》，《過秦樓》作《選冠子》，小有不同。

《樵隱筆錄》：紹興初，都下盛行周清眞詠柳《蘭陵王慢》，西樓南瓦皆歌之，謂《渭城三疊》，以周詞凡三換頭，至末段聲尤激越。惟教坊老笛師能倚之以節歌者。其譜傳自趙忠簡家，忠簡於建炎丁未九日南渡泊舟儀眞江口，遇宣和大晟樂府協律郎某，叩獲九重舊譜，因令家伎習之，遂流傳於外。

吳文英《夢窗詞·惜黃花慢》叙云：吳江夜泊，惜別邦乂趙簿，攜伎侑尊，連歌數闋，皆清眞詞。

張炎《山中白雲詞·國香》叙云：沈梅嬌，杭妓也，忽於京都見之，把酒相勞苦，猶能歌周清眞《意難忘》、《臺城路》二曲，因屬余記其事。詞成，以羅帕書之。又《意難忘》叙云：中吳車氏，號秀卿，樂部中之翘楚者，歌美成曲，得其音旨。余每聽，輒愛歎不能已，因賦此以贈。

鄭文焯《清眞詞校後錄要》：一、清眞爲美成自號，以名其集者也。見於《宋史·藝文志》，集十一卷，蓋合其集之全者而言，或詩餘即附載其中。自陳振孫《書錄解題》有《清眞集》二卷、《後集》一卷，始專以《清眞集》之名屬其詞，其篇目不可復考。虞山毛子晉所云「家藏三本，一名《清眞集》」，未詳卷數。又云「最後得宋刻《片玉集》二卷，計調百八十有奇，晉陽強煥爲叙」，《直齋書錄》所記卷首亦有強叙，未知汲古傳本

與陳錄合否。至所稱篇數，則與強叙所言僅得百八十有二章相類，但增其二及補遺十首耳。顧「片玉」之名，始見於元刻廬陵劉肅之叙漳江陳元龍詳注之本，其叙云「猶獲崑山之片珍，琢其質而彰其文，因命之曰《片玉集》」。是清眞詞實自陳刻始改題號，宋時刊本，斷無片玉之名可證。如方千里、楊澤民、陳君衡三家和作，及見諸夢窗、玉田詞叙者。並稱「清眞」，強叙前亦止云題周美成詞。諸子皆南宋時人，可知「片玉」爲後起之號，信而有徵也。且說部中如胡（存）〔仔〕《苕溪漁隱叢話》、王灼《碧鷄漫志》、龐元英《談藪》、陳藏一《話腴》、毛幵《樵隱筆錄》及《揮麈錄》、《浩然齋雅談》、《詞源》諸書所稱引，洎楊守齋之《圈法》、曹季中之箋注，於其詞並云「清眞」，更未聞以「片玉」稱也。毛刻乃錄多本，而羼亂其名。戈氏順卿未見元本，輒稱片玉爲強煥所輯，搜羅最富，其疏已甚。後之襲謬沿訛者，昧厥淵源，無復正名之議，此宋元本題號先後之證也。一、《清眞集》當以淳熙官本爲美贍，蓋以強公繼踵美成，廣邑人之遺愛，聆歌者之雅聲，遠紹旁搜，手校墨版，陳義甚高，故視諸本所得倍之。嘗謂兩宋詞刻善本流傳，在南宋爲《白石道人歌曲》，雲間錢希武以嘉泰壬戌刻於東巖之讀書堂；北宋則《清眞集》，晉陽強煥以淳熙庚子刻於溧水縣齋者。獨是姜詞宋本有傳刻，而清眞闕然，亦一憾事。陳藏一《話腴》稱邦彥以樂府獨步，學士貴人、市儈伎女皆知其詞爲可愛。蓋其提舉大晟，每製一曲，名

流輒依律賡唱，可知在宋時傳鈔裒刻，各本異同，不名一格。今行世者，最初爲汲古本，亦最踳駁。其跋云：「一名《清眞集》，一名《美成長短句》，皆不滿百闋。」余證以方千里和詞才九十四首，楊澤民又次之，其叙第幷與元巾箱相符，惟闕卷末二首及雜賦類三十二首，當時未睹其全，好事輒合方、楊和章爲《三英集》刊行。陳君衡《西麓繼周集》追步在後，所得差多。將毛氏所謂不滿百闋者，豈南宋坊刻罕覯足本耶？迨強煥爲溧水長，網羅放失，釐爲上下卷，始廣其傳。今毛本所輯百八十有四闋，證以強叙所稱，數雖冥合，然強叙不言有注，而毛本則校注間存，疑多出子晉刪節之餘，其所斥評註龐雜者，豈陳元龍補注即在其中，而詞下每註「《清眞集》不載」，或云見「《清眞集》」，必其就詞之多者雜連彙刻，又獨嫁名於「片玉」，目元刻爲宋槧，抑亦繆已。其《補遺》一卷十首，自謂取之清眞諸本與此錯見者。近臨桂王給諫半塘老人影明鈔元巾箱本，附集外詞五十四首，即從汲古補入，又刪其卷下《鎖陽臺》三首及補遺十首。惜陳振孫所錄《後集》一卷，其書不傳，無從勘其出入耳。至四庫集部所收，近今丁氏《西泠詞萃》所重刻，篇題卷號悉仍汲古之舊，於其訛舛，尠所校正。其作十卷附注者，惟阮氏《揅經室外集》錄目及汪閬原《藝芸書目》載之。其編四時單題雜賦諸體，而阮、汪二家皆誤以爲宋槧。按：元龍乃元人，爲美成詞補注，因命之曰《片玉集》，即孫京兆駕航所藏元刻《片玉詞》，廬陵劉

必欽叙稱漳江陳少章其人也。牟塘據以校明隆慶庚午盟鷗園主人影鈔復所司李藏元人巾箱本，其編次百廿七首，並分類體例，一一相符，特分卷與題號異耳。蓋孫氏所藏元刻陳注十卷之本，既出於汪、阮舊錄，以其分類卷數集注命名考之(合)悉〔合〕。按：自《直齋書錄》已標二卷，其《後集》當是續編，強刻釐爲上下，則亦二卷。王刻明影鈔元巾箱本卷第正同。毛刻雖合三本爲之，未必盡依舊次，而《汲古祕本書目》固稱元板《片玉詞》二本。昔黄蕘翁嘗謂所見毛氏珍藏之本，不必盡合於所刻，信然。今觀其跋刻《片玉集》曰宋刻二卷，其《祕目》則稱元板二本，實一書而前後自紊其標題，此宋元本篇目多寡之證也。

〔一〕周邦彦生年，約有三説：王國維《清真先生遺事》據《宋史》、《東都事略》、《咸淳臨安志》本傳所載卒年六十六，復據《玉照新志》所記《瑞鶴仙》詞事卒於宣和三年（一一二一），定其生於嘉祐二年（一〇五七）；唐圭璋《全宋詞》、譚正璧《中國文學家大辭典》復訂正王氏推算之誤，定其生年爲嘉祐元年，甚是；本譜謂生於嘉祐三年（一〇五八）、卒於宣和五年（一一二三），恐誤，《宋會要輯稿》儀制一三已明載：「通議大夫、徽猷閣待制周邦彦，〔宣和〕三年五月贈宣奉大夫。」（參羅忼烈《清真年表》）

〔二〕免：原作「得」，據《宋史》卷三五六傳論改。

〔三〕元祐：原作「元符」，據右引改。

〔四〕「崇寧」句：原脱，據右引補。

〔五〕《清真年表》：「多謝故人詞，蓋絶筆也。至南京，卒於鴻慶宮之齋廳。」其卒在正月後、五月前。

大鶴山人鄭文焯校記

草窗《浩然齋雅談》云：「宣和中，李師師以善歌稱，時邦彦爲太學生，遊其家。祐陵臨幸，倉皇避去。賦《少年游》詞，所謂『并刀如水，吴鹽勝雪』者，蓋紀此夕事也。未幾，李被宣喚，歌於上前，遂與解褐。」按：强煥叙言「元祐癸酉春，公爲溧水邑長」，是其作宰已在哲宗朝。癸酉屬元祐八年，距宣和前廿餘年。且《宋史》稱其元豐中獻《汴都賦》，召爲太學正，安所謂宣和中始爲太學生？其誣一也。《雅談》又云：「朝廷賜酺，師師又歌《大酺》、《六醜》二解，上顧教坊使袁綯，問之，綯曰：『此起居舍人、新知潞州周邦彦作也。』上意將留行，且以近多祥瑞，將使播之樂章，命蔡元長叩之，邦彦云：『某老矣，頗悔少作。』」按：《宋史·文苑傳》言「邦〔彦〕仕至徽猷閣待制，出知順昌府，徙處州卒」，未嘗稱其知潞州。玉田《詞源》云：「崇寧立大晟府，命美成諸人討論古音，八十四調之聲稍傳。美成復增慢、曲、引、近，或爲三犯、四犯之曲，依月律進之，其曲遂繁。」是其《六醜》犯六調之曲，當在提舉大晟府時所製。既非少作，且未嘗以老辭，信而有證，其誣二也。《雅談》又云：「起居郎張果廉知邦彦嘗於親王席上作小詞贈舞鬟，即《望江南》歌『席上無賴是横波』一闋，爲蔡道其事，上知之，由是得罪。」按：此又與前記師師事相反。豈出於一人之詞，一時之事，而一官榮落，以詞始終。且祐陵既於宣幸之坊伎聞歌詞而賞音，詎以藩邸之舞鬟因贈詞而株累？時主愛才，必不出此，其誣三也。餘書如《鶴林玉露》引楊東山言《道藏經》「蝶交粉退，蜂交黄退」，而誤以爲美成詞「蝶粉蜂黄」出典，且斥其以退爲褪之謬；《墨莊漫錄》謂今人家閨房遇春秋社日，不作組紃，謂之忌作，引美成《秋蕊香》「聞知社日停鍼線」之句爲證；

又《西湖游覽志》稱其以顧曲名堂，獨載《意難忘》一曲，率評其詞格類此；《詞苑叢譚》又記其爲溧水令，主簿之室有色而慧，每款洽於尊席之間，世所傳風流子，蓋所寓意，至妄謂其詞中新淥、待月皆簿廳亭軒之名；又載「邦彥在師師家，聞道君至，匿牀下。道君自攜新橙一顆，云是江南初進，遂與諧謔。邦彥悉聞之，隱括成《少年游》，因師師歌以直對。道君大怒，因加遷謫，押出國門。越日復幸，聞歌其《蘭陵王》留別詞，乃大喜，復召邦彥爲大晟樂正」，凡此皆小說家附會，或出之好事忌名，故作訕笑等諸無稽。倘史傳所謂「邦彥疏雋少檢，不爲州里推重」者此歟？苕溪漁隱謂「小詞紀事率多舛誤，豈復可信」，洵知言也。

周草窗《浩然齋雅談》紀清眞居士遺事，大鶴山人爲之分條析理，足破千古之惑。惟惜於傳誤之源，尚未溯及。袁絢對徽宗曰：「此起居舍人、新知潞州周邦彥作。」按《宋史·文苑傳》「踰年，乃知隆德府」。按：唐潞州，宋太平興國初改昭德軍節度，建中靖國元年改隆德軍，崇寧三年升爲隆德府，金復曰潞州，元初曰隆德府，太宗三年復爲潞州。草窗於元初撰《雅言》，稱隆德曰潞州，本無不可，作袁絢對，則謬極。《宋史》、《東都事略》均未言爲起居舍人，乃不於此糾而正之，但曰未知潞州，抑何疏歟？甚矣！考訂之不易言也。

陳鵠《耆舊續聞》云：「美成至汴，主角妓李師師家，爲賦《洛陽春》。師師欲委身，而未能也。一夕，徽宗幸師師家，美成倉卒不能出，匿複壁間，遂製《少年游》以紀其事。徽宗知而譴發之，師師餞送，美成復作《蘭陵王》咏柳詞，有「長亭路，年去歲來，應折柔條過千尺」之句。師師歸而歌之，聞於徽宗，即留爲大晟府待制。」《雅談》「爲太學生，游師師家」一段，即出於此。草窗熟掌故，知游太學與提舉大晟相去年月甚遠，於是化一爲三，以圓舊說，別出「將留行，以祥瑞

播之樂章，即留爲大晟」之說也。作《望江南》詞得罪，即作《少年游》詞知而譴發之說也。所紀雖出於附會，然據張果爲蔡京道贈舞鬟事，已足證知清眞雖繼蔡攸提舉大晟，集中有送蔡翛客傳國華使高麗詞，而非蔡黨則甚明也。考《續聞》此則，不但爲《雅談》所本，徐釚《詞苑叢譚》「邦彥在師師家」一條，亦迻錄此文，增「擕橙一顆」，以實本事，知大晟府無待制，易以樂正。豈知此語《續聞》因由進徽猷閣待制、提舉大晟府而誤。《雅談》又云：「宣和中，朝廷賜酺，李師師歌《大酺》、《六醜》二解。上顧教坊使袁綯問六醜之義，莫能對。召邦彥問之，對曰：『此犯六調，皆聲之美者，然絕難歌。』」清眞曾受命與大晟諸人討論音調，增慢、曲、引、近爲三犯四犯之譜，召問六醜之義，理所當然。《雅談》又云「師師歌《大酺》、《六醜》二解，袁綯對曰：『新知潞州周邦彥作。』上意將留行」數語，此則因清眞兼議禮局檢討，以直龍圖閣知河中府，使留畢禮書一事，以樂易禮，混爲一談。《雅談》又云「以近多詳瑞，將使播之樂章，命蔡元長叩之」，此則又以蔡京薦晁次膺應制賦《並蒂芙蓉詞》牽合爲一。《能改齋漫錄》：「政和癸巳，大晟樂府告成，蔡元長薦晁次膺赴闕下。會禁中嘉蓮生，進《並蒂芙蓉詞》稱旨，充大晟協律。」《直齋書題解題》：「晁端禮次膺，熙寧六年進士，兩爲縣令，忤上官，坐保田事，中以危法廢徙。晚乃以承事郎爲大晟協律，三閱月而卒。其從姪說之志其墓。」花庵《絕妙詞選》：「晁次膺，宣和間充大晟府協律郎，《黃河清慢》，應制作。」《鐵圍山叢談》：「宣和初，雅樂新成，八音告備，有曲名《黃河清慢》者，音調極韶美。」《續資治通鑑》：「宣和元年十二月，嵐州黃河清。」晁次膺官協律郎，作《黃河清慢》，爲宣和元年無疑。《能改齋漫錄》謂爲政和癸巳，亦誤。由此各節，愈足證明宣和中召問六醜義及「意將留行，以祥瑞播之樂章」，合併數說，混爲一談之所以然也。

按：淸眞居士元豐初遊京師，元豐七年以太學外舍生獻賦，命爲太學正。政和二年知隆德府，五年徙明州，六年召爲祕書監。其於元豐初年入京，安能主李師師家？宣和中，久官祕監，豈可謂之太學生？《續聞》竟稱之於前，《雅談》又述之於後。況考生平仕履，在官四十年，無災無難，乃一則曰因詞譴發，一則曰因詞得罪，推求其故，索解不得。考《宋史·李邦彥傳》，始悟一切葛藤，俱從此起。

《宋史》：李邦彥字士美，懷州人。父浦，銀工也。邦彥喜從進士游，河東舉人入京者，必道懷訪。邦彥有所營置，浦亦罷工與爲之，且復資給其行，由是邦彥聲譽奕奕。入補太學生，大觀二年上舍及第，授祕書省校書郎，試符寶郎。邦彥俊爽美風姿，爲文敏而工。然生長閭閻，習猥鄙事，應對便捷，善謳謔，能蹴鞠，每綴街市俚語爲辭曲，人爭傳之，自號李浪子。言者劾其游縱無檢，罷符寶郎，復爲校書郎，俄以吏部員外郎領議禮局，出知河陽，召爲起居郎。邦彥善事中人，爭薦譽之，累遷中書舍人、翰林學士承旨。宣和三年，拜尙書右丞。五年，轉左丞。浦死，贈龍圖閣直學士，謚曰宣簡。邦彥起復，與王黼不協，陰結蔡攸、梁師成等，譖黼罷之。明年，拜少宰，無所建明，惟阿順趨謟充位而已，都人目爲浪子宰相。徽宗內禪，命爲龍德宮使，升太宰，知衆議不與，外患日偪，抗疏丐宮祠。金人旣薄都城，李綱、种師道罷，邦彥堅主割地之議，太學生陳東數百人伏宣德門上書，言邦彥及白時中、張邦昌、趙野、王孝迪、蔡懋、李梲之徒爲社稷之賊，請斥之。邦彥退朝，羣指而大詬，且欲毆之，邦彥疾馳得免。迺以特進、觀文殿學士充太一宮使。不旬日，吳敏爲請復，起爲太宰。人皆駭愕，言者交論之，出知鄧州，遂請持餘服，提舉亳州明道宮。建炎初，以主和誤國，責建武軍節度副使，潯州安置。方蔡京、王黼用事，附麗者多援引入政府，

若余深、薛昂、吴敏、王安中、趙野，史皆逸其事，因附著於此云。

幽蘭居士孟元老《東京夢華錄》：「京瓦伎藝，崇、觀以來，在京瓦肆伎藝，張廷叟、孟子書主、張小唱、李師師、徐婆惜、封宜奴、孫三四等，誠其角者。」傳曰「李邦彦大觀二年上舍及第」，又曰「美風姿，習猥鄙事，善謳謔，能蹴鞠」，其游京師太學之日，正師師香國稱尊之時，舍角妓之家，誰能爲主？此即《續聞》「至汴，主角妓李師師家」，《雅談》「爲太學生，游李師師家」二説之所由起也。

《宋史·本紀》：「宣和元年十二月，帝數微行。正字曹輔上書極論之，編管郴州。」《曹輔傳》：「自政和後，帝多微行，乘小轎子，數内臣導從，置行幸局。局中以帝出日謂之有排當，次日未還，則傳旨稱瘡痍不坐朝。始民間猶未知，及蔡京謝表有『輕車小輦，七賜臨幸』，自是邸報聞之，四方臣僚阿順莫敢言，輔上疏。」傳曰「邦彦善事中人，爭薦譽之」，邦彦奮其驅馳利祿之心，挾其奔競塵土之技，既善事中人，與梁師成等傾王黼，焉有不趨附於宣幸坊妓師師門下，以求特達之知乎？此即《續聞》「一夕，徽宗幸師師家，倉卒不能出」，《雅談》「祐陵臨幸，倉皇避去」之説所由來也。其遷中書舍人、翰林承旨，中人薦譽之力固多，師師歌其俚語新詞相助，亦當不乏。按：政和七年二月，徽宗幸上清寶籙宫，命林靈素講道經，時雜以捷給嘲詼，以資媟笑。聽講道經，既喜嘲詼，角妓度曲，歌街市俚語之詞，必更足資媟笑，此又足爲師師歌邦彦俚詞之一證也。兩書所載皆清眞詞，曰《少年遊》，曰《蘭陵王》，曰《望江南》。蓋李邦彦詞南渡已後不傳，事既以周易李，不得不借周詞以實其説。傳曰「以吏部員外郎領議禮局，出知河陽府，召爲起居郎，遷中書舍人」。按：清眞由議禮局出知河中，未赴，又知隆德，未曾官起居郎、中書舍人。此又袁絢「起居舍人、新知潞

州」二語之所本也。

傳曰「言者劾其游縱無檢，罷符寶郎，復爲校書郎，俄以吏部員外郎領議禮局」，此即《續聞》所謂「徽宗知作《少年遊》詞而譴發之，聞《蘭陵王》詞，留爲大晟待制」之説所從出也。罷符寶郎，即《雅言》得罪之説也。「言者」即起居郎張果也。「無檢」即作小詞贈舞鬟也。

又按：清眞居士與浪子宰相名同，字不同者不過一字，爲太學生同，爲校書郎同，爲員外郎同，兼議禮局檢討官出爲太守同，相同如此之多，糾紛乃不可理，張冠李戴，遂誤周郎，八百年來，一成而不可易。茲幸葛藤斬斷，不覺辭多。惟大鶴山人墓木已拱，無從印可，思之愴然。《蓮子居詞話》云：「《本事詞》，張子野爲汴妓李師師特製新調，直題曰《師師令》。」由此觀之，遊李師師家又有先於清眞者也。考《吳興志》，子野卒於熙寧十年，年八十九，距政和、重和、宣和又三十餘年，是不及見師師，何由而爲是言乎？乃好事者率意附會，並忘子野年幾何矣。